北京高等教育精品教材

北京高等学校优质本科教材课件（重点）

中 国 税 制

（第4版）

刘　颖　何　辉　　　主　编

　　　　黄春元　　　　　副主编

赵书博　陈远燕　张璿璿
王　涛　王宛如　姜明耀　　编
包　健　张春平　张兆强
杨全社　丁　芸　曹静韬

电子工业出版社
Publishing House of Electronics Industry
北京·BEIJING

内 容 简 介

本书是北京高等教育精品教材，也是北京高等学校优质本科教材课件（重点）。本教材以市场经济理论为基础，对税收制度的基本知识、基本理论，以及我国税制模式的发展与完善等问题进行了全面清晰的展示和通俗易懂的分析，主要内容包括中国现行税制导论、增值税、消费税、附加税与烟叶税、关税、资源税、土地增值税、企业所得税、个人所得税、城镇土地使用税和耕地占用税、房产税和车船税、印花税和契税、车辆购置税、船舶吨税、环境保护税，以及中国现行税制的发展与展望。为突出育人效果，本书各章增加了思政小课堂。本书配有部分知识点的视频讲解，读者可扫码学习。本书提供可修改的电子课件和习题答案，读者可登录华信教育资源网www.hxedu.com.cn免费下载使用。

本书兼具理论性、系统性和可操作性，既可作为高等院校财经类各专业，特别是财政学、金融学专业的教材，也可作为各级财税部门管理人员的学习参考用书。

未经许可，不得以任何方式复制或抄袭本书之部分或全部内容。
版权所有，侵权必究。

图书在版编目（CIP）数据

中国税制 / 刘颖，何辉主编. — 4 版. — 北京：电子工业出版社，2022.9
ISBN 978-7-121-44294-0

Ⅰ. ①中… Ⅱ. ①刘… ②何… Ⅲ. ①税收制度－中国－高等学校－教材 Ⅳ. ①F812.422

中国版本图书馆 CIP 数据核字（2022）第 170351 号

责任编辑：秦淑灵　　　文字编辑：徐　萍
印　　刷：三河市龙林印务有限公司
装　　订：三河市龙林印务有限公司
出版发行：电子工业出版社
　　　　　北京市海淀区万寿路 173 信箱　　邮编：100036
开　　本：787×1092　1/16　印张：18.75　字数：480 千字
版　　次：2008 年 3 月第 1 版
　　　　　2022 年 9 月第 4 版
印　　次：2023 年 1 月第 2 次印刷
定　　价：59.00 元

凡所购买电子工业出版社图书有缺损问题，请向购买书店调换。若书店售缺，请与本社发行部联系，联系及邮购电话：(010) 88254888，88258888。
质量投诉请发邮件至 zlts@phei.com.cn，盗版侵权举报请发邮件至 dbqq@phei.com.cn。
本书咨询联系方式：qinshl@phei.com.cn。

序

  任何一门课程的学习，都有其教与学的规律，教材不仅是知识、学问的凝结，还能够反映出编者对教学理念、教学方法的思考。所以说，写一本好的教材，不是一件简单的事，一切都要为学生的学习着想，好的教材本身就是一所"学校"。

  "中国税制"是一门理论性、实践性都较强的课程，为了编写有利于实现教学目标的教材，很多教师都在进行着探索。在本教材中，编者结合了多年的教学实践，尝试着把"中国税制"课程的教学内容和教学方法有机结合，力求让书本的内容与学生的思维产生共振。本教材中有小巧、点睛的案例，清晰、明了的图示归纳，流畅、透彻的法理分析，既分析了我国现行税制的主要问题，也介绍了我国税制改革的方向和思路，从而使中国税制的教学内容显得更加丰满和鲜活。

  愿更多的教师把对教学内容和教学方法相结合的思考写入教材，使教材的编写和课堂教学都有新的突破。

全国人大财经委副主任委员、中国注册税务师协会副会长、
首都经济贸易大学副校长、博士生导师 郝如玉
2008 年 3 月 18 日

前　言

税收政策是政府宏观经济政策的重要组成部分，而政府税收政策的微观影响，也是现代企业非常关注的问题。税收学本来就是宏观与微观相结合的学科，为社会提供（自身成为）既有较为坚实的宏观经济理论基础又有较为娴熟的微观专业技能的人才，是许多教育者（受教育者）追求的目标。本着"夯实宏观基础以把握大局，熟悉微观应用以提高技能"的理念，我们编写了这部《中国税制》教材。本书在 2008 年 3 月作为北京高等教育精品教材立项首次出版，受到业内好评；在 2012 年获评北京高等教育精品教材，2019 年获评北京高等学校优质本科教材课件（重点），也是北京高等学校优质本科课程使用教材，此次为修订后的第 4 版。

"中国税制"课程是税务专业、税务师专业的核心专业课程，也是会计、财务、金融和管理专业最重要的专业课程之一。近年来税收法定原则深入践行，政府治理能力不断提升，税制改革与税收立法交织。我国立足新发展阶段，全面贯彻新发展理念，构建新发展格局，税收政策服务发展大局。《中国税制》教材需要更好体现我国税制现状，内容求新求实，在体现最新政策的基础上既具有理论性，又具有应用性。本教材按照高级应用型人才的培养目标要求安排结构和内容，注重育人导向，融入课程思政元素，内容分为三大部分，共 14 章。

第一部分（第 1 章）为基础导论，即中国现行税制概述，介绍我国税制基本理论、目前税制结构状况和税收分类情况。

第二部分（第 2~13 章）为现行制度，单独或将特征相近的税种归类，介绍我国现有税种的基本理论、主要政策规定、税额计算例题和案例。

第三部分（第 14 章）介绍中国现行税制改革中的理论和实践问题，这是本书比较独特的一章，总结分析现行税制的发展脉络，并前瞻发展趋势。

本书每章都插入了小资料或小贴士，介绍相关知识；教材界面友好、人性化。

本书特色：

（1）力求反映国内外税制改革的新情况和税制研究的新成果，突出各税种的法律政策精神和重点、难点问题，突出现行税制结构及其发展趋势，在强化政策基本规则的前提下，收录案例进行政策分析，挖掘政策法规的规律性，培养学生"夯实宏观基础以把握大局"的能力。

（2）运用例题、案例让学生掌握税收制度在实践中的运用，使学生"熟悉微观应用以提高技能"，在明确现行税制中的基本概念、基本原理的基础上把握相关运用。

（3）加入"思政小课堂"，将课程思政与专业融合，突出育人导向。

（4）贴合本科生的教学特点，注重与税收理论、会计等相关课程的衔接，注意教材难易程度的把握，加入图示和列表，用图示解析难点，用列表归纳零散知识点。

（5）运用"小贴士""小资料"等灵活形式让学生了解相关实践知识或关联知识，强化知识体系的联系性。

（6）每章都附有小结、关键术语和思考题，方便学生复习。

本教材由刘颖、何辉担任主编，黄春元担任副主编。各章编者：第 1 章为赵书博，第 2 章为刘颖，第 3 章为陈远燕，第 4、6 章为黄春元，第 5 章为张璕璕，第 7 章为王涛，第 8 章为王宛如，第 9 章为姜明耀，第 10、11 章为包健，第 12 章为张春平，第 13 章为张兆强，第 14 章为何辉。刘颖负责全书主要图表的插配。

为了方便教学，本书另配有部分知识点的视频讲解，读者扫描相应二维码即可观看学习。本书还配有电子课件和习题答案，向采纳本书作为教材的教师免费提供（获取方式：登录华信教育资源网www.hxedu.com.cn注册下载）。

由于水平所限，书中疏漏和错误在所难免，恳请广大读者提出宝贵意见，以便进一步修订和完善。

编　者

目　录

第 1 章　中国现行税制导论 ·········· 1
　1.1　税收制度及其构成要素 ··········· 1
　　1.1.1　税收制度的概念 ··············· 1
　　1.1.2　税收制度的构成要素 ······· 2
　1.2　税收分类 ··· 9
　　1.2.1　按课税对象的性质分类 ··· 9
　　1.2.2　按税负能否转嫁分类 ······· 9
　　1.2.3　按税收管理权限分类 ······· 9
　　1.2.4　按计税标准分类 ··············· 9
　　1.2.5　按税收与价格的关系
　　　　　分类 ··································· 10
　　1.2.6　按税收收入形态分类 ······ 10
　　1.2.7　按是否具有独立的计税
　　　　　依据分类 ··························· 10
　　1.2.8　按存续时间的长短分类 ··· 11
　　1.2.9　按是否具有特殊目的
　　　　　分类 ··································· 11
　　1.2.10　按税收负担的确定
　　　　　　方式分类 ······················· 11
　1.3　税制结构 ··· 12
　　1.3.1　税制结构的概念 ············· 12
　　1.3.2　影响税制结构的主要
　　　　　因素 ··································· 12
　　1.3.3　不同税制结构及其特点 ··· 13
　　1.3.4　我国现行税制结构状况 ··· 14
　本章小结 ·· 15
　关键术语 ·· 15
　思考题 ·· 15

第 2 章　增值税 ···································· 16
　2.1　增值税的概念、特点和类型 ··· 16
　　2.1.1　增值税的概念 ··············· 16
　　2.1.2　增值税的特点 ··············· 18
　　2.1.3　增值税的类型 ··············· 19
　2.2　征税范围与纳税义务人 ··········· 20
　　2.2.1　征税范围 ··························· 20
　　2.2.2　纳税义务人 ······················· 23
　2.3　税率 ··· 24
　　2.3.1　增值税税率的基本类型 ··· 24
　　2.3.2　我国增值税税率的规定 ··· 24
　2.4　增值税的主要税收优惠 ··········· 26
　　2.4.1　起征点 ······························· 26
　　2.4.2　对小微企业的免征增值税
　　　　　规定 ··································· 26
　　2.4.3　主要减免税规定 ············· 26
　2.5　增值税计税方法的一般规定 ··· 27
　　2.5.1　一般计税方法 ··············· 27
　　2.5.2　简易计税方法 ··············· 27
　　2.5.3　扣缴计税方法 ··············· 27
　2.6　一般纳税人应纳税额的计算 ··· 28
　　2.6.1　销项税额的计算 ············· 28
　　2.6.2　进项税额的计算 ············· 32
　　2.6.3　应纳税额的计算 ············· 39
　2.7　简易计税方法应纳税额的
　　　 计算 ··· 42
　　2.7.1　简易计税方法计税规则 ··· 42
　　2.7.2　"营改增"后的一般纳税人
　　　　　按简易计税方法计税的
　　　　　规定 ··································· 44
　2.8　"营改增"与不动产有关的
　　　 税额计算 ··· 46
　　2.8.1　转让不动产增值税征收
　　　　　管理 ··································· 46

2.8.2　提供不动产经营租赁服务
　　　　　增值税征收管理 …………… 48
　　2.8.3　跨县（市、区）提供建筑
　　　　　服务增值税征收管理 ……… 50
　　2.8.4　房地产开发企业销售自行
　　　　　开发的房地产项目增值
　　　　　税征收管理 ………………… 51
2.9　进口货物征税 ……………………… 53
　　2.9.1　进口货物征税的范围及
　　　　　纳税人 ……………………… 53
　　2.9.2　进口货物应纳增值税的
　　　　　计算 ………………………… 54
2.10　出口货物退（免）税 …………… 55
　　2.10.1　出口货物退（免）税基本
　　　　　　政策与方法 ……………… 55
　　2.10.2　出口货物的退税率 ……… 56
　　2.10.3　增值税退（免）税的计税
　　　　　　依据 ……………………… 57
　　2.10.4　增值税免抵退税的计算 … 58
　　2.10.5　增值税免退税的计算 …… 61
2.11　纳税义务发生时间、纳税
　　　期限与纳税地点 ………………… 62
　　2.11.1　纳税义务发生时间 ……… 62
　　2.11.2　纳税期限 ………………… 63
　　2.11.3　纳税地点 ………………… 64
2.12　增值税专用发票的使用及
　　　管理 ……………………………… 65
　　2.12.1　专用发票开具范围 ……… 65
　　2.12.2　购买方善意取得虚开的
　　　　　　增值税专用发票的条件
　　　　　　及处理 …………………… 65
本章小结 ………………………………… 66
关键术语 ………………………………… 66
思考题 …………………………………… 66

第3章　消费税 …………………………… 68
3.1　消费税的概念和特点 ……………… 68
　　3.1.1　消费税的概念 ……………… 68

　　3.1.2　我国消费税的特点 ………… 68
　　3.1.3　我国消费税的沿革 ………… 69
　　3.1.4　我国消费税的作用 ………… 69
3.2　征税范围、纳税义务人与
　　　纳税环节 ………………………… 71
　　3.2.1　征税范围 …………………… 71
　　3.2.2　纳税义务人 ………………… 71
　　3.2.3　纳税环节 …………………… 72
3.3　税目与税率 ………………………… 73
　　3.3.1　消费税税目 ………………… 73
　　3.3.2　消费税税率 ………………… 75
3.4　计税依据 …………………………… 78
　　3.4.1　生产销售应税消费品 ……… 78
　　3.4.2　自产自用应税消费品 ……… 80
　　3.4.3　委托加工应税消费品 ……… 81
　　3.4.4　进口应税消费品 …………… 82
　　3.4.5　其他 ………………………… 82
3.5　应纳税额的计算 …………………… 83
　　3.5.1　应纳税额计算的基本
　　　　　规定 ………………………… 83
　　3.5.2　应纳税额计算的具体
　　　　　规定 ………………………… 84
3.6　消费税的申报与缴纳 ……………… 87
　　3.6.1　纳税义务发生时间 ………… 87
　　3.6.2　纳税期限 …………………… 88
　　3.6.3　纳税地点 …………………… 88
本章小结 ………………………………… 89
关键术语 ………………………………… 89
思考题 …………………………………… 89

第4章　附加税与烟叶税 ……………… 91
4.1　城市维护建设税 …………………… 91
　　4.1.1　城市维护建设税的概念和
　　　　　特点 ………………………… 91
　　4.1.2　城市维护建设税的主要
　　　　　征收制度 …………………… 91
4.2　烟叶税 ……………………………… 94
　　4.2.1　烟叶税的概念和特点 ……… 94

4.2.2　烟叶税的主要征收制度 …… 95
　本章小结 …………………………………… 96
　关键术语 …………………………………… 96
　思考题 ……………………………………… 96

第5章　关税 …………………………… 97
5.1　关税的概念、特点和分类 …… 97
　　5.1.1　关税的概念 …………………… 97
　　5.1.2　关税的特点 …………………… 97
　　5.1.3　关税的分类 …………………… 98
5.2　关税的征税对象与纳税人 …… 98
5.3　进出口税则 …………………………… 99
　　5.3.1　税则归类 ……………………… 99
　　5.3.2　税率及运用 …………………… 99
5.4　原产地规则 ………………………… 100
5.5　关税的完税价格和税额
　　　计算 ……………………………………… 101
　　5.5.1　一般进口货物的完税
　　　　　　价格 ……………………………… 101
　　5.5.2　特殊进口货物的完税
　　　　　　价格 ……………………………… 103
　　5.5.3　出口货物的完税价格 …… 104
　　5.5.4　关税的税额计算 ………… 104
5.6　关税的减免 ………………………… 105
5.7　行李及邮递物品进口税 …… 105
5.8　关税的征收管理 ………………… 105
　本章小结 ………………………………… 106
　关键术语 ………………………………… 106
　思考题 …………………………………… 107

第6章　资源税 ………………………… 108
6.1　资源税的概念、特点和
　　　作用 ……………………………………… 108
　　6.1.1　资源税的概念 …………… 108
　　6.1.2　资源税的特点 …………… 108
　　6.1.3　资源税的作用 …………… 109
6.2　纳税义务人与征税范围 …… 110
　　6.2.1　纳税义务人 ………………… 110
　　6.2.2　征税范围 …………………… 110

6.3　税目与税率 ………………………… 111
　　6.3.1　税目与税率的基本规定 … 111
　　6.3.2　税目与税率的注意事项 … 113
6.4　计税依据和应纳税额的
　　　计算 ……………………………………… 113
　　6.4.1　从价定率计征资源税的
　　　　　　税额基本计算 ………………… 113
　　6.4.2　应纳税额的计算 ………… 114
6.5　税收优惠 ………………………… 115
　　6.5.1　免征资源税 ………………… 115
　　6.5.2　减征资源税 ………………… 115
6.6　资源税的申报与缴纳 ……… 116
　　6.6.1　纳税义务发生时间 ……… 116
　　6.6.2　纳税期限 …………………… 116
　　6.6.3　纳税环节和纳税地点 … 116
6.7　水资源税改革试点实施
　　　办法 ……………………………………… 117
　　6.7.1　纳税义务人 ………………… 117
　　6.7.2　税率 …………………………… 117
　　6.7.3　应纳税额的计算 ………… 118
　　6.7.4　税收减免 …………………… 118
　　6.7.5　征收管理 …………………… 118
　本章小结 ………………………………… 119
　关键术语 ………………………………… 119
　思考题 …………………………………… 119

第7章　土地增值税 ………………… 120
7.1　土地增值税的概念和特点 … 120
　　7.1.1　土地增值税的概念 ……… 120
　　7.1.2　土地增值税的特点 ……… 121
7.2　纳税义务人与征税范围 …… 121
　　7.2.1　纳税义务人 ………………… 121
　　7.2.2　征税范围和征税范围的
　　　　　　界定 ……………………………… 122
　　7.2.3　若干具体情况的判定 … 122
7.3　税率 ……………………………………… 125
7.4　计税依据和税收优惠 ……… 125
　　7.4.1　计税依据 …………………… 125

7.4.2 税收优惠……………128
7.5 应纳税额的计算………………128
7.6 土地增值税的预交和清算……129
　　7.6.1 土地增值税的预交………129
　　7.6.2 土地增值税的清算………129
7.7 土地增值税的申报与缴纳……132
　　7.7.1 纳税义务发生时间………132
　　7.7.2 纳税期限…………………132
　　7.7.3 纳税地点…………………133
本章小结……………………………133
关键术语……………………………133
思考题………………………………133

第8章 企业所得税……………………135

8.1 企业所得税的概念、特点和
　　作用…………………………135
　　8.1.1 企业所得税的概念………135
　　8.1.2 企业所得税的特点………135
　　8.1.3 企业所得税在我国的
　　　　　沿革…………………136
　　8.1.4 企业所得税的作用………137
8.2 企业所得税的纳税人和
　　征税对象………………………138
　　8.2.1 企业所得税的纳税
　　　　　义务人…………………138
　　8.2.2 企业所得税的征税对象…139
8.3 企业所得税的税率……………139
8.4 企业所得税的应纳税
　　所得额…………………………140
　　8.4.1 企业所得税的收入总额…141
　　8.4.2 企业所得税的扣除项目…145
　　8.4.3 亏损的弥补………………151
8.5 资产的税务处理………………152
　　8.5.1 固定资产的税务处理……153
　　8.5.2 生物资产的税务处理……154
　　8.5.3 无形资产的税务处理……154
　　8.5.4 长期待摊费用的税务
　　　　　处理……………………155
　　8.5.5 存货的税务处理…………156
　　8.5.6 企业投资资产的计价
　　　　　规定……………………156
　　8.5.7 税法规定与会计规定
　　　　　差异的处理……………157
8.6 资产损失税前扣除的所得税
　　处理……………………………157
　　8.6.1 资产损失的定义…………157
　　8.6.2 资产损失的确认…………158
　　8.6.3 资产损失税前扣除管理…158
8.7 企业重组的所得税处理………160
　　8.7.1 企业重组的相关概念……160
　　8.7.2 企业重组业务的所得税
　　　　　处理……………………161
　　8.7.3 企业清算的相关规定……162
8.8 企业所得税的税收优惠………162
　　8.8.1 企业的主要税收优惠
　　　　　规定……………………162
　　8.8.2 非居民企业税收优惠
　　　　　规定……………………166
8.9 企业所得税的税额计算………166
　　8.9.1 居民企业应纳税额的
　　　　　计算……………………166
　　8.9.2 非居民企业应纳税额的
　　　　　计算……………………168
　　8.9.3 境外已纳税额的抵免……170
8.10 特别纳税调整…………………172
　　8.10.1 关联方业务往来的基本
　　　　　涉税规则………………172
　　8.10.2 转让定价方法管理………174
　　8.10.3 预约定价方法管理………174
　　8.10.4 一般反避税管理…………175
　　8.10.5 其他重要规定……………175
8.11 企业所得税的申报与缴纳……176
　　8.11.1 纳税年度…………………176
　　8.11.2 税款缴纳…………………176
　　8.11.3 纳税地点…………………177

8.11.4 跨地区经营汇总纳税
企业所得税征收管理…… 177
本章小结…… 178
关键术语…… 178
思考题…… 178

第9章 个人所得税…… 180
9.1 个人所得税的概念和特点…… 180
9.1.1 个人所得税的概念…… 180
9.1.2 个人所得税的特点…… 181
9.2 个人所得税的纳税人…… 182
9.2.1 居民纳税义务人…… 183
9.2.2 非居民纳税义务人…… 183
9.3 所得来源地的确定…… 183
9.4 个人所得税的征税项目…… 183
9.4.1 工资、薪金所得…… 183
9.4.2 劳务报酬所得…… 184
9.4.3 稿酬所得…… 184
9.4.4 特许权使用费所得…… 185
9.4.5 经营所得…… 185
9.4.6 利息、股息、红利所得…… 186
9.4.7 财产租赁所得…… 186
9.4.8 财产转让所得…… 186
9.4.9 偶然所得…… 186
9.5 个人所得税的税率…… 187
9.5.1 累进税率…… 187
9.5.2 比例税率…… 188
9.6 个人所得税的计税依据和税额计算…… 188
9.6.1 应纳税所得额的规定…… 188
9.6.2 居民个人综合所得应纳税额的计算…… 191
9.6.3 非居民个人四项所得应纳税额的计算…… 193
9.6.4 经营所得应纳税额的计算…… 194
9.6.5 财产租赁所得应纳税额的计算…… 197

9.6.6 财产转让所得应纳税额的计算…… 197
9.6.7 利息股息红利所得和偶然所得应纳税额的计算…… 199
9.7 个人所得税的税收优惠…… 200
9.7.1 免税项目…… 200
9.7.2 暂免征税的主要项目…… 201
9.7.3 经批准可以减征个人所得税的项目…… 202
9.8 境外已纳税款的扣除…… 202
9.9 个人所得税的申报与缴纳…… 203
9.9.1 自行申报纳税…… 203
9.9.2 代扣代缴税款…… 204
9.9.3 纳税地点…… 208
本章小结…… 208
关键术语…… 208
思考题…… 208

第10章 城镇土地使用税和耕地占用税…… 210
10.1 城镇土地使用税…… 210
10.1.1 城镇土地使用税的概念和特点…… 210
10.1.2 城镇土地使用税的主要征收制度…… 211
10.2 耕地占用税…… 215
10.2.1 耕地占用税的概念和特点…… 215
10.2.2 耕地占用税的主要征收制度…… 215
本章小结…… 218
关键术语…… 218
思考题…… 218

第11章 房产税和车船税…… 219
11.1 房产税…… 219
11.1.1 房产税的概念和特点…… 219
11.1.2 房产税的主要征收制度…… 219

11.2 车船税·················223
　11.2.1 车船税的概念和特点·····223
　11.2.2 车船税的主要征收
　　　　 制度················224
本章小结····················228
关键术语····················228
思考题······················228

第12章 印花税和契税············230
12.1 印花税·················230
　12.1.1 印花税的概念和特点·····230
　12.1.2 纳税人与扣缴义务人·····231
　12.1.3 税目与税率············231
　12.1.4 计税依据与税额计算·····232
　12.1.5 税收优惠··············233
　12.1.6 缴纳方法与纳税申报·····233
12.2 契税···················234
　12.2.1 契税的概念和特点······234
　12.2.2 纳税人················234
　12.2.3 征税范围··············234
　12.2.4 税率、计税依据和税额
　　　　 计算················235
　12.2.5 税收优惠··············236
　12.2.6 申报与缴纳············236
本章小结····················237
关键术语····················237
思考题······················237

第13章 其他各税··················238
13.1 车辆购置税··············238
　13.1.1 车辆购置税的概念和
　　　　 特点················238
　13.1.2 车辆购置税的主要
　　　　 征收制度············238
13.2 船舶吨税················241
　13.2.1 船舶吨税的概念和
　　　　 特点················241
　13.2.2 船舶吨税的主要征收
　　　　 制度················242

13.3 环境保护税·············243
　13.3.1 环境保护税的概念和
　　　　 特点················243
　13.3.2 环境保护税的主要征收
　　　　 制度················244
本章小结····················247
关键术语····················247
思考题······················247

第14章 中国现行税制的发展与
展望························248
14.1 中华人民共和国成立初期
　　 至改革开放之前的税制
　　 建设··················248
　14.1.1 1949—1953年，新中国
　　　　 税制的初步建立······248
　14.1.2 1958年，简化税制，
　　　　 试行工商统一税······250
　14.1.3 1973年，工商税制的
　　　　 进一步简化··········251
14.2 20世纪80年代的税制
　　 改革··················252
　14.2.1 1980—1982年，初步
　　　　 建立涉外税收制度·····252
　14.2.2 1983年和1984年，两步
　　　　 利改税的实施········253
14.3 20世纪90年代初期的税制
　　 改革··················255
　14.3.1 1994年税制改革的指导
　　　　 思想和遵循原则······255
　14.3.2 1994年税制改革的主要
　　　　 内容················256
　14.3.3 1994年税制改革成功
　　　　 奠定了我国现行税收
　　　　 制度的基础··········257
14.4 2003年开始启动的新一轮
　　 税制改革··············258

14.4.1 新一轮税制改革的
动因 ··········· 258
14.4.2 新一轮税制改革的指导
原则和主要内容 ········ 261
14.4.3 2003年以来税制改革的
主要内容 ········ 262
14.5 2009年开始实施的结构性
减税政策 ············ 271
14.5.1 结构性减税的概念及
提出的背景 ········ 271
14.5.2 结构性减税的内容 ······· 272

14.6 2016年以来供给侧结构性
改革的税收政策 ········ 277
14.6.1 供给侧结构性改革的
内涵及提出的背景 ······ 277
14.6.2 供给侧结构性改革的
税收政策内容 ········ 278
14.7 2019年以来新一轮减退税
政策 ············ 281
14.7.1 减退税的意义 ········ 281
14.7.2 减退税的主要内容 ······· 281
14.8 未来税制改革展望 ········ 283

第1章 中国现行税制导论

1.1 税收制度及其构成要素

1.1.1 税收制度的概念

对于税收，我们都有感性认识。比如，你在国内商店购买商品，商品的价格里面会含有增值税；假如你买的是化妆品、烟、酒等，价格里面还含有消费税；再假如这些商品是从海外进口的，可能还会含有关税。当国家的税收政策调整时，商品的价格可能会发生变化。比如，我国加入WTO后，随着关税的下降，一些进口商品的价格应声而降。另外，当你的工资、薪金、稿酬、劳务报酬超过一定的标准时，需缴纳个人所得税；当你卖掉现在居住的房子时，你有可能需要缴纳增值税、个人所得税、印花税；当你拥有私家车时，你要缴纳车船税；当你是一名财务人员时，可能工作中要涉及企业纳税的方方面面。所以，无论从生活角度还是工作角度，税收都与我们关系密切。

列宁说："所谓赋税，就是国家不付任何报酬而向居民取得东西。"[1]亚当·斯密指出："人民必须拿出自己的一部分收入，给君主或国家，作为一笔公共收入。"[2]小川乡太郎认为："税收就是国家为了支付行政经费而向人民强制征收的财物。"[3]西蒙·詹姆斯、克里斯托弗·诺布斯则认为："税收是由政府机构实行不直接偿还的强制性征收。"[4]侯梦蟾给税收下的定义是："税收是国家为满足一般的社会公共需要，按照事先确定的标准，对社会剩余产品所进行的强制、无偿的分配。"[5]另外，还有很多学者对税收给出了自己的定义。

虽然税收的定义不完全相同，但仍可从中获得一些共性的认识。总结其中的共性，我们给出税收的定义：税收是国家为满足其行使统治和社会公共需要的职能，凭借政治权力，按照事先确定的标准，强制地、无偿地参与社会产品分配的一种形式。税收体现了国家与纳税人之间对社会剩余产品的分配关系。

税收制度简称税制，理论界通常从两个角度去研究税收制度：第一个角度是工作规范和管理章程；第二个角度是税收活动的经济意义。税收制度的概念有传统与现代之分，

---

[1]《列宁全集》第32卷，人民出版社1958年版，第275页。
[2] 亚当·斯密：《国民财富性质和原因的研究》（下册），商务印书馆1974年版，第383页。
[3] 小川乡太郎：《租税总论》，商务印书馆1935年版，第11页。
[4] 西蒙·詹姆斯、克里斯托弗·诺布斯：《税收经济学》，中国财政经济出版社1988年版，第11页。
[5] 侯梦蟾：《税收经济学导论》，中国财政经济出版社1990年版，第3页。

传统税收制度的概念往往是从第一个角度来定义税收制度的,而现代税收制度的概念往往侧重于从第二个角度定义税收制度。

传统税收制度的概念有广义和狭义之分。传统狭义税收制度的概念主要是指国家各种税收法律、法规、规章、征收管理办法和税收管理体制的总称,包含国家设置具体税种的课征制度,即税收的规章制度。传统广义税收制度的概念还包括除上述传统狭义税收制度的概念之外的税务机构设置、计划会计统计、税务行政复议、征管组织形式及税务机关内部各项管理制度。税收制度明确规定国家和纳税人的征纳关系,是国家征税和纳税人纳税必须共同遵守的法律依据和规程。

现代税收制度的概念吸收了西方学者对税收体系的理解。例如,陈共曾在其《财政学》中给税收制度下过定义:税收制度是国家按照一定政策原则组成的税收体系,其核心是主体税种的选择和各种税的搭配问题。

更多教材将传统概念与现代概念相结合来为税收制度下定义:

> 税收制度不仅是指国家各种税收法律、法规、规章、征收管理办法和税收管理体制的总称,也体现了多种税相互联系、相互配合所形成的税收体系。

税收制度属于上层建筑的范畴,为一定的经济基础服务。一个国家制定什么样的税收制度,是由生产力发展水平、生产关系性质、经济管理体制、产业结构及国家的税收政策等多种因素决定的。鉴于税收与经济的关系,税收制度不是一成不变的,在不同的社会制度下或同一社会制度的不同发展阶段,税收制度是不相同或不完全相同的。与客观经济基础相适应的税收制度,能够促进社会生产力的发展;与客观经济基础不相适应的税收制度,将破坏和阻碍社会生产力的发展。

1.1.2 税收制度的构成要素

税收总是由一定的具体法律法规表现出来的,没有具体制度的税收是不存在的。其原因是,国家要征税,纳税人要纳税,双方形成一种征纳关系,这种征纳关系必须用法律或规章的形式加以规定,以利于双方在征纳中共同遵守。由于政治、经济、历史等原因,各国的税收制度不可能相同,但在世界各国税收法律法规中,都会体现出一些共同的元素,如对什么征税(课税对象)、由谁交税(纳税人)、交多少税(税率、计税依据)等,这就是税收制度的构成要素。由于税收制度的核心是税法,税收制度总是通过一定的具体法律法规表现出来的,这些税收制度的构成要素也被称为税法的构成要素。

税收制度的构成要素,是传统狭义的税收制度所必须具备的要素,它是建立税收制度的基本条件,也是税收原则、政策贯彻的基石,是整个税收理论体系中的一个十分重要的方面。没有它,也就没有税收。税收制度构成要素有纳税人、课税对象、税目、税率、计税依据、纳税环节、纳税期限、纳税地点、减税免税、税收优惠、违章处理等。国家要设置税种,就必须对这些要素以法律或制度的形式做出明确的规定。

1. 纳税人

纳税人是指税法规定的负有纳税义务的单位和个人。纳税人可以是自然人,也可以是法人。所谓自然人，一般是指公民或居民个人。所谓法人，是指依法成立并能独立行使法定权利和承担法定义务的社会组织，可以包括营利法人、非营利法人和特别法人。

与纳税人有联系的一个概念是负税人。负税人是指最终负担税款的单位和个人，它与纳税人有时是一致的，如直接税，税负一般不能转嫁，纳税人就是负税人；有时是分离的，如流转税，税负一般可以转嫁，纳税人可通过提高产品售价、压低原材料进价或二者兼用的方法将税负转嫁出去，税负转嫁可以体现出纳税人与负税人的分离。

与纳税人有联系的另一个概念是扣缴义务人。扣缴义务人是按照税法规定的代扣代缴、代收代缴税款的单位与个人。扣缴义务人本身并不负担税款，其中代扣代缴义务人直接持有纳税人的收入，从中扣缴纳税人的应纳税款。如《中华人民共和国个人所得税法》第八条规定："个人所得税，以所得人为纳税义务人，以支付所得的单位或个人为扣缴义务人。"代收代缴义务人不直接持有纳税人的收入，是在与纳税人的经济往来中收取纳税人的应纳税款并代为缴纳。如《中华人民共和国消费税暂行条例》第四条规定："委托加工的应税消费品，除受托方为个人外，由受托方在向委托方交货时代收代缴税款。"

2．课税对象

课税对象又称征税对象、税收客体，它是指对什么征税，是税法规定的征税的目的物。每一种税都必须明确对什么征税，每种税的课税对象都不会完全一致。一个税种名称的由来，以及不同税种性质上的区别，都是由课税对象决定的。因此，课税对象是一种税区别于另一种税的主要标志。

现代社会，国家的征税对象主要包括所得、商品和财产、行为、资源等，以此为课税对象而设计的税制分别是所得税、商品税和财产税、行为税、资源税等。有两个概念与课税对象有联系，但又不完全相同，必须区分开。

1）税源

税源是指税收的经济来源或最终出处，各种税有不同的经济来源。有的税种的课税对象与税源是一致的，如所得税的课税对象和税源都是纳税人的所得。有的税种的课税对象与税源不同，如财产税的课税对象是纳税人的财产，但税源往往是纳税人的收入。

2）税目

税目是课税对象的具体项目或课税对象的具体划分。税目规定了一个税种的征税范围，体现了征税的广度。在一般情况下，一个税种的课税对象可以体现为多个项目，如消费税，以应税消费品为课税对象，又可细分为十几个税目，如烟、酒、成品油等。在课税对象比较简单的情况下，也可不再划分税目。税目的制定，可以采用"列举法"，也可以采用"概括法"。进行税目划分，可以更加具体地展示征税对象，也方便国家有针对性地利用税收杠杆调节经济。

3．税率

税率是指国家征税的比率。税率是国家税收制度的核心，它反映征税的深度，体现国家的税收政策。一般来说，税率可划分为比例税率、定额税率和累进税率三类。我国现行税率主要有以下几种，如表1-1所示。

（1）比例税率是指对同一课税对象，不论其数额大小，统一按一个比例征税。比例税率计算简便，但不能很好地发挥调节公平的作用。

表 1-1　我国现行税率

税率类别			具体形式	应用的税种
比例税率			单一比例税率；差别比例税率；幅度比例税率	增值税、城市维护建设税、企业所得税等
定额税率			按征税对象的一定计量单位规定固定的税额	城镇土地使用税、车船税等
累进税率	额累	全额累进税率	（我国目前没有采用）	
		超额累进税率	把征税对象按数额大小分成若干等级，每一等级规定一个税率，税率依次提高，将纳税人的征税对象依所属等级同时适用几个税率分别计算，再将计算结果相加后得出应纳税款	个人所得税中的综合所得和经营所得项目
	率累	全率累进税率	（我国目前没有采用）	
		超率累进税率	以征税对象数额的相对率划分若干级距，分别规定相应的差别税率，相对率每超过一个级距，对超过的部分就按高一级的税率计算征税	土地增值税

（2）定额税率也称固定税额，它是按课税对象的一定计量单位直接规定一个固定的税额而不规定征收比例。定额税率在计算上更为便利，而且由于采用从量计征办法，不受价格变动的影响。它的缺点是税收收入不随物价的变动而变动，因而现代税制中被运用得较少，如我国现行税制中只有资源税等少数几个税种采用了定额税率。

（3）累进税率是按课税对象数额的大小，划分若干等级，每个等级由低到高规定相应的税率，课税对象数额越大，税率越高；税额越小，税率越低。累进税率按照累进依据的不同分为额累和率累；按照计算方法的不同，分为全额累进税率和超额累进税率、全率累进税率与超率累进税率。

① 全额累进税率。

全额累进税率是把课税对象的全部按照与之相对应的税率相乘计算征税。

② 超额累进税率。

超额累进税率是把课税对象按数额大小划分为不同的等级，每个等级分别适用不同档次的税率，各等级分别计算税额，加总后为该课税对象应纳税额。

与比例税率相比，全额累进税率与超额累进税率都可起到一定的公平作用，但二者又有不同：第一，与超额累进税率相比，全额累进税率计算简便一些；第二，全额累进税率的累进速度较快；第三，在所得额级距的临界点处，全额累进税率会出现税额增长超过所得额增长的不合理情况。这样会影响纳税人的行为选择，如在一定情况下选择闲暇而不选择劳动，扭曲资源配置，而超额累进税率则不存在这个问题，故现行税制中很少采用全额累进税率。

全额累进税率与超额累进税率的区别见下例，超额累进税率的计算如表 1-2 所示。

【例 1-1】　当甲的应纳税所得额分别为 ①1500 元、②1501 元、③4500 元、④4501 元时，在全额累进税率和超额累进税率下，计算甲应纳的税额。

① 当甲的应纳税所得额为 1500 元时，

全额累进税率下应纳税额 = 1500 × 3% = 45（元）

表 1-2　超额累进税率的计算

级次	课税对象级距	税率
1	1500 元（含）以下	3%
2	1500～4500 元（含）	10%
3	4500～9000 元（含）	20%

超额累进税率下应纳税额 = 1500×3% = 45（元）

② 当甲的应纳税所得额为 1501 元时，

全额累进税率下应纳税额 = 1501×10% = 150.1（元）

超额累进税率下应纳税额 = 1500×3% + 1×10% = 45.1（元）

③ 当甲的应纳税所得额为 4500 元时，

全额累进税率下应纳税额 = 4500×10% = 450（元）

超额累进税率下应纳税额 = 1500×3% + （4500-1500）×10% = 345（元）

④ 当甲的应纳税所得额为 4501 元时，

全额累进税率下应纳税额 = 4501×20% = 900.2（元）

超额累进税率下应纳税额 = 1500×3% + （4500-1500）×10% + （4501-4500）×20%
= 345.2（元）

作一个比较：

由①②比较可知，在第 1 级，全额累进税率与超额累进税率计算结果相同；在第 2 级，全额累进税率下应纳税额为 150.1 元，超额累进税率下应纳税额为 45.1 元，全额累进税率的税额增幅急剧。

由③④比较可知，甲的收入增加 1 元，全额累进税率下应纳税额增加 450.2 元；超额累进税率下应纳税额增加 0.2 元。可见，在临界点上，全额累进税率会出现税收增加幅度超过收入增加幅度的情况，从避税角度考虑，纳税人会避免增加最后 1 元钱的收入，扭曲资源配置；而超额累进税率则不存在这样的问题。

通过上面的计算过程可以发现，超额累进税率计算结果比较公平，但计算过程比较复杂，在税率档次较多时，按照逐级累加的方法计算应纳税额比较麻烦。为了扬长避短，在实践中引入了速算扣除数。所谓速算扣除数，是在级距和税率不变的条件下，按照全额累进税率计算的应纳税额与按照超额累进税率计算的应纳税额的差额。速算扣除数列入税率表，可以简化超额累进税率的计算。

因此，在超额累进税率条件下，采用速算扣除数法计算超额累进税率的所得税的计税公式如下：

应纳税额 = 应纳税所得额×适用税率 - 速算扣除数

速算扣除数的计算公式：

本级速算扣除额 = 上一级最高所得额×（本级税率-上一级税率）+ 上一级速算扣除数

用上述公式求得的速算扣除数，可用直接计算法验证其准确性。以个人所得税工资、薪金所得适用的 7 级超额累进税率第 2 级验证如下。

① 用上述公式计算：

$$1500×（10\%-3\%）+ 0 = 105$$

② 用直接计算法计算：

速算扣除数 = 全额累进税率的应纳税额 - 超额累进税率的应纳税额 = 150.1 - 45.1 = 105

③ 全率累进税率。

全率累进税率是按征税对象相对比例划分征税级距，就纳税人的征税对象全部数额按与之相适应的级距税率计征的累进税率。即将征税对象的相对比例（如产值利润率、资金利润率、销售利润率、成本利润率、工资利润率、工资增长率等）从小到大划分为若干不同的征税级距，分别制定从低到高不同的等级税率，但实际征税时，仍以征税对象的绝对数额作为计税依据，当纳税人的征税对象的相对比例达到某一等级时，全部征税对象数额都要按这一等级的税率征税。

④ 超率累进税率。

超率累进税率是按征税对象的相对比例划分征税级距，就纳税人的征税对象全部数额中符合不同级距部分的数额，分别按与之相适应的各级距税率计征的累进税率。我国1993年12月13日发布的《中华人民共和国土地增值税条例》规定，土地增值税实行的是四级超率累进税率。增值额未超过扣除项目金额50%的部分税率为30%；增值额超过扣除项目金额50%、未超过扣除项目金额100%的部分税率为40%；增值额超过扣除项目金额100%、未超过扣除项目金额200%的部分，税率为50%；增值额超过扣除项目金额200%的部分，税率为60%。

全率累进税率与全额累进税率的累进方式相同，区别仅在于划分级距的标准不同，全率累进税率以相对数为划分标准，而全额累进税率以绝对数为划分标准。目前，全率累进税率在我国尚未实行。相比之下，超率累进税率比超额累进税率计算更复杂，如表1-3所示。

表1-3 超率累进税率的计算

级次	计税依据	税率
1	增值额在扣除项目金额50%以内的部分	30%
2	增值额超过扣除项目金额50%、未超过扣除项目金额100%的部分	40%
3	增值额超过扣除项目金额100%、未超过扣除项目金额200%的部分	50%
4	增值额超过扣除项目金额200%的部分	60%

【例1-2】假设一个企业的销售收入额为100万元，扣除项目金额的60万元。

则按照超率累进税率的原理，企业应纳税额的计算如下：

增值额 = 100 - 60 = 40（万元）

增值率 = 40/60 × 100% = 67%

应纳税额 = (60 × 50%) × 30% + (40 - 60 × 50%) × 40% = 9 + 4 = 13（万元）

与超额累进税率的原理相同，如果一个企业的增值率非常高，如超过200%，它就要累加四次，计算非常麻烦。在这里，可以借鉴速算扣除数，引入速算扣除率的概念。

之所以要引入速算扣除率，是因为在超率累进税率下，增值额相同，增值率却不一定相同，各级之间没有一个统一的速算扣除数，而速算扣除率却可以是相同的。

速算扣除率 = 速算扣除数 / 扣除项目金额

超率累进税率下的应纳税额 = 全率累进税率下的应纳税额 -（按照逐级累加方式计算的）超率累进税率下的应纳税额

第1级的速算扣除率为0。

现在举例计算第2级的速算扣除率。

全率累进税率下的应纳税额 = 40 × 40% = 16（万元）

（按照逐级累加方式计算的）超率累进税率下的应纳税额 = 13（万元）

速算扣除数 = 16 - 13 = 3（万元）

速算扣除率 = 3/60 × 100% = 5%

按照此种方法，可以计算得出第 3、4 级的速算扣除率，分别是 15%和 35%。

4．计税依据

计税依据是计算应纳税的根据，是征税对象的量的表现。计税依据与征税对象虽然同样反映征税的客体，但两者要解决的问题不同。征税对象解决对什么征税的问题，计税依据则是在确定了征税对象之后，解决如何计量的问题。计税依据分为从价计征和从量计征两种类型。从价计征的税收，以征税对象的自然数量与单位价格的乘积作为计税依据；从量计征的税收，以征税对象的自然实物量作为计税依据，该项实物量以税法规定的计量标准（重量、体积、面积等）计算。

5．纳税义务发生时间

纳税义务发生时间是指纳税人何时负有纳税的义务。由于纳税人的生产经营活动多种多样，各不相同，各个税种都规定了一定的标准用以确定这个时刻。如现行的《中华人民共和国增值税暂行条例》第十九条规定："销售货物或应税劳务，以收讫销售款或者索取销售款凭证的当天为增值税纳税义务发生时间；进口货物，以报关进口的当天作为增值税纳税义务发生时间。"确定纳税义务发生时间是计算纳税期限内应纳税款的前提条件。

6．纳税期限

纳税期限是指纳税人在发生纳税义务后，按规定应向国家缴纳税款的时间，是税收固定性在时间上的体现。为了保证税款的及时入库，必须规定税款的结算和缴纳时限。税法中规定的纳税期限往往是不唯一的，一般根据不同的应税业务和应纳税额的数额大小等因素，由主管税务机关具体确定。

纳税期限有两层含义：

一般意义上的纳税期限，是结算应纳税款的期间。通常来看，应纳税款数额大的，结算期限较短；应纳税款数额小的，结算期限较长。在具体做法上，可分为按期纳税和按次纳税两种。比如在增值税中，对于按期纳税的纳税人，主管税务机关按其业务和应纳税额的数额大小分别以 1 日、3 日、5 日、10 日、15 日、1 个月或 1 个季度为一期纳税，应税数额大的，以 1 天为一期纳税；应税数额小的，则以 1 个月或 1 个季度为一期纳税。

纳税期限还涉及缴款期限，缴款期限是指税款缴纳入库的期限。缴款期限的长短取决于结算期限的长短。比如在增值税中，纳税人以 1 个月为一期纳税的，应自期满之日起 15 日内申报纳税；以 1 日、3 日、5 日、10 日、15 日为一期纳税的，应自期满之日起 5 日内预缴税款，于次月 1 日起 15 日内申报纳税并结清上月应纳税款。

7．纳税地点

纳税地点是指纳税人（包括代征、代扣代缴义务人）申缴缴纳税款的地点。规定纳税人申报纳税的地点，既有利于税务机关实施税源征管，防止税收流失，又便于纳税人缴纳税款。一般来讲，纳税的具体地点有就地纳税、口岸纳税、集中纳税、营业行为所在地纳税、汇总缴库等形式。

8．纳税环节

纳税环节是指在商品流转环节中，应当缴纳税款的环节。商品从生产到消费要经历若干环节，在哪个环节缴纳税款关系到税款能否及时入库，关系到税收作用能否充分发挥，关系到不同地区间利益的分配。纳税环节分布在社会再生产的各个环节，如资源税分布在生产环节，所得税分布在分配环节等。

纳税环节可以有不同的选择：有的税种仅仅要求纳税人在生产或销售的单一环节纳税，有的税种要求纳税人多环节纳税。比如，增值税就要求道道纳税，即商品从生产到销售，每经历一个环节，便要纳一次税。

9．税收优惠

税收优惠是国家为达到一定的目标而规定给予纳税人或征税对象的各种照顾措施。税收优惠是税收制度的组成部分，是税法原则性和灵活性相结合的具体表现。

税收优惠有以下几种形式。

1）税基式减免

税基式减免是指通过缩小计税依据来实现减税免税，具体包括以下几种形式。

（1）起征点：起征点是税法规定的课税对象达到征税数额开始征税的界限。课税对象的数额未达到起征点的不征税；达到或超过起征点的则全额征税。

（2）免征额：免征额是税法规定的课税对象全部数额中免于征税的数额。它是按照一定标准从课税对象数额中预先扣除的数额，不论课税对象的数额多大，免征额部分始终不征税，只对超过免征额的部分征税。

（3）项目扣除：在征税对象总额中先扣除某些项目的金额后，仅就其余额为依据计算应纳税额。它是在税法规定的一般扣除项目的基础上，扩大或增加扣除项目以缩小税基而实行的减免税。如有的国家在公司所得税中规定公司的亏损可以用以前或以后年度的利润来弥补。

2）税率式减免

税率式减免是指通过降低税率的方式来实现减税免税，即对某些征税对象重新规定低于原定税率的税率。

3）税额式减免

税额式减免是指通过减少一部分税额或免除全部税额实现对纳税人的照顾。

（1）全部免征：免除纳税人某一纳税项目或全部纳税项目的应纳税额。

（2）核定减征率或减征额：减除纳税人应纳税额的一定比例或税额。

10．加成加倍征收

加成加倍征收是在纳税人应纳税额的基础上加征一定倍数的税额。加倍征收是一种不改变法定税率而大幅度提高征收强度的方法，所以其实质是税率的补充形式。加征一成即加征10%，加征一倍即加征100%。

11．违章处理

违章处理是指对纳税义务人违反税法的行为采取的惩罚措施。比如，纳税人不按规定办理税务登记；不按规定期限向税务机关报送纳税申报表和会计决算报表；拒绝税务机关进行纳税检查或不据实报告财务、会计和纳税情况；欠税、偷（逃）税、抗税、骗税等，都属于违反税法的行为，都要依法受到惩罚。违章处理的主要措施有：

（1）加收滞纳金，指税务机关对不按规定期限缴纳税款的纳税单位或个人加收的兼具惩罚性和利息性的款项。滞纳金自纳税期满的次日起计算，按日加收滞纳税款的万分之五。

（2）处以罚款，指税务机关对涉税违规的纳税人处以一定金额或比例的罚款。

（3）移送人民法院依法追究刑事责任。

1.2 税收分类

现代经济社会普遍实行了复合税制，即一个国家的税收制度是由多个税种组成的。多重税制的好处是可以实现国家的多重经济目标，但它也使税收制度变得十分复杂。

复合税制是由不同的税种组成的，可以按不同的标准对其进行分类。

1.2.1 按课税对象的性质分类

按课税对象的性质，可将税收分为货物劳务税、所得税、财产税、行为目的税、资源税。

货物劳务税也称商品劳务税、流转税，是指在生产、流通或服务过程中，以货物与劳务的流转额（或数量）为课税对象的一类税的统称。所得税是对所有以所得额为课税对象的税种的总称。所得额又称为"纯收益额"，是纳税人的收入额减除为取得收入所付出的代价后的余额。财产税是所有以财产为课税对象的税类的总称。行为目的税是以特定行为或为达到特定目的而设置的税种的统称。资源税是以资源和级差收益为课税对象的税收统称。

1.2.2 按税负能否转嫁分类

按税负能否转嫁分类，可将税收分为直接税和间接税。

直接税是指由纳税人自己承担税负，不能转嫁出去的税种的统称。间接税是税收负担能够转嫁出去的税种的统称。

一般来讲，所得税和财产税的税负由纳税人自己承担，不可转嫁出去，为直接税；流转税的税负有时可以转嫁出去，为间接税。

1.2.3 按税收管理权限分类

按税收管理权限分类，可将税收分为中央税、地方税、共享税。

中央税是指划归中央并由中央管理的税种。地方税是指税收管理权和收入分配权划归地方政府的税种。共享税是指由中央和地方共同享有的税种。在实行彻底分税制的国家，只有中央税与地方税。

1.2.4 按计税标准分类

按计税标准分类，税收可分为从价税和从量税。

从价税是以征税对象价值为标准征的税，税额随价格变化而相应地增减。一般来说，依据课税对象的价格或金额从价定率计算征税，可以使税收与商品或劳务的流转额密切相连，尤其在物价上涨时，税额也随之增加，能够保证税收的稳定。目前，世界上各国实行的大部分税种均属于从价税。

从量税是以征税对象的容积、重量、面积、件数等为标准而征的税，税额不随价格的变化而增减。它的优点是计算简便，缺点是在通货膨胀时税额不能增加，使国家税收收入遭受损失。目前，世界各国实行的税种，只有少数几种采用从量税。中国现行税制中的车船税、耕地占用税、城镇土地使用税、船舶吨税等税种，以吨位或辆数、平方米等为计税依据，并按照规定的定额税率计税，均属从量税。

1.2.5 按税收与价格的关系分类

按税收与价格的关系分类，税收可分为价内税与价外税。

价内税是指税金是价格的组成部分，税款的计算以含税价格为基础。

价外税是指税金不是价格的组成部分，税额的计算以不含税额为基础。目前，西方发达国家对商品和劳务的课征多数采用价外税形式，我国的增值税、车辆购置税都属于价外税。

1.2.6 按税收收入形态分类

按税收收入形态分类，税收可分为力役税、实物税、货币税。

力役税是指以直接提供劳动的方式缴纳税收。实物税是指以实物形式征收缴纳的税收。货币税是指以货币形式征收缴纳的税收。力役税是税收的早期收入形式，然后是实物税，现在这两种形式逐渐被货币税所取代。在商品经济条件下，货币税因具有缴纳方便的特点而被普遍使用。

1.2.7 按是否具有独立的计税依据分类

按是否具有独立的计税依据，可将税收分为正税与附加税。

正税是指通过法定程序由立法机关公布税法或授权拟订条例以草案形式发布开征，具有独立的计税依据并正式列入国家预算收入的税收。正税有自己特定的征税对象，其计算与其他税没有连带关系。而征收附加税或地方附加，则要以正税为依据。

正税是国家预算收入的主要来源，对于保证国家实现各项职能的资金需要，通过税收分配体现国家的有关政策，调节社会经济生活等，具有决定性的意义。中国现行税制中，如增值税、消费税等，按照规定税率独立征收，都是正税。

附加税是指随正税按照一定比例征收的税，以正税的存在和征收为前提和依据。从中国现行税制看，附加税包括两种：

（1）以正税的应纳税额为依据而加征的某个税种。例如，城市维护建设税，是以增值税、消费税的税额作为计税依据的。

（2）按照正税的征收标准，在征收正税的同时再额外加征的一部分税收。例如，2008年之前我国对涉外企业在征收企业所得税的同时征收的地方所得税，在依据应纳税所

额计算出正税的同时，依据同样的应纳税所得额加收一定比例的地方企业所得税，即为此种附加税。

1.2.8 按存续时间的长短分类

按存续时间的长短，可将税收分为临时税、经常税。

临时税是指只在国家规定的一定时期内暂时课征的税收或一次性课征的税收，通常是国家为了解决某项特殊或临时的支出需要，或者为了执行某项临时政策而开征的。其特点是具有特别的开征目的与对象，一般存续时间较短，一旦情况变动或完成了国家赋予的有关任务，即告废止。但也有的临时税一经开征后，逐渐演变成经常税。如现行世界通行的所得税，是英国于1799年为了筹措英法战争经费而开征的临时税，战争终了即废止，战争再起又开征，最后，终于转变成一种具有重要地位的经常税。

经常税是指国家每年依照税法连续课征的税收，税款主要满足国家正常情况下的财政支出需要。经常税的主要特点是持续时间较长或很长，基本法规比较稳定，开征与废止都必须通过立法程序。我国现行税制对流转额和所得额等课征的大多数税种，都属于经常税。

1.2.9 按是否具有特殊目的分类

按是否具有特殊目的，可将税收分为特别税与一般税。

特别税是指有特定用途的税收。例如，美国的社会保险税专门用于社会福利、保险支出；日本的地方道路税专门用于道路修建支出；我国的城市维护建设税，主要用于城市设施的维护和建设。

一般税是指用于国家一般性的支出，即非特定用途而课征的税收。这类税实现税收筹集财政收入的主要职能，对社会生活进行一般调节或广泛调节。通常来说，一个国家的大多数税种都属于一般税。

1.2.10 按税收负担的确定方式分类

按税收负担的确定方式，可将税收分为配赋税与定率税。

配赋税也称为摊派税，是国家采取分摊税款的方法征收的税种。基本做法是国家对需要开征的某个税种，事先不规定固定税率，只确定应征税总额，再按一定标准逐级、逐层分配摊派下去，具体落实到每个纳税人或每个课税单位的应纳税数额。比如，中国明朝末年的杂税练饷即属于配赋税，它首先确定全国课征总额为734万余两银子，然后按田亩数进行分摊，规定每亩应缴税银一分。不仅中国，世界其他国家历史上也曾经采用过配赋税，但现在各国很少采用该税。这是因为这种计征方法虽然保证了预征收入的取得，但也存在非常大的弊端：一是摊派征收，征纳双方容易发生争执，税负难以做到合理公平；二是在税收负担的分配过程中容易出现税吏中饱私囊、敲诈勒索的现象；三是以这种配赋法征税，不符合现代税收的法治原则，无法使国家与经济组织、个人之间的分配关系以法律形式明确确定下来。

定率税是依据一定的课税对象和预先规定的税率计征的税种。国家在税法中明确规定应纳税额占课税对象数额之间的比例，即税率，纳税人发生纳税义务要依法纳税时，按法规中规定的税率计算征税。定率税的特点:一是能使征纳双方事先知道应征或应纳的税额,便于征纳双方互相监督;二是对各纳税人一视同仁,较为公平;三是依法定税率征税,符合现代税法的税收法律主义原则。目前,世界各国广泛采用定率税。

1.3 税制结构

1.3.1 税制结构的概念

税制结构是指税收制度中税种的构成及各税种在其中所占的地位,主要包括税种的设置、主体税种的选择及主体与辅助税的配合等问题。

根据税种的多寡,可将税制结构分为单一税制和复合税制。由于单一税制无法保证财政收入的充裕、稳定和可靠,也不能充分发挥税收的调控作用,因而在历史上未曾有任何一个国家实行过,它只不过是纯理论上的设想;而复合税制下的税种较多,可以相互配合、相互补充,能够有效保证收入,实现对国民经济的调节,因而,世界各国和地区均采用复合税制。中华人民共和国自成立以来,税制由繁到简,又由简到繁,但总体上来说,一直实行的是复合税制。

复合税制包括各个税种之间如何组合与协调、每一税种内部各税制要素相互间的组合与协调、征收管理层次之间的组合与协调等内容。不同的组合与协调关系,就形成了各种类型和多种多样的税制结构。

1.3.2 影响税制结构的主要因素

1. 生产力发展水平

在奴隶社会和封建社会,由于自然经济占统治地位,商品经济不发达,国家统治者只采取直接对人或对物征收的简单直接税,如人头税、财产税等。之所以称其为简单的或古老的直接税,是因为当时的税收在征收时不对课税对象进行区分,一视同仁。如人头税,按人口课征,而不论这个人是老年人还是小孩。当时,虽然也对城市商业、手工业及进出口贸易征收营业税、物产税、关税,但为数很少,在税收中不占重要地位。

进入资本主义社会以后,由于简单的税制已不能满足财政的需要,所以资产阶级夺取政权之后,利用商品经济日益发达的条件,加强对商品和流通行为课征间接税,形成了以间接税为主的税收制度,包括营业税、消费税等。

在资本主义上升时期,资本家发现所缴纳的间接税可以通过提高价格的方式转嫁给消费者负担,因而非常欢迎这类税种。但是,由于货物劳务等间接税在产生初期是对流转额全额征税的,随着商品经济的发展、经济协作的增强,重复征税问题变得越来越突出。首先,对商品的流转额课征的间接税,在商品到达消费者手中之前,往往要经过多次流转过程,每次流转都要征税,流转次数越多,征税额越大,商品的价格也越高。这种情况很不利于企业的市场竞争和扩大再生产。其次,对消费品课征间接税,相应地提高了消费品价格,这就迫使资本家必须提高工人的名义工资。而提高工资又会提高生成本，从而影响资本家的经济利益。而且过分扩大间接税的课征范围，还会引起无产阶级及劳动人民的反抗。在国际贸易方面，关税过去曾是保护资本主义工业发展的有力武器，但是，在本国工业已经发展起来后，出口竞争能力增强，需要向国外销售产品，或需要从国外购买廉价原材料时，保护关税就成为自由贸易的障碍。

随着资本主义工商业的发展，社会矛盾和经济危机日益加深，国家的财政支出也随之增加。资本主义国家深感广泛而过分课征间接税，对资本主义经济发展和资产阶级的经济利益也带来不利的影响。资产阶级为了维护本阶级的根本利益、增加财政收入、适应国家的财政需要，不得不考虑进行税制改革。因此，18世纪末，英国首创所得税。以后时征时停，直至1842年开始确定所得税为永久税。以后，一些国家先后效仿，逐渐使所得税在各国尤其是发达国家税收收入中占主要地位。但也有一些发达国家和大多数发展中国家采取流转税和所得税并重的模式。如法国，自19世纪50年代以来，增值税一直是主要税种。

2．政府调节经济的意图

税收除具有财政收入职能外，还有调节经济的职能。国家在设计税制时，有意识地通过税种、税率、税收优惠等手段的相互配合来贯彻国家意图，从而使微观主体的行为符合整个国家的宏观要求。比如，我国在投资过热时，曾经开征了固定资产投资方向调节税以增加投资成本，减少对某些项目的投资行为。楼堂馆所是要限制的项目，其所适用的税率最高。由于市场主体是理性的，都追求自身利益的最大化，该税的开征在一定程度上引导了投资行为。自1997年我国出现通货紧缩、内需不足的问题，为扩大内需，我国在1999年7月规定固定资产投资方向调节税按现行税率减半征收；自2000年1月1日起对新发生的投资额暂停征收，目的在于扩大内需。不同政府及同一政府在不同时期调节经济的意图不同，税制结构也是不同的。

3．税收征管水平

一定的税制结构要求要有与之相适应的征管水平。发达国家具有现代化的税收征管手段，同时具有健全的监督制约机制，使得税收征管效率大大提高，使所得税成为税制结构中的主体税种成为可能。发展中国家经济管理水平较低，税收征管手段和技术比较落后，使所得税的征管存在着很大的困难，一般以流转税作为收入的主要来源。

4．国际税收竞争的影响

在国际经济一体化的今天，一国税制结构还往往受到别国税制的影响。比如，20世纪美国改革税制，引发了国际税制改革的浪潮。原因是，资本流动性大大增强，别国降低税率时，本国若不采取相应行动则很可能导致投资外流。

1.3.3 不同税制结构及其特点

1．以直接税为主体

在以直接税为主体的税制结构中，个人所得税、社会保障税、公司所得税都是重要税种，同时辅之以选择性商品税、关税和财产税等，以起到弥补所得税功能欠缺的作用。

所得税作为对人税，属直接税，税负不易转嫁；采用累进税率，对宏观经济具有自动稳定的功能。

2．以间接税为主体

在以间接税为主体的税制结构中，增值税、一般营业税、销售税、货物税、消费税、关税等商品劳务课税税种作为国家税收收入的主要筹集方式，其税额占税收收入总额比重大，并对社会经济生活起主要调节作用。所得税、财产税、行为税作为辅助税种，起到弥补商品税欠缺的作用。

以间接税为主体的税制结构的突出优点首先体现在筹集财政收入上。在促进经济发展效率的提高上，间接税也可以发挥重要的作用。间接税是转嫁税，但只有其产品被社会承认，税负才能转嫁出去。因此间接课税对商品经营者具有一种激励机制。从税收本身效率来看，间接税征管容易，征收费用低。

3．双主体税

有的国家，可能是间接税与直接税并重，两类税在税制结构中的作用相当。该种结构可以协调两类税的特点，共同发挥作用。

1.3.4 我国现行税制结构状况

经过 1994 年税制改革和几年来的逐步完善，我国已经初步建立了适应社会主义市场经济体制需要的税收制度，对于保证财政收入，加强宏观调控，深化改革，扩大开放，促进国民经济的持续、快速健康发展，起到了重要的作用。目前，我国实行的是复合税制，我国税收体系中的税种包括：

（1）货物劳务税类，包括增值税、消费税、关税、烟叶税等。

（2）所得税类，包括企业所得税、个人所得税。

（3）资源税类，包括资源税和城镇土地使用税、耕地占用税。

（4）行为目的税类，包括城市维护建设税、印花税、土地增值税（学术界有将其划入所得税类的观点）、车辆购置税、船舶吨税、环境保护税等。

（5）财产税类，包括房产税、车船税、契税。

在复合税制体系下，我国实施以货劳税和所得税为双主体的税制结构。

思政小课堂

党的十八大以来，我国税收政策在服务经济社会高质量发展方面发挥了巨大的作用

一是聚焦"创新"，激发经济发展动力。落实鼓励创新的税收优惠政策，企业研发投入强度从 2013 年的 2.08%提高到 2021 年的 2.44%。二是聚焦"协调"，服务区域发展战略。推出税收征管和服务一体化便利化措施，有力地推进区域优势互补、要素流动。三是聚焦"绿色"，助力建设美丽中国。深入学习贯彻习近平生态文明思想，积极建立绿色税收体系，即落实税收优惠与实施税收限制"双向用力"，资源税、环保税、消费税、企业所得税等"多税共治"。四是聚焦"开放"，促进国际经贸合作。加快与重点国家的税收协定谈签和修订进程，消除重复征税、切实降低企业税收负担。持续压缩出口退税办理时限，促进稳定外商投资。五是聚焦"共享"，增进民生福祉。强化就业优先政策，持续加大对小微企业税收支持力度，延续实施重点群体创业就业支持政策，降低市场主体负担，促进稳岗扩就业。实施个人所得税改革，改革后上亿自然人纳税人税收负担明显减轻。

资料来源：2022年5月17日中共中央宣传部举行财税改革与发展有关情况发布会，国家税务总局王道树副局长在发布会上答记者问的发言。

本章小结

　　税收是国家为满足其行使职能的需要，依靠手中所掌握的行政权，按照事先确定的标准，强制地、无偿地向居民、公民或经济组织征收而取得财政收入，参与国民收入分配的一种形式。税收制度是国家按一定政策原则组成的税收体系，其核心是主体税种的选择和各税种的搭配问题。税收制度是由税制构成要素组成的。包括纳税人、课税对象、税率、计税依据、纳税义务发生时间、纳税期限（包括结算期限和缴款期限）、纳税地点、纳税环节、税收优惠、加成加倍征收、违章处理。现代经济社会普遍实行了复合税制，可以按不同的标准对其进行分类。

关键术语

税收制度　税制构成要素　税制结构

思考题

1. 什么是税收？
2. 什么是税收制度？按照不同标准，可以将税收制度分为哪几种类型？
3. 纳税人与负税人有何区别？
4. 起征点与免征额的区别与联系是什么？
5. 超额累进税率与全额累进税率有何不同？
6. 税收优惠有哪几种形式？
7. 税制结构有哪几种类型？我国目前的税制结构是怎样的？

第2章 增 值 税

2.1 增值税的概念、特点和类型

2.1.1 增值税的概念

增值税是对商品生产和流通中各环节的新增价值或商品附加值所课征的一种税。

首先,增值税即货物或劳务价值中的 $V+M$ 部分。其次,从生产经营单位角度看,增值额是该单位销售商品和提供劳务所取得的销售收入大于购进商品和劳务所支付金额的差额。再次,从某项货物角度看,其最终销售额,就是该货物所经历的生产、流通各环节的增值额之和。最后,从各国实践角度看,作为计税依据的增值额,是具有法定性的,其具体内容由各国的法律和法规规定,因各国国情、政策的不同而有所差异。

从表 2-1 中可以看出两点:一是该货物的最终销售额,就是该货物所经历的生产、流通各环节的增值额之和;二是按照销售额计税的总税额大大高于按照增值额计税的总税额,这反映出按照销售额全额征税存在着重复征税的弊端。

表 2-1 某货物销售额与增值额的关系(假定税率为 10%) 单位:元

项 目	环 节				
	材料加工环节	成品制造环节	批 发 环 节	零 售 环 节	合 计
销售额	600	1000	1200	1500	—
增值额	600	400	200	300	1500
按照销售额计税	60	100	120	150	430
按照增值额计税	60	40	20	30	150

从表 2-2 中也能看出,按照销售所得全额课税,会产生对销售额中以前环节纳过税的销售额重复征税的情况。同一种产品,经过的流转环节越多,重复课税的次数就越多,整体税负就越重。国际上把这种道道按全值征收的流转税,称为多环节阶梯式流转税,所带来的随流转环节增加而产生重复课税的现象,破坏了税收的中性原则,阻碍了现代化大生产的专业化协作的推进。

19 世纪,几个主要资本主义国家相继完成了产业革命,建立起资本主义机器大工业,生产向专业化协作的社会化大生产发展,改进多环节阶梯式流转税以适应生产发展,就成为各国需要解决的课题。为了解决重复征税的弊端,许多人在不断探索。最初由美国耶鲁大学教授亚当斯和德国商人西门子博士于第一次世界大战结束后提出了按照增值额计税的构想，但是他们的建议没有得到认可和实施。1936 年，法国为了消除按照销售额全额课税带来的重复征税的弊端，曾尝试将产制多环节全额征税改为单环节全额征税，实行过一次征收制的"生产税"，生产税只就最后成品环节一次征税，对产品的零配件、部件一律不征税。这次改革免除了重复征税，但带来了许多新问题，如成品范围的确认、税收均衡性等，造成了不同产制环节的纳税人税负不平和征税机关的征管困难。生产税最终以失败而告终。法国于 1948 年开始进行从交易额中扣除外购原材料等中间品已纳税额的改革探索，直到 1954 年，法国成功地推行了增值税。1968 年，法国增值税的范围从工业、商业批发扩大到了商业零售和大部分服务行业，还包括了农民自产自销的初级产品。法国成功推行增值税，对欧洲和世界各国都产生了重大影响，目前，增值税成为世界各国广泛应用的税种，世界上已有 100 多个国家和地区实行了间接计算法的增值税。

表 2-2 按销售额全额课税的重复征税弊端

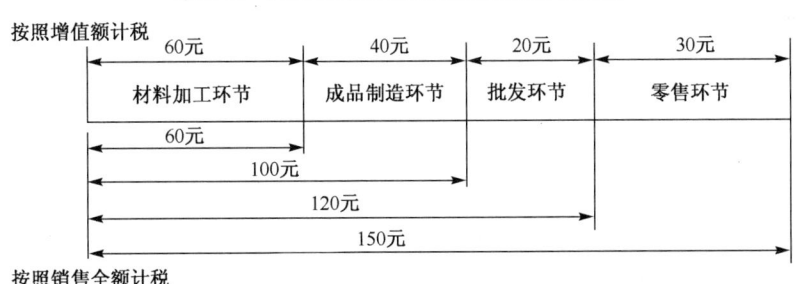

所谓增值税间接计算法，是与增值税直接计算法相对应的一个概念。直接计算法是采用通过加法或减法先算出增值额，之后再算增值税的计税方法，这种方法不便于税基控制。间接计算法是通过依发票抵扣已纳税额来免除重复征税的方法，尽管不计算增值额，也体现了增值税的原理，通过发票把买卖双方联结成有机的纳税、扣税链条，从而形成一种利益制约关系——一个环节少交税，会导致下一个环节少抵税而多交税，这样既可防止偷漏税，又方便税务机关稽查。

我国于 1979 年下半年引进了增值税，并在极少数地区试点，征税范围仅选择了机器机械和农业机具这两个行业，以及自行车、缝纫机、电风扇三种产品，计税方法很不规范。之后，我国增值税的征税范围不断扩大，计税方法不断改进。1984 年建立了只限于生产环节征税的增值税制度，范围仅限于 12 项工业产品，直接计算法与间接计算法并用。1994 年的税制改革，人大授权国务院颁布《中华人民共和国增值税暂行条例》（以下简称增值税条例），我国增值税进一步规范化，全面采用间接计算法，对流转额形成了增值税与营业税并列调节的格局（也称平行征收模式）。2003 年开始启动新一轮税制改革。自 2009 年起，我国所有地区、所有行业推行增值税转型改革，由生产型增值税转为国际上通用的消费型增值税，在当时维持现行税率不变的前提下，它是一项重大的减税政策。2013 年 8 月 1 日在全国开展交通运输业和部分现代服务业营业税改征增值税试点，2016 年 5 月 1 日完成营改增进程，营业税退出历史舞台。我国增值税正一步一步地不断走向完善。

2.1.2 增值税的特点

1. 消除重叠征税，体现税收中性

增值税改变了原有按照销售收入全额计税的办法，只对增值额征税，从而避免了按照销售收入全额计税带来的重叠征税的弊端。对于一个企业而言，税负不会因产品构成协作件所占比重增加而加重。这样就改变了原来按全值征税，税负因产品构成变化所导致的协作件越多，税负越重的现象，给企业扩大协作生产创造了公平的税负条件。依照此原则，商品的整体税收负担不会受流转环节变化的影响，生产经营环节多了，不加重企业税负；生产经营环节少了，也不减少企业税负。

由此可见，增值税是一个中性税种，它不会因生产组合方式不同而导致税负不合理，使生产经营者可以按照最佳效益的原则进行生产要素的优化组合，调整生产经营结构。同时，从商品流通来看，增值税税负不受商品流转环节变化的影响，只要售价相同，税负就相等。

2. 多环节道道征税，稳定财政收入

从横向关系看，凡是从事生产经营的单位和个人，只要其经营中产生增值额，都应缴纳相应税金，征税范围具有广泛性；从纵向方面看，一个商品不论在生产经营中经历多少环节，每一道环节都应按其增值额大小分别纳税。增值税与按全值征税相比，既解决了重复征税的问题，又保持了普遍课征的优点。这种多环节道道征税的特点，使增值税既具有普遍性，又具有及时性。增值税的及时性，体现在它虽然以增值额为征税对象，但伴随着销售额实现的同时可足额征收，只要实现经营收入，应征税收即可入库，保持了流转税及时征收的优点。

增值税的征税对象是增值额，大体相当于企业所创造的国民收入。这种直接与企业创造国民收入相联系的课税法，其税率一经确定，就把国家从国民收入中收取的比例基本稳定了下来了，而且税收随着国民收入的增长而增长，能够保证国家取得财政收入的稳定性和真实性。

3. 强化税收制约，防范偷税漏洞

实行增值税可以加强税收的征收管理，从而有利于堵塞税收漏洞。这是因为，各国普遍推行的是增值税间接计算法，按照销货发票上注明的税款进行扣税，一个纳税人的扣除税额，即上一环节纳税人向他供应商品或劳务时已经缴纳的税额，这就使具有购销关系的两个纳税人之间形成了一种相互牵制的关系。供应商品或劳务的纳税人如果未缴税但仍然要在销货发票上注明税款，则税务机关很容易通过发票管理发现逃避缴纳税款行为；如果不在销货发票上注明税款或少注明税款，则购入其商品或劳务的纳税人没有税款可以扣除，本应由供应商品或劳务的纳税人所承担的税款就会全部或部分地落在另一个纳税人的身上，后者就会转而从另外的供应商那里购买可以得到扣税的商品或劳务，从而迫使纳税人之间在税收上形成一种互相牵制、互相监督的关系，而且使税务机关有可能通过对具有购销关系的两个纳税人进行交叉审计来发现和堵塞税收漏洞。

4．税负具有转嫁性

增值税属于间接税，无论采用价内税还是价外税形式，纳税人和负税人都会发生分离。在价内税情况下，税收作为价格的组成部分，易转由购买者负担；在价外税情况下，税收作为价格的附加，也转由购买者负担。我国现行增值税采用价外税形式，税负由最终消费者负担。

2.1.3 增值税的类型

增值税的计税依据是商品和劳务价款中的增值额。但各国的增值税制度对购进固定资产价款的处理有所不同。据此增值税可分为三种类型。

1．生产型增值税

生产型增值税不准许抵扣任何购进固定资产价款。这样，课税的依据既包括消费资料，又包括生产资料，计税依据相当于国民生产总值，故称为生产型增值税。这种类型的增值税在一定程度上仍带有阶梯式流转税的各种弊端，并没有彻底解决重复征税问题，所设计的法定增值额大于理论增值额。

2．收入型增值税

收入型增值税只允许抵扣当期计入产品价值的固定资产折旧部分的价款。就国民经济总体而言，计税依据相当于国民收入，故称为收入型增值税。这种类型的增值税能够彻底解决重复征税问题，所设计的法定增值额与理论增值额一致，但抵扣固定资产税额需要分期计算，操作具有复杂性。

3．消费型增值税

消费型增值税准许一次全部抵扣当期购进的固定资产价款。就国民经济总体而言，计税依据只包括全部消费品价值，故称为消费型增值税。这种类型的增值税方便操作和管理，有利于设备更新和技术进步，是世界各国普遍采用的方法。

由于计税依据有差别，所以不同类型增值税的收入效应和刺激效应是不同的。从财政收入着眼，生产型增值税的效应最大，而从激励投资着眼，消费型增值税的效应最大。

1994年税制改革时，我国选择生产型增值税主要基于当时的经济发展环境。随着经济发展环境的变化，我国从2009年1月1日起实行消费型增值税，产生了至少三方面的积极效应：第一，从经济角度看，实行消费型增值税有利于鼓励投资，特别是民间投资，有利于促进产业结构调整和技术升级；第二，从财政角度看，实行消费型增值税虽然在短期内将导致税基的减少，但是有利于消除重复征税，有利于公平内外资企业和国内外产品的税收负担，有利于税制优化；第三，从管理角度看，实行消费型增值税将使非抵扣项目大为减少，征收和缴纳变得相对简便易行，从而有助于减少逃避缴纳税款行为的发生，有利于降低税收管理成本，提高征收管理效率。

2.2 征税范围与纳税义务人

2.2.1 征税范围

各国增值税实施范围不同,主要差别在于增值税的实施范围是否向前延伸到商业或向后延伸到农业。大多数国家增值税的实行范围都已向前延伸到了商业零售环节,而向后延伸到农业环节的国家并不多,仅限于经济发达的欧洲共同体国家。2016年5月1日全面"营改增"之后,我国增值税的征税范围已经包含了生产、流通、服务领域。

1. 征税范围的基本规定

2016年5月1日全面"营改增"之后,增值税征税范围包括:
(1)销售货物;
(2)销售劳务;
(3)销售服务;
(4)销售无形资产;
(5)销售不动产;
(6)进口货物。

【提示】增值税的征税范围已经包含了生产、流通、服务领域,如表2-3所示。

表2-3 增值税征税范围的一般规定

征税范围	基 本 规 定
(1)销售货物	"货物"是指有形动产,包括电力、热力和气体
(2)销售劳务	包括提供加工、修理修配劳务。加工,是指受托加工货物,即委托方提供原料及主要材料,受托方按照委托方的要求,制造货物并收取加工费的业务;修理修配,是指受托对损伤和丧失功能的货物进行修复,使其恢复原状和功能的业务 【提示】不包括单位或者个体工商户聘用的员工为本单位或者雇主提供劳务
(3)销售服务	① 交通运输服务:是指利用运输工具将货物或者旅客送达目的地,使其空间位置得到转移的业务活动,包括陆路运输服务、水路运输服务、航空运输服务和管道运输服务 【提示1】出租车公司向使用本公司自有出租车的出租车司机收取的管理费用,按照陆路运输服务缴纳增值税 【提示2】水路运输的程租、期租业务,属于水路运输服务。航空运输的湿租业务,属于航空运输服务 【提示3】无运输工具承运业务,按照交通运输服务缴纳增值税 无运输工具承运业务,是指经营者以承运人身份与托运人签订运输服务合同,收取运费并承担承运人责任,然后委托实际承运人完成运输服务的经营活动 【提示4】网络平台道路货物运输(简称网络货运)经营者和实际承运人均应当依法履行纳税或扣缴税款义务 ② 邮政服务:是指中国邮政集团公司及其所属邮政企业提供邮件寄递、邮政汇兑和机要通信等邮政基本服务的业务活动,包括邮政普遍服务、邮政特殊服务和其他邮政服务 ③ 电信服务:是指利用有线、无线的电磁系统或者光电系统等各种通信网络资源,提供语音通话服务,传送、发射、接收或者应用图像、短信等电子数据和信息的业务活动,包括基础电信服务和增值电信服务 【提示1】卫星电视信号落地转接服务,按照增值电信服务计算缴纳增值税

续表

征税范围	基本规定
（3）销售服务	【提示2】自2016年2月1日起，纳税人通过楼宇、隧道等室内通信分布系统，为电信企业提供的语音通话和移动互联网等无线信号室分系统传输服务，分别按照基础电信服务和增值电信服务缴纳增值税 ④ 建筑服务：是指各类建筑物、构筑物及其附属设施的建造、修缮、装饰、线路、管道、设备、设施等的安装及其他工程作业的业务活动，包括工程服务、安装服务、修缮服务、装饰服务和其他建筑服务 【提示】有形动产修理属于加工修理修配劳务；建筑物、构筑物的修补、加固、养护、改善属于建筑服务中的修缮服务 ⑤ 金融服务：是指经营金融保险的业务活动，包括贷款服务、直接收费金融服务、保险服务和金融商品转让 【提示1】以货币资金投资收取的固定利润或者保底利润，按照贷款服务缴纳增值税 【提示2】存款利息、被保险人获得的保险赔付，不征收增值税 ⑥ 现代服务：是指围绕制造业、文化产业、现代物流产业等提供技术性、知识性服务的业务活动，包括研发和技术服务、信息技术服务、文化创意服务、物流辅助服务、租赁服务、鉴证咨询服务、广播影视服务、商务辅助服务和其他现代服务 【提示1】将建筑物、构筑物等不动产或者飞机、车辆等有形动产的广告位出租给其他单位或者个人用于发布广告，按照经营租赁服务缴纳增值税 【提示2】车辆停放服务、道路通行服务（包括过路费、过桥费、过闸费等）等按照不动产经营租赁服务缴纳增值税 【提示3】水路运输的光租业务、航空运输的干租业务，属于经营租赁 【提示4】翻译服务和市场调查服务按照咨询服务缴纳增值税 【提示5】企业管理服务、经纪代理服务、人力资源服务、安全保护服务，都属于商务辅助服务 ⑦ 生活服务：是指为满足城乡居民日常生活需求提供的各类服务活动，包括文化体育服务、教育医疗服务、旅游娱乐服务、餐饮住宿服务、居民日常服务和其他生活服务 【提示1】纳税人在游览场所经营索道、摆渡车、电瓶车、游船等取得的收入，按照文化体育服务缴纳增值税 【提示2】纳税人现场制作食品并直接销售给消费者，按照餐饮服务缴纳增值税
（4）销售无形资产	销售无形资产是指转让无形资产所有权或者使用权的业务活动。无形资产，是指不具实物形态，但能带来经济利益的资产，包括技术、商标、著作权、商誉、自然资源使用权和其他权益性无形资产 【提示】其他权益性无形资产，包括基础设施资产经营权、公共事业特许权、配额、经营权（包括特许经营权、连锁经营权、其他经营权）、经销权、分销权、代理权、会员权、席位权、网络游戏虚拟道具、域名、名称权、肖像权、冠名权、转会费等
（5）销售不动产	销售不动产是指转让不动产所有权的业务活动。不动产，是指不能移动或者移动后会引起性质、形状改变的财产，包括建筑物、构筑物等 【提示】转让建筑物有限产权或者永久使用权的，转让在建的建筑物或者构筑物所有权的，以及在转让建筑物或者构筑物时一并转让其所占土地的使用权的，按照销售不动产缴纳增值税
（6）进口货物	进口货物是指申报进入我国海关境内的货物

【例2-1】 下列应按照"有形动产租赁服务"缴纳增值税的有（   ）。

A. 航空运输的干租业务

B. 水路运输的光租业务

C. 有形动产融资租赁

D. 水路运输的期租业务

【答案】ABC

【解析】选项 D：水路运输的程租、期租业务属于"交通运输服务"。

2. 对视同销售行为的征税规定

（1）单位或个体经营者的下列行为，视同销售货物：
① 将货物交付其他单位或者个人代销；
② 销售代销货物；
③ 设有两个以上机构并实行统一核算的纳税人，将货物从一个机构移送至其他机构用于销售，但相关机构设在同一县（市）的除外；
④ 将自产或委托加工的货物用于集体福利或个人消费；
⑤ 将自产、委托加工或购买的货物分配给股东或投资者；
⑥ 将自产、委托加工或购买的货物作为投资，提供给其他单位或者个体经营者；
⑦ 将自产、委托加工或购买的货物无偿赠送他人。

（2）视同销售服务、无形资产或者不动产的行为：
① 单位或者个体工商户向其他单位或者个人无偿提供服务，但用于公益事业或以社会公众为对象的除外；
② 单位或者个体工商户向其他单位或者个人无偿转让无形资产或者不动产，但用于公益事业或者以社会公众为对象的除外。

（3）财政部和国家税务总局规定的其他情形。

对上述行为视同销售计算销售额并征收增值税，一是为了防止通过这些行为逃避纳税，造成税款流失；二是为了避免税款抵扣链条的中断，导致各环节间税负的不均衡。

【例 2-2】 根据增值税规定，下列属于视同销售行为的有（ ）。
A. 运输公司为本单位员工无偿提供运输服务
B. 向客户无偿提供信息咨询服务
C. 汽车厂将自产小汽车分配给股东
D. 食品厂将自产的食品无偿赠送给关联企业
【答案】 BCD
【解析】选项 A：单位为员工无偿提供的服务不属于增值税的征税范围，不征增值税。

3. 对兼营、混合销售行为的征税规定

兼营、混合销售的分类及税务处理原则如表 2-4 所示。

表 2-4 兼营、混合销售的分类及税务处理原则

经营行为	分类和特点	税务处理原则
兼营	纳税人销售货物、加工修理修配劳务、服务、无形资产或者不动产适用不同税率或者征收率	应当分别核算适用不同税率或者征收率的销售额，未分别核算销售额的，按照以下方法适用税率或者征收率： ① 兼有不同税率的销售货物、加工修理修配劳务、服务、无形资产或者不动产，从高适用税率 ② 兼有不同征收率的销售货物、加工修理修配劳务、服务、无形资产或者不动产，从高适用征收率 ③ 兼有不同税率和征收率的销售货物、加工修理修配劳务、服务、无形资产或者不动产，从高适用税率

续表

经营行为	分类和特点	税务处理原则
混合销售	概念：一项销售行为既涉及货物又涉及服务 特点：销售货物与提供服务之间存在因果关系和内在联系	基本规定：按企业主营项目的性质划分适用的项目来缴纳增值税。一般情况下，以销售货物为主的企业的混合销售按照销售货物缴纳增值税，以销售服务为主的企业的混合销售按照销售服务缴纳增值税 【特例】纳税人销售活动板房、机器设备、钢结构件等自产货物的同时提供建筑、安装服务，不属于混合销售，应分别核算货物和建筑服务的销售额，分别适用不同的税率或者征收率

4．其他增值税征税范围行为的征税规定

（1）纳税人在资产重组过程中，通过合并、分立、置换等方式，将全部或者部分资产及与其相关联的债权、负债和劳动力一并转让给其他单位和个人，不属于增值税的征税范围，其中涉及的货物、不动产、土地使用权转让行为，不征收增值税。

（2）纳税人代有关行政管理部门收取的费用，凡同时符合以下条件的，不属于价外费用，不征收增值税：经国务院、国务院有关部门或省级政府批准；开具经财政部门批准使用的行政事业收费专用票据；所收款项全额上缴财政或虽不上缴财政但由政府部门监管，专款专用。

（3）纳税人取得的财政补贴收入，与其销售货物、劳务、服务、无形资产、不动产的收入或者数量直接挂钩的，应按规定计算缴纳增值税；与销售收入或数量不直接挂钩的其他情形的财政补贴收入，不征收增值税。

（4）纳税人销售货物的同时代办保险而向购买方收取的保险费，以及从事汽车销售的纳税人向购买方收取的代购买方缴纳的车辆购置税、牌照费，不作为价外费用征收增值税。

（5）在融资性售后回租业务中，承租方出售资产的行为不属于增值税的征税范围，不征收增值税。

2.2.2 纳税义务人

1．增值税纳税人的基本规定

凡在中华人民共和国境内销售货物或者提供加工、修理修配劳务、销售服务、无形资产或者不动产，以及进口货物的单位和个人，为增值税的纳税人。所称单位，包括企业、行政单位、事业单位、军事单位、社会团体及其他单位；所称个人，包括个体工商户和其他个人。

中华人民共和国境外的单位或者个人，在境内提供应税劳务，销售服务、无形资产或者不动产，在境内未设立经营机构的，以购买方为扣缴义务人。

2．增值税纳税人的分类

增值税纳税人划分为一般纳税人和小规模纳税人。这两类纳税人在税款计算方法、适用税率（征收率）及管理办法上都有所不同。对一般纳税人实行凭发票扣税的计税方法，对小规模纳税人规定简便易行的计税方法和征收管理办法。小规模纳税人以外的纳税人应当向主管税务机关办理资格登记。

（1）划分依据。划分依据是纳税人的会计核算是否健全及企业规模的大小。

（2）划分标准。划分标准有两个：一是纳税人年应税销售额的大小；二是会计核算水平。增值税一般纳税人和小规模纳税人划分的具体标准如表 2-5 所示。

表 2-5　增值税一般纳税人和小规模纳税人划分的具体标准

基本划分标准	具　体　规　定
年应税销售额	年应税销售额的规模： 根据《关于统一增值税小规模纳税人标准的通知》（财税〔2018〕33 号），自 2018 年 5 月 1 日起，统一增值税小规模纳税人标准，即增值税小规模纳税人标准为年应征增值税销售额 500 万元及以下 年应税销售额的范围： 年应税销售额是指纳税人在连续不超过 12 个月或 4 个季度的经营期内累计应征增值税销售额，包括纳税申报销售额（其中包括免税销售额和税务机关代开发票销售额）、稽查查补销售额、纳税评估调整销售额 纳税人偶然发生的销售无形资产、转让不动产的销售额，不计入应税行为年应税销售额
资格条件	对提出申请并且能够按照国家统一的会计制度设置账簿，根据合法、有效凭证核算，能够提供准确税务资料的纳税人，主管税务机关应当为其办理一般纳税人资格登记 【特例】 （1）年应税销售额超过规定标准但不经常发生应税行为的单位和个体工商户可选择按照小规模纳税人纳税 （2）年应税销售额超过规定标准的其他个人不能登记为一般纳税人

2.3　税　　率

2.3.1　增值税税率的基本类型

增值税税率档次过多，会带来计算复杂或低征高扣、高征低扣的征收弊端。因此，为了保证增值税的中性和税额抵扣的顺畅，实行增值税的国家一般都使用二至三档税率，有的国家甚至只用一档税率。

增值税的税率一般有以下四种类型。

（1）基本税率，也称标准税率。是各国根据本国生产力发展水平、财政政策需要、消费者的承受能力和历史传统确定的，适用于绝大多数货物和劳务。

（2）低税率。设置低税率的目的是鼓励某些货物或劳务的消费，或者说是为了照顾消费者对一些项目的消费。采用低税率的货物或劳务不宜过多。

（3）高税率。为了实施宏观调控或限制某些货物、劳务的消费，可对一些奢侈品、非生活必需品或劳务设置高税率。采用高税率的货物或劳务也不宜过多。

（4）零税率。零税率实质上是一种完全彻底的免税，表示对纳税人不但免征本环节的税款，还可以对其外购的货物所含的税金都给予扣除或退还，零税率应限制在最小范围内使用，各国往往把出口货物、劳务、服务、无形资产的税率规定为零。

2.3.2　我国增值税税率的规定

根据确定增值税税率的基本原则，2019 年 4 月 1 日后，我国增值税设置了一档基本税率和两档低税率，此外还对出口货物和财政部、国家税务总局规定的应税行为实行零税率（国务院另有规定的除外）。小规模纳税人不适用税率而适用征收率。

我国没有对增值税设置高税率,而是设置了另一个税种——消费税。

2018年5月1日前,17%为增值税的基本税率,应税劳务及绝大部分货物销售(或进口)、部分"营改增"服务适用此档税率。11%为增值税的低税率,涉及部分货物和部分"营改增"项目,不涉及加工、修理修配劳务。6%的低税率,不涉及货物和加工、修理修配劳务,只涉及部分"营改增"的项目。2018年5月1日起,原17%基本税率调整为16%,原11%的低税率调整为10%,原6%的低税率保持不变。2019年4月1日起,增值税税率再次进行调整。我国增值税税率的调整过程如表2-6所示。

表2-6 我国增值税税率的调整过程

增值税的税率		2016年5月1日前	2016年5月1日至2017年6月30日	2017年7月1日至2018年4月30日	2018年5月1日至2019年3月31日	2019年4月1日起
基本税率		17%	17%	17%	16%	13%
较低税率	货物类	13%	13%	11%	10%	9%
	"营改增"部分项目	略	11%	11%	10%	9%
低税率	"营改增"部分项目	略	6%	6%	6%	6%

目前我国增值税税率的一般规定和特殊规定如表2-7所示。

表2-7 我国增值税税率的一般规定和特殊规定

税率和征收率		具 体 规 定
税率	基本税率13%	(1)纳税人销售或者进口货物(适用低税率和零税率的除外) (2)纳税人提供加工、修理修配劳务(以下称应税劳务) (3)有形动产租赁服务(包括有形动产融资租赁和有形动产经营性租赁)
	低税率9%	货物类: 农产品(含粮食)、自来水、暖气、石油液化气、天然气、食用植物油、冷气、热水、煤气、居民用煤炭制品、食用盐、农机、饲料、农药、农膜、化肥、沼气、二甲醚、图书、报纸、杂志、音像制品、电子出版物
		服务、无形资产、不动产类: (1)交通运输服务;(2)邮政业务;(3)基础电信服务;(4)建筑服务;(5)不动产租赁服务;(6)销售不动产;(7)转让土地使用权
	低税率6%	(1)现代服务(租赁服务除外);(2)增值电信服务;(3)金融服务;(4)生活服务;(5)销售无形资产(转让土地使用权除外)
	零税率	(1)除国务院另有规定外,纳税人出口货物,税率为零。 (2)财政部和国家税务总局规定的跨境应税行为,税率为零。主要包括国际运输服务;航天运输服务;向境外单位提供的完全在境外消费的下列服务:研发服务、合同能源管理服务、设计服务、广播影视节目(作品)制作和发行服务、软件服务、电路设计及测试服务、信息系统服务、业务流程管理服务、离岸服务外包业务、转让技术
征收率	法定征收率3%	(1)增值税小规模纳税人;(2)简易征收办法
	特殊征收率5%	全面"营改增"过程中的特殊项目

【注意】这部分还有两个容易被忽视的问题:一是增值税应税劳务的税率不会涉及低税率,只可能是基本税率或3%的征收率;二是增值税的征收率不仅适用于小规模纳税人,一般纳税人在某些特殊情况下也适用征收率。

2.4 增值税的主要税收优惠

2.4.1 起征点

纳税人（仅限于个人）的营业额或销售额未达到起征点的，免征增值税。对于具体起征点，各省、自治区、直辖市可在规定的起征点的幅度内确定。起征点幅度规定如下：

（1）销售货物的起征点为月销售额 5000～20000 元；

（2）销售应税劳务的起征点为月销售额 5000～20000 元；

（3）按次纳税的起征点为每次（日）销售额 300～500 元。

2.4.2 对小微企业的免征增值税规定

（1）小规模纳税人发生增值税应税销售行为，合计月销售额未超过 15 万元（以 1 个季度为 1 个纳税期的，季度销售额未超过 45 万元，下同）的，免征增值税。

小规模纳税人发生增值税应税销售行为，合计月销售额超过 15 万元，但扣除本期发生的销售不动产的销售额后未超过 15 万元的，其销售货物、劳务、服务、无形资产取得的销售额免征增值税。

（2）适用增值税差额征税政策的小规模纳税人，以差额后的销售额确定是否可以享受上述规定的免征增值税政策。

（3）按固定期限纳税的小规模纳税人可以选择以 1 个月或 1 个季度为纳税期限，一经选择，一个会计年度内不得变更。

2.4.3 主要减免税规定

纳税人销售或者进口下列货物的，免征增值税：

（1）农业生产者销售的自产农业产品；

（2）避孕药品和用具；

（3）古旧图书；

（4）直接用于科学研究、科学实验和教学的进口仪器、设备；

（5）外国政府、国际组织无偿援助的进口物资和设备；

（6）符合国家产业政策要求的国内投资项目，在投资总额内进口的自用设备；

（7）由残疾人组织直接进口供残疾人专用的物品；

（8）个人销售的自己使用过的物品；

（9）新冠肺炎疫情期间，我国分不同地区和不同时段，采取将小规模纳税人 3%征收率的项目实施阶段性免征、减至按 1%征收等不同优惠政策。

思政小课堂

为什么给予小规模纳税人较多的税收优惠政策

近些年，我国对小规模纳税人的优惠力度不断加大，2021 年，国家出台了小规模纳税人月销售额未超过15万元(以1个季度为1个纳税期的,季度销售额未超过45万元,下同)的,免征增值税政策。新冠病毒肺炎疫情期间,我国分不同地区和不同时段,采取了将小规模纳税人3%征收率的项目实施阶段性免征、减至按1%征收等不同优惠政策。自2021年11月1日起,对制造业中小微企业(含个人独资企业、合伙企业、个体工商户)延缓缴纳部分税费。为什么给予小规模纳税人较多的税收优惠政策呢?从宏观角度看,由于小规模纳税人属于小微企业范畴,市场主体数量多,吸纳的就业人数众多,对于经济增长及就业稳定都发挥着重要作用。为小微市场主体减负,意味着在稳定市场主体的同时也促进了就业,保障了民生,有利于激活市场主体活力,稳定宏观经济运行的基础。

2.5 增值税计税方法的一般规定

增值税的计税方法,包括一般计税方法、简易计税方法和扣缴计税方法。

2.5.1 一般计税方法

一般纳税人销售货物、提供应税劳务和销售服务、无形资产或者不动产,适用一般计税方法计税。基本计税公式:

$$当期应纳增值税税额 = 当期销项税额 - 当期进项税额$$

2.5.2 简易计税方法

小规模纳税人销售货物、提供应税劳务和销售服务、无形资产或者不动产,适用简易计税方法计税。一般纳税人提供财政部和国家税务总局规定的特定的应税行为,可以选择适用简易计税方法计税,一经选择,36个月内不得变更。简易计税方法的计税公式:

$$当期应纳增值税税额 = 当期销售额 \times 征收率$$

2.5.3 扣缴计税方法

境外单位或者个人在境内提供应税行为,在境内未设有经营机构的,扣缴义务人按照规定公式和适用税率计算应扣缴税额。

$$应扣缴税额 = 接受方支付的价款 \div (1 + 税率) \times 税率$$

【例2-3】 2022年6月,境外公司为我国A企业(增值税一般纳税人)提供技术咨询服务,取得含税价款200万元,该境外公司在境内未设立经营机构,则A企业应当扣缴增值税税额为( )万元。

A. 0   B. 5.83   C. 11.32   D. 12

【答案】 C

【解析】 应扣缴增值税 = 200 ÷ (1 + 6%) × 6% = 11.32 (万元)。

2.6 一般纳税人应纳税额的计算

由于增值税一般纳税人的应纳税额，等于当期销项税额减当期进项税额之差，也就是说，增值税一般纳税人当期应纳税额的多少，取决于当期销项税额和当期进项税额两个因素。

2.6.1 销项税额的计算

纳税人销售货物或提供应税劳务、销售服务、无形资产或者不动产，按照销售额和税法规定的税率计算并向购买方收取的增值税额为销项税额。具体公式如下：

$$销项税额 = 销售额 \times 适用税率$$

销项税额是纳税人按规定自行计算出来的，计算依据的是不含增值税的销售额。在具体运算时，销售额可分为三类：一般销售方式下的销售额、特殊销售方式下的销售额、视同销售的销售额。

1. 一般销售方式下的销售额

在一般销售方式下，销售额是指纳税人销售货物或者提供应税劳务、销售服务、无形资产或不动产向购买方（承受应税劳务也视为购买方）收取的全部价款和价外费用，但是不包括收取的销项税额。

这里的价外费用实属价外收入，是指价外向购买方收取的手续费、补贴、基金、集资费、返还利润、奖励费、违约金（延期付款利息）、包装费、包装物租金、储备费、优质费、运输装卸费、代收款项、代垫款项及其他各种性质的价外收费。

凡随同销售货物或提供应税劳务向购买方收取的价外费用，无论其会计核算是否列入了销售额，均应将价外收入并入销售额计算应纳税额，但下列项目不包括在销售额内。

（1）向购买方收取的销项税额。

（2）受托加工应征消费税的消费品所代收代缴的消费税。

（3）同时符合以下条件的代垫运费：①承运者的运费发票开具给购货方的；②纳税人将该项发票转交给购货方的。

（4）符合一定条件下代为收取的政府性基金或者行政事业性收费。

（5）销售货物的同时代办保险等而向购买方收取的保险费，以及向购买方收取的代购买方缴纳的车辆购置税、车辆牌照费。

税法规定各种性质的价外收费都要并入销售额计算征税，目的是防止纳税人刻意分解销售额、以各种名目的收费减少销售额逃避纳税的现象。同时应当注意，根据国家税务总局规定，对增值税一般纳税人（包括纳税人自己或代其他部门）向购买方收取的价外费用和逾期包装物押金，应视为含税收入。在征税时换算成不含税收入再并入销售额。

增值税的销售额不包括收取的增值税销项税额，因为增值税是价外税，增值税税金不是销售额的组成部分，如果纳税人取得的是价税合计金额，还需换算成不含增值税的销售额。具体公式如下：

$$销售额 = 含增值税销售额 \div (1 + 税率)$$

【例2-4】 7月，某企业销售一批货物10吨，每吨不含税销售额15万元，另在价外收取此项销售的优质服务费2.26万元。由于计算增值税的销售额是不含增值税的销售额，企业收取的价外费用应视为含税收入进行价税分离的计算。因此，该企业当期销售额：

$$15 \times 10 + 2.26 \div (1 + 13\%) = 152（万元）$$

2．特殊销售方式下的销售额

在货物销售领域，纳税人出于商业或竞争的需要，往往会采取一些特殊灵活的方式销售货物，导致在现实生活中的销售额有一些特殊的表现，这些特殊销售方式及销售额的确定方法如下。

1）采取折扣方式销售

折扣销售是指销售方在销售货物或应税劳务时，因购买方需求量大等原因而给予的价格方面的优惠。折扣销售只限于货物价格的折扣，在会计上一般被称为商业折扣。按照现行税法规定，折扣销售的销售额和折扣额在同一张发票上分别注明的，可按折扣后的余额计算销项税；如果将折扣额另开发票的，则不得从销售额中减除折扣额。但是，纳税人向购买方开具专用发票后，由于累计购买到一定量或市场价格下降等原因，销货方给予购货方的价格优惠或补偿等折扣、折让行为可按规定开具红字增值税发票，冲减开具红票当期的销售额。

这里注意要把折扣销售与另外两个概念区分开来。一是折扣销售与销售折扣不属于相同概念，销售折扣（会计上称为现金折扣）是为鼓励购货方及时偿还货款而协议许诺给购货方的一种折扣优待，如10天内付款给予2%的折扣优惠等。销售折扣（现金折扣）属于一种融资理财性的费用，折扣额不得从销售额中减除。二是折扣销售也不同于销售折让，销售折让指的是收款方因品种、规格或质量等问题而放弃部分应收款项，交易后的销售折让可通过申请开具红字发票以抵扣销售方的销售额。

2）采取以旧换新方式销售

以旧换新是指纳税人在销售自己的货物时，有偿收回旧货物的行为。采取以旧换新方式销售货物的，应按新货物的同期销售价格确定销售额，不得扣减旧货物的收购价格。这样规定的道理在于销售货物与收购货物是两个不同的业务活动，销售额与收购额不能相互混淆抵减。但考虑到金银首饰以旧换新业务的特殊情况，对金银首饰以旧换新业务，可以按销售方实际收取的不含增值税的全部价款征收增值税。

【例2-5】 某百货公司家电部销售冰箱，零售价2800元，当月销售20台，其中12台采用了以旧换新销售方式，收回的12台旧冰箱每台作价支付100元。该公司黄金首饰部以旧换新销售金项链30条，新项链对外销售价格每条9000元，旧项链每条作价2000元，从消费者处收取新旧差价款每条7000元。由于百货公司零售价为含税销售额，在计算该公司当期增值税应税销售额时需要进行价税分离计算。

电冰箱应税销售额中不得扣减旧货物的收购价格，所以该公司当期电冰箱应税销售额 $= 2800 \times 20 \div (1 + 13\%) = 49557.52$（元）；

黄金首饰按照销售方实际收到的不含增值税的全部价款征税，所以该公司黄金首饰应税销售额 = 7000×30÷（1+13%）= 185840.71（元）。

3）采取还本销售方式销售

还本销售是指纳税人在销售货物后，到一定期限由销售方一次或分次退还给购货方全部或部分价款。这种销售方式实际上是以货物换取资金的使用价值，到期还本不付息的方法，属于一种筹资行为。税法规定，采取还本销售方式销售货物，其销售额就是货物的销售价格，不得从销售额中减除还本支出。

4）采取以物易物方式销售

以物易物是一种较为特殊的购销活动，是指购销双方不是以货币结算，而是以同等价款的货物相互结算，实现货物购销的一种方式。按照税法规定，以物易物双方都应作购销处理，以各自发出的货物核算销售额并计算销项税额，以各自收到的货物按规定核算购货额并计算进项税额。应注意的是，在以物易物活动中，应分别开具合法的票据，若收到的货物不能取得相应的增值税专用发票或其他合法票据，则不能抵扣进项税额。

【例 2-6】 某机床厂以一台自产机床向燃气公司换取一批生产用天然气，双方按照公允的含税批发价 10 万元互开了增值税专用发票，发票经过了认证，则该机床厂当期增值税销项税额为 10÷（1+13%）×13% = 1.15（万元）；由于天然气适用低税率，该机床厂当期增值税进项税额为 10÷（1+9%）×9% = 0.83（万元）。

5）包装物出租、出借方式下的销售额

包装物是指纳税人包装本单位货物的各种物品。纳税人销售货物时另收取包装物押金，目的是促使购货方及早退回包装物以便周转使用。根据税法规定，纳税人为销售货物而出租出借包装物收取的押金，单独记账核算的，时间在 1 年以内，又未过期的，不并入销售额征税，但对因逾期未收回包装物不再退还的押金，应按所包装货物的适用税率计算销项税额。此项规则中"逾期"是指按合同约定实际逾期或以 1 年为期限，对收取 1 年以上的押金，无论是否退还均并入销售额征税。在将包装物押金并入销售额征税时，需要先将该押金换算为不含税价，再并入销售额征税。对于个别包装物周转使用期限较长的，报经税务机关确定后，可适当放宽逾期期限。

另外，包装物押金不应混同于包装物租金，包装物租金在销货时作为价外费用并入销售额计算销项税额。

酒类货物包装物押金的处理比较特殊，从 1995 年 6 月 1 日起，对销售除啤酒、黄酒外的其他酒类产品而收取的包装物押金，无论是否返还及会计上如何核算，不考虑 1 年、过期等情况，按规定要在收到押金时并入当期销售额征税。对销售啤酒、黄酒所收取的押金，按上述一般押金的规定处理（考虑 1 年、过期等情况）。

3. "营改增"关于销售额的特殊规定

全面"营改增"后，由于存在无法通过抵扣机制避免重复征税的情况，为解决纳税人税收负担增加问题，引入了差额征税的办法，一些特殊项目在计算销项税时需要对销售额进行扣减。

（1）金融商品转让，以卖出价扣除买入价后的余额为销售额。

（2）经纪代理服务，以取得的全部价款和价外费用，扣除向委托方收取并代为支付的政府性基金或者行政事业性收费后的余额为销售额。向委托方收取的政府性基金或者行政事业性收费，不得开具增值税专用发票。

（3）融资租赁和融资性售后回租业务。

① 经人民银行、银监会或者商务部批准从事融资租赁业务的试点纳税人，提供融资租赁服务，以取得的全部价款和价外费用，扣除支付的借款利息（包括外汇借款和人民币借款利息）、发行债券利息和车辆购置税后的余额为销售额。

② 经人民银行、银监会或者商务部批准从事融资租赁业务的试点纳税人，提供融资性售后回租服务，以取得的全部价款和价外费用（不含本金），扣除对外支付的借款利息（包括外汇借款和人民币借款利息）、发行债券利息后的余额作为销售额。

（4）航空运输企业的销售额，不包括代收的机场建设费和代售其他航空运输企业客票而代收转付的价款。

（5）一般纳税人提供客运场站服务，以其取得的全部价款和价外费用，扣除支付给承运方运费后的余额为销售额。

（6）纳税人提供旅游服务，可以选择以取得的全部价款和价外费用，扣除向旅游服务购买方收取并支付给其他单位或者个人的住宿费、餐饮费、交通费、签证费、门票费和支付给其他接团旅游企业的旅游费用后的余额为销售额。

选择上述办法计算销售额的试点纳税人，向旅游服务购买方收取并支付的上述费用，不得开具增值税专用发票，可以开具普通发票。

（7）纳税人提供建筑服务适用简易计税方法的，以取得的全部价款和价外费用扣除支付的分包款后的余额为销售额。

（8）房地产开发企业中的一般纳税人销售其开发的房地产项目（选择简易计税方法的房地产老项目除外），以取得的全部价款和价外费用，扣除受让土地时向政府部门支付的土地价款后的余额为销售额。

房地产老项目，是指《建筑工程施工许可证》注明的合同开工日期在 2016 年 4 月 30 日前的房地产项目。

【例 2-7】 以下不符合增值税销售额规定的是（   ）。

A．存款利息，以利息收入全额为销售额

B．贷款服务，以提供贷款服务取得的全部利息及利息性质的收入为销售额

C．金融商品转让，以卖出价扣除买入价后的余额为销售额

D．航空运输企业的销售额，不包括代收的机场建设费和代售其他航空运输企业客票而代收转付的价款

【答案】 A

【解析】 选项 A：存款利息不征收增值税。

4．视同销售的销售额

2.2.1 节"征税范围"中已列明了单位和个体经营者 7 种视同销售货物行为和 2 种视同销售服务、无形资产、不动产的行为，如将货物交付他人代销；销售代销货物；将自

产、委托加工的货物用于非应税项目;将自产、委托加工或购买的货物用于投资、分红或无偿赠送他人;等等。这些视同销售行为会出现无货币化的销售额的现象。因此,税法规定,对视同销售征税而无销售额的按下列顺序确定其销售额:

(1) 按纳税人最近时期同类应税销售行为的平均销售价格确定;
(2) 按其他纳税人最近时期同类应税销售行为的平均销售价格确定;
(3) 按组成计税价格确定。

$$组成计税价格 = 成本 \times (1 + 成本利润率)$$

该公式适用于征收增值税但不征收消费税的货物的组成价格。公式中的成本,指销售自产货物的,为实际生产成本;销售外购货物的,为实际采购成本。公式中的成本利润率由国家税务总局确定。

对于征收增值税的货物,同时又征收消费税的,其组成计税价格中应包含消费税税额。其组成计税价格公式:

$$组成计税价格 = 成本 \times (1 + 成本利润率) + 消费税税额$$

属于应征消费税的货物,其组成计税价格中应加计消费税税额,这里的消费税税额包括从价计算、从量计算、复合计算的全部消费税税额。公式中的成本利润率按照国家税务总局规定的消费税成本利润率确定。

2.6.2 进项税额的计算

进项税额是指纳税人购进货物或者接受加工、修理修配劳务、服务、无形资产或者不动产,支付或者负担的增值税税额。

进项税额有三方面的意义:

(1) 必须是增值税一般纳税人,才允许抵扣进项税额;
(2) 产生进项税额的行为必须是购进货物或接受加工、修理修配劳务和接受应税服务、无形资产、不动产;
(3) 支付或者负担的增值税税额是指支付给销货方、应税劳务和服务、无形资产或不动产的提供方,或者购买方自己负担的增值税税额。

由于在增值税的计算中,进项税额是作为销项税额的减项在公式中出现的,故哪些可以抵扣、哪些不可以抵扣就成为必须掌握的重要问题。凭票抵扣是增值税管理的重要特点,但是在某些特殊情况下,允许纳税人按符合规定的非增值税专用发票(如农产品收购发票、农产品销售发票等)自行计算进项税额扣除。进项税额抵扣规则如图 2-1 所示。

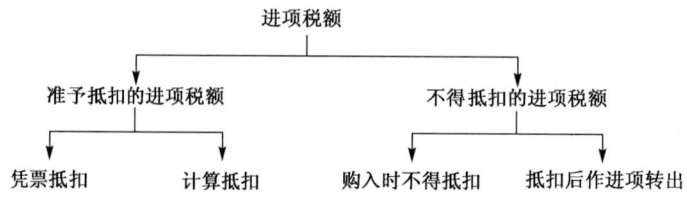

图 2-1 进项税额抵扣规则

1．准予从销项税额中抵扣的进项税额

1）一般情况下——凭票抵扣

购进方的进项税额一般由销售方的销项税额对应构成。故进项税额在正常情况下是：

（1）从销售方或提供方取得的增值税专用发票（含税控机动车销售统一发票，下同）上注明的增值税税额；

（2）从海关取得的海关进口增值税专用缴款书上注明的增值税税额；

（3）从境外单位或者个人购进服务、无形资产或者不动产，自税务机关或者扣缴义务人取得的解缴税款的完税凭证上注明的增值税税额；

（4）通行费及国内旅客运输服务增值税电子普通发票上注明的增值税税额。

2）特殊情况之一——计算抵扣

（1）购进农产品计算抵扣进项税。

购进方没有取得增值税专用发票、海关进口增值税专用缴款书、完税凭证，但可以自行计算进项税额抵扣的情况——购进农产品，除取得增值税专用发票或者海关进口增值税专用缴款书外，按照农产品收购发票或者销售发票上注明的农产品买价和规定的扣除率计算进项税额抵扣。进项税额计算公式：

$$进项税额 = 买价 \times 扣除率$$

【解释1】 公式中的"买价"包括两个因素：一是包括纳税人购进农产品在农产品收购发票或者销售发票上注明的价款；二是包括按规定缴纳的烟叶税，即收购烟叶由收购方缴纳的烟叶税，计入计算抵扣进项税的买价之中。

【解释2】 公式中的"扣除率"在2017年以后有过3次调整，2019年4月1日之后的扣除率归纳如下：

取得的票据	目的货物服务低税率的扣除率	目的货物劳务基本税率的扣除率
简易计税按照3%征收率开具的专票	9%	9%+1%=10%
农产品销售发票或收购发票		
批发零售环节免税肉蛋菜发票	不能扣除	

【注意】纳税人购进用于生产销售或委托加工13%税率货物的农产品，先按照9%的扣除率凭票计算抵扣进项税额；在生产领用农产品当期再按 1%加计抵扣进项税额，两次计算综合扣除率为10%。

【例2-8】 某企业收购一批农民自产的葡萄用于晾晒葡萄干（葡萄干增值税税率为9%），在税务机关批准使用的专用收购凭证上注明价款100000元，其可计算抵扣增值税进项税为 $100000 \times 9\% = 9000$ 元；该批农产品的记账采购成本是 $100000 - 9000 = 91000$ 元。

另外需要说明的是，农产品中收购烟叶的进项税抵扣公式比较特殊：

烟叶税应纳税额 = 收购烟叶实际支付的价款总额×税率（20%）

准予抵扣的进项税额 = （收购烟叶实际支付的价款总额+烟叶税应纳税额）×扣除率

【提示】计算抵扣增值税进项税的收购烟叶实际支付的价款总额与烟叶税计算公式中实际支付的价款总额的内涵不同。烟叶税计算公式中实际支付的价款总额=烟叶收购价款×（1+10%），计算抵扣增值税公式中的"收购烟叶实际支付的价款总额"含纳税人实际支付的收购价款和实际支付的价外补贴，体现的是实际支付金额。但计算烟叶税的"实际支付价款总额"是纳税人实际支付的收购价款和按照10%比例计算出来的价外补贴，与实际支付的价外补贴可能存在金额差异。

【例2-9】 6月，某烟叶收购单位（增值税一般纳税人）向烟农收购晾晒烟叶全部用于加工烟丝，在收购发票上注明收购价款 8 万元，同时在发票中注明另支付价外补贴 1 万元，则

$$应纳烟叶税 = 8 \times (1+10\%) \times 20\% = 1.76（万元）$$

$$计算抵扣增值税进项税合计 = (8+1+1.76) \times 10\% = 1.08（万元）$$

本题适用 10%（9%+1%）的扣除率，2019 年 4 月 1 日后，收购烟叶用于加工烟丝的税率调整为 13%，且农产品扣除率调整为 9%，为避免"高征低扣"，计算抵扣增值税进项税需要加计 1%扣除，综合扣除率为 10%。

（2）计算抵扣收费公路通行费的进项税。

通行费是指有关单位依法或者依规设立并收取的过路、过桥和过闸费用。

增值税一般纳税人支付的道路通行费，按照增值税电子普通发票上注明的增值税额抵扣进项税额，或者凭取得的通行费发票（不含财政票据，下同）上注明的收费金额计算可抵扣的进项税额。如下所示：

通行费种类	进项税的抵扣
公路通行费	按照收费公路通行费增值税电子普通发票上注明的增值税额抵扣进项税额
桥、闸通行费	可抵扣进项税额=桥、闸通行费发票上注明的金额÷（1+5%）×5%

例如：某企业在 3 月的经营中，支付桥、闸通行费 6825 元，取得通行费发票（非财政票据）；支付高速公路通行费，取得增值税电子普通发票，注明税额 246 元。则该企业上述发票可抵扣进项税：

$$进项税 = 6825 \div (1+5\%) \times 5\% + 246 = 325 + 246 = 571（元）$$

（3）购进国内旅客运输服务的进项税。

自 2019 年 4 月 1 日起，纳税人购进国内旅客运输服务，其进项税额允许从销项税额中抵扣。如下所示：

购进国内旅客运输服务取得的票据	进项税的抵扣
增值税专用发票	发票上注明的税额
增值税电子普通发票	
注明旅客身份信息的航空运输电子客票行程单	航空旅客运输进项税额=（票价+燃油附加费）÷（1+9%）×9%
注明旅客身份信息的铁路车票	铁路旅客运输进项税额=票面金额÷（1+9%）×9%
注明旅客身份信息的公路、水路等其他客票	公路、水路等其他旅客运输进项税额=票面金额÷（1+3%）×3%

【例2-10】 位于我国北京的甲公司是增值税一般纳税人，该公司市场部经理5月发生的公务差旅活动未能提交增值税专用发票和增值税电子普通发票，但提交了机票、火

车票、船票、出租车票等报销单据,根据税法规定,在票据真实有效的前提下,该经理提供票据抵扣进项税的情况分析如下:

票 据 内 容	票面金额合计	进项税的计算抵扣情况
赴法国参加订货会的注明旅客身份信息的往返航空运输电子客票行程单	金额合计 20000 元	跨境旅客运输服务不能抵扣增值税进项税
赴广州参加推广会的注明旅客身份信息的往返航空运输电子客票行程单	票价、燃油附加费金额合计5060元	进项税额=5060÷(1+9%)×9%=417.80(元)
赴上海参加推广会的注明旅客身份信息的往返铁路车票	金额合计 1800 元	进项税额=1800÷(1+9%)×9%=148.62(元)
赴石家庄参加推广会的注明旅客身份信息的往返公路长途客票	金额合计 800 元	进项税额=800÷(1+3%)×3%=23.30(元)
没有注明旅客身份信息的出租车票	金额合计 3000 元	没有注明旅客身份信息的出租车票不能抵扣增值税进项税

3)特殊情况之二——核定抵扣

鉴于计算抵扣进项税容易产生舞弊和高征低扣的现象,自2012年7月1日起,以购进农产品为原料生产销售液体乳及乳制品、酒及酒精、植物油的增值税一般纳税人,纳入农产品增值税进项税额核定扣除试点范围,其购进农产品无论是否用于生产上述产品,增值税进项税额均按照农产品增值税进项税额核定扣除试点实施办法的规定抵扣。这种方式在实际计算上体现出按照销售实耗核定扣除。

除上述规定以外的纳税人,其购进农产品仍按现行增值税的有关规定抵扣农产品进项税额。对部分液体乳及乳制品实行全国统一的扣除标准。

生产企业农产品进项税额核定扣除,有三种方法:投入产出法、成本法和参照法。其中,投入产出法侧重于农产品耗用数量的控制,税务机关依据国家标准、行业标准,核定销售单位数量货物耗用农产品数量,纳税人根据该单耗及每月销售货物的数量、农产品的平均购进单价、农产品进项税额扣除率计算当期允许抵扣的农产品进项税额;成本法侧重于农产品耗用金额的控制,税务机关依据纳税人会计核算资料,核定耗用农产品的购进成本占生产成本的比例,纳税人根据该比例及每月主营业务成本、农产品进项税额扣除率计算当期允许抵扣的农产品进项税额;参照法是对新办的纳税人或者纳税人新增产品,税务机关参照所属行业或者其他相同或相近纳税人的扣除标准进行核定。

(1)投入产出法。

当期农产品耗用数量 = 当期销售货物数量 × 农产品单耗数量

当期允许抵扣农产品增值税进项税额 = 当期农产品耗用数量 × 农产品平均购买单价 × 扣除率 ÷ (1 + 扣除率)

平均购买单价是指购买农产品期末平均买价,不包括买价之外单独支付的运费和入库前的整理费用。

期末平均买价 = (期初库存农产品数量 × 期初平均买价 + 当期购进农产品数量 × 当期买价) / (期初库存农产品数量 + 当期购进农产品数量)

扣除率为销售货物的适用税率,即销售货物的税率是 13%,扣除率就是 13%;销售货物的税率是 9%,扣除率就是 9%。

【例 2-11】 某乳制品加工企业 6 月销售 1000 吨巴氏杀菌乳,实现不含税收入 480 万元,原乳单耗数量为 1.055,原乳平均购买单价为 4200 元/吨,以投入产出法计算其可抵扣的进项税额及应缴纳的增值税。

原乳加工成巴氏杀菌乳,6 月适用扣除率为 9%。

当期允许抵扣农产品增值税进项税额=当期农产品耗用数量×农产品平均购买单价×扣除率÷(1+扣除率)
=1000×1.055×0.42×9%÷(1+9%)
=36.59(万元)

应纳增值税=480×9%-36.59=6.61(万元)

【例 2-12】 某乳制品加工企业 6 月销售 500 吨酸奶,实现不含税收入 350 万元,原乳单耗数量为 1.063,原乳平均购买单价为 4200 元/吨,以投入产出法计算其可抵扣的进项税额及应缴纳的增值税。

原乳加工成酸奶,适用的扣除率为 13%。

当期允许抵扣农产品增值税进项税额=当期农产品耗用数量×农产品平均购买单价×扣除率÷(1+扣除率)
=500×1.063×0.42×13%÷(1+13%)
=25.68(万元)

应纳增值税=350×13%-25.68=19.82(万元)

(2)成本法。

当期允许抵扣农产品增值税进项税额 = 当期主营业务成本 × 农产品耗用率 × 扣除率÷(1+扣除率)

【例 2-13】 某公司(增值税一般纳税人)6 月销售 1000 吨巴氏杀菌乳,主营业务成本为 600 万元,公司农产品耗用率 80%,原乳平均购买单价为 4500 元/吨。按照成本法,该公司当期允许抵扣的进项税:

该公司当期允许抵扣的进项税=600×80%×9%÷(1+9%)=39.63(万元)

(3)核定抵扣试点企业购进农产品直接销售的。

当期允许抵扣农产品增值税进项税额 = 当期销售农产品数量÷(1-损耗率)×农产品平均购买单价×9%÷(1+9%)

损耗率 = 损耗数量÷购进数量

【例 2-14】 某企业(增值税一般纳税人)是《农产品增值税进项税额核定扣除试点实施办法》的试点抵扣单位,4 月,该企业外购农产品 100 吨,直接对外销售 90 吨。该批农产品购买单价为每吨 40 万元,损耗率为 5%,则当期允许抵扣的增值税进项税额:

当期允许抵扣的农产品增值税进项税额=当期销售农产品数量÷（1-损耗率）×
农产品平均购买单价×9%÷（1+9%）
=90÷（1-5%）×40×9%÷（1+9%）
=312.89（万元）

2．不得从销项税额中抵扣的进项税额

下列项目的进项税额不得从销项税额中抵扣。

（1）用于简易计税方法计税项目、免征增值税项目、集体福利或者个人消费的购进货物、加工修理修配劳务、服务、无形资产和不动产。其中涉及的固定资产、无形资产、不动产，仅指专用于上述项目的固定资产、无形资产（不包括其他权益性无形资产）、不动产。

纳税人的交际应酬消费属于个人消费。

【辨析】 专用或兼用于简易计税计税项目、免征增值税项目、集体福利或者个人消费的不同购进项目在进项税处理方面有所不同。例如，假定某供热企业既有对居民收取的采暖费（免税收入），又有对居民以外的单位收取的采暖费（应税收入），则该企业提供热力构建的供热车间、固定资产、机器设备的进项税全部可以抵扣，但是为生产热力而购买燃气、煤炭的进项税只能按照应税收入和免税收入的比例分摊抵扣。不得抵扣增值税进项税额的规则如表2-8所示。

表2-8 不得抵扣增值税进项税额的规则

购进项目	用 途	
	专用于简易计税方法计税项目、免征增值税项目、集体福利或者个人消费	兼用于简易计税方法计税项目、免征增值税项目、集体福利或者个人消费
固定资产、无形资产（其他权益性无形资产除外）、不动产	进项税额不可抵扣	进项税额可以全部抵扣
租入固定资产、不动产		
存货和其他		进项税额按照销售额分摊抵扣
其他权益性无形资产	进项税额可以全部抵扣	

（2）非正常损失所对应的进项税额。

① 非正常损失的购进货物，以及相关的加工、修理修配劳务和交通运输业服务。

② 非正常损失的在产品、产成品所耗用的购进货物（不包括固定资产）、加工、修理修配劳务和交通运输业服务。

③ 非正常损失的不动产，以及该不动产所耗用的购进货物、设计服务和建筑服务。

④ 非正常损失的不动产在建工程所耗用的购进货物、设计服务和建筑服务。

纳税人新建、改建、扩建、修缮、装饰不动产，均属于不动产在建工程。

（3）特殊政策规定不得抵扣的进项税额。

① 购进的跨境旅客运输服务、贷款服务、餐饮服务、居民日常服务和娱乐服务。

【提示】 自2019年4月1日起，纳税人购进国内旅客运输服务，其进项税额允许从销项税额中抵扣，但购进跨境旅客运输服务，其进项税额不得从销项税额中抵扣。

纳税人接受贷款服务向贷款方支付的与该笔贷款直接相关的投融资顾问费、手续费、咨询费等费用，其进项税额不得从销项税额中抵扣。

② 财政部和国家税务总局规定的其他情形。

例如，纳税人取得的增值税扣税凭证不符合法律、行政法规或者国家税务总局有关规定的，其进项税额不得从销项税额中抵扣。

纳税人凭完税凭证抵扣进项税额的，应当具备书面合同、付款证明和境外单位的对账单或者发票。资料不全的，其进项税额不得从销项税额中抵扣。

【解释】 对增值税不可抵扣进项税额的规则的理解如下。一是购进货物、劳务、服务、无形资产或不动产后，增值税链条中断的，不得抵扣进项税额。如用于免税项目的购进货物或者应税劳务、非正常损失的购进货物或者应税劳务、用于个人消费的购进货物或者劳务、服务、无形资产、不动产等，增值税链条中断，不可能再有销售环节的销项税额出现。二是扣税凭证不符合规定的，不能抵扣进项税额。这是增值税以票管税的要求的体现。上述不可抵扣进项税额的主要法理就是基于这两点。

【例 2-15】 某咨询服务企业（增值税一般纳税人）的下列进项税额，不得从销项税额中抵扣的有（　　）。

A. 购买涂料装修职工食堂发生的进项税额
B. 购买办公用复印纸发生的进项税额
C. 购买中轻型商务面包车自用发生的进项税额
D. 被执法部门依法没收的外购出版物的进项税额

【答案】 AD

增值税进项税额转出的四种方法如表 2-9 所示。

表 2-9　增值税进项税额转出的四种方法

转出方法	适用及举例
直接计算法	适用于一般材料的非正常损失 【示例】某企业将数月前外购的一批生产用材料改变用途，用于发放职工福利，账面成本 10000 元，则需要做进项税额转出：$10000 \times 13\% = 1300$（元）
还原计算法	适用于计算抵扣进项税额的免税农产品的非正常损失、改变用途等 【示例】某面粉加工企业将一批以往向农民收购的大麦毁损，账面成本 11320 元（含运费 400 元），其不能抵扣的进项税额：$(11320 - 400) \div (1 - 9\%) \times 9\% + 400 \times 9\% = 1080 + 36 = 1116$（元） 由于大麦的账面金额是按 9% 扣除率计算进项税额后的余额，因此要还原成计算进项税额的基数来计算进项税额转出
比例计算法	适用于半成品、产成品的非正常损失 【示例】某服装厂外购比例 60%，某月因管理不善毁损一批账面成本 20000 元的成衣，其需要转出进项税额：$20000 \times 60\% \times 13\% = 1560$ 元
净值率计算法	适用于已抵扣过进项税额的固定资产、无形资产或不动产改变用途、发生非正常损失等 【示例】某企业的一处使用中的不动产因违反政府规划被强拆，已抵扣进项税额 49.5 万元，不动产净值率 94.44%，则不得抵扣的进项税额：$49.5 \times 94.44\% = 46.75$（万元）

关于不得从销项税中抵扣的进项税额，还要注意以下两方面的理解。

第一方面的理解，要注意增值税不得抵扣进项税额与视同销售的区别和联系。表 2-10 按照货物来源和货物去向对不得抵扣进项税额与视同销售的涉税规则进行了区分。

表 2-10 不得抵扣进项税额与视同销售的涉税规则

货物来源	货物去向	
	职工福利、个人消费、非应税项目	投资、分红、赠送
购入	不计进项	视同销售计销项（可抵进项）
自产或委托加工	视同销售计销项（可抵进项）	视同销售计销项（可抵进项）

第二方面的理解，在计算不得抵扣进项税额的时候，适用一般计税方法的纳税人兼营简易计税方法计税项目、免征增值税项目而无法划分不得抵扣的进项税额，按照下列公式计算不得抵扣的进项税额：

不得抵扣的进项税额 = 当期无法划分的全部进项税额 ×（当期简易计税方法计税项目销售额 + 免征增值税项目销售额）÷ 当期全部销售额

主管税务机关可以按照上述公式依据年度数据对不得抵扣的进项税额进行清算。

【例 2-16】 某厂外购一批材料用于应税货物的生产，取得增值税发票，价款 10000 元，增值税 1300 元；外购一批材料用于应税和免税货物的生产，价款 20000 元，增值税 2600 元。当月应税货物销售额 50000 元，免税货物销售额 70000 元，当月不可抵扣的进项税额：

$$2600 \times 70000 \div (50000 + 70000) = 1516.67（元）$$

2.6.3 应纳税额的计算

纳税人销售货物或提供应税劳务，其应纳税额为当期销项税额抵扣当期进项税额后的余额。基本计算公式：

$$应纳税额 = 当期销项税额 - 当期进项税额$$

考虑到留底税额和进项税额转出等因素，可把上述基本公式拓展成：

$$应纳税额 = 当期销项税额 - 当期进项税额 + 进项税额转出 - 留抵税额$$

1．应纳税额的计算结果

当期应纳税额计算结果若为正数，则当期应纳增值税；计算结果若为负数，则形成留抵税额，待下期与下期进项税额一并，从下期销项税额中抵扣。

2．当期销项税额的"当期"

当期销项税额的"当期"与纳税义务发生时间相呼应，关于销项税额的确定时间，总的原则：销项税额的确定不得滞后。

3．当期进项税额的"当期"

当期进项税额的"当期"是重要的时间概念，有必备的条件。我国现行增值税可以当期抵扣的进项税额有两类实施方法——购进扣税法和核定扣税法。

（1）购进扣税法——这是我国目前增值税进项税额抵扣的基本方法。

增值税一般纳税人取得 2017 年 1 月 1 日及以后开具的增值税专用发票、海关进口增值税专用缴款书、机动车销售统一发票、收费公路通行费增值税电子普通发票，取消认证确认、稽核比对、申报抵扣的期限。纳税人在进行增值税纳税申报时,应当通过本省(自治区、直辖市和计划单列市)增值税发票综合服务平台对上述扣税凭证信息进行用途确认。

(2)核定扣税法——自2012年7月1日起,在部分行业开展增值税进项税额核定扣除试点。这种方式在实际计算中体现出按照销售实耗核定扣除。

【例2-17】 某电冰箱生产企业是增值税一般纳税人,8月发生下列业务:
(1)购入一批生产用材料,取得增值税专用发票,注明税款1000元;
(2)以物易物,将自产200升电冰箱10台换取职工工作服一批,双方均未开发票;
(3)销售200升电冰箱1000台,发票注明每台不含税价格1000元;
(4)支付电费,取得增值税发票,税款2550元;
(5)支付水费,取得增值税发票,税款120元;
(6)销售自用过的旧机器一台,该机器2007年购入,原价40000元,售价11000元;
(7)销售生产过程中产生的边角余料一批,收取现金2000元。

要求计算(假定购进货物的发票都已确认在当期抵扣):
(1)当期进项税额;
(2)当期销售货物销项税额;
(3)当期销售旧机器应纳增值税;
(4)当期应纳增值税。

答案:
(1)当期进项税额 = 1000+2550+120 = 3670(元)。
购入废旧物资计算抵扣进项税。
(2)当期销售货物销项税额
= 1000×10×13%+1000×1000×13%+2000÷(1+13%)×13% = 131530.09(元)。
销售边角余料的2000元也应计算销项税额;以物易物的10台电冰箱按同类价格计算销项税额。
(3)当期销售旧机器应纳增值税 = 11000÷(1+3%)×2% = 213.59(元)。
(4)当期应纳增值税 = 131530.09-3670+213.59 = 128073.68(元)。

【例2-18】 某食品加工厂(增值税一般纳税人)9月发生下列业务:
(1)向农民收购大麦10吨,收购凭证上注明价款20000元,验收后送另一食品加工厂(增值税一般纳税人)加工膨化食品,支付加工费价税合计621.5元,取得增值税专用发票;
(2)将以前月份购入的10吨玉米渣对外销售9吨,取得不含税销售额21000元,将1吨玉米渣无偿赠送给客户;
(3)生产夹心饼干销售,开具的增值税专用发票上注明销售额100000元;
(4)上月向农民收购的小米因保管不善霉烂,账面成本5970元(含运费120元),进项税已抵扣;
(5)转让2019年3月购入的小型生产设备一台,从购买方取得支票8000元(含税);

（6）允许广告公司在本厂 2018 年 12 月建成的围墙上喷涂家电、服装广告，价税合计收取 50000 元；

（7）修缮仓库，为修缮购进货物和设计服务，取得增值税专用发票的进项税合计 15000 元。

（其他相关资料：上述取得的发票均在当月抵扣）

要求：根据上述资料，回答下列问题。

（1）该厂因管理不善损失而转出的进项税额为多少？

（2）该厂当期可以抵扣的进项税额为多少？

（3）该厂来自广告公司收入的增值税销项税额为多少？

（4）该厂当期应缴纳的增值税税额为多少？

答案：

（1）小米因管理不善霉烂作进项税额转出时，注意将农产品账面成本还原成计算进项税时的基数。

该厂因管理不善损失而转出的进项税额=（5970-120）÷（1-9%）×9%+120×9%=578.57+10.8=589.37（元）。

（2）收购大麦可以抵扣的进项税额=20000×10%=2000（元）；

加工费可以抵扣的进项税额=621.5÷（1+13%）×13%=71.50（元）；

修缮仓库可以抵扣的进项税额=15000（元）；

当期可以抵扣的进项税额=2000+71.50-589.37+15000=16482.13（元）。

（3）允许广告公司在本厂 2018 年 12 月建成的围墙上喷涂家电、服装广告属于不动产租赁，增值税销项税额=50000÷（1+9%）×9%=4128.44（元）。

（4）销售玉米渣的销项税额=21000×9%=1890（元）；

无偿赠送给客户的玉米渣视同销售的销项税额=21000÷9×9%=210（元）；

销售夹心饼干的销项税额=100000×13%=13000（元）；

转让设备的销项税额=8000÷（1+13%）×13%=920.35（元）；

当期销项税额合计=1890+210+13000+920.35+4128.44=20148.79（元）；

转让使用过的设备，由于该设备是在增值税转型后购入的，按照适用税率计算销项税额。

该食品加工厂当期应纳增值税税额=20148.79-16482.13=3666.66（元）。

【例2-19】 某酒店是增值税一般纳税人，提供住宿及配套服务，附设餐饮部、商品部、洗衣部，实行分账管理。6月发生下列业务：

（1）收取住宿房费（包含免费提供给客人的一次性梳子、牙具等配品和免费早餐）47万元（含增值税，下同），收取高档客房内小吧台、冰箱的酒水食品费用 1.4 万元，收取客人洗衣费 1.76 万元；

（2）酒店商品部在客房吧台、冰箱的酒水饮料之外还销售酒水、食品、服装服饰，收入 5.85 万元；

（3）附设餐饮部的餐饮费收入 61.48 万元（不含对住店客人住宿同时提供的 600 人次的免费早餐收入，相同标准免费早餐对外收费 20 元/人/次），当月为本酒店职工提供免费工作餐，同类餐费的对外价格为 2.12 万元；

（4）该酒店当月为商品部购进商品的进项税 0.8 万元，餐饮部购进炊具、调料、食材等进项税 2 万元，购进办公用品进项税 0.5 万元。

要求计算：

（1）业务（1）增值税的销项税额合计（　　）万元；

（2）业务（2）、（3）增值税的销项税额合计（　　）万元；

（3）该企业当月应纳的增值税合计（　　）万元。

【答案及解析】

注意区分混合销售与兼营。客房及免费牙具、早餐属于混合销售；客房内吧台食品及餐厅对外服务属于兼营。为本单位员工提供应税服务不缴纳增值税。

（1）业务（1）增值税的销项税额合计：

$(47+1.76)÷(1+6\%)×6\%+1.4÷(1+13\%)×13\%=2.76+0.16=2.92$（万元）

（2）业务（2）、（3）增值税的销项税额合计：

$5.85÷(1+13\%)×13\%+61.48÷(1+6\%)×6\%=0.67+3.48=4.15$（万元）

（3）该企业当月应纳的增值税合计：

$2.92+4.15-(0.8+2+0.5)=3.77$（万元）

思政小课堂

增值税的留抵退税政策

纳税人当期的销项税额小于进项税额，就形成了留抵税额，留抵税额主要是由于纳税人进项税额和销项税额在时间上的不一致造成的。留抵税额在抵扣之前占压了纳税人的资金。2022 年 3 月 21 日，李克强主持召开国务院常务会议，确定实施大规模增值税留抵退税的政策安排，为稳定宏观经济大盘提供强力支撑。采用退税的方式解决留抵税额对纳税人现金流的挤占，是一次合法又合理的直接高效的纾困措施。2022 年预计留抵退税约 1.5 万亿元，退税资金全部直达企业，直接激活企业的现金流，有利于提振市场主体信心、激发市场主体活力。

2.7 简易计税方法应纳税额的计算

2.7.1 简易计税方法计税规则

简易计税方法的应纳税额，是指按照销售额和增值税征收率计算的增值税税额，不得抵扣进项税额。应纳税额计算公式：

$$应纳税额 = 销售额 × 征收率$$

简易计税方法的销售额不包括其应纳税额，纳税人采用销售额和应纳税额合并定价方法的，按照下列公式计算销售额：

$$销售额 = 含税销售额 \div (1 + 征收率)$$

公式中的销售额为不含税销售额，法定征收率为 3%、5%。

为了平衡一般计税方法和简易计税方法的税负，对简易计税方法规定了较低的征收率，因此简易计税方法在计算应纳税额时不得抵扣进项税额。

【提示 1】 简易计税方法的适用对象，既包括小规模纳税人销售货物、提供应税劳务或销售服务、无形资产、不动产，也包括一般纳税人发生的特定应税行为。

【提示 2】 这里销售额的含义与一般计税方法中销售额的含义一样，均是不含增值税的销售额。简易计税方法与一般计税方法的基本计税差异如下。

（1）一般计税方法计算价税分离时使用的是税率，简易计税方法使用征收率计算价税分离。

（2）一般计税方法用销售额计算的是销项税额，简易计税方法用销售额计算的是应纳税额。

【例 2-20】 某生产小电器的企业是增值税小规模纳税人，6 月发生下列业务：

（1）外购一批材料用于生产，取得增值税发票，注明价款 10000 元，增值税 1300 元，外购一台生产设备，取得增值税发票，注明增值税 5100 元；

（2）销售 50 件自产 A 型小电器，价税合并取得收入 123600 元；

（3）将 10 件 A 型小电器赠送客户试用；

（4）将使用过的一批旧包装物出售，价税合计取得收入 2472 元；

（5）将使用过的一台旧设备出售，原价 40000 元，售价 15450 元；

（6）出租一间办公室，取得租金 8000 元。

要求计算：

（1）该企业出售旧包装物应纳的增值税；

（2）该企业出售旧设备应纳的增值税；

（3）该企业出租办公室应纳的增值税；

（4）该企业当月应纳的增值税合计数。

【答案及解析】

（1）该企业出售旧包装物应纳的增值税：

$$2472 \div (1 + 3\%) \times 3\% = 72（元）$$

小规模纳税人销售自己使用过的除固定资产以外的物品，应按 3% 的征收率征收增值税。

（2）该企业出售旧设备应纳的增值税：

$$15450 \div (1 + 3\%) \times 2\% = 300（元）$$

小规模纳税人（除其他个人，下同）销售自己使用过的固定资产，减按 2% 征收率征收增值税。

（3）该企业出租办公室应纳的增值税：

$$8000 \div (1 + 5\%) \times 5\% = 380.95（元）$$

（4）该企业当月应纳的增值税合计数：

$$123600 \div (1+3\%) \div 50 \times (50+10) \times 3\% + 72 + 300 + 380.95$$
$$= 4320 + 72 + 300 + 380.95 = 5072.95（元）$$

2.7.2 "营改增"后的一般纳税人按简易计税方法计税的规定

根据《营业税改征增值税试点实施办法》的相关规定，一般纳税人应该按照一般计税方法计算缴纳增值税，但是下列情形属于可在两种方法中选择的范畴。

1．应税服务

（1）公共交通运输服务。

公共交通运输服务，包括轮客渡、公交客运、轨道交通（含地铁、城市轻轨）、出租车、长途客运、班车。其中，班车是指按固定路线、固定时间运营并在固定站点停靠的运送旅客的陆路运输。

【提示】 试点纳税人中的一般纳税人提供的铁路旅客运输服务，不得选择按照简易计税办法计算缴纳增值税。

（2）电影放映服务、仓储服务、装卸搬运服务、收派服务和文化体育服务。

（3）以纳入营改增试点之日前取得的有形动产为标的物提供的经营租赁服务。

（4）在纳入营改增试点之日前签订的尚未执行完毕的有形动产租赁合同。

2．建筑服务

"营改增"纳税人提供建筑服务适用简易计税方法的，以取得的全部价款和价外费用扣除支付的分包款后的余额为销售额。

（1）一般纳税人以清包工方式提供的建筑服务，可以选择适用简易计税方法计税。

以清包工方式提供建筑服务，是指施工方不采购建筑工程所需的材料或只采购辅助材料，并收取人工费、管理费或者其他费用的建筑服务。

（2）一般纳税人为甲供工程提供的建筑服务，可以选择适用简易计税方法计税。

甲供工程，是指全部或部分设备、材料、动力由工程发包方自行采购的建筑工程。

（3）一般纳税人为建筑工程老项目提供的建筑服务，可以选择适用简易计税方法计税。

（4）一般纳税人跨县（市）提供建筑服务，选择简易计税方法的，应以取得的全部价款和价外费用扣除支付的分包款后的余额为销售额，按照3%的征收率计算应纳税额。

3．销售不动产

（1）一般纳税人销售其2016年4月30日前取得（不含自建）的不动产，可以选择适用简易计税方法，以取得的全部价款和价外费用减去该项不动产购置原价或者取得不动产时的作价后的余额为销售额，按照5%的征收率计算应纳税额。纳税人应按照上述计税方法在不动产所在地预缴税款后，向机构所在地主管税务机关进行纳税申报。

（2）一般纳税人销售其2016年4月30日前自建的不动产，可以选择适用简易计税方法，以取得的全部价款和价外费用为销售额，按照5%的征收率计算应纳税额。纳税人应按照上述计税方法在不动产所在地预缴税款后，向机构所在地主管税务机关进行纳税申报。

（3）房地产开发企业中的一般纳税人，销售自行开发的房地产老项目，可以选择适用简易计税方法按照 5%的征收率计税。

（4）房地产开发企业采取预收款方式销售所开发的房地产项目，在收到预收款时按照 3%的预征率预缴增值税。

（5）个体工商户销售购买的住房，应按照《营业税改征增值税试点过渡政策的规定》第五条的规定免征增值税。纳税人应按照上述计税方法在不动产所在地预缴税款后，向机构所在地主管税务机关进行纳税申报。

4．不动产经营租赁服务

（1）一般纳税人出租其 2016 年 4 月 30 日前取得的不动产，可以选择适用简易计税方法，按照 5%的征收率计算应纳税额。纳税人出租其 2016 年 4 月 30 日前取得的与机构所在地不在同一县（市）的不动产，应按照上述计税方法在不动产所在地预缴税款后，向机构所在地主管税务机关进行纳税申报。

（2）一般纳税人出租其 2016 年 5 月 1 日后取得的、与机构所在地不在同一县（市）的不动产，应按照 3%的预征率在不动产所在地预缴税款。

【归纳】对一般纳税人和小规模纳税人销售物品及固定资产等的相同行为进行辨析，如表 2-11 所示。

表 2-11 一般纳税人和小规模纳税人行为辨析

应税行为		一般纳税人	小规模纳税人
销售自己使用过的物品	固定资产	① 按规定允许抵扣进项税额的固定资产再转让 销纳税额 = 含税销售额÷（1+税率）×税率 税率一般为 13% 低税率范围的农机等为 9% ② 按规定不得抵扣且未抵扣过项税额的固定资产再转让 应纳税额 = 含税销售额÷（1+3%）×2%	应纳税额 = 含税销售额÷（1+3%）×2%
	其他物品	销项税额 = 含税销售额÷（1+税率）×税率 税率为 13%或 9%	应纳税额 = 含税销售额÷（1+3%）×3%
销售自己没有使用过的物品	货物（有形动产）	销项税额 = 含税销售额÷（1+税率）×税率 税率为 13%或 9% 特殊情况下，按简易办法计税 应纳税额 = 含税销售额÷（1+3%）×3%	应纳税额 = 含税销售额÷（1+3%）×3%
	经营旧货（含旧汽车、摩托车、游艇）	应纳税额 = 含税销售额÷（1+3%）×2% 自 2020 年 5 月 1 日至 2023 年 12 月底，从事二手车经销业务的纳税人销售其收购的二手车，减按 0.5%征收增值税 纳税额=含税销售额÷（1+0.5%）×0.5%	
提供应税劳务		销项税额 = 含税销售额÷（1+13%）×13%	应纳税额 = 含税销售额÷（1+3%）×3%
销售服务、无形资产或不动产	一般规定	销项税额 = 含税销售额÷（1+税率）×税率 税率为 13%、9%、6%	适用 3%征收率的： 应纳税额 = 含税销售额÷（1+3%）×3% 适用 5%征收率的： 应纳税额 = 含税销售额÷（1+5%）×5% 应纳税额 = 含税销售额÷（1+5%）×1.5%

续表

应税行为		一般纳税人	小规模纳税人
销售服务、无形资产或不动产	特殊情况	一些列举的特定服务可选择简易征收办法： 应纳税额 = 含税销售额 ÷ (1 + 3%) × 3% 应纳税额 = 含税销售额 ÷ (1 + 5%) × 5%	应纳税额 = 含税销售额 ÷ (1 + 3%) × 3%

【提示】自 2016 年 2 月 1 日起，纳税人销售自己使用过的固定资产，适用简易办法依照 3%征收率减按 2%征收增值税政策的，可以放弃减税，按照简易办法依照 3%征收率缴纳增值税，并可以开具增值税专用发票。

2.8 "营改增"与不动产有关的税额计算

2.8.1 转让不动产增值税征收管理

不动产，包括以直接购买、接受捐赠、接受投资入股、自建及抵债等各种形式取得的不动产。

房地产开发企业销售自行开发的房地产项目不适用以下规定。

1. 一般纳税人转让"营改增"前取得的不动产

一般纳税人转让其 2016 年 4 月 30 日前取得的不动产，可以选择适用简易计税方法计税；也可以选择适用一般计税方法计税，计税规则如表 2-12 所示。

表 2-12 一般纳税人转让"营改增"前取得的不动产计税规则

来源	税率或征收率	计税依据与预缴依据
直接购买、接受捐赠、接受投资入股及抵债	选择适用简易计税方法计税的，按照 5%的征收率向不动产所在地主管税务机关预缴税款，向机构所在地主管税务机关申报纳税	以取得的全部价款和价外费用扣除不动产购置原价或者取得不动产时的作价后的余额为销售额 【归纳】差价征收率（5%）计税、属地差价征收率（5%）预缴
	选择适用一般计税方法计税的，按照 5%的预征率向不动产所在地主管税务机关预缴税款，向机构所在地主管税务机关申报纳税（销售不动产税率为 9%）	以取得的全部价款和价外费用为销售额计算应纳税额；以取得的全部价款和价外费用扣除不动产购置原价或者取得不动产时的作价后的余额按照 5%的预征率预缴 【归纳】全价税率（9%）计销项、属地差价预征率（5%）预缴
自建	选择适用简易计税方法计税的，按照 5%的征收率向不动产所在地主管税务机关预缴税款，向机构所在地主管税务机关申报纳税	以取得的全部价款和价外费用为销售额 【归纳】全价征收率（5%）计税、属地全价征收率（5%）预缴
自建	选择适用一般计税方法计税的，应以取得的全部价款和价外费用，按照 5%的预征率向不动产所在地主管税务机关预缴税款，向机构所在地主管税务机关申报纳税	以取得的全部价款和价外费用为销售额计算应纳税额；以取得的全部价款和价外费用按照 5%的预征率预缴 【归纳】全价税率（9%）计销项、属地全价预征率（5%）预缴

2．一般纳税人转让"营改增"后取得的不动产

一般纳税人转让其 2016 年 5 月 1 日后取得的不动产，适用一般计税方法计税，计税规则如表 2-13 所示。

【特别提示】 上述全价、差价均为不含增值税的金额。要注意区分税率、征收率、预征率的不同表述。

表 2-13 一般纳税人转让"营改增"后取得的不动产计税规则

来　源	税率或征收率	计税依据
直接购买、接受捐赠、接受投资入股及抵债	按照 5%的预征率向不动产所在地主管税务机关预缴税款，向机构所在地主管税务机关申报纳税（销售不动产税率为 9%）	以取得的全部价款和价外费用扣除不动产购置原价或者取得不动产时的作价后的余额按照 5%的预征率预缴 【归纳】 全价税率（9%）计销项、属地差价预征率（5%）预缴
自建	按照 5%的预征率向不动产所在地主管税务机关预缴税款，向机构所在地主管税务机关申报纳税	以取得的全部价款和价外费用按照 5%的预征率预缴 【归纳】 全价税率（9%）计销项、属地全价预征率（5%）预缴

3．小规模纳税人转让其取得的不动产

小规模纳税人转让其取得的不动产（除个人转让其购买的住房），适用简易计税方法计税，计税规则如表 2-14 所示。

表 2-14 小规模纳税人转让其取得的不动产计税规则

来　源	计税依据	征收率	纳税地点
直接购买、接受捐赠、接受投资入股及抵债等	以取得的全部价款和价外费用扣除不动产购置原价或者取得不动产时的作价后的余额为销售额	5%	除其他个人之外的小规模纳税人，应按照本条规定的计税方法向不动产所在地主管税务机关预缴税款，向机构所在地主管税务机关申报纳税；其他个人按照本条规定的计税方法向不动产所在地主管税务机关申报纳税
自建	以取得的全部价款和价外费用为销售额		

4．个人转让其购买的住房

（1）个人转让其购买的住房，按照有关规定全额缴纳增值税的，以取得的全部价款和价外费用为销售额，按照 5%的征收率计算应纳税额。

（2）个人转让其购买的住房，按照有关规定差额缴纳增值税的，以取得的全部价款和价外费用扣除购买住房价款后的余额为销售额，按照 5%的征收率计算应纳税额。

【相关链接】 个人将购买不足 2 年的住房对外销售的，按照 5%的征收率全额缴纳增值税；个人将购买 2 年以上（含 2 年）的住房对外销售的，免征增值税。上述政策适用于北京市、上海市、广州市和深圳市之外的地区。

个人将购买不足 2 年的住房对外销售的，按照 5%的征收率全额缴纳增值税；个人将购买 2 年以上（含 2 年）的非普通住房对外销售的，以销售收入减去购买住房价款后的差额按照 5%的征收率缴纳增值税；个人将购买 2 年以上（含 2 年）的普通住房对外销售的，免征增值税。上述政策仅适用于北京市、上海市、广州市和深圳市。

个体工商户应按照本条规定的计税方法向住房所在地主管税务机关预缴税款,向机构所在地主管税务机关申报纳税;其他个人应按照本条规定的计税方法向住房所在地主管税务机关申报纳税。

5. 其他个人以外的纳税人转让其取得的不动产

(1)以转让不动产取得的全部价款和价外费用作为预缴税款计算依据的,计算公式:

$$应预缴税款 = 全部价款和价外费用 \div (1 + 5\%) \times 5\%$$

(2)以转让不动产取得的全部价款和价外费用扣除不动产购置原价或者取得不动产时的作价后的余额作为预缴税款计算依据的,计算公式:

$$应预缴税款 = (全部价款和价外费用 - 不动产购置原价或者取得不动产时的作价) \div (1 + 5\%) \times 5\%$$

其他个人转让其取得的不动产,按照以上计算方法计算应纳税额并向不动产所在地主管税务机关申报纳税。

6. 凭证和发票要求

1)扣减税款的凭证要求

纳税人按规定从取得的全部价款和价外费用中扣除不动产购置原价或者取得不动产时的作价的,应当取得符合法律、行政法规和国家税务总局规定的合法有效凭证。否则,不得扣除。

上述凭证是指:税务部门监制的发票;法院判决书、裁定书、调解书,以及仲裁裁决书、公证债权文书;国家税务总局规定的其他凭证。

2)发票的开具

(1)小规模纳税人转让其取得的不动产,不能自行开具增值税发票的,可向不动产所在地主管地税机关申请代开。

(2)纳税人向其他个人转让其取得的不动产,不得开具或申请代开增值税专用发票。

2.8.2 提供不动产经营租赁服务增值税征收管理

适用于纳税人以经营租赁方式出租其取得的不动产(以下简称出租不动产)。

取得的不动产,包括以直接购买、接受捐赠、接受投资入股、自建及抵债等各种形式取得的不动产。纳税人提供道路通行服务不在适用范围内。

1. 一般纳税人出租不动产

一般纳税人出租不动产,按照以下规定缴纳增值税。

(1)一般纳税人出租其2016年4月30日前取得的不动产,可以选择适用简易计税方法,按照5%的征收率计算应纳税额。

不动产所在地与机构所在地不在同一县(市、区)的,纳税人应按照上述计税方法向不动产所在地主管税务机关预缴税款,向机构所在地主管税务机关申报纳税。

不动产所在地与机构所在地在同一县（市、区）的，纳税人向机构所在地主管税务机关申报纳税。

（2）一般纳税人出租其2016年5月1日后取得的不动产，适用一般计税方法计税。

不动产所在地与机构所在地不在同一县（市、区）的，纳税人应按照3%的预征率向不动产所在地主管税务机关预缴税款，向机构所在地主管税务机关申报纳税。

不动产所在地与机构所在地在同一县（市、区）的，纳税人应向机构所在地主管税务机关申报纳税。

一般纳税人出租其2016年4月30日前取得的不动产适用一般计税方法计税的，按照上述规定执行。

2．小规模纳税人出租不动产

小规模纳税人出租不动产，按照以下规定缴纳增值税。

（1）单位和个体工商户出租不动产（不含个体工商户出租住房），按照5%的征收率计算应纳税额。个体工商户出租住房，按照5%的征收率减按1.5%计算应纳税额。

不动产所在地与机构所在地不在同一县（市、区）的，纳税人应按照上述计税方法向不动产所在地主管税务机关预缴税款，向机构所在地主管税务机关申报纳税。

不动产所在地与机构所在地在同一县（市、区）的，纳税人应向机构所在地主管税务机关申报纳税。

【例2-21】 甲服装店（小规模纳税人）6月经营服装含税收入140000元，将一处门市房出租，收取当月含税租金50000元，计算其当月应纳增值税。

【答案及解析】 $140000 \div (1+3\%) \times 3\% + 50000 \div (1+5\%) \times 5\% = 4077.67 + 2380.95 = 6458.62$（元）。

（2）其他个人出租不动产（不含住房），按照5%的征收率计算应纳税额，向不动产所在地主管税务机关申报纳税。其他个人出租住房，按照5%的征收率减按1.5%计算应纳税额，向不动产所在地主管税务机关申报纳税。

3．预缴与申报

（1）纳税人出租的不动产所在地与其机构所在地在同一直辖市或计划单列市但不在同一县（市、区）的，由直辖市或计划单列市税务局决定是否在不动产所在地预缴税款。

（2）纳税人出租不动产，按照上述规定需要预缴税款的，应在取得租金的次月纳税申报期或不动产所在地主管税务机关核定的纳税期限预缴税款。

（3）预缴税款的计算。

① 纳税人出租不动产适用一般计税方法计税的，按照以下公式计算应预缴税款：

$$应预缴税款 = 含税销售额 \div (1+9\%) \times 3\%$$

【例2-22】 机构所在地在A市的甲企业是增值税一般纳税人，5月在A市取得含税咨询收入265000元，发生可抵扣的进项税8000元，将位于B市的一处办公用房（系"营改增"后取得）出租，收取含税月租金40000元，则甲企业在A、B两市应缴纳增值税税款如下：

甲企业应在 B 市预缴出租办公用房的税款=40000÷（1+9%）×3%=1100.92（元）
甲企业在 A 市纳税=265000÷（1+6%）×6%-8000+40000÷（1+9%）×9%-1100.92
=9201.83（元）

② 纳税人出租不动产适用简易计税方法计税的，除个人出租住房外，按照以下公式计算应预缴税款：

$$应预缴税款 = 含税销售额 \div (1+5\%) \times 5\%$$

③ 个体工商户出租住房，按照以下公式计算应预缴税款：

$$应预缴税款 = 含税销售额 \div (1+5\%) \times 1.5\%$$

④ 其他个人出租不动产，按照以下公式计算应纳税款：

出租住房

$$应纳税款 = 含税销售额 \div (1+5\%) \times 1.5\%$$

出租非住房

$$应纳税款 = 含税销售额 \div (1+5\%) \times 5\%$$

单位和个体工商户出租不动产，按照规定向不动产所在地主管税务机关预缴税款时，应填写《增值税预缴税款表》。

单位和个体工商户出租不动产，向不动产所在地主管税务机关预缴的增值税款，可以在当期增值税应纳税额中抵减，抵减不完的，结转下期继续抵减。

纳税人以预缴税款抵减应纳税额，应以完税凭证作为合法有效凭证。

2.8.3 跨县（市、区）提供建筑服务增值税征收管理

跨县（市、区）提供建筑服务，是指单位和个体工商户（以下简称纳税人）在其机构所在地以外的县（市、区）提供建筑服务。

纳税人在同一直辖市、计划单列市范围内跨县（市、区）提供建筑服务的，由直辖市、计划单列市税务局决定是否适用以下规定。

其他个人跨县（市、区）提供建筑服务，不适用以下规定。

纳税人跨县（市、区）提供建筑服务，应按照财税〔2016〕36 号文件规定的纳税义务发生时间和计税方法，向建筑服务发生地主管税务机关预缴税款，向机构所在地主管税务机关申报纳税。

《建筑工程施工许可证》未注明合同开工日期，但建筑工程承包合同注明的开工日期在 2016 年 4 月 30 日前的建筑工程项目，属于财税〔2016〕36 号文件规定的可以选择简易计税方法计税的建筑工程老项目。

1. 预缴税款

纳税人跨县（市、区）提供建筑服务，按照以下规定预缴税款。

（1）一般纳税人跨县（市、区）提供建筑服务。

① 一般纳税人跨县（市、区）提供建筑服务适用一般计税方法计税的，以取得的全部价款和价外费用扣除支付的分包款后的余额，按照 2%的预征率计算应预缴税款：

$$应预缴税款 = (全部价款和价外费用 - 支付的分包款) \div (1+适用税率) \times 2\%$$

【例2-23】机构所在地在B市的甲建筑企业是增值税一般纳税人，5月在A市取得建筑收入40万元（含增值税，下同），支付分包款10万元；当月在A市以90万元转让一套办公用房，该办公用房是2016年7月购进的，购入时支付80万元。则

甲企业应在A市向税务局预缴建筑业增值税=（40−10）÷（1+9%）×2%=0.55（万元）；

甲企业应在A市向税务局预缴转让不动产增值税=（90−80）÷（1+5%）×5%=0.48（万元）；

甲企业应在B市向税务局申报增值税销项税=40÷（1+9%）×9%+90÷（1+9%）×9%=10.73（万元）。

② 一般纳税人跨县（市、区）提供建筑服务，选择适用简易计税方法计税的，以取得的全部价款和价外费用扣除支付的分包款后的余额，按照3%的征收率计算应预缴税款：

应预缴税款 =（全部价款和价外费用 − 支付的分包款）÷（1+3%）×3%

（2）小规模纳税人跨县（市、区）提供建筑服务。

小规模纳税人跨县（市、区）提供建筑服务，以取得的全部价款和价外费用扣除支付的分包款后的余额，按照3%的征收率计算应预缴税款：

应预缴税款 =（全部价款和价外费用 − 支付的分包款）÷（1+3%）×3%

纳税人取得的全部价款和价外费用扣除支付的分包款后的余额为负数的，可结转下次预缴税款时继续扣除。

纳税人应按照工程项目分别计算应预缴税款，分别预缴。

2．扣除凭证

纳税人按照上述规定从取得的全部价款和价外费用中扣除支付的分包款，应当取得符合法律、行政法规和国家税务总局规定的合法有效凭证，否则不得扣除。

2.8.4 房地产开发企业销售自行开发的房地产项目增值税征收管理

房地产开发企业销售自行开发的房地产项目，适用以下规定。

自行开发，是指在依法取得土地使用权的土地上进行基础设施和房屋建设。

房地产开发企业以接盘等形式购入未完工的房地产项目继续开发后，以自己的名义立项销售的，属于销售自行开发的房地产项目。

1．一般纳税人征收管理

1）销售额

房地产开发企业中的一般纳税人销售自行开发的房地产项目，适用一般计税方法计税，按照取得的全部价款和价外费用，扣除当期销售房地产项目对应的土地价款后的余额计算销售额。销售额的计算公式如下：

销售额 =（全部价款和价外费用 − 当期允许扣除的土地价款）÷（1+税率）

当期允许扣除的土地价款按照以下公式计算：

当期允许扣除的土地价款 =（当期销售房地产项目建筑面积÷房地产项目可供销售建筑面积）× 支付的土地价款

当期销售房地产项目建筑面积，是指当期进行纳税申报的增值税销售额对应的建筑面积。

房地产项目可供销售建筑面积，是指房地产项目可以出售的总建筑面积，不包括销售房地产项目时未单独作价结算的配套公共设施的建筑面积。

支付的土地价款，是指向政府、土地管理部门或受政府委托收取土地价款的单位直接支付的土地价款。

在计算销售额时从全部价款和价外费用中扣除土地价款，应当取得省级以上（含省级）财政部门监（印）制的财政票据。

一般纳税人应建立台账登记土地价款的扣除情况，扣除的土地价款不得超过纳税人实际支付的土地价款。

一般纳税人销售自行开发的房地产老项目，可以选择适用简易计税方法按照5%的征收率计税。一经选择简易计税方法计税的，36个月内不得变更为一般计税方法计税。

房地产老项目是指：

(1)《建筑工程施工许可证》注明的合同开工日期在2016年4月30日前的房地产项目；

(2)《建筑工程施工许可证》未注明合同开工日期或者未取得《建筑工程施工许可证》但建筑工程承包合同注明的开工日期在2016年4月30日前的建筑工程项目。

一般纳税人销售自行开发的房地产老项目适用简易计税方法计税的，以取得的全部价款和价外费用为销售额，不得扣除对应的土地价款。

2）预缴税款

一般纳税人采取预收款方式销售自行开发的房地产项目,应在收到预收款时按照3%的预征率预缴增值税。

应预缴税款按照以下公式计算：

应预缴税款 = 预收款÷（1 + 适用税率或征收率）×3%

适用一般计税方法计税的，按照9%的适用税率计算；适用简易计税方法计税的，按照5%的征收率计算。

一般纳税人应在取得预收款的次月纳税申报期向主管税务机关预缴税款。

3）进项税

一般纳税人销售自行开发的房地产项目，兼有一般计税方法计税、简易计税方法计税、免征增值税的房地产项目而无法划分不得抵扣的进项税额的，应以《建筑工程施工许可证》注明的"建设规模"为依据进行划分。

不得抵扣的进项税额 = 当期无法划分的全部进项税额×（简易计税、免税房地产项目建设规模÷房地产项目总建设规模）

4）纳税申报

一般纳税人销售自行开发的房地产项目适用一般计税方法计税的,应按照《营业税改征增值税试点实施办法》(财税〔2016〕36号)(以下简称《试点实施办法》)第四十五条规定的纳税义务发生时间,以当期销售额和适用税率计算当期应纳税额,抵减已预缴税款后,向主管税务机关申报纳税。未抵减完的预缴税款可以结转下期继续抵减。

一般纳税人销售自行开发的房地产项目适用简易计税方法计税的,应按照《试点实施办法》第四十五条规定的纳税义务发生时间,以当期销售额和5%的征收率计算当期应纳税额,抵减已预缴税款后,向主管国税机关申报纳税。未抵减完的预缴税款可以结转下期继续抵减。

2．小规模纳税人征收管理

1）预缴税款

房地产开发企业中的小规模纳税人采取预收款方式销售自行开发的房地产项目,应在收到预收款时按照3%的预征率预缴增值税。

应预缴税款按照以下公式计算:

$$应预缴税款 = 预收款 \div (1+5\%) \times 3\%$$

小规模纳税人应在取得预收款的次月纳税申报期或主管国税机关核定的纳税期限向主管税务机关预缴税款。

【提示】 房地产开发企业中的小规模纳税人不适用3%的征收率,而适用5%的征收率。

2）纳税申报

小规模纳税人销售自行开发的房地产项目,应按照《试点实施办法》第四十五条规定的纳税义务发生时间,以当期销售额和5%的征收率计算当期应纳税额,抵减已预缴税款后,向主管税务机关申报纳税。未抵减完的预缴税款可以结转下期继续抵减。

2.9 进口货物征税

按照国际贸易中商品课税的消费地原则,对进口货物征税成为国际上大多数国家的通常做法。

2.9.1 进口货物征税的范围及纳税人

1．进口货物征税的范围

增值税征税范围内的货物,一旦进口,不分产地、用途、购买还是捐赠,均应按规定缴纳进口环节增值税,特殊情况除外。进口货物减免税的特殊情况,由国务院统一规定。例如:来料加工、进料加工贸易方式进口国外料件的免税、减税规定等。

2. 进口货物的纳税人

进口货物的纳税人是进口货物的收货人或办理报关手续的单位和个人。

对于企业、单位和个人委托代理进口应征增值税的货物,鉴于代理进口货物的海关完税凭证,有的开具给委托方、有的开具给受托方的特殊性,对代理进口货物以海关开具的完税凭证上的纳税人为增值税纳税人。在实际工作中一般由进口代理者代缴进口环节增值税。纳税后,由代理者将已纳税款和进口货物价款费用等与委托方结算,由委托者承担已纳税款。

2.9.2 进口货物应纳增值税的计算

1. 进口货物的适用税率

进口货物的税率为13%和9%,具体适用范围与2.3节中基本税率、低税率的内容相同。即便是小规模纳税人,进口计税时也使用13%和9%的税率,不使用征收率。

2. 进口货物应纳税额的计算

进口货物计税一律使用组成计税价格计算应纳增值税,在进口环节不能抵扣任何境外税款。进口货物应纳税额的计算公式:

$$组成计税价格 = 关税完税价格 + 关税 + 消费税$$
$$应纳税额 = 组成计税价格 \times 税率$$

【例2-24】某商场5月进口货物一批。该批货物在国外的买价为100万元,另该批货物运抵我国海关前发生的包装费、运输费、保险费等共计20万元。货物报关后,商场按规定缴纳了进口环节的增值税并取得了海关开具的专用缴款书。假定该批进口货物在国内全部销售,取得不含税销售额150万元。计算该批货物进口环节、国内销售环节分别应缴纳的增值税税额(该货物进口关税税率8%,增值税税率13%)。

答案:

(1)关税的组成计税价格 = 100 + 20 = 120(万元);

(2)应缴纳进口关税 = 120 × 8% = 9.6(万元);

(3)进口环节应纳增值税的组成计税价格 = 120 + 9.6 = 129.6(万元);

(4)进口环节应缴纳增值税税额 = 129.6 × 13% = 16.85(万元);

(5)国内销售环节的销项税额 = 150 × 13% = 19.5(万元);

(6)国内销售环节应缴纳增值税税额 = 19.5 − 16.85 = 2.65(万元)。

3. 进口货物的税收管理

进口货物,增值税纳税义务发生时间为报关进口的当天,纳税地点应当由进口人或其代理人选择向报关地海关申报纳税,纳税期限为自海关填发税款缴款书之日起15日内,进口货物的增值税由海关代征。

进口货物增值税的征收管理,依据《税收征收管理法》《海关法》《进出口关税条例》和《进出口税则》的有关规定执行。

2.10 出口货物退（免）税

出口退（免）税是指政府对出口货物免征或退还其出口环节之前已缴纳的间接税税款的措施。

追溯出口退税的理论渊源，威廉·配第（1623—1667）在其《赋税论》中，提出了间接税适宜消费地管辖权，因此出口商品不需要缴纳国内消费税的观点，认为这样可以避免重复征税。亚当·斯密也认为："在各种奖励中，所谓退税，似乎是最合理的了。"

在当今社会，关贸总协定和世界贸易组织制定的规则中，也都把出口退税排除在造成不公平贸易的补贴与倾销行为之外，使出口退税成为与出口补贴无关的一项国际惯例。

我国的出口货物退（免）税是指在国际贸易业务中，对我国报关出口的货物退还或免征其在国内各生产和流转环节按税法规定缴纳的增值税和消费税。我国对增值税出口货物实行零税率。零税率从税法上理解有两层含义：一是对本道环节生产或销售货物的增值部分免征增值税；二是对出口货物前道环节所含的进项税额进行退付。

由于各种货物出口前涉及征免税情况有所不同，且国家对少数货物有限制出口政策，因此，对货物出口的不同情况，国家在遵循"征多少、退多少""未征不退和彻底退税"基本原则的基础上，制定了不同的税务处理办法。

2.10.1 出口货物退（免）税基本政策与方法

1. 出口货物退（免）税基本政策

我国根据本国的实际情况，采取出口退税与免税相结合的政策。鉴于我国的出口体制尚不成熟，拥有出口经营权的企业还限于部分须经国家批准的企业，并且我国生产的某些货物，如稀有金属等还不能满足国内的需要，因此，对某些非生产性企业和国家紧缺的货物采取限制从事出口业务或限制该货物出口的政策，不予出口退（免）税。目前，我国的出口货物税收政策分为以下三种形式。

1）出口免税并退税

出口免税是指对货物在出口销售环节不征增值税；出口退税是指对货物在出口前实际承担的增值税，按规定的退税率计算后予以退还。

2）出口免税不退税

出口免税依然是指在出口销售环节不征增值税，但出口不退税是指适用这个政策的出口货物在前一道生产、销售环节或进口环节是免税的，因此，出口时该货物的价格中本身就不含税，也无须退税。

3）出口不免税也不退税

出口不免税是指对国家限制或禁止出口的某些货物的出口环节视同内销环节，照常征税；出口不退税是指对这些货物出口不退还出口前其所负担的税款。适用这个政策的主要是税法列举限制或禁止出口的货物，如天然牛黄、麝香及近年来国家限制出口的"两高一资"产品等。

2．增值税出口退（免）税的两类办法

适用增值税退（免）税政策的出口货物、劳务、服务，按照规定实行增值税免抵退税或免退税办法。增值税退（免）税办法具体规定如表2-15所示。

表2-15　增值税退（免）税办法具体规定

退（免）税办法	适用企业和情况		基本政策规定
	企业	具体情况	
免抵退税	生产企业、部分"营改增"企业	① 出口自产货物和视同自产货物及对外提供加工、修理修配劳务 ② 财税有关文件列名生产企业出口非自产货物 ③ 研发、服务企业对外销售服务	免征增值税，相应的进项税额抵减应纳增值税额（不包括适用增值税即征即退、先征后退政策的应纳增值税额），未抵减完的部分予以退还
免退税	外贸企业或其他单位、部分"营改增"企业	不具有生产能力的出口企业（以下称外贸企业）或其他单位出口货物、劳务、服务	免征增值税，相应的进项税额予以退还

2.10.2　出口货物的退税率

出口货物的退税率，是出口货物的实际退税额与退税计税依据的比例。考虑到我国增值税链条不顺畅的弊端，增值税名义税率并不等于实际征收水平和实际税收负担，出口退税率的高低受一定时期该货物的实际税负、实际征收水平和外汇兑换等诸多因素所影响。增值税出口退税在具体计算时分不同情况采用规定的退税率、适用税率、征收率。具体有以下要求。

1．一般规定

除财政部和国家税务总局根据国务院决定而明确的增值税出口退税率外，出口货物的退税率为其适用税率。国家税务总局根据上述规定将退税率通过出口货物劳务退税率文库予以发布，供征纳双方执行。退税率有调整的，除另有规定外，其执行时间以货物（包括被加工、修理修配的货物）出口货物报关单（出口退税专用）上注明的出口日期为准。

2．出口应税服务的退税率

应税服务退税率为应税服务适用的增值税税率，即有形动产租赁服务退税率为13%；交通运输业服务、邮政业服务退税率为9%；现代服务业服务（有形动产租赁服务除外）退税率为6%。

3．特殊规定

（1）外贸企业购进按简易办法征税的出口货物、从小规模纳税人购进的出口货物，其退税率分别为简易办法实际执行的征收率、小规模纳税人征收率。

上述出口货物取得增值税专用发票的，退税率按照增值税专用发票上的税率和出口货物退税率孰低的原则确定。

（2）出口企业委托加工、修理修配货物，其加工、修理修配费用的退税率，为出口货物的退税率。

（3）中标机电产品、出口企业向海关报关进入特殊区域、销售给特殊区域内生产企业生产耗用的列名原材料、输入特殊区域的水电气，其退税率为适用税率。如果国家调整列名原材料的退税率，列名原材料应当自调整之日起按调整后的退税率执行。

（4）海洋工程结构物退税率分不同项目适用列举的退税率。

适用不同退税率的货物、劳务，应分开报关、核算并申报退（免）税，未分开报关、核算或划分不清的，从低适用退税率。

2.10.3 增值税退（免）税的计税依据

出口货物、劳务、服务的增值税退（免）税的计税依据，按出口货物、劳务的出口发票（外销发票）、其他普通发票或购进出口货物、劳务的增值税专用发票、海关进口增值税专用缴款书确定。

出口货物、劳务、服务退（免）税的计税依据如表 2-16 所示。

表 2-16 出口货物、劳务、服务退（免）税的计税依据

出口行为	出口企业	退（免）税计税依据
出口货物、劳务（进料加工复出口货物除外）	生产企业	出口货物、劳务的实际离岸价（FOB） 实际离岸价应以出口发票上的离岸价为准，但如果出口发票不能反映实际离岸价，主管税务机关有权予以核定
进料加工复出口货物	生产企业	按出口货物的离岸价（FOB）扣除出口货物所含的海关保税进口料件的金额后确定
国内购进无进项税额且不计提进项税额的免税原材料加工后出口的货物	生产企业	按出口货物的离岸价（FOB）扣除出口货物所含的国内购进免税原材料的金额后确定
出口货物（委托加工、修理修配货物除外）	外贸企业	为购进出口货物的增值税专用发票注明的金额或海关进口增值税专用缴款书注明的完税价格
出口委托加工、修理修配货物	外贸企业	为加工、修理修配费用增值税专用发票注明的金额 外贸企业应将加工、修理修配使用的原材料（进料加工海关保税进口料件除外）作价销售给受托加工、修理修配的生产企业，受托加工、修理修配的生产企业应将原材料成本并入加工、修理修配费用开具发票
出口进项税额未计算抵扣的已使用过的设备	出口企业	退（免）税计税依据 = 增值税专用发票上的金额或海关进口增值税专用缴款书注明的完税价格 × 已使用过的设备固定资产净值 ÷ 已使用过的设备原值 已使用过的设备固定资产净值 = 已使用过的设备原值 − 已使用过的设备已提累计折旧
销售的货物	免税品经营企业	为购进货物的增值税专用发票注明的金额或海关进口增值税专用缴款书注明的完税价格
中标机电产品	生产企业	为销售机电产品的普通发票注明的金额
中标机电产品	外贸企业	为购进货物的增值税专用发票注明的金额或海关进口增值税专用缴款书注明的完税价格

续表

出口行为	出口企业	退（免）税计税依据
向海上石油、天然气开采企业销售的自产的海洋工程结构物	生产企业	为销售海洋工程结构物的普通发票注明的金额
输入特殊区域的水电气	出口企业	作为购买方的特殊区域内生产企业购进水（包括蒸汽）、电力、燃气的增值税专用发票注明的金额
铁路运输、航空运输及实行免抵退税办法的"营改增"企业		提供零税率应税服务取得的收入
实行免退税办法的"营改增"企业		购进应税服务的增值税专用发票或解缴税款的《中华人民共和国税收缴款凭证》上注明的金额

【归纳】 增值税退（免）税的计税依据，对于生产企业而言，一般是扣减所含保税和免税金额之后的离岸价；对于外贸企业而言，一般是购进货物增值税专用发票注明的金额或海关进口增值税专用缴款书注明的完税价格。

【例2-25】生产企业进料加工复出口货物，其增值税的退（免）税计税依据是（　　）。

A. 出口货物的实际离岸价（FOB）

B. 按出口货物的离岸价（FOB）扣除出口货物所含的海关保税进口料件的金额后确定

C. 按出口货物的离岸价（FOB）扣除出口货物所含的国内购进免税原材料的金额后确定

D. 为购进出口货物的增值税专用发票注明的金额或海关进口增值税专用缴款书注明的完税价格

【答案】 B

【解析】 生产企业进料加工复出口货物，其增值税的退（免）税计税依据按出口货物的离岸价（FOB）扣除出口货物所含的海关保税进口料件的金额后确定。

2.10.4 增值税免抵退税的计算

实行免抵退税办法的"免"税是指生产企业出口的自产货物或视同自产货物，免征出口环节增值税；"抵"税是指生产企业出口自产货物或视同自产货物所耗用的原材料、零部件、燃料、动力等所含应予退还的进项税额，抵顶内销货物的应纳税额；"退"税是指生产企业出口自产货物或视同自产货物在当月应抵顶的进项税额大于应纳税额时，对未抵顶完的部分予以退税。

【解释】 在计算免抵退税时，考虑退税率低于征税率，需要计算当期不得免征和抵扣税额，将其从进项税额中剔除出去，转入出口产品的销售成本中，因此，免抵退税计算实际上涉及免、剔、抵、退四个步骤。

具体政策可归纳为：出口免抵退税中退的是外销的进项税中的一部分，企业为外销的进项税在出口退税计算中被"三分天下"，一部分作为不可抵扣进项税作进项税转出，转入外销成本，影响企业所得税；一部分作为免抵税额抵减了内销的应纳税，需要缴纳城建税；还有一部分成为应退增值税（应收出口退税）。如下所示：

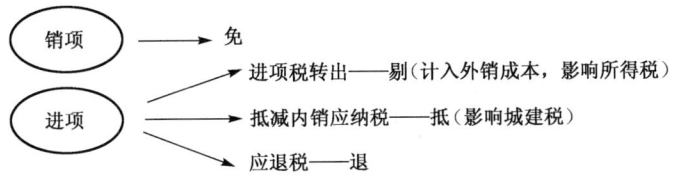

具体计算方法与计算公式如下。

1. 当期应纳税额的计算

此组公式计算包含外销收入免税而不计销项税、考虑退税率低于征税率而不能退还全部进项税并对进项税进行剔除和调整、将出口应退的税款抵减内销的应纳税等因素。计算结果若为正数,则是应纳税额,不涉及退税,但涉及免抵;若为负数,则与免抵退税限度对比大小并计算应退税额。

当期应纳税额 = 当期内销货物的销项税额 −(当期进项税额 − 当期免抵退税不得免征和抵扣税额)− 上期留抵税额

其中:

当期免抵退税不得免征和抵扣税额 = 出口货物离岸价 × 外汇人民币牌价 × (出口货物征税率 − 出口货物退税率)− 免抵退税不得免征和抵扣税额抵减额

出口货物离岸价(FOB)以出口发票计算的离岸价为准。出口发票不能如实反映实际离岸价的,企业必须按照实际离岸价向主管国税机关申报,同时主管税务机关有权依照《中华人民共和国税收征收管理法》《中华人民共和国增值税暂行条例》等有关规定予以核定。

计算出的当期免抵退税不得免征和抵扣税额计入企业出口货物的成本。

免抵退税不得免征和抵扣税额抵减额 = 实际耗用的免税购进原材料价格 × (出口货物征税率 − 出口货物退税率)

自 2013 年 7 月 1 日起,上述免税购进原材料价格采用"实耗法",当期进料加工保税进口料件的组成计税价格为当期进料加工出口货物耗用的进口料件组成计税价格。其计算公式:

当期进料加工保税进口料件的组成计税价格 = 当期进料加工出口货物离岸价 × 外汇人民币折合率 × 计划分配率

计划分配率 = 计划进口总值 ÷ 计划出口总值 × 100%

【例 2-26】 某企业(增值税一般纳税人)签订进料加工复出口合同,6 月购进原材料一批,进口料件到岸价格折合人民币 300 万元,当月将部分完工产品出口,FOB 折合人民币 400 万元。

已知:该企业计划分配率为 60%,货物的征税率为 13%,退税率为 10%。

该企业采用"实耗法"计算保税料件的组成计税价格,则

采用实耗法确定的保税料件的组成计税价格 = 400×60% = 240(万元);

当期不得免征和抵扣税额抵减额 = 240×(13%−10%) = 7.20(万元);

当期不得免征和抵扣税额 = 400×(13%−10%) − 7.20 = 4.80(万元)。

2. 免抵退税额的计算

这一步的计算是为了确认纳税人当期可以享受的免抵退税的总限度。其计算公式：

免抵退税额 = 当期出口货物离岸价格 × 外汇人民币牌价 × 出口货物退税率 − 免抵退税额抵减额

其中：

免抵退税额抵减额 = 实际耗用的免税购进原材料价格 × 出口货物退税率

3. 当期应退税额和免抵税额的计算

用当期应纳税额计算出的留抵税额与当期可免抵退税额的绝对值比大小，择其小者确认出口退税。

（1）若当期期末留抵税额≤当期免抵退税额，则

当期应退税额 = 当期期末留抵税额

当期免抵税额 = 当期免抵退税额 − 当期应退税额

（2）若当期期末留抵税额＞当期免抵退税额，则

当期应退税额 = 当期免抵退税额

当期免抵税额 = 0

【例2-27】5月，A生产企业进口货物，海关审定的关税完税价格为500万元，关税税率为10%，海关代征了进口环节增值税。从国内市场购进原材料，取得增值税专用发票上注明的税金为136万元。外销货物的离岸价为1000万元。内销货物的销售额为1200万元（不含税）。该企业适用免抵退税的税收政策，上期留抵税额为60万元。要求计算当期应缴或应退的增值税额。（假定上述货物内销时均适用13%的增值税率，出口退税率为6%）

答案：

（1）计算当期进项税额：

进口环节海关代征增值税为500×（1+10%）×13%＝71.5（万元）；

国内采购进项税136万元；

出口货物当期不得免征和抵扣税额为1000×（13%−6%）=70（万元）；

上期留抵税额60万元；

当期允许抵扣的进项税为71.5+136−70+60＝197.5（万元）。

（2）计算当期销项税额：

出口货物销售免税；

内销货物销项税额为1200×13%＝156（万元）。

（3）当期应纳税额：156−197.5＝−41.5（万元）。

（4）计算出口货物免抵退税的限额为1000×6%＝60（万元）；

由于期末留抵税额41.5万元＜当期免抵退税额60万元，故

当期应退税额=41.5万元；

当期免抵税额=60−41.5＝18.5（万元）。

【例2-28】 5月，A生产企业（增值税一般纳税人）进口货物，海关审定的关税完税价格为500万元，关税税率为10%，海关代征了进口环节的增值税，取得海关进口增值税专用缴款书。进料加工复出口业务保税进口料件一批，到岸价格为400万元，海关暂免征税予以放行，从国内市场购进原材料支付的价款为1400万元，取得增值税专用发票上注明的增值税为182万元。进料加工复出口货物的出口离岸价格为1000万元。内销货物的销售额为1200万元（不含税）。该企业出口货物适用免抵退税的税收政策，上期留抵税额为50万元。要求计算当期应缴纳或应退的增值税税额、免抵税额及实际留到下期抵扣的税额。（该企业按"实耗法"计算保税料件的组成计税价格，进料加工计划分配率为23%；假定上述货物内销时均适用13%的增值税税率，出口退税率为10%）

答案：

（1）计算当期进项税额：

进口环节海关代征增值税为500×（1+10%）×13%=71.50（万元）；

国内采购环节的进项税额为182万元；

进料加工保税进口料件由于没有缴纳过增值税，因此计算不得免征和抵扣税额时不能与纳过税的情况一样对待，需要计算不得免征和抵扣税额抵减额。

进料加工出口货物耗用的保税进口料件金额为1000×23%=230（万元）；

出口货物当期不得免征和抵扣税额为（1000-230）×（13%-10%）=23.10（万元）；

上期留抵税额为50万元；

当期允许抵扣的进项税额合计为71.50+182-23.10+50=280.40（万元）。

（2）计算当期销项税额：

出口货物免税；

内销货物销项税额为1200×13%=156（万元）。

（3）当期应纳税额为156-280.40=-124.40（万元）。

（4）由于进料加工保税进口料件享受了免税优惠，计算出口货物免抵退税的限额时要扣减进料加工出口货物耗用的保税进口料件金额。

当期免抵退税额为（1000-230）×10%=77（万元）；

由于期末留抵税额124.40万元 > 当期免抵退税额77万元，故

当期应退税额=77（万元）；

当期免抵税额=0；

当期留抵税额=124.40-77=47.40（万元）。

2.10.5 增值税免退税的计算

外贸企业出口货物、劳务、服务增值税免退税的政策说明如下。

【归纳】 外销免税不计销项；进项被一分为二。

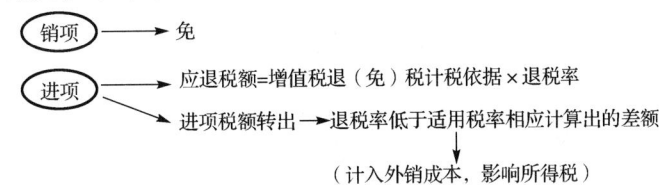

应退税额 ＝ 外贸企业出口退（免）税计税依据 × 退税率

按出口货物的离岸价（FOB）扣除出口货物所含的国内购进免税原材料的金额后确定。

【例 2-29】某进出口公司 7 月从 A 厂收购 1000 件小工具出口英国，出口 FOB 每件 50 美元，进货增值税专用发票注明不含税价格每件 300 元，退税率 13%，美元与人民币比价 1:6.7，则应退税额：

$$300 × 1000 × 13\% = 39000（元）$$

2.11 纳税义务发生时间、纳税期限与纳税地点

2.11.1 纳税义务发生时间

1. 基本规定

销售货物或者应税劳务，为收讫销售款或者取得索取销售款凭据的当天；先开具发票的，为开具发票的当天。

进口货物，为报关进口的当天。

增值税扣缴义务发生时间，为纳税人增值税纳税义务发生的当天。

2. 具体规定

（1）销售货物、提供应税劳务的纳税义务发生时间。

① 采取直接收款方式销售货物，不论货物是否发出，均为收到销售款或者取得索取销售款凭据的当天；纳税人生产经营活动中采取直接收款方式销售货物，已将货物移送对方并暂估销售收入入账，但既未取得销售款或取得索取销售款凭据也未开具销售发票的，其增值税纳税义务发生时间为取得销售款或取得索取销售款凭据的当天；先开具发票的，为开具发票的当天。

② 采取托收承付和委托银行收款方式销售货物，为发出货物并办妥托收手续的当天。

③ 采取赊销和分期收款方式销售货物，为书面合同约定的收款日期的当天；无书面合同的或者书面合同没有约定收款日期的，为货物发出的当天。

④ 采取预收货款方式销售货物，为货物发出的当天；但生产销售生产工期超过 12 个月的大型机械设备、船舶、飞机等货物，为收到预收款或者书面合同约定的收款日期的当天。

⑤ 委托其他纳税人代销货物，为收到代销单位销售的代销清单或者收到全部或部分货款的当天；未收到代销清单及货款的，为发出代销货物满 180 日的当天。

⑥ 销售应税劳务，为提供劳务同时收讫销售款或者取得索取销售款的凭据的当天。

⑦ 纳税人发生视同销售货物行为（委托代销和销售代销货物除外），为货物移送的当天。

(2)"营改增"行业增值税纳税义务、扣缴义务发生时间。

① 纳税人发生应税行为并收讫销售款或者取得索取销售款凭据的当天;先开具发票的,为开具发票的当天。收讫销售款,是指纳税人销售服务、无形资产、不动产过程中或者完成后收到款项。取得索取销售款凭据的当天,是指书面合同确定的付款日期;未签订书面合同或者书面合同未确定付款日期的,为服务、无形资产转让完成的当天或者不动产权属变更的当天。

② 纳税人提供租赁服务采取预收款方式的,其纳税义务发生时间为收到预收款的当天。

③ 纳税人从事金融商品转让的,为金融商品所有权转移的当天。

④ 纳税人发生视同销售服务、无形资产或者不动产情形的,其纳税义务发生时间为服务、无形资产转让完成的当天或者不动产权属变更的当天。

【例 2-30】 某配件厂为增值税一般纳税人,5月采用分期收款方式销售配件,合同约定不含税销售额150万元,当月应收取60%的货款。由于购货方资金周转困难,本月实际收到货款50万元,配件厂按照实际收款额开具了增值税专用发票。当月职工食堂装修,购进中央空调,取得增值税专用发票,注明价款10万元。计算当月该配件厂应纳增值税。

【答案及解析】采用分期收款方式销售货物,增值税纳税义务发生时间为书面合同约定的收款日期的当天。购进货物用于集体福利,不视同销售,对应的进项税额不得抵扣。所以该配件厂购进的中央空调的进项税额不得在当期销项税额中抵扣。

当月该配件厂应纳增值税 $=150 \times 60\% \times 13\% = 11.7$(万元)。

2.11.2 纳税期限

增值税的纳税期限规定为1日、3日、5日、10日、15日、1个月或者1个季度。纳税人的具体纳税期限,由主管税务机关根据纳税人应纳税额的大小分别核定;不能按照固定期限纳税的,可以按次纳税。

按固定期限纳税的小规模纳税人可以选择以1个月或1个季度为纳税期限,一经选择,一个会计年度内不得变更。

以1个季度为纳税期限的规定适用于小规模纳税人(选择按季纳税的)、银行、财务公司、信托投资公司、信用社,以及财政部和国家税务总局规定的其他纳税人。不能按照固定期限纳税的,可以按次纳税。

纳税人以1个月或者1个季度为纳税期的,自期满之日起15日内申报纳税;以1日、3日、5日、10日或者15日为一期纳税的,自期满之日起5日内预缴税款,于次月1日起15日内申报纳税并结清上月应纳税款。

扣缴义务人解缴税款的期限,依照上述规定执行。

纳税人进口货物,应当自海关填发海关进口增值税专用缴款书之日起15日内缴纳税款。

2.11.3 纳税地点

1. 基本规定

（1）固定业户应当向其机构所在地的主管税务机关申报纳税。总机构和分支机构不在同一县（市）的，应当分别向各自所在地的主管税务机关申报纳税；经国务院财政、税务主管部门或者其授权的财政、税务机关批准，可以由总机构汇总向总机构所在地的主管税务机关申报纳税。

（2）固定业户到外县（市）销售货物或者提供应税劳务的，应当向其机构所在地的主管税务机关报告外出经营事项，并向其机构所在地的主管税务机关申报纳税。未报告的，应当向销售地或者劳务发生地的主管税务机关申报纳税；未向销售地或者劳务发生地的主管税务机关申报纳税的，由其机构所在地的主管税务机关补征税款。

（3）非固定业户销售货物或者提供应税劳务和应税行为，应当向销售地或者劳务和应税行为发生地主管税务机关申报纳税。未向销售地或者劳务和应税行为发生地主管税务机关申报纳税的，由其机构所在地或居住地主管税务机关补征税款。

（4）进口货物，应当由进口人或其代理人向报关地海关申报纳税。

（5）扣缴义务人应当向其机构所在地或者居住地的主管税务机关申报缴纳其扣缴的税款。

2. "营改增"纳税地点具体规定

（1）其他个人提供建筑服务，销售或者租赁不动产，转让自然资源使用权，应向建筑服务发生地、不动产所在地、自然资源所在地主管税务机关申报纳税。

（2）纳税人跨县（市）提供建筑服务，在建筑服务发生地预缴税款后，向机构所在地主管税务机关进行纳税申报。

（3）纳税人销售不动产，在不动产所在地预缴税款后，向机构所在地主管税务机关进行纳税申报。

（4）纳税人租赁不动产，在不动产所在地预缴税款后，向机构所在地主管税务机关进行纳税申报。

一般纳税人跨省（自治区、直辖市或者计划单列市）提供建筑服务或者销售、出租取得的与机构所在地不在同一省（自治区、直辖市或者计划单列市）的不动产，在机构所在地申报纳税时，计算的应纳税额小于已预缴税额，且差额较大的，由国家税务总局通知建筑服务发生地或者不动产所在地省级税务机关，在一定时期内暂停预缴增值税。

【例2-31】下列关于增值税纳税地点的表述，错误的是（　　）。

A. 固定业户向其机构所在地主管税务机关申报纳税

B. 非固定业户向其居住地主管税务机关申报纳税

C. 进口货物向报关地海关申报纳税

D. 总机构和分支机构不在同一县（市）的，分别向各自所在地主管税务机关申报纳税

【答案】 B

【解析】 选项 B：非固定业户向其销售地或劳务和服务发生地主管税务机关申报纳税，未向销售地或劳务和服务发生地主管税务机关申报纳税的，由其机构所在地或居住地主管税务机关补征税款。

2.12 增值税专用发票的使用及管理

与实施增值税的绝大多数国家一样，我国增值税采用间接计算法，实行凭增值税专用发票注明的税款进行抵扣的制度。专用发票不仅是纳税人经济活动中的重要商业凭证，而且是兼记销货方销项税额和购货方进项税额进行税款抵扣的凭证，对增值税的计算和管理起着极为重要的作用。

1993 年 12 月 30 日，国家税务总局制定了《增值税专用发票使用规定》，自 1994 年 1 月 1 日起执行。针对增值税专用发票使用过程中出现的诸多问题，如不按规定开具专用发票，代开、虚开专用发票，盗窃、丢失、伪造、买卖专用发票等严重违法现象，国家加强了对增值税专用发票的管理。1995 年 10 月 30 日，全国人大常委会还专门发布了《关于惩治虚开、伪造和非法出售增值税专用发票犯罪的决定》，对在增值税专用发票上出现的各种违法行为给予严厉惩处。

2.12.1 专用发票开具范围

增值税专用发票开具范围如表 2-17 所示。

表 2-17 增值税专用发票开具范围

纳税人身份		发票开具范围
一般纳税人		（1）一般纳税人发生应税销售行为，应向购买方开具增值税专用发票 （2）一般纳税人不得开具增值税专用发票的规定： ① 商业企业一般纳税人零售的烟、酒、食品、服装、鞋帽（不包括劳保专用部分）、化妆品等消费品 ② 销售免税货物（法律、法规及国家税务总局另有规定者除外）
小规模纳税人	自开票（选择之一）	小规模纳税人（其他个人除外）发生增值税应税行为、需要开具增值税专用发票的，可以自愿使用增值税发票管理系统自行开具。选择自行开具增值税专用发票的小规模纳税人，税务机关不再为其代开增值税专用发票
	代开票（选择之二）	需要开具增值税专用发票的小规模纳税人，未使用增值税发票管理系统的，可向主管税务机关申请代开

2.12.2 购买方善意取得虚开的增值税专用发票的条件及处理

1. 购买方善意取得虚开的增值税专用发票的条件

属于善意取得虚开的增值税专用发票，应同时满足：

（1）购货方与销售方存在真实的交易；

（2）销售方使用的是其所在省（自治区、直辖市和计划单列市）的专用发票；

（3）专用发票注明的销售方名称、印章、货物数量、金额及税额等全部内容与实际相符；

（4）没有证据表明购货方知道销售方提供的专用发票是以非法手段获得的。

2. 购买方善意取得虚开的增值税专用发票的处理

（1）对购货方不以偷税或者骗取出口退税论处；

（2）但应按有关规定不予抵扣进项税款或者不予出口退税；

（3）购货方已经抵扣的进项税款或者取得的出口退税，应依法追缴；

（4）购货方因善意取得虚开的增值税专用发票被依法追缴已抵扣税款的，不再加收滞纳金。

本章小结

增值税作为我国现行税制中的重点税种，具有免除重复征税弊端的功能和保障政府及时取得收入的优点。我国增值税采用间接计算法计算应纳税额。应纳税额的计算取决于当期销项税额和当期进项税额计算的准确性、及时性和完整性。应税销售额的确定是当期销项税额计算的重点内容，凭票抵扣和计算抵扣的当期进项税，要与不可抵扣的进项税正确区分。我国在2009年成功实现增值税"转型"，并在2016年5月全面完成"营改增"的进程，增值税纳税链条的完整性得以理顺，但多档税率和征收率的运用也给税款计算缴纳和税务管理带来诸多复杂性，2017年7月1日，增值税简并了两档低税率。2018年5月1日和2019年4月1日，增值税降低了税率。增值税的简化和改革还在路上。

关键术语

增值税　增值额　间接计算法　消费型增值税　视同销售　混合销售　零税率　进项税额　销项税额　留抵税额　出口退（免）税　免抵退税

思考题

1. 增值税有哪几种类型？各种类型的特点有哪些？
2. 混合销售和兼营的特点、税务处理各有什么不同？
3. 我国增值税税率是如何设计的？
4. 简述我国增值税现存问题及改革前景。
5. 简述增值税出口退税的计算方法。
6. 某农机制造厂6月初增值税留抵税额3000元，6月发生下列业务：

(1) 购入农机零件一批,增值税专用发票注明不含增值税价格 150000 元;

(2) 通过以旧换新方式销售农机,取得银行存款 200000 元(已扣除收购旧货 26000 元);

(3) 销售农机零件不含税销售额 10000 元,销售农机整机不含税销售额 100000 元;

(4) 接受其他农机厂委托加工农机一台,对方提供材料价款 5000 元,支付加工费 2000 元;

(5) 进口生产设备一台,完税价格 20000 元,关税率 7%。

要求计算(假定购进货物的发票都确认在当月抵扣):

(1) 进口环节海关代征增值税;

(2) 当期可抵扣的全部进项税额;

(3) 当期销项税额;

(4) 应纳的增值税。

7. 某市区外贸公司发生如下业务:

(1) 以预付款方式进口日用品一批,关税完税价格折合人民币 149040 元,关税率 5%;

(2) 境内购入罐头一批,增值税专用发票注明价款 40000 元,税金 5200 元,企业将此批货物的 50%赠送客户,50%用于职工集体福利;

(3) 销售部分进口日用品,不含增值税收入 300000 元,增值税 39000 元。

要求计算(假定购进货物的发票都确认在当月抵扣):

(1) 进口环节的增值税;

(2) 购入罐头的增值税处理;

(3) 当期应纳的增值税。

8. 某从事咨询服务的小规模纳税人 12 月取得咨询业务收入 25.75 万元(含增值税,下同);当月转让一辆自用过 3 年的小汽车,转让收入 11.33 万元;当月签订合同出租一间办公室,预收 1 年租金 12.6 万元。已知该小规模纳税人销售使用过的固定资产未放弃减税,计算该纳税人当月应纳的增值税。

第3章 消费税

3.1 消费税的概念和特点

3.1.1 消费税的概念

消费税是以消费品和消费行为为课税对象的一种税。

消费税是世界各国普遍采用的一个税种。从征税范围看，消费税可以对所有消费品普遍征收，也可以对个别消费品选择性地征收。从消费税整体设计角度看，可分为直接消费税和间接消费税。直接消费税（或消费支出税）是对个人的实际消费支出额的征税，直接向消费者课征，纳税人和负税人一致。间接消费税是对商品销售课征，税收随价格转嫁给消费者，纳税人和负税人不一致。前者是所得税的延伸，后者具有商品税的性质。我们通常所说的消费税主要指后者，即间接消费税。在一般情况下，消费税的课税依据是商品或劳务的销售额或销售数量，所以这个税种也会被称作产品税、货物税、销售税或商品税等。

从世界各国的税收实践来看，多数国家的消费税是选择某些特定的消费品或消费行为征收，我国也采取这种做法。我国的消费税是对在我国境内生产、委托加工和进口应税消费品的单位和个人，以及销售规定的应税消费品的其他单位和个人，就其销售额或销售数量，在特定环节征收的一种税。目前我国消费税选择的应税消费品，共有15类。我国消费税与增值税构成了对流转额交叉征税（双层征收）的格局。

3.1.2 我国消费税的特点

消费税具有商品劳务税共同的特点，即税收负担易于转嫁。我国消费税是价内税，税款是商品价格的组成部分，随着商品的销售，可以把税收负担转移给消费者。除此之外，我国消费税还有如下特点。

1. 征税范围的选择性

征税范围的选择性有三层含义。其一，如前所述，我国消费税是选择一部分消费品征税，而不是普遍课征；其二，征税范围的选择，具有明确的政策导向，它是在国家宏观调控目标的指引下，根据产业政策来进行的；其三，征税范围的选择具有相对灵活性，不是选择确定后就固定不变的，而是需要结合经济发展和税制运行的实际状况进行调整的。比如，在20世纪90年代初，出于取得财政收入和不影响居民基本生活的双重考虑，曾选择护肤护发品作为应税项目，十多年后，护肤护发品已经成为我国大部分居民的基本生活必需品，加之财政收入的压力大大减小，就取消了护肤护发品税目。再如，根据可持续发展的要求，针对我国的国情实际，增加了木制一次性筷子、实木地板、电池、涂料税目，以达到节约能源和保护环境的目的。

2．征税环节的单一性

我国消费税实行单一环节一次课征的办法，选择生产、流通和消费领域的某一个环节征收一次，这样做可以提高征管效率，也可以避免重复征税。不过有个别特殊项目除外。

3．征收方法的灵活性

根据不同的课税对象，我国消费税有从量定额、从价定率及两者结合的征收方法。

3.1.3 我国消费税的沿革

我国消费税是 1994 年税制改革时新开征的税种，是在当时全新的流转税框架内，配合增值税、营业税的普遍调节，而对某些商品的消费和生产进行特定调节的税种。从这个意义上讲，1994 年税改前有些税种在性质上是与之相当或部分相当的，只不过名称不同。比如，中华人民共和国成立初期的货物税、商品流通税，以及其后的工商统一税、工商税，直到税改前的产品税等。另外，还曾经有一些针对特殊消费行为和消费品的税种。比如，1951 年我国曾开征特种消费行为税，征税范围包括电影、戏剧、娱乐、舞厅、筵席、冷饮和旅馆几种消费行为。1953 年取消了特种消费行为税，将电影、戏剧和娱乐三个税目改为征收文化娱乐税（1966 年停征），其他税目并入营业税。1988 年，为了引导合理消费，国务院公布了《筵席税暂行条例》。1989 年，为了调节彩色电视机和小轿车供不应求的市场状况，根据国务院的决定，财政部发布文件，对彩色电视机和小轿车开征了特别消费税。这些税种，从立法精神和税收属性上看，都与当前的消费税有相似或相通之处。1994 年税制改革时，为适应建立和发展社会主义市场经济的要求，在取消原有产品税、特别消费税的基础上，我国将原有产品税中的部分项目及特别消费税中的部分项目进行了调整和变革，建立了现行的消费税制度。2006 年，针对消费税实施中的一些问题，我国对消费税的应税品目和税率进行了调整。2008 年 9 月，调整了乘用车的税率；2009 年，我国对原来的消费税条例和细则进行了修订，调整了成品油的定额税率；2009 年 5 月，对烟产品的税率和征收环节做了相应调整；自 2015 年 2 月 1 日起对电池、涂料征收消费税。2016 年 10 月 1 日，对化妆品税目和税率进行调整。2016 年 12 月 1 日起对超豪华小汽车在零售环节加征消费税，税率为 10%。

3.1.4 我国消费税的作用

1994 年税制改革时，确定的消费税的立法精神是：与增值税、营业税相配合，形成以增值税的普遍调节为主，与消费税特殊调节相配合的新的流转税制体系；税负的高低要体现国家的产业政策和消费政策，即根据国家产业政策和消费政策的要求，通过制定高低不同的税率合理调节消费行为，正确引导消费方向，抑制超前消费，从而间接引导投资流向，筹集资金，保证财政收入。

从中可以看出，我国消费税不仅可以增加财政收入，更重要的是可以通过税制的设计实现对经济和社会发展的调节作用。这个调节作用体现在以下几个方面。

1. 对生产和消费的调节

通过选择性地课征消费税，可以通过商品价格影响消费和生产，包括消费和生产的规模和结构，从而达到调节的目的。比如，对那些应该限制的产品，"寓禁于征"，尤其是对生态环境有危害的产品、高能耗的产品、不可再生的产品等，课征消费税减少其生产和消费，也是贯彻科学发展观、坚持全面协调可持续发展的一个体现。

2. 对收入分配的调节

通过对非生活必需品、尤其是奢侈品课征消费税，比如对游艇、高档手表、高尔夫球及球具等消费品的课征，可以把高收入阶层的部分收入转化为财政收入用于转移支付；也可以调节高收入阶层可支配的实际收入，从一定程度上调节收入分配的差距。

需要说明的是，消费税的调节作用是建立在普遍调节基础上的特殊调节，是与增值税相配合发挥作用的。从税制设计来看，我国现行的增值税，基本实现了对国内商品和劳务服务的普遍课征。而消费税正是在这个普遍课征的基础之上进行的特定项目的课征，与增值税一起构成了我国的流转税体系。我国消费税选择的应税消费品，均属于增值税征税范围中"货物"的范畴，也就是说，这些应税消费品同时也需要负担增值税。正是在对所有货物普遍征收增值税的基础上，再选择特定消费品征收消费税，使这些产品比其他产品多负担一道消费税，从而在取得财政收入的同时，达到国家的特定的调节目的。

小资料

我国消费税收入状况

自1994年起，我国消费税收入稳步增长，收入额由当年的502亿元（不含海关代征部分，下同）增长到2021年的13881亿元。2021年国内消费税收入占全国税收收入的8.04%，当年在我国各税种税收收入中排名在增值税、企业所得税、个人所得税之后。

资料来源：财政部、国家税务总局网站

思政小课堂

建设资源节约型和环境友好型社会

"两型社会"指的是资源节约型、环境友好型社会。它是以环境资源承载力为基础，以自然规律为准则，以可持续发展政策调控为手段，倡导人与自然、人与人之间的和谐共处，致力于构建协调持续的发展体系，是一种全新的经济社会发展形态。从二者的关系来看，节约资源是建设环境友好型社会的前提条件，节约资源同时也是环境友好的具体表现。建设"两型社会"不是一般意义上的保护资源、节约资源，而是应坚持生产发展、生活富裕、生态良好的文明发展道路，实现速度和结构质量效益相统一、经济发展与人口资源环境相协调，使人民在良好生态文明中生产生活，实现经济社会永续发展。

3.2 征税范围、纳税义务人与纳税环节

3.2.1 征税范围

1994年我国设立消费税时,根据当时的经济发展状况、居民消费水平和结构,并考虑新税制的财政收入效应,选择了五大类11种消费品目作为征税项目。具体包括:

第一类是过度消费会对人类健康、社会秩序、生态环境等方面造成危害的特殊消费品,如烟、酒及酒精、鞭炮焰火等;

第二类是奢侈品和非生活必需品,如化妆品、贵重首饰及珠宝玉石等;

第三类是高能耗、高档次的消费品,如小汽车、摩托车等;

第四类是不可再生、不可替代的稀缺资源消费品,如汽油、柴油等;

第五类是税基宽广、消费普遍、征税后不影响居民基本生活并具有一定财政意义的消费品,如护肤护发品、汽车轮胎等。

自1994年以来,我国消费税税制运行平稳、收入大幅增长,也较好地发挥了预期的调节目标。随着我国经济的快速发展,消费税的征税范围逐渐显露出一些问题,比如与国内产业结构、消费水平的变化不相适应,调节的范围也有待增强。为了适应社会经济形势的客观发展需要,更好地发挥消费税引导消费方向、缓解分配不公、节约能源、保护环境的调节功能,2006年4月1日,财政部、国家税务总局对消费税的税目和税率结构进行了一次较大调整。税目的调整有增有减,内容包括:

(1) 增加了高尔夫球及球具、高档手表、游艇、木制一次性筷子、实木地板等税目。

(2) 将汽油、柴油两个税目取消,增列成品油税目,汽油、柴油作为该税目下的两个子目,同时增加石脑油、溶剂油、润滑油、燃料油、航空煤油5个子目。

(3) 取消了护肤护发品税目,同时将原属于该税目的高档护肤类化妆品列入化妆品税目。

(4) 调整小汽车税目税率,取消小汽车税目下的小轿车、越野车、小客车子目,在小汽车税目下分设乘用车、中轻型商用客车子目。

财政部、国家税务总局发布《关于对电池涂料征收消费税的通知》(财税〔2015〕16号),为促进节能环保,决定自2015年2月1日起对电池、涂料征收消费税,将电池、涂料列入消费税征收范围。调整后消费税税目由原来的11个增至15个。

3.2.2 纳税义务人

在中华人民共和国境内生产、委托加工和进口应税消费品的单位和个人,以及国务院确定的销售应税消费品的其他单位和个人,为消费税的纳税人。

"单位",是指企业、行政单位、事业单位、军事单位、社会团体及其他单位。"个人",是指个体工商户及其他个人。

"在中华人民共和国境内",是指生产、委托加工和进口属于应当缴纳消费税的消费品的起运地或者所在地在境内。

3.2.3 纳税环节

（1）纳税人生产的应税消费品，于纳税人销售时纳税。

"销售"，是指有偿转让应税消费品的所有权；"有偿"，是指从购买方取得货币、货物或者其他经济利益。

（2）纳税人自产自用的应税消费品，用于连续生产应税消费品的，不纳税；用于其他方面的，于移送使用时纳税。

"用于连续生产应税消费品"，是指纳税人将自产自用的应税消费品作为直接材料生产最终应税消费品，自产自用应税消费品构成最终应税消费品的实体。

"用于其他方面"，是指纳税人将自产自用应税消费品用于生产非应税消费品、在建工程、管理部门、非生产机构、提供劳务、馈赠、赞助、集资、广告、样品、职工福利、奖励等方面。

（3）委托加工的应税消费品，除受托方为个人外，由受托方在向委托方交货时代收代缴税款。委托加工的应税消费品，委托方用于连续生产应税消费品的，所纳税款准予按规定抵扣。

"委托加工的应税消费品"，是指由委托方提供原料和主要材料，受托方只收取加工费和代垫部分辅助材料加工的应税消费品。对于由受托方提供原材料生产的应税消费品，或者受托方先将原材料卖给委托方，然后再接受加工的应税消费品，以及由受托方以委托方名义购进原材料生产的应税消费品，不论在财务上是否作销售处理，都不得作为委托加工应税消费品，而应当按照销售自制应税消费品缴纳消费税。

委托加工的应税消费品直接出售的，不再缴纳消费税。

委托个人加工的应税消费品，由委托方收回后缴纳消费税。

（4）进口的应税消费品，于报关进口时纳税。

个人携带或者邮寄入境的应税消费品的消费税，连同关税一并计征。

（5）金银首饰、钻石及钻石饰品、铂金首饰在零售环节征收。

自1995年1月1日起，金银首饰消费税由生产销售环节改为在零售环节征收。委托加工（另有规定者除外）、委托代销金银首饰的，受托方也是纳税人。

纳税人销售零售的金银首饰（含以旧换新），于销售时纳税；用于馈赠、赞助、集资、广告、样品、职工福利、奖励等方面的金银首饰，于移送时纳税；带料加工、翻新改制的金银首饰，于受托方交货时纳税。

经营单位进口金银首饰的消费税，由进口环节征收改为在零售环节征收。

个人携带、邮寄金银首饰入境，仍按海关现行规定征税。

改在零售环节征收消费税的金银首饰范围仅限于：金、银和金基、银基合金首饰，以及金、银和金基、银基合金的镶嵌首饰。

自2002年1月1日起，对钻石及钻石饰品的消费税由现行在生产环节、进口环节征收改为在零售环节征收。

自2003年5月1日起，对铂金首饰的消费税由现行在生产环节和进口环节征收改为在零售环节征收。

（6）自 2009 年 5 月 1 日起，在卷烟批发环节加征一道从价税，纳税义务人是在中华人民共和国境内从事卷烟批发业务的单位和个人。纳税人销售给纳税人以外的单位和个人的卷烟于销售时纳税。纳税人之间销售的卷烟不缴纳消费税。

（7）自 2016 年 12 月 1 日起，对超豪华小汽车在零售环节加征消费税。

小资料

后移消费税征收环节并稳步下划地方

按照健全地方税体系改革要求，在征管可控的前提下，将部分在生产（进口）环节征收的现行消费税品目逐步后移至批发或零售环节征收，拓展地方收入来源，引导地方改善消费环境。具体调整品目经充分论证，逐项报批后稳步实施。先对高档手表、贵重首饰和珠宝玉石等条件成熟的品目实施改革，再结合消费税立法对其他具备条件的品目实施改革试点。

收入划分改革即改革调整的存量部分核定基数，由地方上解中央，增量部分原则上将归属地方，确保中央与地方既有财力格局稳定。

资料来源：2019 年国务院印发的《实施更大规模减税降费后调整中央与地方收入划分改革推进方案》

3.3 税目与税率

3.3.1 消费税税目

征收消费税的税目共有 15 个，有的税目还划分了若干子目。具体内容如下。

1. 烟

凡是以烟叶为原料加工生产的产品，不论使用何种辅料，均属于本税目的征收范围。下设卷烟、雪茄烟、烟丝、电子烟四个子目。

2. 酒

本税目包括以不同原料经不同工艺和方法制成的各类酒。下设白酒、黄酒、啤酒、其他酒 4 个子目。

3. 高档化妆品

征收范围包括高档美容、修饰类化妆品、高档护肤类化妆品和成套化妆品。

高档美容、修饰类化妆品和高档护肤类化妆品是指生产（进口）环节销售（完税）价格（不含增值税）在 10 元/毫升（克）或 15 元/片（张）及以上的美容、修饰类化妆品和护肤类化妆品。

4. 贵重首饰及珠宝玉石

本税目征收范围：各种金银珠宝首饰和经采掘、打磨、加工的各种珠宝玉石。金银珠宝首饰是指凡以金、银、白金、宝石、珍珠、钻石、翡翠、珊瑚、玛瑙等高贵稀有物质及其他金属、人造宝石等制作的各种纯金银首饰及镶嵌首饰（含人造金银、合成金银首饰等）。珠宝玉石的种类包括钻石、珍珠、松石、青金石、欧泊石、橄榄石、长石、玉、石英、玉髓、石榴石、锆石、尖晶石、黄玉、碧玺、金绿玉、绿柱石、刚玉、琥珀、珊瑚、煤玉、龟甲、合成刚玉、合成宝石、双合石、玻璃仿制品等。

5. 鞭炮、焰火

鞭炮，又称爆竹，是用多层纸密裹火药，接以药引线制成的一种爆炸品；焰火，指烟火剂，一般系包扎品，内装药剂，点燃后烟火喷射，呈各种颜色，有的还变幻成各种景象，分平地小焰火和空中大焰火两类。本税目征收范围包括各种鞭炮、焰火。

6. 成品油

本税目征收范围包括以石油为原料加工生产的各种成品油。下设汽油、柴油、石脑油、溶剂油、航空煤油、润滑油、燃料油7个子目。

7. 小汽车

本税目征收范围包括含驾驶员座位在内最多不超过9个座位（含）的，在设计和技术特性上用于载运乘客和货物的各类乘用车，及含驾驶员座位在内的座位数在10至23座（含23座）的，在设计和技术特性上用于载运乘客和货物的各类中轻型商用客车。本税目下设乘用车、中轻型商用客车和超豪华小汽车3个子目。

8. 摩托车

本税目征收范围包括轻便摩托车和摩托车两类。对最大设计车速不超过50千米/小时、发动机汽缸总工作容量不超过50毫升的三轮摩托车不征收消费税；对汽缸容量在250毫升（不含）以下的小排量摩托车不征收消费税。

9. 高尔夫球及球具

高尔夫球及球具是指从事高尔夫球运动所需的各种专用装备。本税目征收范围包括高尔夫球、高尔夫球杆、高尔夫球包（袋）。

10. 高档手表

高档手表是指销售价格（不含增值税）每只在10000元（含）以上的各类手表。本税目征收范围包括符合以上标准的各类手表。

11. 游艇

本税目征收范围包括艇身长度大于8米（含）、小于90米（含），内置发动机，可以在水上移动，一般为私人或团体购置，主要用于水上运动和休闲娱乐等非牟利活动的各类机动艇。

12. 木制一次性筷子

本税目征收范围包括各种规格的、以木材为原料经过加工而成的各类一次性使用的筷子。

13．实木地板

实木地板是指以木材为原料，经锯割、干燥、刨光、截断、开榫、涂漆等工序加工而成的块状或条状的地面装饰材料。本税目征收范围包括各类规格的实木地板、实木指接地板、实木复合地板，用于装饰墙壁、天棚的侧端面为榫、槽的实木装饰板，以及未经涂饰的素板。

14．电池

电池是一种将化学能、光能等直接转换为电能的装置，一般由电极、电解质、容器、极端等组成，通常还有由隔离层组成的基本功能单元，以及用一个或多个基本功能单元装配成的电池组。本税目征收范围包括原电池、蓄电池、燃料电池、太阳能电池和其他电池。

15．涂料

涂料是指涂于物体表面，能形成具有保护、装饰或特殊性能的固态涂膜的一类液体或固体材料的总称。

3.3.2 消费税税率

1．税率的一般规定

消费税的税率采用比例税率和定额税率两种形式。大多数应税消费品采用比例税率，从 1%到 56%不等；对于少数供求关系相对平衡、价格差异变化不大、计量单位较规范的应税消费品，比如黄酒、啤酒和成品油，采用定额税率形式；而白酒和卷烟两种应税消费品，实行定额税率与比例税率相结合的复合计税方式。消费税的税目、税率如表 3-1 所示。

表 3-1 消费税的税目、税率

税　　目	税额/税率
一、烟	
1．卷烟	
工业	
（1）甲类卷烟	56%加 0.003 元/支
（2）乙类卷烟	36%加 0.003 元/支
商业批发	11%加 0.005 元/支
2．雪茄烟	36%
3．烟丝	30%
4．电子烟	
工业	36%
商业批发	11%
二、酒	
1．白酒	20%加 0.5 元/500 克（或者 500 毫升）
2．黄酒	240 元/吨
3．啤酒	
（1）甲类啤酒	250 元/吨
（2）乙类啤酒	220 元/吨
4．其他酒	10%

续表

税 目	税额/税率
三、高档化妆品	15%
四、贵重首饰及珠宝玉石	
1．金银首饰、铂金首饰和钻石及钻石饰品	5%
2．其他贵重首饰和珠宝玉石	10%
五、鞭炮、焰火	15%
六、成品油	
1．汽油	1.52元/升
2．柴油	1.2元/升
3．航空煤油	1.2元/升
4．石脑油	1.52元/升
5．溶剂油	1.52元/升
6．润滑油	1.52元/升
7．燃料油	1.2元/升
七、摩托车	
1．汽缸容量为250毫升的	3%
2．汽缸容量在250毫升以上的	10%
八、小汽车	
1．乘用车	
（1）汽缸容量（排气量，下同）在1.0升（含1.0升）以下的	1%
（2）汽缸容量在1.0升以上至1.5升（含1.5升）的	3%
（3）汽缸容量在1.5升以上至2.0升（含2.0升）的	5%
（4）汽缸容量在2.0升以上至2.5升（含2.5升）的	9%
（5）汽缸容量在2.5升以上至3.0升（含3.0升）的	12%
（6）汽缸容量在3.0升以上至4.0升（含4.0升）的	25%
（7）汽缸容量在4.0升以上的	40%
2．中轻型商用客车	5%
3．超豪华小汽车	10%
九、高尔夫球及球具	10%
十、高档手表	20%
十一、游艇	10%
十二、木制一次性筷子	5%
十三、实木地板	5%
十四、电池	4%
十五、涂料	4%

纳税人兼营不同税率的应税消费品，应当分别核算不同税率应税消费品的销售额、销售数量；未分别核算销售额、销售数量，或者将不同税率的应税消费品组成成套消费品销售的，从高适用税率。

2．烟类产品的税率

从 2009 年 5 月起烟类产品的税率作如下调整：

甲类卷烟，即每标准条（200 支，下同）调拨价格在 70 元（不含增值税）以上（含 70 元）的卷烟，税率调整为 56%；乙类卷烟，即每标准条调拨价格在 70 元（不含增值税）以下的卷烟，税率调整为 36%；卷烟的从量定额税率不变，即 0.003 元/支。

将雪茄烟生产环节的税率调整为 36%。

自 2015 年 5 月 10 日起，卷烟批发环节消费税的从价税税率由 5% 提高至 11%，并按 0.005 元/支加征从量税。

2022 年 11 月 1 日起，电子烟实行从价定率的办法计算纳税。生产（进口）环节的税率为 36%，批发环节的税率为 11%。

3．酒类产品的税率

白酒的定额税率为 0.5 元/500 克或 0.5 元/500 毫升，其计量单位按实际销售商品重量确定。

啤酒的定额税率为 250 元和 220 元两档，划分标准是每吨的出厂价格，该价格不含增值税。每吨 3000 元以上（含 3000 元）的，适用 250 元/吨的税额；每吨 3000 元以下的，适用 220 元/吨的税额。对娱乐业和饮食业自制的啤酒，适用 250 元/吨的税额。

4．零售环节征收消费税的应税消费品的税率

对改为零售环节征税的金银首饰、铂金首饰、钻石及钻石饰品的税率调整到 5%。

自 2016 年 12 月 1 日起，对不含增值税零售价 130 万元以上的超豪华小汽车，在零售环节加征消费税，税率为 10%。

5．电池的税率

自 2015 年 2 月 1 日起，对电池（铅蓄电池除外）征收消费税；对无汞原电池、金属氢化物镍蓄电池（又称氢镍蓄电池或镍氢蓄电池）、锂原电池、锂离子蓄电池、太阳能电池、燃料电池、全钒液流电池免征消费税。2015 年 12 月 31 日前，对铅蓄电池缓征消费税；自 2016 年 1 月 1 日起，对铅蓄电池按 4% 税率征收消费税。

6．涂料的税率

自 2015 年 2 月 1 日起对涂料征收消费税，施工状态下挥发性有机物含量低于 420 克/升（含）的涂料免征消费税。

思政小课堂

新发展理念

党的十八届五中全会通过的《中共中央关于制定国民经济和社会发展第十三个五年规划的建议》，首次提出创新、协调、绿色、开放、共享的新发展理念，经过"十三五"时期的发展，全党全社会对新发展理念的认识和实践不断丰富提升。在共享发展方面，需要强化全体人民共同富裕的发展导向，改善人民生活品质，坚持经济发展就业导向，扩大中等收入群体，积极推进教育、卫生、社保、养老、育幼等各方面工作。通过对非生活必需品、尤其是奢侈品课征消费税，努力缩小贫富差距，推进全体人民共同富裕。

> **思政小课堂**
>
> **绿水青山就是金山银山**
>
> 我们进入新的绿色发展阶段,两山论是习近平生态文明思想的核心内涵。"绿水青山"是对良好生态环境的形象化比喻,指种类多样、数量丰富、质量良好、功能完备的生态系统或生态环境;"金山银山"是对经济增长的形象化表述。"我们既要绿水青山,也要金山银山。宁要绿水青山,不要金山银山,而且绿水青山就是金山银山。"这句话深刻阐述了"两山"之间的内在关系,认识到绿水青山可以源源不断地带来金山银山,绿水青山本身就是金山银山,我们种的常青树就是摇钱树,生态优势变成经济优势,形成了浑然一体、和谐统一的关系。消费税征税对象是特殊消费品,目前包括烟、酒、油、车等15个税目,目的之一在于抑制高污染高能耗、不可再生资源、奢侈品等商品消费。消费税的征收有利于不断深化两山论,不断推进中国走向绿色发展之路。

3.4 计税依据

消费税的计税依据是应税消费品的销售额和销售数量。按照应税消费品生产经营方式和纳税人发生应税行为的不同,计税依据也有不同的规定。

3.4.1 生产销售应税消费品

1. 一般规定

(1) 实行从量定额征税的应税消费品,计税依据是应税消费品的销售数量,指销售自产应税消费品的实际销售数量。

实行从量定额办法计算应纳税额的应税消费品,计量单位的换算标准如下:

① 黄酒,1吨=962升;
② 啤酒,1吨=988升;
③ 汽油,1吨=1388升;
④ 柴油,1吨=1176升;
⑤ 航空煤油,1吨=1246升;
⑥ 石脑油,1吨=1385升;
⑦ 溶剂油,1吨=1282升;
⑧ 润滑油,1吨=1126升;
⑨ 燃料油,1吨=1015升。

(2) 实行从价定率征税的应税消费品,计税依据是应税消费品的销售额,该销售额是指纳税人销售应税消费品向购买方收取的全部价款和价外费用。

价外费用,是指价外向购买方收取的手续费、补贴、基金、集资费、返还利润、奖励费、违约金、滞纳金、延期付款利息、赔偿金、代收款项、代垫款项、包装费、包装物租金、储备费、优质费、运输装卸费,以及其他各种性质的价外收费。但下列项目不包括在内。

① 同时符合以下条件的代垫运输费用：
- 承运部门的运输费用发票开具给购买方的；
- 纳税人将该项发票转交给购买方的。

② 同时符合以下条件代为收取的政府性基金或者行政事业性收费：
- 由国务院或者财政部批准设立的政府性基金，由国务院或者省级人民政府及其财政、价格主管部门批准设立的行政事业性收费；
- 收取时开具省级以上财政部门印制的财政票据；
- 所收款项全额上缴财政。

小贴士

消费税的计税依据

由于消费税和增值税实行交叉征收，作为实行从价定率征收的应税消费品的消费税计税依据的销售额，与该消费品计算增值税的销售额是同一个口径。增值税是价外税，消费税是价内税，这个销售额就是不含增值税而包含消费税的销售额，两个税种的计税依据，即确定销售额的原则和具体规定是一致的。

（3）销售额不包括应向购货方收取的增值税税款。如果纳税人应税消费品的销售额中未扣除增值税税款或者因不得开具增值税专用发票而发生价款和增值税税款合并收取的，在计算消费税时，应当换算为不含增值税税款的销售额。其换算公式：

应税消费品的销售额 = 含增值税的销售额 ÷（1 + 增值税税率或者征收率）

对纳税人销售应税消费品而向购买方收取的价外费用，也应视为含增值税的收入，应按上述方法换算成不含税收入后再并入销售额计税。

2．具体规定

（1）包装物的计税。

① 应税消费品连同包装物销售的，无论包装物是否单独计价及在会计上如何核算，均应并入应税消费品的销售额中缴纳消费税。

② 如果包装物不作价随同产品销售，而是收取押金，则此项押金不应并入应税消费品的销售额中征税。但对因逾期未收回的包装物不再退还的或者已收取的时间超过 12 个月的押金，应并入应税消费品的销售额，按照应税消费品的适用税率缴纳消费税。

③ 对既作价随同应税消费品销售，又另外收取押金的包装物的押金，凡纳税人在规定的期限内没有退还的，均应并入应税消费品的销售额，按照应税消费品的适用税率缴纳消费税。

④ 从 1995 年 6 月 1 日起，对酒类产品生产企业销售酒类产品（除啤酒、黄酒外）而收取的包装物押金，无论押金是否返还及会计上如何核算，均需并入酒类产品销售额中，依据酒类产品的适用税率征收消费税。

（2）纳税人通过自设非独立核算门市部销售的自产应税消费品，应当以门市部对外销售额或销售数量为计税依据。

（3）纳税人用于以物易物、投资入股、抵偿债务等方面的应税消费品，应当以纳税人同类应税消费品的最高销售价格为依据计算消费税。

（4）纳税人应税消费品的计税价格明显偏低并无正当理由的，由主管税务机关核定其计税价格。核定权限规定如下：

① 卷烟、白酒和小汽车的计税价格由国家税务总局核定，送财政部备案；

② 其他应税消费品的计税价格由省、自治区和直辖市税务局核定；

③ 进口的应税消费品的计税价格由海关核定。

（5）卷烟的计税价格。

① 卷烟从价定率计税办法的计税依据为调拨价格或核定价格。

调拨价格是指卷烟生产企业通过卷烟交易市场与购货方签订的卷烟交易价格，计税调拨价格由国家税务总局按照中国烟草交易中心和各省烟草交易（订货）会2000年各牌号、规格卷烟的调拨价格确定。

2001年11月以后生产销售的新牌号、新规格卷烟，在规定的试销期内暂按生产企业自定的调拨价格征收消费税，试销期满后应按国家税务总局核定的计税价格征税。

核定价格是指由税务机关核定的计税价格。

已经国家税务总局核定计税价格，但交易价格发生变化需要重新调整计税价格的卷烟，试销期满后的新牌号、新规格卷烟，不进入中国烟草交易中心和各省烟草交易会交易、没有调拨价格的卷烟，由税务机关根据卷烟实际交易价格的变动情况，以零售价格为依据，调整或核定其计税价格，并以此为计税依据征收消费税。

② 实际销售价格高于计税价格和核定价格的卷烟，按实际销售价格征收消费税；实际销售价格低于计税价格和核定价格的卷烟，按计税价格或核定价格征收消费税。

非标准条包装卷烟应当折算成标准条包装卷烟的数量，依其实际销售收入计算确定其折算成标准条包装后的实际销售价格，并确定适用的比例税率。

③ 自2012年1月1日起，卷烟消费税计税价格信息采集和核定管理办法按照国家税务总局令第26号有关规定执行。

（6）白酒的计税价格。

白酒生产企业销售给销售单位的白酒，生产企业消费税计税价格低于销售单位对外销售价格（不含增值税）70%以下的，税务机关应核定消费税最低计税价格。具体操作按照国家税务总局《白酒消费税最低计税价格核定管理办法》（国税函〔2009〕380号）有关规定执行。

3.4.2 自产自用应税消费品

（1）纳税人自产自用的应税消费品，按照纳税人生产的同类消费品的销售价格计算纳税。"同类消费品的销售价格"，是指纳税人或者代收代缴义务人当月销售的同类消费品的销售价格，如果当月同类消费品各期销售价格高低不同，应按销售数量加权平均计算。但销售的应税消费品有下列情况之一的，不得列入加权平均计算：

① 销售价格明显偏低并无正当理由的；

② 无销售价格的。

如果当月无销售或者当月未完结，应按照同类消费品上月或者最近月份的销售价格计算纳税。

（2）纳税人自产自用的应税消费品，没有同类消费品销售价格的，按照组成计税价格计算纳税。

实行从价定率办法计算纳税的组成计税价格计算公式：

$$组成计税价格 = （成本 + 利润）\div（1 - 比例税率）$$

实行复合计税办法计算纳税的组成计税价格计算公式：

$$组成计税价格 = （成本 + 利润 + 自产自用数量 \times 定额税率）\div（1 - 比例税率）$$

公式中的成本，是指应税消费品的产品生产成本；公式中的利润，是指根据应税消费品的全国平均成本利润率计算的利润。应税消费品全国平均成本利润率由国家税务总局确定，具体如表3-2所示。

表3-2 应税消费品全国平均成本利润率

货物名称	利润率	货物名称	利润率
甲类卷烟	10%	摩托车	6%
乙类卷烟	5%	高尔夫球及球具	10%
雪茄烟、烟丝	5%	高档手表	20%
粮食白酒	10%	游艇	10%
薯类白酒	5%	木制一次性筷子	5%
其他酒	5%	实木地板	5%
高档化妆品	5%	乘用车	8%
鞭炮焰火	5%	中轻型商用客车	5%
贵重首饰及珠宝玉石	6%		

（3）实行从量定额计税方法的，纳税人自产自用应税消费品的计税依据，为应税消费品的移送使用数量。

3.4.3 委托加工应税消费品

（1）委托加工的应税消费品，按照受托方的同类消费品的销售价格计算纳税。"同类消费品的销售价格"，与自产自用应税消费品确定同类消费品的销售价格的原则和方法相同。

（2）没有同类消费品销售价格的，按照组成计税价格计算纳税。

实行从价定率办法计算纳税的组成计税价格计算公式：

$$组成计税价格 = （材料成本 + 加工费）\div（1 - 比例税率）$$

实行复合计税办法计算纳税的组成计税价格计算公式：

$$组成计税价格 = （材料成本 + 加工费 + 委托加工数量 \times 定额税率）\div（1 - 比例税率）$$

公式中的材料成本，是指委托方所提供加工材料的实际成本。委托加工应税消费品的纳税人，必须在委托加工合同上如实注明（或以其他方式提供）材料成本。凡未提供材料成本的，受托方所在地主管税务机关有权核定其材料成本。

公式中的加工费，是指受托方加工应税消费品向委托方所收取的全部费用（包括代垫辅助材料的实际成本）。

（3）实行从量定额计税的，委托加工应税消费品的计税依据为纳税人收回的应税消费品数量。

委托加工的应税消费品，除受托方为个人外，由受托方在向委托方交货时代收代缴税款。从税法规定看，委托加工应税消费品的消费税的纳税人是委托方，不是受托方，受托方承担的只是代收代缴的义务。凡加工应税消费品的，委托加工委托方与受托方之间关系如表3-3所示。

表3-3 委托加工委托方与受托方之间关系

	委 托 方	受 托 方
委托加工关系的条件	提供原料和主要材料	收加工费和代垫辅料
加工及提货时涉及税种	① 购材料涉及增值税进项税 ② 提货时应缴消费税 ③ 支付加工费涉及增值税进项税	① 买辅料涉及增值税进项税 ② 收取加工费和代垫辅料费涉及增值税销项税
消费税纳税环节	提货时受托方代收代缴（受托方为个体户的除外）	交货时代收代缴委托方消费税款
代收代缴后消费税的相关处理	① 以不高于受托方的计税价格直接出售的不再缴纳消费税 ② 连续加工后销售的在出厂环节缴纳消费税，同时可按生产领用抵扣已纳消费税	及时解缴税款，否则按征管法规定惩处

3.4.4 进口应税消费品

（1）进口的应税消费品，按照组成计税价格计算纳税。

实行从价定率办法计算纳税的组成计税价格计算公式：

$$组成计税价格 = （关税完税价格 + 关税）÷（1-消费税比例税率）$$

实行复合计税办法计算纳税的组成计税价格计算公式：

$$组成计税价格 = （关税完税价格 + 关税 + 进口数量 × 消费税定额税率）÷（1-消费税比例税率）$$

公式中的关税完税价格，是指海关核定的关税计税价格。

（2）实行从量定额计税的，进口应税消费品的计税依据为海关核定的应税消费品进口征税数量。

3.4.5 其他

1．零售应税消费品

这里的零售应税消费品，专指由生产、进口环节改为零售环节，并减按5%税率征收消费税的金银首饰、铂金首饰、钻石及钻石饰品（包括生产企业设立门市部零售的金银首饰、钻石及钻石饰品）。

改在零售环节征收消费税的产品，实行从价定率的计税办法。以销售额为计税依据。

2. 批发应税消费品

仅适用于卷烟。征收范围是纳税人批发销售的所有牌号规格的卷烟，计税依据是纳税人批发卷烟的销售额（不含增值税）。

纳税人应将卷烟销售额与其他商品销售额分开核算，未分开核算的，一并征收消费税。

3. 包含非应税消费品的组成套装

纳税人将自产的应税消费品与外购或自产的非应税消费品组成套装销售的，以套装产品的销售额（不含增值税）为计税依据。

3.5 应纳税额的计算

3.5.1 应纳税额计算的基本规定

消费税实行从价定率、从量定额、从价定率和从量定额相结合的复合计税三种办法计算应纳税额。消费税税率、计算公式如表3-4所示。

表3-4 消费税税率、计算公式概览表

税率及计税形式	适用项目	计税公式
定额税率（从量计征）	啤酒、黄酒、成品油	应纳税额=销售数量（交货数量、进口数量）×定额税率
比例税率和定额税率并用（复合计税）	卷烟、白酒	应纳税额=销售数量（交货数量、进口数量）×定额税率+销售额（同类消费品价格、组成计税价格）×消费税比例税率
比例税率（从价计征）	除上述以外的其他项目	应纳税额=销售额（同类消费品价格、组成计税价格）×消费税比例税率

1. 从价定率计税办法

对雪茄烟、烟丝、其他酒、酒精、高档化妆品、贵重首饰及珠宝玉石、鞭炮、焰火、汽车轮胎、小汽车、摩托车、高尔夫球及球具、高档手表、游艇、木制一次性筷子、实木地板等应税消费品，采用从价定率的计税办法。其消费税应纳税额按照如下公式计算：

$$应纳税额 = 销售额 \times 比例税率$$

【例3-1】 12月，某日化厂（一般纳税人）对市百货大楼销售自产高档化妆品A一批，开具增值税专用发票注明销售额50万元，另外收取含税运费2万元、包装费2.52万元；对某超市销售自产化妆品B一批，开具发票，注明含税销售收入15万元，优质费1.24万元。计算该日化厂应纳消费税额。

答案：运费、包装费、优质费均属于价外费用范畴，应计入销售额计算消费税；另外，应将含增值税的销售额换算为不含增值税的销售额。

销售A产品的应纳消费税=[50+（2+2.52）÷1.13]×15%=8.1（万元）。

销售B产品的应纳消费税=（15+1.24）÷1.13×15%=2.16（万元）。

则该日化厂应纳消费税额=8.1+2.16=10.26（万元）。

2. 从量定额计税办法

对黄酒、啤酒和成品油类的应税消费品，采用从量定额的计税办法。其消费税应纳税额按照如下公式计算：

$$应纳税额 = 销售数量 \times 定额税率$$

【例 3-2】 某啤酒厂上月销售啤酒 150 吨，每吨出厂价 2900 元（不含增值税），另收取啤酒桶押金 30000 元。计算该厂上月应纳消费税额。

答案：啤酒的定额税率为 250 元和 220 元两档，划分标准是每吨的出厂价格。由于 150 吨啤酒收取包装物押金 30000 元，换算为不含税价并入销售额中，每吨价格超过 3000 元的税率分档标准，应适用 250 元/吨的定额税率。应纳消费税额 = 150×250 = 37500(元)。

> **小贴士**
>
> **啤酒的包装物押金**
>
> 根据规定，啤酒消费税单位税额按照出厂价格（含包装物及包装物押金）划分档次，出厂价格包含包装物价格及包装物押金，但包装物押金不包括供重复使用的塑料周转箱的押金。

3. 复合计税办法

对白酒和卷烟两大类应税消费品，采用复合计税办法。其消费税应纳税额按照如下公式计算：

$$应纳税额 = 销售额 \times 比例税率 + 销售数量 \times 定额税率$$

【例 3-3】 某酒厂为增值税一般纳税人，主要生产粮食白酒。6 月销售粮食白酒 25000 千克，取得不含税销售额 105000 元；收取白酒品牌使用费 4520 元、包装物押金 9040 元。计算该酒厂当月应纳消费税额。

答案：白酒的从量定额消费税额 = 25000×2×0.5 = 25000 元；从价定率部分，应将白酒品牌使用费和包装物押金并入销售额中计税，则从价定率消费税额 =（105000 + 9040÷1.13 + 4520÷1.13）×20% = 23400 元。故当月应纳消费税额为 25000+23400 = 48400 元。

3.5.2 应纳税额计算的具体规定

1. 自产自用应税消费品

（1）自产自用的从价定率计税的应税消费品按规定应当纳税的，应按照纳税人生产的同类消费品的销售价格计算纳税；没有同类消费品销售价格的，按照组成计税价格计算纳税。

按照组成计税价格计算纳税的，其应纳税额计算公式：

$$应纳税额 = 组成计税价格 \times 比例税率$$

【例 3-4】 11 月，某汽车制造厂将自产新型小轿车 2 辆转给厂工会使用。该车的排气量为 1.8 升，生产成本为 16 万元/辆，尚未定价上市。计算该行为的应纳消费税。

答案：汽车厂将自产小轿车转给工会使用，属于自产自用的应税消费品"用于其他方面的",应按照同类消费品价格计税。新产品未定价,采用组成计税价格。国家税务总局核定的利润率为8%,适用消费税税率5%,则

$$组成计税价格 = (成本 + 利润) \div (1 - 消费税税率)$$
$$= (16 + 16 \times 8\%) \div (1 - 5\%)$$
$$= 18.19(万元)$$
$$应纳税额 = 18.19 \times 2 \times 5\% = 1.82(万元)$$

(2)实行从量定额计税方法的,应纳税额的计算公式:

$$应纳税额 = 移送使用数量 \times 定额税率$$

(3)实行复合方法的,应纳税额应该是按照组成计税价格计算的从价税加上按照移送使用数量计算的从量税的合计数。

2. 委托加工应税消费品

(1)委托加工的应税消费品,实行从价定率计税的,按照受托方的同类消费品的销售价格计算纳税。没有同类消费品销售价格的,按照组成计税价格计算纳税。

按照组成计税价格计算纳税的,其应纳税额计算公式:

$$应纳税额 = 组成计税价格 \times 比例税率$$

【例 3-5】 甲厂将一批原材料委托乙厂加工成应税消费品,该批原材料不含税价格为10万元,乙厂代垫辅料收费1万元(含税),另收取加工费3万元(含税),假定该应税消费品消费税税率为5%,甲厂、乙厂均为增值税一般纳税人,乙厂没有同类消费品价格,计算该项委托加工业务应纳消费税。

答案:委托加工应税消费品组价公式中的材料成本是指委托方提供加工材料的实际成本;加工费是指受托方加工应税消费品向委托方所收取的全部费用(含代垫辅料费,不含增值税)。

$$组成计税价格 = (材料成本 + 加工费) \div (1 - 消费税税率)$$
$$= [10 + (1 + 3) \div (1 + 13\%)] \div (1 - 5\%)$$
$$= 14.25(万元)$$
$$应纳税额 = 14.25 \times 5\% = 0.71(万元)$$

(2)实行从量定额计税方法的,应纳税额的计算公式:

$$应纳税额 = 收回的应税消费品数量 \times 定额税率$$

(3)实行复合方法的,应纳税额应该是按照组成计税价格计算的从价税加上按照实际收回数量计算的从量税的合计数。

3. 进口应税消费品

(1)进口的应税消费品,实行从价定率办法计算应纳税额的,按照组成计税价格计算纳税。其应纳税额计算公式:

$$应纳税额 = 组成计税价格 \times 比例税率$$

【例 3-6】 某公司进口一批应税消费品,海关应征进口关税 150 万元,适用关税税率为 30%,已知该消费品消费税税率为 10%,则进口环节还需缴纳消费税多少?

答案:可利用关税额计算关税完税价格,然后再计算组成计税价格和应纳税额。

关税完税价格 = 150 ÷ 30% = 500(万元）

组成计税价格 =(关税完税价格 + 关税)÷(1 − 比例税率）

= (500 + 150) ÷ (1 − 10%)

= 722.22（万元）

应纳税额 = 722.22 × 10% = 72.22（万元）

（2）实行从量定额计税的,应纳税额的计算公式:

应纳税额 = 海关核定的应税消费品进口征税数量 × 定额税率

（3）实行复合方法的,应纳税额应该是按照组成计税价格计算的从价税加上按照进口征税数量计算的从量税的合计数。

4. 关于已纳税款的扣除

（1）为避免重复征税,规定对外购或委托加工收回的应税消费品连续生产应税消费品销售时,已纳税款准予按规定抵扣。准予扣税的项目:

① 用外购或委托加工收回的已税烟丝生产的卷烟;

② 用外购或委托加工收回的已税珠宝玉石生产的贵重首饰及珠宝玉石;

③ 用外购或委托加工收回的已税高档化妆品生产的高档化妆品;

④ 用外购或委托加工收回的已税鞭炮焰火生产的鞭炮焰火;

⑤ 以外购或委托加工收回的已税杆头、杆身和握把为原料生产的高尔夫球杆;

⑥ 以外购或委托加工收回的已税木制一次性筷子为原料生产的木制一次性筷子;

⑦ 以外购或委托加工收回的已税实木地板为原料生产的实木地板;

⑧ 以外购或委托加工收回的已税汽油、柴油、石脑油、润滑油、燃料油为原料生产的应税成品油;

⑨ 啤酒生产集团内部企业间调拨销售的啤酒液,应由啤酒液生产企业按规定申报缴纳消费税,购入方使用啤酒液连续灌装生产并对外销售的啤酒,应依据其销售价格确定适用单位税额计算缴纳消费税,但其外购啤酒液已纳的消费税额,可以从其当期应纳消费税额中抵减;

⑩ 纳税人以进口、外购葡萄酒连续生产应税葡萄酒,分别依据《海关进口消费税专用缴款书》《增值税专用发票》,按照现行政策规定计算扣除应税葡萄酒已纳消费税税款。

在零售环节缴纳消费税的金银首饰(含镶嵌首饰)、钻石及钻石饰品已纳消费税不得扣除。

（2）当期准予扣除的外购应税消费品的已纳消费税款,应按当期生产领用数量计算。计算公式:

当期准予扣除的外购应税消费品已纳税款 = 当期准予扣除的外购应税消费品买价 × 外购应税消费品适用税率

当期准予扣除的外购应税消费品买价 = 期初库存的外购应税消费品买价 + 当期购进的外购应税消费品买价 - 期末库存的外购应税消费品买价

【例 3-7】 某烟厂 4 月外购烟丝，取得增值税专用发票上注明销售额为 50 万元，本月初尚有库存的外购烟丝 2 万元，本月生产领用后，月末库存烟丝 12 万元。该企业本月应纳消费税中可扣除的消费税是多少？

答案：本月准予扣除的外购烟丝生产领用部分买价 = 2 + 50 - 12 = 40（万元）

准予扣除的消费税 = 40 × 30% = 12（万元）

（3）当期准予扣除的委托加工应税消费品的已纳消费税款，应按当期生产领用数量计算。计算公式：

当期准予扣除的委托加工应税消费品已纳税款 = 期初库存的委托加工应税消费品已纳税款 + 当期收回的委托加工应税消费品已纳税款 - 期末库存的委托加工应税消费品已纳税款

5. 其他有关规定

国内汽车生产企业直接销售给消费者，按照生产环节税率和零售环节税率加总计算，即跨环节合并征收。计算公式：

应纳税额 = 销售额（不含增值税）×（生产环节税率 + 10%）

【例 3-8】 11 月，某汽车制造公司将 2 辆小汽车直接卖给某使用单位，开具的机动车销售统一用发票上注明每辆销售金额为 150 万元。该车出厂环节消费税税率为 25%，则

该汽车制造公司应纳消费税 = 150 × 2 ×（25% + 10%）
= 105（万元）

纳税人销售的应税消费品，以人民币计算销售额。纳税人以人民币以外的货币结算销售额的，应当折合成人民币计算。

纳税人销售的应税消费品，以人民币以外的货币结算销售额的，其销售额的人民币折合率可以选择销售额发生的当天或者当月 1 日的人民币汇率中间价。纳税人应在事先确定采用何种折合率，确定后 1 年内不得变更。

3.6 消费税的申报与缴纳

3.6.1 纳税义务发生时间

消费税纳税义务发生时间，规定如下。

（1）纳税人销售应税消费品的，按不同的销售结算方式确定：

① 采取赊销和分期收款结算方式的，为书面合同约定的收款日期的当天，书面合同没有约定收款日期或者无书面合同的，为发出应税消费品的当天；

② 采取预收货款结算方式的，为发出应税消费品的当天；
③ 采取托收承付和委托银行收款方式的，为发出应税消费品并办妥托收手续的当天；
④ 采取其他结算方式的，为收讫销售款或者取得索取销售款凭据的当天。
（2）纳税人自产自用应税消费品的，为移送使用的当天。
（3）纳税人委托加工应税消费品的，为纳税人提货的当天。
（4）纳税人进口应税消费品的，为报关进口的当天。

3.6.2 纳税期限

消费税的纳税期限分别为 1 日、3 日、5 日、10 日、15 日、1 个月或者 1 个季度。纳税人的具体纳税期限，由主管税务机关根据纳税人应纳税额的大小分别核定；不能按照固定期限纳税的，可以按次纳税。

纳税人以 1 个月或者 1 个季度为 1 个纳税期的，自期满之日起 15 日内申报纳税；以 1 日、3 日、5 日、10 日或者 15 日为 1 个纳税期的，自期满之日起 5 日内预缴税款，于次月 1 日起 15 日内申报纳税并结清上月应纳税款。

纳税人进口应税消费品，应当自海关填发海关进口消费税专用缴款书之日起 15 日内缴纳税款。

3.6.3 纳税地点

纳税人销售的应税消费品，以及自产自用的应税消费品，除国务院财政、税务主管部门另有规定外，应当向纳税人机构所在地或者居住地的主管税务机关申报纳税。

委托加工的应税消费品，除受托方为个人外，由受托方向机构所在地或者居住地的主管税务机关解缴消费税税款。委托个人加工的应税消费品，由委托方向其机构所在地或者居住地主管税务机关申报纳税。

进口的应税消费品，由进口人或者其代理人向报关地海关申报纳税。

纳税人到外县（市）销售或者委托外县（市）代销自产应税消费品的，于应税消费品销售后，向机构所在地或者居住地主管税务机关申报纳税。

纳税人的总机构与分支机构不在同一县（市）的，应当分别向各自机构所在地的主管税务机关申报纳税；但在同一省（自治区、直辖市）范围内的，经财政部、国家税务总局或者其授权的财政、税务机关批准，可以由总机构汇总向总机构所在地的主管税务机关申报纳税。

小资料

增值税、消费税与附加税费申报表整合

自 2021 年 8 月 1 日起，增值税、消费税分别与城市维护建设税、教育费附加、地方教育附加申报表整合。

资料来源：2021 年《国家税务总局关于增值税、消费税与附加税费申报表整合有关事项的公告》

本章小结

消费税是我国货劳税体系的重要组成部分，配合普遍征收的增值税，通过对特定消费品的选择课征，可以在取得财政收入的同时实现对生产和消费乃至对收入分配的调节。我国目前的消费税共有 15 个税目，分别采用从价定率、从量定额和两者结合的计税方法，应税行为可以分为生产销售、自产自用、委托加工和进口应税消费品四类，在零售和批发环节仅对特殊消费品课征。我国消费税和增值税在征税环节、与商品价格的关系及计税方法上特点迥异，但是在纳税期限、地点、纳税义务时间确认方面，有很多类似的规定，而且两者交叉征收，对于从价定率征收消费税的商品，两者计税依据是一致的。

关键术语

消费税　自产自用应税消费品　委托加工应税消费品

思考题

1. 消费税有哪些特点？
2. 试分析消费税的调节作用。
3. 我国选择消费税征税项目的依据是什么？征税项目具体有哪些？
4. 试分析说明我国消费税的纳税环节。
5. 某酒厂为增值税一般纳税人，主要生产粮食白酒和啤酒。5 月销售白酒 4 吨，取得不含税销售额 115000 元，收取包装物押金 10530 元；销售啤酒 90 吨，每吨不含税售价 2900 元，收取包装物押金 4680 元。该酒厂本月应纳消费税税额为多少？
6. 某卷烟厂 12 月生产烟丝一批，不含税售价为 10 万元，月中将其中 20%作为样品提供给烟草展销会，其余部分由生产车间继续加工生产卷烟。计算该批烟丝应纳消费税额。
7. 某市 A 焰火厂月初委托该市 B 烟花爆竹企业加工焰火一批，提供的加工材料的实际成本为 30 万元；10 日收回焰火时，支付加工费 10 万元、辅助材料费 4 万元、增值税额 1.82 万元（B 企业没有生产销售过同类焰火）。20 日，A 厂将收回焰火的一半直接销售，不含税售价 30 万元；另一半全部在本厂加工生产成另一品牌的焰火，月底前销售，不含税售价 45 万元。计算 A 焰火厂当月的应纳消费税额。
8. 甲实木地板厂为增值税一般纳税人，7 月有关生产经营情况如下：

(1) 从油漆厂购进上光漆 200 吨，每吨不含税单价 1 万元，取得油漆厂开具的增值税专用发票，注明货款 200 万元、增值税 26 万元。

(2) 向农业生产者收购原木 30 吨，收购凭证上注明支付收购货款 42 万元，另支付运输费用，取得运输公司（增值税一般纳税人）开具的增值税专用发票，注明运费金额 2 万元；原木验收入库后，又将其运往乙地板厂加工成未上漆的实木地板，取得乙厂开具的增值税专用发票，注明支付加工费 8 万元、增值税 1.04 万元，甲厂收回实木地板时乙厂代收代缴了甲厂的消费税（乙厂无同类实木地板销售价格）。

(3) 甲厂将委托加工收回的实木地板的一半领用连续生产高级实木地板，当月生产高级实木地板 2000 箱，销售高级实木地板 1500 箱，取得不含税销售额 450 万元。

(4) 当月将自产同类高级实木地板 100 箱用于本企业会议室装修。

（提示：实木地板消费税税率 5%，实木地板成本利润率 5%，所有应认证的发票均经过了认证）

要求：根据上述资料回答下列问题。

(1) 计算甲厂当月应缴纳的增值税；

(2) 计算甲厂被代收代缴的消费税；

(3) 计算甲厂当月应自行向主管税务机关缴纳的消费税。

第 4 章　附加税与烟叶税

4.1　城市维护建设税

4.1.1　城市维护建设税的概念和特点

城市维护建设税（简称城建税），是国家对缴纳增值税、消费税的单位和个人以其实际缴纳的增值税、消费税税额为计税依据而征收的一种税。

2020年8月11日第十三届全国人大常委会第二十一次会议表决通过的城市维护建设税法，于2021年9月1日起施行，1985年2月8日国务院发布的城市维护建设税暂行条例同时废止。城建税具有如下两个特点：

（1）征税范围广泛。由于城建税是对缴纳增值税、消费税的单位和个人就其实际缴纳的增值税、消费税的税额为计税依据而征收的一种税，涵盖了增值税、消费税两税的征税范围，因此征收范围广泛。

（2）具有附加税性质。城建税以纳税人实际缴纳的增值税、消费税税额为计税依据，附加于增值税、消费税税额，本身并没有特定的、独立的征税对象。

4.1.2　城市维护建设税的主要征收制度

1. 纳税人

城建税的纳税人，是指负有缴纳增值税、消费税义务的单位和个人，包括缴纳增值税、消费税的内外资企业、个体经营者、机关、团体、部队等单位和个人，只要缴纳增值税、消费税中的任何一个税种，都会涉及城建税。但是，有两类特殊情况，缴纳增值税、消费税但不缴纳城建税：一是因进口货物海关代征的增值税、消费税；二是因境外单位和个人向境内销售劳务、服务、无形资产代扣代缴的增值税。

2. 税率

（1）城建税税率的一般规定。

城市维护建设税按纳税人所在地分别规定不同的税率：

- 纳税人所在地在市区的，税率为7%。
- 纳税人所在地在县城、镇的，税率为5%。
- 纳税人所在地不在市区、县城或镇的，税率为1%；开采海洋石油资源的中外合作油（气）田所在地在海上，其城市维护建设税适用1%的税率。

(2)"纳税人所在地"授权地方确定。

纳税人所在地是纳税人住所地或者与纳税人生产经营活动相关的其他地点,具体地点由省、自治区、直辖市确定。

3. 计税依据

城建税的计税依据,是指纳税人实际缴纳的增值税、消费税税额。城市维护建设税的计税依据应当按照规定扣除期末留抵退税退还的增值税税额。

纳税人违反增值税、消费税有关税法而加收的滞纳金和罚款,是税务机关对纳税人违法行为的经济制裁,不作为城建税的计税依据,但纳税人在被查补增值税、消费税和被处以罚款时,应同时对其少缴的城建税进行补税、征收滞纳金和罚款。

减免增值税、消费税的同时随之减免城建税,但是经国家税务局正式审核批准的当期免抵的增值税税额,尽管没有实际缴纳,也应纳入城市维护建设税和教育费附加的计征范围,分别按规定的税(费)率征收城市维护建设税和教育费附加。城市维护建设税计税依据的包含因素和不包含因素如表 4-1 所示。

表 4-1 城市维护建设税计税依据的包含因素和不包含因素

城建税计税依据的包含因素	城建税计税依据的不包含因素
(1)纳税人实际缴纳的增值税、消费税 (2)纳税人被查补的增值税、消费税 (3)纳税人出口货物免抵的增值税	(1)加收的滞纳金和罚款等非税款项 (2)进口货物向海关缴纳的增值税、消费税税额 (3)境外单位和个人向境内销售劳务、服务、无形资产向税务机关缴纳的增值税税额 (4)除增值税、消费税以外的其他税

城市维护建设税的计税依据应当按照规定扣除期末留抵退税退还的增值税税额。

4. 税收优惠

根据国民经济和社会发展的需要,国务院对重大公共基础设施建设、特殊产业和群体及重大突发事件应对等情形可以规定减征或者免征城市维护建设税,报全国人民代表大会常务委员会备案。

城建税原则上不单独减免,但因城建税又具附加税性质,当正税发生减免时,城建税相应发生税收减免。城建税的税收减免具体有以下几种情况:

(1)城建税按减免后实际缴纳的增值税、消费税税额计征,即随增值税、消费税的减免而减免。

(2)对于因减免税而需进行增值税、消费税退库的,城建税也同时退库。但是对出口产品退还增值税、消费税的,不退还已缴纳的城建税;对增值税、消费税实行先征后返、先征后退、即征即退办法的,除另有规定外,对随增值税、消费税附征的城市维护建设税和教育费附加,一律不予退(返)还。

(3)为支持国家重大水利工程建设,对国家重大水利工程建设基金免征城市维护建设税。

5. 应纳税额的计算

$$应纳税额 = 纳税人实际缴纳的增值税、消费税税额 \times 适用税率$$

【例 4-1】 某企业位于市区，1 月按规定缴纳了增值税 100 万元，同时补交上一年度增值税 10 万元及相应的滞纳金 1.5 万元、罚款 5 万元。由于城市维护建设税的计税依据是纳税人实际缴纳（含查补）的增值税、消费税税额，不包括加收的滞纳金和罚款等非税款项，故该企业当月应缴纳城市维护建设税 =（100+10）× 7% = 7.7（万元）。

【例 4-2】 位于县城的某生产企业为增值税一般纳税人，经营内销与出口业务。4 月份实际缴纳增值税 40 万元，出口货物免抵税额 5 万元；另外，进口货物缴纳增值税 17 万元和消费税 30 万元。则该企业 4 月份应缴纳的城市维护建设税 =（40+5）× 5% = 2.25（万元）。

小贴士

城市维护建设税是否在农村征收

"城市维护建设税"的名称并不十分确切。由于其按照纳税人实际缴纳增值税、消费税的税额来附征，而增值税、消费税的缴纳是没有城乡地域界线的，因此城建税的收入中有一部分来源于乡、镇和农村。有专家建议将本税种名称中的"城市"改为"城乡"，比较符合实际，并且也符合我国改变城乡二元化制度的政策方针。

6. 征收管理与纳税申报

城市维护建设税的纳税义务发生时间与增值税、消费税的纳税义务发生时间一致，分别与增值税、消费税同时缴纳。城市维护建设税的扣缴义务人为负有增值税、消费税扣缴义务的单位和个人，在扣缴增值税、消费税的同时扣缴城市维护建设税。

由于城建税是由纳税人在缴纳增值税、消费税的同时缴纳的，所以其纳税期限分别与增值税、消费税的纳税期限一致。具体纳税期限，由主管税务机关根据纳税人增值税、消费税应纳税额的大小分别核定；不能按照固定期限纳税的，可以按次纳税。

国家税务总局积极推进增值税、消费税与城市维护建设税申报表合并工作，将城市维护建设税申报表与增值税、消费税申报表进行整合，减少纳税人填写表单数量，缩短纳税人办税时间，进一步便利纳税人。

7. 教育费附加和地方教育附加

教育费附加和地方教育附加是我国财政性教育经费的两大来源。

教育费附加和地方教育附加是对缴纳增值税、消费税的单位和个人，就其实际缴纳的税额为计算依据征收的一种附加费。现行的教育费附加和地方教育附加标准，如表 4-2 所示。

表 4-2 教育费附加和地方教育附加标准

要　素	教育费附加	地方教育附加
征收比率	3%	2%
开征范围	实际缴纳增值税、消费税的单位和个人	
计征依据	以实际缴纳的增值税、消费税税额为计征依据	

续表

要　素	教育费附加	地方教育附加
纳税期限	与增值税、消费税同时缴纳	
计算公式	应纳教育费附加＝实际缴纳的增值税、消费税税额×3%	应纳地方教育附加＝实际缴纳的增值税、消费税税额×2%

【提示1】教育费附加和地方教育附加的征收范围、计征依据与城建税一致。

【提示2】按月纳税的月销售额或营业额不超过10万元（按季度纳税的季度销售额或营业额不超过30万元）的缴纳义务人，免征教育费附加和地方教育附加。

【例4-3】某县城一企业5月被查补增值税150000元、消费税20000元、所得税30000元，被加收滞纳金2000元，被处罚款8000元。该企业应补缴城市维护建设税和教育费附加、地方教育附加合计：

（150000＋20000）×（5%＋3%＋2%）＝17000（元）

4.2　烟　叶　税

4.2.1　烟叶税的概念和特点

烟叶税是对在中华人民共和国境内收购烟叶的单位按照其收购烟叶的收购金额征收的一种税。

为减轻农民负担，党的十六届三中全会确立了深化农村税费改革的各项政策目标，并加快了减免农业税和农业特产农业税的步伐。2004年6月，根据《中共中央、国务院关于促进农民增加收入若干政策的意见》，财政部、税务总局下发了《关于取消除烟叶外的农业特产农业税有关问题的通知》，规定从2004年起，除对烟叶暂保留征收农业特产农业税外，取消对其他农业特产品征收的农业特产农业税。2005年12月29日，第十届全国人大常委会第十九次会议决定废止《农业税条例》。农业特产农业税是依据《农业税条例》开征的，取消农业税以后，意味着农业特产农业税也要同时取消。因此，对烟叶征收农业特产农业税也失去了法律依据。但是，停止征收烟叶特产农业税，将会产生一些新的问题：一是烟叶产区的地方财政特别是一些县、乡的财政收入将受到较大的影响，对当地基层政权的正常运转和各项公共事业的发展会产生一定的负面影响；二是不利于卷烟工业的持续稳定发展。

基于以上情况，为了保持政策的连续性，充分兼顾地方利益和利于烟叶产区可持续发展，国务院决定制定《中华人民共和国烟叶税暂行条例》，开征烟叶税取代原烟叶特产农业税，以利于解决烟叶农业特产税停止征收后产生的一系列问题，利于实现改革的平稳过渡，利于保持我国烟叶税制的完整和对烟草行业的宏观调控。烟叶作为一种特殊产品，国家历来对其实行专卖政策，与之相适应，对烟叶也一直征收较高的税收和实行比较严格的税收管理。1994年税制改革以前征收产品税和工商统一税，1994年以后改为对烟叶征收烟叶特产农业税，与对卷烟等烟草制品征收的增值税、消费税一起，构成对烟叶和烟草制品完整的税收调控体系。这次停止征收烟叶农业特产税以后，以烟叶税替代烟叶农业特产税，不仅使原有政策得以延续，在税收制度上也保持了烟草税制的完整。这不仅有利于国家取得必要的财政收入，而且也有利于通过税收手段对烟叶种植和收购及烟草行业的生产和经营实施必要的宏观调控。2017年12月27日，第十二届全国人民代表大会常务委员会第三十一次会议通过了《中华人民共和国烟叶税法》，自2018年7月1日起施行。

烟叶税具有以下几个特点：

（1）纳税人单一。纳税人仅限于依照《中华人民共和国烟草专卖法》的规定有权收购烟叶的烟草公司或者受其委托收购烟叶的单位。

（2）纳税环节单一。纳税人仅在收购环节纳烟叶税。

（3）属于价外税，具有消费税性质。

4.2.2 烟叶税的主要征收制度

1．纳税人

在中华人民共和国境内收购烟叶的单位为烟叶税的纳税人。

所谓"收购烟叶的单位"，是指依照《中华人民共和国烟草专卖法》的规定有权收购烟叶的烟草公司或者受其委托收购烟叶的单位。

烟叶税的征税对象是收购的烟叶，所谓烟叶是指晾晒烟叶、烤烟叶。

2．税率

烟叶税实行比例税率，税率为20%。

3．税额计算

烟叶税的应纳税额按照纳税人收购烟叶实际支付的价款总额和规定的税率计算。应纳税额的计算公式：

$$应纳税额 = 实际支付的价款总额 \times 税率$$

所称"实际支付的价款总额"，包括纳税人支付给烟叶销售者的烟叶收购价款和价外补贴。按照简化手续、方便征收的原则，对价外补贴统一暂按烟叶收购价款的10%计入实际支付的价款总额征税。实际支付的价款总额计算公式如下：

$$实际支付的价款总额 = 收购价款 \times (1 + 10\%)$$

【例4-4】某烟草公司收购烟叶，支付烟叶生产者价款30000元和价外补贴2400元，则其应纳烟叶税＝30000×（1+10%）×20%＝6600（元）。

4．申报与缴纳

纳税人收购烟叶，应当向烟叶收购地的主管税务机关申报纳税。

烟叶税的纳税义务发生时间为纳税人收购烟叶的当天。烟叶税按月计征，纳税人应当于纳税义务发生月终了之日起15日内申报并缴纳税款。

烟叶税的征收管理，依照《中华人民共和国烟叶税法》及《中华人民共和国税收征收管理法》的有关规定执行。

本章小结

城市维护建设税是一个具有附加税特点的税种，兼具附加税和受益税性质。教育费附加和地方教育附加属于非税收入。烟叶税由原农业税中对烟叶征税的内容沿革而来，由收购单位纳税，兼具流转税和特定行为税性质。

关键术语

城建税　附加税　烟叶税

思考题

1. 概述城市维护建设税的特点。
2. 某企业地处市区，2022 年 5 月被税务机关查补增值税 120000 元、消费税 25000 元、企业所得税 30000 元，还被加收滞纳金 2000 元、被处罚款 50000 元。该企业应补缴城市维护建设税、教育费附加和地方教育附加共计多少元？
3. 某市区化妆品生产企业（增值税一般纳税人）按月申报缴纳增值税和消费税，2022 年 2 月因计算失误漏计高档化妆品销售取得的含税销售额 45200 元，2022 年 4 月 2 日自行发现并实施补税。已知高档化妆品消费税税率为 15%，要求计算：
   （1）应补缴的增值税及其滞纳金合计数；
   （2）应补缴的消费税及其滞纳金合计数；
   （3）应补缴的城建税及其滞纳金合计数；
   （4）应补缴的教育费附加和地方教育附加。
4. 某烟草公司（增值税一般纳税人）收购烟叶，支付烟叶生产者收购价款 50000 元，并支付了价外补贴，计算其应纳烟叶税。

第5章 关 税

5.1 关税的概念、特点和分类

5.1.1 关税的概念

关税是海关依法对进出国境或关境的货物或物品征收的一种税。关境又称税境或海关境域,是一国的关税法令完全实施的境域;国境是一个主权国家的领土范围。

在通常情况下,国境的范围同关境的领域是一致的,但是,两者也有不一致的情况,当国境内设有自由港或自由贸易区时,关境就小于国境。当几个国家结成关税联盟,彼此之间货物进出国境不征关税,但组成一个共同关境实施统一的关税法令和对外税则,则就其各个成员国而言,关境就大于其国境。关税概念中的"货物",指的是贸易性的商品物资;而"物品"则具有非贸易性,指的是个人随身携带、邮寄及其他非贸易性的物品。

1951年政务院(国务院前身)公布了《中华人民共和国进出口税则》和《中华人民共和国海关进出口税则暂行条例》,这是我国近100多年来真正独立自主制定的海关税则。我国目前征收关税依据的是2017年11月全国人民代表大会修正颁布的《中华人民共和国海关法》、2003年11月国务院发布的《中华人民共和国进出口关税条例》,以及由国务院关税税则委员会审定并报国务院批准,作为条例组成部分的《中华人民共和国海关进出口税则》和《中华人民共和国海关入境旅客行李物品和个人邮递物品征收进口税办法》。

5.1.2 关税的特点

与其他税种相比,关税具有如下两个特点。

1. 征税环节的特定性

关税是对进出国境或关境的货物或物品征税,指对特定流转环节的法定项目征收。

2. 关税是国际间政治经济斗争的重要手段

关税可以通过制定不同税率及实施减免税,影响进出口货物的成本和价格,转而对进口国的生产和消费产生影响,调节市场供求、出口流量及其市场物价。关税的涉外性,还会影响与其他国家的贸易和经济关系,因而也会影响到与其他国家的政治、外交关系。

它既可以作为争取与其他国家增加友好贸易往来的手段,也可以作为对外国进行挑衅、防卫、报复的手段。

5.1.3 关税的分类

通常情况下,关税有如下三种分类。

1. 按照货物或物品流通方向的不同,可将关税分为进口税、出口税和过境税

进口关税是指海关对输入国境或关境的货物和物品征收的关税。

出口关税是指海关对输出国境或关境的货物和物品征收的关税。

过境关税是指海关对运经本国关境、销往第三国的国外货物征收的关税。由于过境关税的征收与运经本国关境的货物的数量挂钩,影响本国港口、仓储、运输等方面的经济利益,因此目前大多数国家不征收过境税。

2. 按照关税征收目的的不同,可将关税分为财政关税和保护关税

财政关税是指以增加国家财政收入为主要目的而征收的关税。

保护关税则是以保护本国工农业生产或经济稳定增长为主要目的而征收的关税。征收对象是本国需要发展或国际竞争性很强的商品。保护关税的主要政策包括:对国内需要保护的商品制定比进口商品成本与本国同类商品成本的差额略高的税率(保护关税税率);对非必需品或奢侈品的进口,制定比保护关税更高的税率;对本国需要的商品制定较低税率或免税,鼓励进口;对鼓励出口的商品免税。

3. 按照对进口货物奖限政策的不同,可将关税分为优惠关税和加重关税

优惠关税是对待特定受惠国给予优惠待遇,使用比普通税率低的优惠税率。优惠关税一般是互惠的,即协定双方相互给予对方优惠关税待遇。但也有单方面的,只由给惠国单方面给予受惠国优惠待遇。优惠税率的具体形式有互惠税率、特惠税率、关税最惠国待遇、普惠制和世贸组织成员国间的关税减让等。

加重关税是指海关对某些国家的进口货物,用较高税率或加收附加税的方式,按照比一般税率高的税率征收的关税。加重关税包括反倾销税、反补贴税、报复性关税、保障性关税等具体形式。

5.2 关税的征税对象与纳税人

关税的征税对象是准予进出口的货物和物品。

关税的纳税人为进口货物的收货人、出口货物的发货人、进出境物品的所有人。关税纳税人可归纳为表 5-1 所示。

表 5-1 关税纳税人

具 体 情 况	纳 税 人
进口货物	收货人
出口货物	发货人
进出境物品	所有人和推定所有人(持有人、收件人等)

5.3 进出口税则

关税税则是通过一定的立法程序制定和公布实施的、建立在货物系统分类基础上的税率表，是关税政策的具体体现。

关税税则以税率表为主体，包括税则商品分类目录和税率栏两大部分。税号及所对应的货品名称以世界海关组织制定的国际通用协调编码（HS 编码）为基础，按照先农产品后工业产品、先原料后成品、先简单加工后复杂加工、先具体后一般的顺序排列。我国现行税则采用十位至十二位编码（大部分货品采用八位编码），其中前六位等效采用 HS 编码，后四至六位根据我国进出口商品实际情况，在 HS 基础上延伸编码，也称增列税目。我国 2022 年版税则分 21 类、97 章，税目总数达 8930 个。

5.3.1 税则归类

税则归类是将进出口商品在税则中找出最适合的税号"对号入座"。不同类别的进出口商品不仅关税税率不同，增值税出口退税率也不同，税则归类成为现实进出口业务中的一个重要问题。税则归类的步骤如下：

（1）了解需要归类的进出口商品的构成、材料属性、成分组成、特性、用途和功能。

（2）查找有关商品在税则中拟归的类、章及税号。对于原材料性质的货品，应首先考虑按其属性归类；对于制成品，应首先考虑按其用途归类。

（3）将考虑采用的有关类、章及税号进行比较，筛选出最为适合的税号。

（4）上述方法难以确定的税则归类商品，可运用税则总归类的有关条款来确定其税号。进口地海关无法解决的归类问题，应报海关总署明确。

5.3.2 税率及运用

1. 进口关税税率

自 2002 年 1 月 1 日起，我国进口税则设有最惠国税率、协定税率、特惠税率、普通税率、关税配额税率。对进口货物在一定期限内可以实行暂定税率。适用进口税率的选择根据货物原产地确定，进口同一货物，原产国不同，关税税率也不同。适用最惠国税率、协定税率、特惠税率的国家或地区的名单，由国务院税则委员会决定。

进口商品绝大部分采用从价定率的征税方法，从 1997 年 7 月 1 日起，对部分商品实行从量税、复合税和滑准税。滑准税是一种随进口商品价格由高到低，关税税率由低至高设置计征关税的方法，属于特殊的从价定率征税。

2. 出口关税税率

我国征收出口关税的货物项目很少，只选择了垄断国际市场的货物和需要限制出口的某些资源产品征收出口税。我国出口关税采用的都是从价定率征税的方法，税率为 20%～40%，在一定期限内可实行暂定税率。

3. 关税税率的具体运用

（1）进出口货物，应按纳税人申报进口或者出口之日实施的税率征税。

（2）进口货物到达之前，经海关核准先行申报的，应该按照装载此货物的运输工具申报进境之日实施的税率征税。

（3）进出口货物的补税和退税，应按该进出口货物原申报进口或出口之日所实施的税率执行，但有特例情况。特例情况根据关税条例规定如下：

减免税货物转让或改变成不免税用途的，按照海关接受纳税人再次填写报关单申报办理纳税手续之日实施的税率征税；加工贸易进口保税料件转为内销的，按照经批准的申报转内销之日的税率征税；未经批准转为内销的则按照查获之日的税率征税；暂时进口货物转为正式进口的，按照申报正式进口之日实施的税率征税；分期支付租金的租赁进口货物分期付税时，按照海关接受纳税人再次填写报关单申报办理纳税手续之日实施的税率征税；溢卸、误卸货物事后需补税的，按照其运输工具申报进境之日实施的税率征税；进口日期无法查明的，按确定补税当天的税率征税；税则归类改变、价格审定、其他工作差错，按照原征税日期实施的税率征税；缓税进口以后交税的，按照原进口之日实施的税率征税；走私补税的，按照查获之日的税率征税。

> **小资料**
>
> 我国关税总水平
>
> 加入 WTO 之后，我国按照加入世界贸易组织的关税减让承诺，不断降低我国的关税总水平（最惠国税率算术平均数）。1992 年，我国关税优惠税率算术平均数为 42%；2002 年，我国关税总水平（最惠国税率算术平均数）降低到 12%；2007 年，我国关税总水平降低到 9.8%。关税税率总水平的降低并没有影响关税宏观调控作用的发挥，在关税总水平不断下降的同时，实施了一些特殊的税率政策。近年来，我国对一些国家执行比最惠国税率还要低的特惠税率，调高了奢侈品的进口关税。截至 2010 年，我国加入世贸组织的所有承诺全部履行完毕。2022 年，我国关税总水平大幅下降至 7.4%。
>
> （资料来源：中国统计年鉴和国家税务总局网站）

5.4 原产地规则

原产地的确定会直接影响进口关税率的确定，产自不同国家或地区的进口货物适用不同的关税税率。我国基本采用全部产地生产标准、实质性加工标准两种国际上通用的原产地标准。

全部产地生产标准是指进口货物完全在一个国家内开采、收获、生产或制造，该国即该货物的原产国。

实质性加工标准是确定两个及以上国家参与生产的产品的原产国的标准，以最后一个具备实质性加工的国家为原产国。"实质性加工"是指产品加工后在税则中四位数税号一级的税则归类发生改变，或者加工增值占新产品总值超过 30%（含）的。

【例 5-1】 我国某企业从韩国进口塑料原料（税号 3901.2000.90），经简单冲压，生产出塑料浴缸（税号 3922.1000），再将该浴缸出口。由于浴缸税号的前四位与塑料原料相比发生了变化，因此该浴缸的原产国是我国。

5.5 关税的完税价格和税额计算

完税价格是指关税的计税价格，我国海关实施《世界贸易组织估价协定》，遵循客观、公平、统一的估价原则，依据《中华人民共和国海关审定进出口货物完税价格办法》，审定进出口货物的完税价格。

5.5.1 一般进口货物的完税价格

1. 以成交价格为基础的完税价格

一般情况下，进口货物采用以成交价格为基础的完税价格。进口货物的完税价格包括货物的货价、货物运抵我国输入地点起卸前的运输及相关费用、保险费。进口货物关税的完税价格所包含的因素如图 5-1 所示。

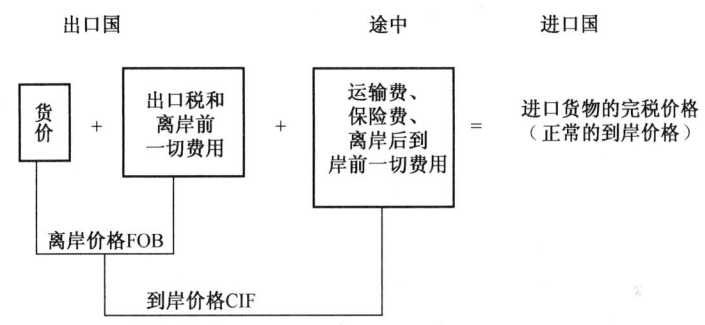

图 5-1 进口货物关税的完税价格所包含的因素

进口货物的完税价格中的计算因素：货价应该是完整的，包括应由买方负担、支付的佣金、经纪费、包装、容器和其他经济利益；但不包括买方向自己采购代理人支付的购货佣金和劳务费用，也不包括货物进口后发生的安装、运输费用。

为了方便理解，我们可把进口货物的完税价格简单归纳为正常的 CIF。其中，C 是完整的货物成本，包含支付的佣金（支付给自己采购代理人的购货佣金除外）；I 是保险费，包含在出口国和进口途中的保险费；F 是运费和其他费用，包含在出口国和进口途中的运费和其他费用。计算进口货物关税的完税价格，C、I、F 三项缺一不可。

一般进口方式进口货物，完税价格中包括货物成本 C、抵达口岸前的运费 F 和保险费 I，无法确定实际运保费的，按照同期同行业运费率计算运费，按照（货价 + 运费）× 3‰ 计算保险费，将计算出的运保费并入完税价格。

将进口运费和保险费的计算归纳为表 5-2 所示。

表 5-2 进口运费和保险费的计算

进出口运载或成交方式		运费的确定	保险费的确定
一般方式进口	海运进口	算至卸货口岸	
	陆运进口	算至运抵关境的第一口岸或目的口岸	
	空运进口	算至进入境内的第一口岸或目的口岸	
	无法确定实际运保费	同期同行业运费率	货价加运费两者总额的3‰
其他方式进口	邮运进口	邮费	
	境外边境口岸成交的铁路公路进口货物	货值的1%	
	自驾进口的运输工具	无运费	

【例 5-2】 某进出口公司从美国进口一批化工原料共 500 吨，货物以境外口岸离岸价格成交，单价折合人民币为 20000 元，买方承担包装费每吨 500 元，另向卖方支付的佣金每吨 1000 元，向自己的采购代理人支付佣金 5000 元，已知该货物运抵中国海关境内输入地起卸前的包装、运输、保险和其他劳务费用为每吨 2000 元，进口后另发生运输和装卸费用 300 元，关税税率为 10%，计算该批化工原料应纳的关税。

答案：（20000 + 500 + 1000 + 2000）× 500 × 10% = 1175000（元）

记入进口货物完税价格的，包括货价、支付的佣金（不包括买方向自己采购代理人支付的购货佣金）、买方负担的包装费和容器费、进口途中的运费（不包括进口后发生的运输装卸费）。

【例 5-3】 某企业海运进口一批货物，海关审定货价折合人民币 6970 万元，运保费无法确定，海关按同类货物同程运输费估定运费折合人民币 9.06 万元，该批货物进口关税税率为 15%，计算进口环节应纳的关税。

答案：按照海关有关法规规定，如果进口货物的运费无法确定或未实际发生，海关应该按照该货物进口同期运输行业公布的运费率计算运费，按货价加运费两者总额的 3‰ 计算保险费。

完税价格 =（6970 + 9.06）×（1 + 3‰）= 7000（万元）

关税 = 7000 × 15% = 1050（万元）

2．进口货物的海关估价方法

对于价格不符合成交条件或成交价格不能确定的进口货物，由海关估价确定。海关估价依次使用的方法如下：

（1）相同或类似货物成交价格方法，以与被估的进口货物同时或大约同时进口的相同或类似货物的成交价格为基础，估定完税价格。

（2）倒扣价格方法，以与被估的进口货物、相同或类似进口货物在境内的销售价格为基础，扣除进口关税和在境内发生的运保费、费用、利润、关税和国内税后的余额估定完税价格。

（3）计算价格方法。

（4）其他合理的方法。

使用其他合理方法时，应当根据《完税价格办法》规定的估价原则，以在境内获得的数据资料为基础估定完税价格。但不得使用以下价格：
① 境内生产的货物在境内的销售价格；
② 可供选择的价格中较高的价格；
③ 货物在出口地市场的销售价格；
④ 以计算价格方法规定的有关各项之外的价值或费用计算的价格；
⑤ 出口到第三国或地区的货物的销售价格；
⑥ 最低限价或武断虚构的价格。

5.5.2 特殊进口货物的完税价格

特殊进口货物的完税价格归纳为表 5-3 所示。

表 5-3 特殊进口货物的完税价格

具 体 情 况		完税价格的审定和估定
加工贸易进口料件及其制成品	进口时需征税的进料加工进口料件	料件申报进口时的价格估定
	内销进料加工进口料件或其制成品	料件原进口时的价格估定
	内销来料加工进口料件或其制成品	料件申报内销时的价格估定
	出口加工区内企业内销的制成品	制成品申报内销时的价格估定
	保税区内加工企业内销进口料件或制成品	分别以料件或制成品申报内销时的价格估定（制成品中扣除境内采购料件价格）
	加工贸易过程中产生的边角料	申报内销时的价格估定
保税区或出口加工区销往区外、保税库出库内销的进口货物（不含加工贸易进口料件及其制成品）		海关审定的价格（含区内、库内发生的仓储、运输及其相关费用）
运往境外修理的货物，规定期限内复运进境		海关审定的境外修理费、件料费估定价格
运往境外加工的货物		海关审定的境外加工费、料件费、复运进境运输及相关费用、保险费估定价格
暂时进境的货物		按一般进口货物估价办法
租赁方式进口货物	租金方式支付	海关审定的租金
	留购的租赁货物	海关审定的留购价格
	承租人一次性缴纳税款	按一般进口货物估价办法
留购进口货样		海关审定的留购价格
予以补税的免税货物		原进口时价格扣除折旧
其他方式进口货物		按一般进口货物估价办法

【例 5-4】 2019 年 9 月 1 日某公司由于承担国家重要工程项目，经批准进口了一套电子设备。使用 2 年后项目完工，2021 年 8 月 31 日公司将该设备出售给了国内另一家企业。该电子设备的到岸价格为 300 万元，2019 年进口时该设备关税税率为 14%，2021 年转售时该设备关税税率为 10%，海关规定的监管年限为 5 年，按规定公司应补交多少关税？

答案：应补税额 = 300 × [1 − (2 × 12) ÷ (5 × 12)] × 10% = 18（万元）

需要扣除的折旧不是该设备的账面折旧，而是按照该设备使用期占监管期的比例计算分摊的设备完税价格。补税时使用的税率不是原进口时的税率，而是转售设备申报之日实施的税率。

【例 5-5】 某医院 2020 年以 150 万元（人民币，下同）的价格进口了一台医疗仪器；2021 年 1 月因出现故障运往日本修理（出境时已向海关报明），2022 年 5 月，按海关规定的期限复运进境。此时，该仪器的国际市场价已为 200 万元。若经海关审定的修理费和料件费为 40 万元，进口运费 1 万元，进口关税税率为 6%，则该仪器复运进境时应缴纳多少进口关税？

答案：40×6% = 2.4（万元）

按照税则规定，运往境外修理的设备，出境时已向海关报明，并按海关规定的期限复运进境的，应以海关审定的境外修理费和料件费估定完税价格。

5.5.3 出口货物的完税价格

1．一般规定

出口货物的完税价格为该货物售与国外的经海关审查确定的离岸价格减除出口关税。其计算公式：

$$完税价格 = 离岸价格 \div (1 + 出口税率)$$

出口货物的完税价格中不包括离境口岸至境外口岸之间的运保费。

2．特殊规定

出口货物的成交价格不能确定时，完税价格由海关依次使用下列方法估定：

（1）同时或大约同时向同一国家或地区出口的相同货物的成交价格；

（2）同时或大约同时向同一国家或地区出口的类似货物的成交价格；

（3）根据境内生产相同或类似货物的成本、利润和一般费用、境内发生的运输及其相关费用、保险费计算所得的价格；

（4）按照合理方法估定的价格。

5.5.4 关税的税额计算

1．从价计税应纳税额

$$关税税额 = 进（出）口应税货物的数量 \times 单位完税价格 \times 适用税率$$

2．从量计税应纳税额

$$关税税额 = 应税进口货物数量 \times 单位货物税额$$

3．复合计税应纳税额

$$关税税额 = 应税进口货物数量 \times 单位货物税额 + 应税进口货物数量 \times 单位完税价格 \times 税率$$

4．滑准税应纳税额

$$关税税额 = 应税进口货物数量 \times 单位完税价格 \times 滑准税税率$$

5.6 关税的减免

关税的减免分法定减免、特定减免和临时减免。

1．法定减免

法定减免是依照关税基本法规的规定，对列举的课税对象给予的减免。包括：
（1）关税税额在人民币 50 元以下的一票货物；
（2）无商业价值的广告品和货样；
（3）外国政府、国际组织无偿赠送的物资；
（4）海关放行前损失的货物；
（5）进出境运输工具装载的途中必需的燃料、物料和饮食用品。

2．特定减免

特定减免是指在关税基本法规确定的法定减免以外，国家按国际通行规则和我国实际情况，制定发布的特定或政策性减免税。包括：科教用品；残疾人专用品；扶贫慈善性捐赠物资；加工贸易产品；边境贸易进口物资；保税区进出口货物；出口加工区进出口货物；进口设备；特定行业或用途的减免税政策。

3．临时减免

临时减免是指在以上两项减免税以外，由国务院运用一案一批原则，针对某个纳税人、某类商品、某个项目或某批货物的特殊情况，特别照顾，临时给予的减免。

5.7 行李及邮递物品进口税

我国关税对个人进口物品采取单独制定征税规定的办法，主要是因为这些物品数量零星，品种繁杂，涉及面广，政策性强，而且还要求对出入境旅客加快放行速度。

个人进口物品主要是指入境旅客、运输工具服务人员携带的行李物品和个人进口邮递物品，一般都是非贸易性的。征税物品的范围包括：一切入境旅客的行李物品；个人邮递物品；运输工具服务人员携带进口的应税自用物品；其他方式进口的个人自用物品。

对上述非贸易性进口物品计征的进口环节税，是将关税、增值税、消费税合并征收，简称"行邮税"。税率分为 50%、20%、10%三个档次。

行邮税从价计征，完税价格参照该物品境外正常零售平均价格确定，行邮税的纳税人应在海关放行该物品前缴清税款。

5.8 关税的征收管理

1．关税的申报缴纳

进口货物自运输工具申报进境之日起 14 日内，出口货物应自货物运抵海关监管区后、装货的 24 小时以前，由关税纳税人或者其代理人，向货物进出境地海关申报缴纳税款。

纳税人应自海关填发税款缴款书之日起 15 日内，向指定银行缴纳关税。

关税的纳税义务人因不可抗力或者在国家税收政策调整的情况下，不能按期缴纳税款的，经海关批准，可以延期纳税，但最长不得超过 6 个月。

2．关税的滞纳金

纳税人未在关税纳税期限内缴纳税款的，即构成滞纳。自关税纳税期限届满滞纳之日起，至纳税人缴纳税款之日止，按滞纳税款万分之五的比例按日加收滞纳金。

【例5-6】 某公司进口一批货物，海关于 2022 年 4 月 1 日填发税款缴款书，但公司迟至 4 月 27 日才缴纳 500 万元的关税。计算海关应加收的关税滞纳金。

答案：滞纳 12 天，$500 \times 12 \text{天} \times 0.5‰ = 3$（万元）

3．关税退还

关税退还指海关将实际征收多于应当征收（溢征关税）退还给纳税人的一种行政行为。溢征关税海关发现应立即退还，纳税人发现自纳税之日起 1 年内书面申请退税，并加算银行同期存款利息。

4．关税的补征和追征

海关在纳税义务人按海关核定的税额缴纳关税后，发现实际征收税额少于应征税额时，责令纳税义务人补缴所差税款，称为关税的补征和追征。由于纳税人违反海关规定造成短征关税的，称为追征；非因纳税人原因造成短征关税的，称为补征。海关发现由于海关原因漏征和少征的税款，自缴纳税款或货物放行之日起 1 年内补征；对于因纳税人违反规定漏征和少征的税款，自纳税人应纳税款之日起 3 年内追征，并按日加收万分之五的滞纳金。

本章小结

关税是个古老的税种，也是当今世界各国广泛征收的税种。关税在世界各国均为中央税。关税的征收不仅可以保护和促进国民经济发展，也可以作为合法使用的一种经济斗争工具，扩大国际间合作，维护国家权益，还可以为国家建设积累资金。我国加入 WTO 后，关税总水平不断降低。关税这一章的一些概念比较特殊，如关税税则、关税完税价格等。进口关税的计算，会成为计算进口环节增值税和消费税的重要基础。

关键术语

关税　关税税则

思考题

1. 关税如何进行分类？
2. 我国开征关税有哪些意义？
3. 进口货物关税的完税价格如何确定？
4. 某市进出口企业进口一批设备，合同规定货款50000美元，进口海运费1000美元，报关费及港口至企业内陆运费200美元，买方另支付进口货物保险费100美元，向采购中介支付中介费500美元（机器关税税率7%，当期汇率1:6.7）。进口后将此批设备以700000元（人民币）含税销售。

    要求：计算（1）其应纳关税和其他税金；（2）内销环节各项税金及附加。

5. 某公司进口一批货物，CIF成交价格为人民币600万元，含单独计价并经海关审核属实的进口后装配调试费用30万元，该货物进口关税税率为10%，海关填发的税款缴纳证日期为1月10日，该公司于1月25日缴纳税款。

    要求计算：其应纳关税及滞纳金。

第6章 资源税

6.1 资源税的概念、特点和作用

6.1.1 资源税的概念

资源税是对在我国领域及管辖海域从事应税矿产品开采和生产盐的单位与个人课征的一种税,属于对自然资源占用课税的范畴。

我国资源税经历了一个较长的发展演变过程。中华人民共和国成立后,政务院于1950年发布的《全国税政实施要则》中,明确将盐税列为一个税种征收,从此建立起我国对资源征税的制度。1958年以前,盐税由盐务部门负责征收管理,1958年改由税务机关负责。1973年将盐税并入工商税,1984年又分离出来,成为独立税种。1994年1月并入资源税。1984年9月18日,国务院发布了《中华人民共和国资源税条例(草案)》,并于1984年10月1日开始实施;1993年12月25日,国务院发布《中华人民共和国资源税暂行条例》,从1994年1月1日起实施;2011年11月1日,修改后的《中华人民共和国资源税暂行条例》《中华人民共和国对外合作开采海洋石油资源条例》和《中华人民共和国对外合作开采陆上石油资源条例》开始实施;2014年以来又出台了大量资源税由从量征收改为从价征收的政策。改革后的资源税制度在一定程度上反映了国家希望借助税收对日益稀缺的资源施加调节手段,形成有利于资源合理配置的价格体系,从而促进对资源的集约开发和节约利用。自2017年12月1日起,在北京、天津、山西、内蒙古、山东、河南、四川、陕西、宁夏9个省(自治区、直辖市)扩大水资源税改革试点。

2019年8月26日,第十三届全国人民代表大会常务委员会第十二次会议通过《中华人民共和国资源税法》(以下简称《资源税法》),并于2020年9月1日起施行。

6.1.2 资源税的特点

(1) 只对特定资源征税。现行资源税的征税对象不是全部自然资源,也并非对所有具有商品属性的资源都征税,而主要是有选择地对矿产资源和盐进行征税。

(2) 具有受益税性质。一般来说,国家可以凭借对自然资源的所有权向资源开发经营者收取占用(或使用)费或者租金,也可以凭借其权力征税。在我国,国家既是自然资源的所有者,又是政治权力的行使者,国家把两种权力合并作为分配依据,使资源税的征收更加名副其实。资源税的征收是国家政治权力和所有权的统一。

(3) 具有级差收入税的特征。现行资源税实行差别税率,主要是针对自然资源在客观上存在着好坏、贫富、储存现状、开采条件、地理位置等多种差异。由于这些客观因素的影响，导致了诸多资源开发者和使用者在资源丰瘠和收益多少上存在较大差异。征收差别资源税，实际上是一种级差收入税。

6.1.3 资源税的作用

（1）有利于促进国有资源合理开采、节约使用和有效配置。长期以来，我国由于没有开征资源税或者税率偏低，出现了一些企业采富弃贫、采易弃难、采大弃小、乱采滥挖等破坏和浪费国有资源的现象。开征资源税一方面有利于加强国家对自然资源的保护和管理，防止经营者乱占滥采资源，减少资源的损失和浪费；另一方面有利于经营者为了自己的利益，提高资源的开发利用率，最大限度地合理、有效、节约地开发利用资源，以缓解经济发展带来的日益突出的资源供需矛盾。

（2）有利于合理调节由于资源条件差异而形成的资源级差收入，促使企业在同一起跑线上公平竞争。我国地域辽阔，各地资源结构和开发条件存在着很大差异。资源储存条件好、品位高、开采条件优越的企业成本低，利润水平高；反之利润水平就低。而征收级差资源税主要是调节资源使用者因资源条件不同所取得的级差收益，能够把由于自然条件优越而形成的级差收入收归国家所有，排除了资源因素造成的分配上的不合理，使企业在较为合理的利润水平上开展竞争。

小资料

《"十四五"节水型社会建设规划》推进水资源税改革

2021年10月，国家发展改革委、水利部、住房城乡建设部、工业和信息化部、农业农村部联合印发《"十四五"节水型社会建设规划》（发改环资〔2021〕1516号，以下简称《规划》）。《规划》明确，到2025年，基本补齐节约用水基础设施短板和监管能力弱项，节水型社会建设取得显著成效，用水总量控制在6400亿立方米以内，万元国内生产总值用水量比2020年下降16.0%左右，万元工业增加值用水量比2020年下降16.0%，农田灌溉水有效利用系数达到0.58，城市公共供水管网漏损率小于9.0%。

《规划》提出五项保障措施，其中一项为推进水资源税改革。总结水资源税改革试点经验，适时推开水资源税改革试点，对取用地表水或者地下水的单位和个人试点征收水资源税。征收水资源税的，停止征收水资源费。根据当地水资源状况、取用水类型和经济发展等情况实行差别税率，完善水资源税制度。

资料来源：国家发展和改革委员会网站

（3）有利于正确处理国家与企业、集体和个人之间的分配关系。我国资源富集区往往是经济发展比较慢的地区，因而资源税的完善应当进一步重视资源所在地的利益，中央应尽可能多地让利于地方，特别是西部地区，这不仅是让地方在资源开发利用中得到应得的利益，支持地方经济发展，而且由于资源开发过程中，往往伴随着对土地和环境的严重破坏，而资源税的合理分配，可以为地方政府恢复生态、治理环境解决资金不足的问题。

（4）有利于促进地方经济发展，将资源优势转化为经济优势。通过资源税的合理分成，不但有利于促进地方经济发展，将资源优势转化为经济优势，增加财政收入，而且有利于调动中央和地方两方面的积极性，实现双赢。

思政小课堂

资源税法的颁布实施，"绿色税制"不断完善

作为我国"绿色税制"的重要组成，《资源税法》于2020年9月1日起施行。《资源税法》通过法律的形式确立了资源税从价计征为主、从量计征为辅的税率形式，使资源税能够更好反映资源价格的市场变化，更好发挥税收在推进生态文明建设和高质量发展方面的引导作用，促进资源集约化使用。当前，水资源税改革正在10个省份试点，有效抑制了不合理用水需求，促进了水资源节约保护。

6.2 纳税义务人与征税范围

6.2.1 纳税义务人

在中华人民共和国领域和中华人民共和国管辖的其他海域开发应税资源的单位和个人，为资源税的纳税人。纳税人以应税产品投资、分配、抵债、赠予、以物易物等，视同销售，应按规定缴纳资源税。资源税纳税义务人不仅包括符合规定的中国企业和个人，还包括外商投资企业和外国企业；不仅包括各类企业，还包括事业单位、军事单位、社会团体等（如开采海洋或陆上油气资源的中外合作油气田）。

资源税具有较强的属地性特色，能否成为资源税的纳税人要受企业开采地点和开采品目限制。第一，资源税有"进口不征、出口不退"的规则；第二，资源产品有应税和非应税的区别；第三，开采海洋油气资源已经"费改税"，资源税取代了矿区使用费。

6.2.2 征税范围

我国的资源税目前只对税法列举的资源征税，原则上以开采取得的原料产品或者自然资源的初级产品为征税对象，不包括经过加工的产品。资源税的税目包括能源矿产、金属矿产、非金属矿产、水气矿产和盐五大类，在五个税目下面又设有若干子目。目前所列的税目有164个，涵盖了所有已经发现的矿种和盐，如表6-1所示。

表6-1 资源税征税范围

税 目	子 目	征税对象	说明或举例
能源矿产	原油；天然气、页岩气、天然气水合物；煤炭；煤成（层）气；铀、钍；油页岩、油砂、天然沥青、石煤；地热	原矿（如原油、天然气、地热） 原矿或选矿（如煤炭）	（1）原油：指天然原油，不包括人造石油、成品油 （2）煤炭：指原煤和以未税原煤加工的洗选煤，即原煤和洗选煤
金属矿产	黑色金属；有色金属	原矿或选矿	铁、锰、铬、钒、钛等；铜、铅、锌、金、银、稀土等
非金属矿产	矿物类；岩石类；宝玉石类	原矿或选矿	大理岩、花岗岩、火山渣、泥炭等；宝石、玉石、玛瑙、黄玉、碧玺等

续表

税　目	子　目	征税对象	说明或举例
水气矿产	二氧化碳气、硫化氢气等；矿泉水	原矿	对取用地表水或地下水的单位和个人试点征收
盐	钠盐、钾盐、镁盐、锂盐；天然卤水；海盐	原矿（卤水）、选矿	—

【例6-1】 以下应纳资源税的征税对象规定为原矿或选矿产品的有（　　）。

A．原油、天然气　　　　　　B．煤炭

C．钨、钼　　　　　　　　　D．砂石

【答案】BD

【解析】原油、天然气的征税对象为原矿；钨、钼的征税对象为选矿；煤炭、砂石的征税对象为原矿或选矿。

6.3 税目与税率

6.3.1 税目与税率的基本规定

资源税的税目、税率，依照《资源税税目税率表》（以下简称《税目税率表》）执行，见表6-2。《税目税率表》中规定实行幅度税率的，其具体适用税率由省、自治区、直辖市人民政府统筹考虑该应税资源的品位、开采条件及对生态环境的影响等情况，在《税目税率表》规定的税率幅度内提出，报同级人民代表大会常务委员会决定，并报全国人民代表大会常务委员会和国务院备案。《税目税率表》中规定征税对象为原矿或者选矿的，应当分别确定具体适用税率。

表6-2　资源税税目税率幅度表

税　目		征税对象	税　率
能源矿产	原油	原矿	6%
	天然气、页岩气、天然气水合物	原矿	6%
	煤	原矿或者选矿	2%～10%
	煤成（层）气	原矿	1%～2%
	铀、钍	原矿	4%
	油页岩、油砂、天然沥青、石煤	原矿或者选矿	1%～4%
	地热	原矿	1%～20%或者每立方米1～30元
金属矿产	黑色金属	铁、锰、铬、钒、钛	原矿或者选矿	1%～9%
	有色金属	铜、铅、锌、锡、镍、锑、镁、钴、铋、汞	原矿或者选矿	2%～10%
		铝土矿	原矿或者选矿	2%～9%
		钨	选矿	6.5%
		钼	选矿	8%
		金、银	原矿或者选矿	2%～6%
		铂、钯、钌、锇、铱、铑	原矿或者选矿	5%～10%

续表

税 目			征税对象	税 率
金属矿产	有色金属	轻稀土	选矿	7%～12%
		中重稀土	选矿	20%
		铍、锂、锆、锶、铷、铯、铌、钽、锗、镓、铟、铊、铪、铼、镉、硒、碲	原矿或者选矿	2%～10%
非金属矿产	矿物类	高岭土	原矿或者选矿	1%～6%
		石灰岩	原矿或者选矿	1%～6%或者每吨（或者每立方米）1～10元
		磷	原矿或者选矿	3%～8%
		石墨	原矿或者选矿	3%～12%
		萤石、硫铁矿、自然硫	原矿或者选矿	1%～8%
		天然石英砂、脉石英、粉石英、水晶、工业用金刚石、冰洲石、蓝晶石、硅线石（矽线石）、长石、滑石、刚玉、菱镁矿、颜料矿物、天然碱、芒硝、钠硝石、明矾石、砷、硼、碘、溴、膨润土、硅藻土、陶瓷土、耐火粘土、铁矾土、凹凸棒石粘土、海泡石粘土、伊利石粘土、累托石粘土	原矿或者选矿	1%～12%
		叶蜡石、硅灰石、透辉石、珍珠岩、云母、沸石、重晶石、毒重石、方解石、蛭石、透闪石、工业用电气石、白垩、石棉、蓝石棉、红柱石、石榴子石、石膏	原矿或者选矿	2%～12%
		其他粘土（铸型用粘土、砖瓦用粘土、陶粒用粘土、水泥配料用粘土、水泥配料用红土、水泥配料用黄土、水泥配料用泥岩、保温材料用粘土）	原矿或者选矿	1%～5%或者每吨（或者每立方米）0.1～5元
	宝玉石类	宝石、玉石、宝石级金刚石、玛瑙、黄玉、碧玺	原矿或者选矿	4%～20%
	岩石类	大理岩、花岗岩、白云岩、石英岩、砂岩、辉绿岩、安山岩、闪长岩、板岩、玄武岩、片麻岩、角闪岩、页岩、浮石、凝灰岩、黑曜岩、霞石正长岩、蛇纹岩、麦饭石、泥灰岩、含钾岩石、含钾砂页岩、天然油石、橄榄岩、松脂岩、粗面岩、辉长岩、辉长岩、正长岩、火山灰、火山渣、泥炭	原矿或者选矿	1%～10%
		砂石	原矿或者选矿	1%～5%或者每吨（或者每立方米）0.1～5元
水气矿产		二氧化碳气、硫化氢气、氦气、氡气	原矿	2%～5%
		矿泉水	原矿	1%～20%或者每立方米1～30元
盐		钠盐、钾盐、镁盐、锂盐	选矿	3%～15%
		天然卤水	原矿	3%～15%或者每吨（或者每立方米）1～10元
		海盐	—	2%～5%

6.3.2 税目与税率的注意事项

资源税采取从价定率或者从量定额的办法计征。具体来说，资源税按不同的资源品目分别实行固定税率和幅度税率。有以下几点需要注意：

（1）同一征税对象（资源品目）的原矿和选矿的适用税率应分别制定。

（2）资源税主要采用比例税率从价计征，部分应税资源的税率形式适用幅度比例税率或幅度定额税率，在幅度内具体税率由省级政府提出，同级人大常委会决定，并报全国人民代表大会常务委员会和国务院备案。

（3）纳税人开采或者生产不同税目应税产品的，应当分别核算不同税目应税产品的销售额或者销售数量；未分别核算或者不能准确提供不同税目应税产品的销售额或者销售数量的，从高适用税率。

6.4 计税依据和应纳税额的计算

资源税的应纳税额，按照从价定率或者从量定额的办法，分别以应税产品的销售额乘以纳税人具体适用的比例税率或者以应税产品的销售数量乘以纳税人具体适用的定额税率计算。

6.4.1 从价定率计征资源税的税额基本计算

$$应纳税额 = 销售额 \times 比例税率$$

1. 销售额的基本范围

从价定率计算资源税的销售额，包括纳税人销售应税产品向购买方收取的全部价款和价外费用，但不包括收取的增值税销项税额。

纳税人以人民币以外的货币结算销售额的，应当折合成人民币计算。其销售额的人民币折合率可以选择销售额发生的当天或者当月1日的人民币汇率中间价。纳税人应事先确定采用何种折合率计算方法，确定后1年内不得变更。

2. 一些特殊情况销售额的确定

纳税人开采应税产品由其关联单位对外销售的，按其关联单位的销售额征收资源税。

纳税人既有对外销售应税产品，又有将应税产品自用于除连续生产应税产品以外的其他方面的，则自用的这部分应税产品，按纳税人对外销售应税产品的平均价格计算销售额征收资源税。

纳税人将其开采的应税产品直接出口的，按其离岸价格（不含增值税）计算销售额征收资源税。

【例6-2】 纳税人将其开采的从价计征资源税的应税产品直接出口的（   ）。

A. 免征资源税

B. 按其同类资源平均价格计算销售额征收资源税

C. 按其同类资源最高价格计算销售额征收资源税
D. 按其离岸价格（不含增值税）计算销售额征收资源税

【答案】 D

【解析】 纳税人将其开采的应税产品直接出口的，按其离岸价格（不含增值税）计算销售额征收资源税。

3. 视同销售的销售额

应当征收资源税的视同销售的自产自用产品，包括用于非生产项目和生产非应税产品两部分。

纳税人申报的应税产品销售额明显偏低并且无正当理由的、有视同销售应税产品行为而无销售额的，除财政部、国家税务总局另有规定外，按下列顺序确定销售额。

（1）按纳税人最近时期同类产品的平均销售价格确定。
（2）按其他纳税人最近时期同类产品的平均销售价格确定。
（3）按应税产品组成计税价格确定：

$$组成计税价格 = 成本 \times (1 + 成本利润率) \div (1 - 资源税税率)$$

（4）按后续加工非应税产品销售价格，减去后续加工环节的成本利润后确定。
（5）按其他合理方法确定。

6.4.2 应纳税额的计算

1. 资源税的基本计税规定

（1）从价定率应纳税额的计算：

$$应纳税额 = 销售额 \times 适用税率$$

（2）从量定额应纳税额的计算：

$$应纳税额 = 课税数量 \times 适用的单位税额$$

课税数量的确定分几种情况，如表6-3所示。

表6-3 课税数量的确定

具体情况	课税数量的确定
各种应税产品，凡直接对外销售的	以实际销售数量为课税数量
各种应税产品，凡自产自用的（包括用于非生产项目和生产非应税产品）	以自用数量为课税数量

2. 资源税的特殊计税规定

纳税人用已纳资源税的应税产品进一步加工应税产品销售的，不再缴纳资源税。纳税人以自采未税产品和外购已税产品混合销售或者混合加工为应税产品销售的，应当准确核算已税产品的购进金额，在计算混合销售或加工后的应税产品销售额时，准予扣减已单独核算的已税产品的购进金额；未分别核算的，一并计算缴纳资源税。

资源税具有单一环节一次课征的特点，只在开采后出厂销售或移送自用环节纳税，其他批发、零售环节不再纳税。

纳税人以外购原矿与自采原矿混合为原矿销售,或者以外购选矿产品与自产选矿产品混合为选矿产品销售的,在计算应税产品销售额或者销售数量时,直接扣减外购原矿或者外购选矿产品的购进金额或者购进数量。

纳税人以外购原矿与自采原矿混合洗选加工为选矿产品销售的,在计算应税产品销售额或者销售数量时,按照下列方法进行扣减:

$$准予扣减的外购应税产品购进金额(数量)=外购原矿购进金额(数量) \times (本地区原矿适用税率 \div 本地区选矿产品适用税率)$$

【例6-3】 A矿业公司主要从事金属矿产的开采、生产、冶炼及销售等业务。2021年1月12日,A公司购入200万元的铁原矿,与自采铁原矿混合销售,销售额为500万元。已知当地铁原矿税率为4%,则

A公司应纳资源税税额=(铁原矿销售金额−准予扣减的外购铁原矿购进金额)×税率
=(500−200)×4%
=12(万元)

【例6-4】 A矿业公司主要从事金属矿产的开采、生产、冶炼及销售等业务。2021年1月12日,A公司购入200万元的铁原矿,与自采铁原矿混合洗选加工为铁选矿进行销售,销售额为800万元。已知当地铁原矿税率为4%,选矿税率为2%,则

A公司准予扣减的外购铁选矿购进金额=200×(4%÷2%)=400(万元)
应纳资源税税额=(铁选矿销售金额−准予扣减的外购铁选矿购进金额)×税率
=(800−400)×2%
=8(万元)

6.5 税 收 优 惠

6.5.1 免征资源税

有下列情形之一的,免征资源税:
(1)开采原油,以及在油田范围内运输原油过程中用于加热的原油、天然气;
(2)煤炭开采企业因安全生产需要抽采的煤成(层)气。

6.5.2 减征资源税

资源税有下列情形之一的,减征资源税:
(1)从低丰度油气田开采的原油、天然气,减征20%资源税;
(2)高含硫天然气、三次采油和从深水油气田开采的原油、天然气,减征30%资源税;
(3)稠油、高凝油减征40%资源税;
(4)从衰竭期矿山开采的矿产品,减征30%资源税。

根据国民经济和社会发展需要,国务院对有利于促进资源节约集约利用、保护环境等情形可以规定免征或者减征资源税,报全国人民代表大会常务委员会备案。

【例 6-5】 某低丰度油田原油价格每吨 6000 元（不含增值税，下同），天然气每立方米 2 元。4 月，该企业生产原油 25 万吨，当月销售 20 万吨，开采时加热用 2 万吨，将 3 万吨原油赠送给协作单位；开采天然气 700 万立方米，当月销售 600 万立方米，待售 100 万立方米。原油、天然气的税率均为 6%，低丰度油气田资源税减征 20%，用于加热修井的原油免税。因此，资源税 = [（20+3）× 6000 × 6% + 600 × 2 × 6%] ×（1–20%）= 8352 ×（1–20%）= 6681.6（万元）。

小资料

我国的石油特别收益金

石油特别收益金是指在国产原油销售价格超过一定水平时，国家按一定比例从石油开采企业销售国产原油所获得的超额收入中征收的特别收入。

俗称"暴利税"的石油特别收益金属于政府的非税收入，于 2006 年 3 月 26 日起全面征收，规定每桶原油价格超过一定金额时，将按照 5 级超额累进从价定率的方式缴纳。当国际油价越高时，特别收益金缴纳的额度也将越高，征收比率最高为 40%。由于石油特别收益金、资源税、矿产资源补偿费等彼此之间存在重叠，国家也在研究调整资源类税费。伴随着 2011 年资源税的改革，石油企业的资源税税负增加，石油特别收益金起征点不断提高。业内出现"资源税改革前脚征收、特别收益金后脚下调"之说。2014 年 12 月 25 日，经国务院批准，财政部发表《关于提高石油特别收益金起征点的通知》（财税〔2014〕115 号），决定从 2015 年 1 月 1 日起，将石油特别收益金起征点提高至 65 美元/桶。起征点提高后，石油特别收益金征收仍实行 5 级超额累进从价定率计征。

6.6 资源税的申报与缴纳

6.6.1 纳税义务发生时间

纳税人销售应税产品，纳税义务发生时间为收讫销售款或者取得索取销售款凭据的当日；自用应税产品的，纳税义务发生时间为移送应税产品的当日。

6.6.2 纳税期限

资源税按月或者按季申报缴纳；不能按固定期限计算缴纳的，可以按次申报缴纳。

纳税人按月或者按季申报缴纳的，应当自月度或者季度终了之日起 15 日内，向税务机关办理纳税申报并缴纳税款。

6.6.3 纳税环节和纳税地点

纳税人应纳的资源税，应当向应税产品的开采或者生产所在地主管税务机关缴纳。纳税人在本省、自治区、直辖市范围内开采或者生产应税产品，其纳税地点需要调整的，由省、自治区、直辖市税务机关决定。

纳税人应当向应税产品开采地或者生产地的税务机关申报缴纳资源税；海上开采的原油和天然气资源税由海洋石油税务管理机构征收管理。

资源税的纳税环节根据纳税人的行为和征税对象的不同而有所差别，具体见表6-4。

表6-4 纳税环节的确定

纳税人行为	征税对象	纳税环节
开采应税产品销售或自用	原矿、选矿	在应税资源的销售或自用环节计算缴纳资源税
以自采原矿加工选矿产品	原矿	在原矿移送使用时缴纳资源税
	选矿	在原矿移送使用时不缴纳资源税，在选矿销售或自用时缴纳资源税
以应税产品投资、分配、抵债、赠予、以物易物等	原矿、选矿	在应税产品所有权转移时计算缴纳资源税

6.7 水资源税改革试点实施办法

为全面贯彻落实党的十九大精神，推进资源全面节约和循环利用，推动形成绿色发展方式和生活方式，根据财政部、税务总局、水利部2017年11月24日发布的《扩大水资源税改革试点实施办法》（以下简称《试点实施办法》），自2017年12月1日起，北京、天津、山西、内蒙古、山东、河南、四川、陕西、宁夏9个省区市纳入水资源税改革试点，由征收水资源费改为征收水资源税。因此，加上前期的河北省，征收水资源税的试点地区增至10个。

6.7.1 纳税义务人

除规定情形外，水资源税的纳税人为直接取用地表水、地下水的单位和个人，包括直接从江、河、湖泊（含水库）和地下取用水资源的单位和个人。

下列情形，不缴纳水资源税：

（1）农村集体经济组织及其成员从本集体经济组织的水塘、水库中取用水的；

（2）家庭生活和零星散养、圈养畜禽饮用等少量取用水的；

（3）水利工程管理单位为配置或者调度水资源取水的；

（4）为保障矿井等地下工程施工安全和生产安全必须进行临时应急取用（排）水的；

（5）为消除对公共安全或者公共利益的危害临时应急取水的；

（6）为农业抗旱和维护生态与环境必须临时应急取水的。

6.7.2 税率

为发挥水资源税的调控作用，按不同取用水性质实行差别税额，地下水税额要高于地表水，超采区地下水税额要高于非超采区，严重超采地区的地下水税额要大幅高于非超采地区。对超计划或超定额用水加征1～3倍，对特种行业从高征税，对超过规定限额的农业生产取用水、农村生活集中式饮水工程取用水从低征税。具体适用税额，授权省级人民政府统筹考虑本地区水资源状况、经济社会发展水平和水资源节约保护的要求确定。

6.7.3 应纳税额的计算

水资源税实行从量计征:
(1) 对一般取用水按照实际取用水量征税;
(2) 对采矿和工程建设疏干排水按照排水量征税;
(3) 对水力发电和火力发电贯流式(不含循环式)冷却取用水按照实际发电量征税。
水资源税的具体计算方法如表 6-5 所示。

表 6-5 水资源税的计算

取水用途	计税依据	计算公式
一般取用水	实际取用水量	应纳税额=实际取用水量×适用税额
疏干排水	实际取用水量(按照排水量确定)	
水力发电和火力发电贯流式(不含循环式)冷却取用水	实际发电量	应纳税额=实际发电量×适用税额

6.7.4 税收减免

下列情形,予以免征或者减征水资源税:
(1) 规定限额内的农业生产取用水,免征水资源税;
(2) 取用污水处理再生水,免征水资源税;
(3) 除接入城镇公共供水管网以外,军队、武警部队通过其他方式取用水的,免征水资源税;
(4) 抽水蓄能发电取用水,免征水资源税;
(5) 采油排水经分离净化后在封闭管道回注的,免征水资源税;
(6) 财政部、税务总局规定的其他免征或者减征水资源税情形。

6.7.5 征收管理

实行"税务征管、水利核量、自主申报、信息共享"的征管模式,即税务机关依法征收管理;水行政主管部门负责核定取用水量;纳税人依法办理纳税申报;税务机关与水行政主管部门建立涉税信息共享平台和工作配合机制,定期交换征税和取用水信息资料。

水资源税的纳税义务发生时间为纳税人取用水资源的当日。除农业生产取用水外,水资源税按季或者按月征收,由主管税务机关根据实际情况确定。对超过规定限额的农业生产取用水水资源税可按年征收。不能按固定期限计算纳税的,可以按次申报纳税。纳税人应当自纳税期满或者纳税义务发生之日起 15 日内申报纳税。

水资源税由生产经营所在地的主管税务机关征收管理,跨省(区、市)调度的水资源,由调入区域所在地的税务机关征收水资源税。在试点省份内取用水,其纳税地点需要调整的,由省级财政、税务部门决定。

本章小结

权威预测数据表明，在中国国民经济持续快速发展的大背景下，有"工业粮食"之称的矿产资源供需形势必将更加严峻，资源约束替代资本约束成为中国经济发展中的主要矛盾而不容回避。因此，建立起完善的资源税收体系，促进资源的合理和高效利用，将是资源税改革面临的重要任务。自2014年10月以来，我国资源税实施了改革后的新政策，扩大了从价定率计征范围，并适当提高了利率水平，充分发挥着资源税的调节作用。自2020年9月1日起，《中华人民共和国资源税法》正式实施。

关键术语

资源税　级差收入　水资源税

思考题

1. 简述我国资源税的特点。
2. 简述我国资源税与增值税、消费税的关系。
3. 某油田原油价格每吨5000元（不含增值税，下同），天然气每立方米2元。4月，该企业生产原油30万吨，当月销售20万吨，加热、修井用2万吨，将8万吨原油用于出口，离岸价格每吨5500元；开采天然气500万立方米，当月销售400万立方米，待售100万立方米。原油、天然气的税率均为6%，计算该油田当月应纳资源税。
4. 2022年年初，A省甲铜矿企业兼并了B省乙铜矿企业，并将其作为下属非独立核算生产单位。2022年3月，甲铜矿企业共计销售选矿700吨，取得不含增值税销售额2800万元，60%为乙铜矿企业移送，已知A省铜选矿资源税税率为6%，B省铜选矿资源税税率为5%。计算甲铜矿企业当月在A省应缴纳资源税。

第 7 章 土地增值税

7.1 土地增值税的概念和特点

7.1.1 土地增值税的概念

土地增值税是对转让国有土地使用权、地上建筑物及附着物（简称房地产，下同）的单位和个人，就其转让房地产所取得的增值额征收的一种税。是国家凭借政治权力，参与国有土地增值收益分配的一种税种。

在我国，对土地、房产等不动产的征税制度相对比较薄弱，先后开征过如契税、城市房地产税、房产税、土地使用税等，但这些税种都不属于对土地增值额或土地收益额的征税。为了规范土地、房地产市场交易秩序，合理调节土地增值收益，维护国家权益，1993 年 12 月 13 日，国务院发布《中华人民共和国土地增值税暂行条例》，决定开征土地增值税，从 1994 年 1 月 1 日起施行。1995 年 1 月 27 日，颁布《中华人民共和国土地增值税暂行条例实施细则》。2006 年 12 月 28 日，国家税务总局下发了《关于房地产开发企业土地增值税清算管理有关问题的通知》，决定从 2007 年 2 月 1 日起开始清算房地产开发企业的土地增值税。[①]

土地收益，主要来源于土地的增值，包括自然增值和投资增值。土地资源属国家所有，国家为整治和开发土地投入巨大金额，国家应参与土地增值收益分配，并取得较大份额。我国开征土地增值税的主要目的在于：一是利用税收杠杆对房地产业的开发、经营和房地产市场进行适当调控，以保证房地产产业和房地产市场的健康发展，控制投资规模，促进土地资源的合理利用，调节部分单位和个人通过炒买炒卖房地产取得的高额收入；二是国家参与土地增值收益分配，遏制投机者牟取暴利的行为，保障国家的土地权益和房地产开发者的合理收益；三是有利于规范国家参与土地增值收益的分配方式，增加国家财政收入。分税制财政体制规定，土地增值税属于地方财政收入。在土地增值税全面开征以前，有些地区已通过征收土地增值税的方法，对土地增值收益进行调控，但各地办法不统一，收费标准不规范，相差悬殊。有必要以国家法律、法规的形式，以税收方式，科学、严密地规范土地增值收益的分配制度，以壮大地方财力，增加国家财政收入。

---

① 之后，国家税务总局又两次下发文件，规范土地增值税清算工作。这两个文件分别是：2009 年 5 月 12 日，国税发〔2009〕91 号《国家税务总局关于印发〈土地增值税清算管理规程〉的通知》；2010 年 5 月 19 日，国税函〔2010〕220 号《国家税务总局关于土地增值税清算有关问题的通知》，进一步加强房地产开发企业的土地增值税征收管理，规范土地增值税清算工作。2019 年 7 月 16 日，财政部和国家税务总局联合发布了《中华人民共和国土地增值税法（征求意见稿）》。

7.1.2 土地增值税的特点

（1）土地增值税以转让房地产取得的增值额为计税依据。我国土地增值税属于"土地转移增值税"，以转让房地产取得的增值额为征税对象，增值额为纳税人转让房地产的收入，减去税法准予扣除项目金额后的余额。

（2）土地增值税实行按次征收。土地增值税在房地产的转让环节实行道道课税、按次征收，即每转让一次就要征收一次土地增值税。

（3）土地增值税实行超率累进税率。土地增值税的税率是以转让房地产增值率的高低为依据，按累进原则设计的，实行分级计税。增值率高的，税率高，多纳税；增值率低的，税率低，少纳税。税负较为合理。

（4）土地增值税属于特定行为目的税。土地增值税是贯彻国家宏观调控政策而出台的一个税种，其开征除了能够增加财政收入外，更主要的是加强国家对房地产开发、交易行为的宏观调控，抑制土地炒买炒卖，维护国家利益，具有特定的开征目的。

思政小课堂

土地增值税拟立法 集体房地产纳入征税范围

2019年7月16日，财政部、国家税务总局公布《中华人民共和国土地增值税法（征求意见稿）》（以下简称《征求意见稿》），向社会公开征求意见。这意味着土地增值税将启动立法进程，从《中华人民共和国土地增值税暂行条例》上升为法律。

为了建立土地增值收益分配机制，使税制与建立城乡统一建设用地市场的土地制度改革相衔接，《征求意见稿》将集体房地产纳入了征税范围，同时，拟取消土地增值收益调节金，使立法前后集体房地产负担总体稳定。与《中华人民共和国土地增值税暂行条例》相比，《征求意见稿》主要有以下变化：集体房地产纳入了征税范围；税收优惠的政策调整，增加地方政府对普通住宅、集体房地产享受减免税的权限；明确纳税义务发生时间和申报纳税期限，清算环节由应清算和可清算合并为应清算；征收管理模式变为后续管理，该征收管理模式的变化增加了房地产开发企业的税收风险，若税务机关在事后监管、稽查中认为需要补交土地增值税的，企业将面临税收滞纳金、罚款的税务风险。

7.2 纳税义务人与征税范围

7.2.1 纳税义务人

土地增值税的纳税义务人为转让国有土地使用权、地上的建筑物及其附着物并取得收入的单位和个人。单位包括各类企业、事业单位、国家机关和社会团体及其他组织；个人包括个体经营者。

概括起来，《中华人民共和国土地增值税暂行条例》对纳税人的规定体现在：不论法人与自然人、不论经济性质、不论内资与外资企业、不论部门，只要有偿转让房地产，都是土地增值税的纳税人。

7.2.2 征税范围和征税范围的界定

1. 征税范围

根据《中华人民共和国土地增值税暂行条例》及其实施细则的规定，土地增值税的征税范围包括：

（1）转让国有土地使用权。所谓国有土地使用权，是指土地使用人根据国家法律、合同等的规定，对国家所有的土地享有的使用权利。土地增值税只对企业、单位和个人等经济主体转让国有土地使用权的行为征税。对属于集体所有的土地，按现行规定必须先由国家征用后才能转让。自行转让集体土地是一种违法行为，应由有关部门依照相关法律处理，而不纳入土地增值税的征税范围。

（2）地上建筑物及其附着物连同国有土地使用权一并转让。所谓地上建筑物，是指建于土地上的一切建筑物，包括地上地下的各种附属设施。如厂房、仓库、商店、住宅、地下室、围墙、烟囱、电梯、中央空调、管道等。所谓附着物，是指附着于土地上的、不能移动，一经移动即遭损坏的种植物、养植物及其他物品。上述建筑物和附着物的所有者对自己的财产依法享有占有、使用、收益和处置的权利，即拥有排他性的全部产权。

2. 征税范围的界定

（1）土地增值税是对转让国有土地使用权及其地上建筑物和附着物的行为征税，即转让的土地，其使用权是否属于国家所有，是判定土地增值税征税范围的一个标准。《中华人民共和国宪法》和《中华人民共和国土地管理法》规定，城市的土地属于国家所有；农村和城市郊区的土地除有法律规定属于国家所有的以外，属于集体所有。

（2）土地增值税是对国有土地使用权及其地上的建筑物和附着物的转让行为征税，即土地使用权、地上建筑物及其附着物的产权是否发生转让是判定土地增值税征税范围的另一个标准。其说明了土地增值税的征税范围既不包括国有土地使用权出让行为，也不包括未转让土地使用权、地上建筑物及其附着物的行为，如房地产的出租、抵押。

（3）土地增值税是对转让房地产并取得收入的行为征税，即是否取得收入是判定是否属于土地增值税征税范围的又一标准。土地增值税的征税范围不包括房地产的权属虽然转让，但未取得收入的行为，如房地产的继承、赠予等。

7.2.3 若干具体情况的判定

根据以上三条判定标准，我们就可以对以下若干具体情况是否属于土地增值税的征税范围进行判定。

1. 以出售方式转让国有土地使用权、地上的建筑物及其附着物的

这种情况因其同时符合上述三个标准，所以属于土地增值税的征税范围。这里又分为三种情况：

（1）出售国有土地使用权的。这种情况是指土地使用者通过出让方式，向政府缴纳了土地出让金，有偿受让土地使用权后，仅对土地进行通水、通电、通路和平整地面等

土地开发，不进行房产开发，即所谓的"将生地变熟地"，然后直接将空地出售出去。这属于国有土地使用权的有偿转让，应纳入土地增值税的征税范围。

（2）取得国有土地使用权后进行房屋开发建造然后出售的。这种情况即一般所说的房地产开发。虽然这种行为通常被称为卖房，但按照国家有关房地产法律、法规的规定，卖房的同时，土地使用权也随之发生转让。由于这种情况既发生了产权的转让又取得了收入，所以应纳入土地增值税的征税范围。

（3）存量房地产的买卖。这种情况是指已经建成并已投入使用的房地产，其房屋所有人将房屋产权和土地使用权一并转让给其他单位和个人。这种行为按照国家有关的房地产法律和法规，应当到有关部门办理房产权和土地使用权的转移变更手续；原土地使用权属于无偿划拨的，还应到土地管理部门补交土地出让金。这种情况既发生了产权的转让又取得了收入，应纳入土地增值税的征税范围。

2. 房地产的继承、出租、抵押、重新评估和房地产的代建行为，不属于土地增值税的征税范围

（1）房地产的继承。

房地产的继承是指房产的原产权所有人、依照法律规定取得土地使用权的土地使用人死亡以后，由其继承人依法承受死者房地产产权和土地使用权的民事法律行为。这种行为虽然发生了房地产的权属变更，但作为房产产权、土地使用权的原所有人（被继承人）并没有因为权属的转让而取得任何收入。因此，这种房地产的继承人不属于土地增值税的征税范围。

（2）房地产的出租。

房地产的出租是指房产的产权所有人、依照法律规定取得土地使用权的土地使用人，将房产、土地使用权租赁给承租人使用，由承租人向出租人支付租金的行为。房地产的出租，出租人虽取得了收入，但没有发生房产产权、土地使用权的转让。因此，不属于土地增值税的征税范围。

（3）房地产的抵押。

房地产的抵押是指房地产的产权所有人、依法取得土地使用权的土地使用人作为债务人或第三人向债权人提供不动产作为清偿债务的担保而不转移权属的法律行为。这种情况由于房产的产权、土地使用权在抵押期间产权没有发生权属的变更，房产的产权所有人、土地使用权人仍能对房地产行使占有、使用、收益等权利，房产的产权所有人、土地使用权人虽然在抵押期间取得了一定的抵押贷款，但实际上这些贷款在抵押期满后是要连本带利偿还给债权人的。因此，对房地产的抵押，在抵押期间不征收土地增值税。待抵押期满后，对以房地产抵债而发生房地产权属转让的，应列入土地增值税的征税范围。

（4）房地产的重新评估。

这主要是指国有企业在清产核资时对房地产进行重新评估而使其升值的情况。这种情况房地产虽然有增值，但其既没有发生房地产权属的转移，房产的产权所有人、土地使用权人也未取得收入，所以不属于土地增值税的征税范围。

(5) 房地产的代建房行为。

这种情况是指房地产开发公司代客户进行房地产的开发，开发完成后向客户收取代建收入的行为。对于房地产开发公司而言，虽然取得了收入，但没有发生房地产权属的转移，其收入属于劳务收入性质，故不属于土地增值税的征税范围。

3. 房地产的赠予

下列情况的赠予不属于土地增值税的征税范围：

（1）房产所有人、土地使用权所有人将房屋权、土地使用权赠予直系亲属或承担直接赡养义务人。

（2）房产所有人、土地使用权所有人通过中国境内非营利的社会团体、国家机关将房屋权、土地使用权赠予教育、民政和其他社会福利、公益事业的。上述社会团体是指中国青少年发展基金会、希望工程基金会、宋庆龄基金会、减灾委员会、中国红十字会、中国残疾人联合会、全国老年基金会、老区促进会，以及经民政部门批准成立的非营利的公益性组织。

4. 房地产的交换

这种情况是指一方以房地产与另一方的房地产进行交换的行为。房地产的交换属于土地增值税的征税范围。但对个人之间互换自有居住用房地产的，经当地税务机关核实，可以免征土地增值税。

5. 以房地产进行投资、联营

按照《中华人民共和国公司法》的规定，非公司制企业整体改建为有限责任公司或者股份有限公司，有限责任公司（股份有限公司）整体改建为股份有限公司（有限责任公司），对改建前的企业将国有土地、房屋权属转移、变更到改建后的企业，暂不征土地增值税。

整体改建是指不改变原企业的投资主体，并承继原企业权利、义务的行为。

按照法律规定或者合同约定，两个或两个以上企业合并为一个企业，且原企业投资主体存续的，对原企业将国有土地、房屋权属转移、变更到合并后的企业，暂不征土地增值税。

按照法律规定或者合同约定，企业分设为两个或两个以上与原企业投资主体相同的企业，对原企业将国有土地、房屋权属转移、变更到分立后的企业，暂不征土地增值税。

单位、个人在改制重组时以国有土地、房屋进行投资，对其将国有土地、房屋权属转移、变更到被投资的企业，暂不征土地增值税。改制重组有关土地增值税政策不适用于房地产开发企业。房地产开发企业以房地产投资联营，应视同销售计算缴纳土地增值税。

6. 合作建房

对于一方出地、一方出资金，双方合作建房，建成后按比例分房自用的，暂免征收土地增值税；建成后转让的，应征收土地增值税。

7. 企业兼并转让房地产

在企业兼并中，对被兼并企业将房地产转让到兼并企业中的，暂免征收土地增值税。

上述内容规定繁杂，具体可归纳为土地增值税的应征、不征、免征三个方面。下面将房地产若干具体情况的征免问题汇总归纳，如表 7-1 所示。

表 7-1 房地产若干具体情况的征免问题

应征土地增值税的情况	不征或暂不征收土地增值税的情况	免征或暂免征收土地增值税的情况
（1）转让国有土地使用权 （2）地上建筑物及其附着物连同国有土地使用权一并转让 （3）存量房地产的买卖 （4）抵押期满以房地产抵债（发生权属转让） （5）单位之间交换房地产（有实物形态收入） （6）房地产开发企业的房地产投资、公司制改造、合并、分立中的房地产权属变化 （7）合作建房建成后转让的	（1）房地产继承（无收入） （2）房地产赠予（有范围限制）（无收入） （3）房地产出租（权属未变） （4）抵押期内的房地产（权属未变） （5）房地产的代建房行为（权属未变） （6）房地产评估增值 （7）非房地产开发企业的投资、公司制改造、合并、分立，将房地产转让到被投资企业（非房地产开发企业）	（1）个人之间互换自有居住用房地产，经当地税务机关核实 （2）合作建房建成后按比例分房自用 （3）因国家建设需要依法征用收回的房地产 （4）建造普通标准住宅出售，增值额未超过扣除项目金额20%的 （5）企事业单位、社会团体及其他组织转让旧房作为公租房房源，且增值额未超过扣除项目金额20%的

【例 7-1】 下列各项中，应当征收土地增值税的是（ ）。
A. 公司与公司之间互换房产
B. 房地产开发公司为客户代建房产
C. 兼并企业从被兼并企业取得房产
D. 双方合作建房后按比例分配自用房产
【答案】 A
【解析】 A 应当征收土地增值税；B 不属于土地增值税的征税范围；C、D 暂免征收土地增值税。

7.3 税　　率

土地增值税实行的是四级超率累进税率，如表 7-2 所示。

表 7-2 土地增值税超率累进税率

级 次	增值额占扣除项目金额比例	税 率	速算扣除系数
1	不超过 50%的部分	30%	0
2	超过 50%至 100%的部分	40%	5%
3	超过 100%至 200%的部分	50%	15%
4	超过 200%的部分	60%	35%

7.4　计税依据和税收优惠

7.4.1　计税依据

土地增值税的计税依据是纳税人转让房地产所取得的土地增值额，土地增值额是纳税人转让房地产所取得的收入总额减除法定扣除项目金额后的余额。计算公式：

$$应纳税增值额 = 转让房地产收入 - 法定扣除项目金额$$

1. 转让房地产收入的确定

纳税人转让房地产取得的应税收入，应包括转让房地产的全部价款及有关的经济收益。从收入的形式上看，包括货币收入、实物收入和其他收入[①]。

2016年5月1日全面"营改增"之后，计算土地增值税的转让房地产收入按照不含增值税的收入确定。适用增值税一般计税方法的纳税人，其转让房地产的土地增值税应税收入不含增值税销项税额；适用简易计税方法的纳税人，其转让房地产的土地增值税应税收入不含增值税应纳税额。房地产开发企业在营改增后进行房地产开发项目土地增值税清算时，按以下方法确定相关金额：

$$土地增值税应税收入 = 营改增前转让房地产取得的收入$$
$$+ 营改增后转让房地产取得的不含增值税收入$$

2. 扣除项目的确定

法定扣除项目：

（1）取得土地使用权所支付的金额。包括纳税人为取得土地使用权所支付的地价款和按国家统一规定交纳的有关费用。

（2）房地产开发成本。房地产开发成本是指纳税人房地产开发项目实际发生的成本，包括土地征用及拆迁补偿费、前期工程费、建筑安装工程费、基础设施费、公共配套设施费、开发间接费用。

土地征用及拆迁补偿费，包括土地征用费、耕地占用税、劳动力安置费及有关地上、地下附着物拆迁补偿的净支出、安置动迁用房支出等。

前期工程费，包括规划、设计、项目可行性研究和水文、地质、勘察、测绘、"三通一平"等支出。

建筑安装工程费，是指以出包方式支付给承包单位的建筑安装工程费，以自营方式发生的建筑安装工程费。

基础设施费，包括开发小区内道路、供水、供电、供气、排污、排洪、通信、照明、环卫、绿化等工程发生的支出。

公共配套设施费，包括不能有偿转让的开发小区内公共配套设施发生的支出。

开发间接费用，是指直接组织、管理开发项目发生的费用，包括工资、职工福利费、折旧费、修理费、办公费、水电费、劳动保护费、周转房摊销等。

（3）房地产开发费用。房地产开发费用是指与房地产开发项目有关的销售费用、管理费用和财务费用。

财务费用中的利息支出，凡能够按转让房地产项目计算分摊并提供金融机构证明的，允许据实扣除，但最高不能超过按商业银行同类同期贷款利率计算的金额。其他房地产开发费用，按取得土地使用权所支付的金额及房地产开发成本之和的5%以内计算扣除。

---

① 其他收入是指纳税人转让房地产而取得的无形资产收入或具有财产价值的权利。

凡不能按转让房地产项目计算分摊利息支出或不能提供金融机构证明的,房地产开发费用按取得土地使用权所支付的金额及房地产开发成本之和的10%以内计算扣除。全部使用自有资金,没有利息支出的,按照以上方法扣除。房地产开发企业既向金融机构借款,又有其他借款的,其房地产开发费用计算扣除时不能同时适用上述两种办法。

上述计算扣除的具体比例,由各省、自治区、直辖市人民政府规定。

(4)与转让房地产有关的税金,是指在转让房地产时缴纳的城市维护建设税、印花税。因转让房地产交纳的教育费附加,也可视同税金予以扣除。

(5)对从事房地产开发的纳税人,可按取得土地使用权所支付的金额及房地产开发成本之和,加计20%的扣除;但对取得土地使用权后未进行开发即转让的,不得加计扣除。此条优惠只适用于从事房地产开发的纳税人,其他纳税人不适用。

(6)旧房及建筑物的评估价格,是指在转让已使用的房屋及建筑物时,由政府批准设立的房地产评估机构评定的重置成本价乘以成新度折扣率后的价格。评估价格须经当地税务机关确认。

纳税人转让旧房及建筑物,凡不能取得评估价格,但能提供购房发票的,经当地税务部门确认,根据《中华人民共和国土地增值税暂行条例》第六条第(一)、(三)项规定的扣除项目的金额(取得土地使用权所支付的金额,新建房及配套设施的成本、费用,或者旧房及建筑物的评估价格),可按发票所载金额并从购买年度起至转让年度止每年加计5%计算扣除。计算扣除项目时"每年"按购房发票所载日期起至售房发票开具之日止,每满12个月计一年;超过一年,未满12个月但超过6个月的,可以视同为一年。

对纳税人购房时缴纳的契税,凡能提供契税完税凭证的,准予作为"与转让房地产有关的税金"予以扣除,但不作为加计5%的基数。

对于转让旧房及建筑物,既没有评估价格,又不能提供购房发票的,税务机关可以根据《中华人民共和国税收征收管理法》第三十五条的规定,实行核定征收。

纳税人成片受让土地使用权后,分期分批开发、转让房地产的,其扣除项目金额的确定,可按转让土地使用权的面积占总面积的比例计算分摊,或按建筑面积计算分摊,也可按税务机关确认的其他方式计算分摊。

【例7-2】 某国有企业2017年5月在市区购置一栋办公楼,支付价款8400万元。2021年5月,该企业将办公楼转让,取得含税收入10500万元,签订产权转移书据。办公楼经税务机关认定的重置成本价为12000万元,成新率75%。该企业选择简易计税办法计算增值税,则其在缴纳土地增值税时计算的增值额为:

增值税=(10500-8400)÷(1+5%)×5%=100(万元)

不含增值税收入=10500-100=10400(万元)

办公楼评估价格=12000×75%=9000(万元)

城建税、两个附加及印花税等可扣除的其他税金及附加为:

100×(7%+3%+2%)+10500×0.5‰=12+5.25=17.25(万元)

土地增值额=10400-9000-17.25=1382.75(万元)

7.4.2 税收优惠

土地增值税纳税人有下列情形之一的，减征或免征土地增值税：

（1）纳税人建造普通标准住宅出售，增值额未超过扣除项目金额20%的，免征土地增值税；增值额超过扣除项目金额20%的，应就其全部增值额按规定计税。纳税人既建造普通标准住宅，又做其他房地产开发的，应分别核算增值额。不分别核算增值额或不能准确核算增值额的，其建造的普通标准住宅不能适用这一免税规定。

（2）因国家建设需要依法征用、收回的房地产免税。这里指的是因国家收回国有土地使用权、征用地上的建筑物及其附着物而使房地产权属发生转让的，免征土地增值税。此外，对于因城市实施规划、国家建设的需要而搬迁，由纳税人自行转让原房地产的，按规定免征土地增值税。

（3）对个人之间互换自有居住用房地产的，经当地税务机关核实，可以免征土地增值税。

7.5 应纳税额的计算

在计算土地增值税应纳税额的时候，应当先用纳税人取得的房地产转让收入减除有关各项扣除项目金额，计算得出增值额；再按照增值额超过扣除项目金额的比例，分别确定增值额中各个部分的适用税率，依此计算各部分增值额的应纳土地增值税税额。各部分增值额应纳土地增值税税额之和，即为纳税人应纳的全部土地增值税税额。

应纳税额计算公式：

$$应纳税额 = \sum (每级距的土地增值额 \times 适用税率)$$

由于采用逐级计算法比较麻烦，因而在实际工作中都采用速算法。计算公式：

$$应纳税额 = 土地增值额 \times 适用税率 - 扣除项目金额 \times 速算扣除系数$$

【例7-3】 某企业出售房地产不含增值税收入1000万元，可以扣除的各项成本、费用和有关税金等共400万元，该企业应纳土地增值税税额的计算方法：

$$增值额 = 1000 - 400 = 600（万元）$$

$$增值额占扣除项目金额比例 = 600 \div 400 \times 100\% = 150\%$$

查表7-2可知，适用的税率是50%，速算扣除系数是15%。则

$$应纳税额 = 土地增值额 \times 适用税率 - 扣除项目金额 \times 速算扣除系数$$
$$= 600 \times 50\% - 400 \times 15\%$$
$$= 240（万元）$$

【例7-4】 某房地产开发公司出售一幢写字楼，不含增值税收入总额为10000万元。开发该写字楼有关支出：支付地价款及各种费用1000万元；房地产开发成本3000万元；财务费用中的利息支出为500万元（可按转让项目计算分摊并提供金融机构证明），但其中有50万元属于加罚的利息；转让环节缴纳的有关税费共计60万元；该单位所在地政

府规定的其他房地产开发费用计算扣除比例为5%。试计算该房地产开发公司应纳的土地增值税。

解答：（1）取得土地使用权支付的地价款及有关费用为1000万元；

（2）房地产开发成本为3000万元；

（3）房地产开发费用 = 500 - 50 + （1000 + 3000）× 5% = 650（万元）；

（4）允许扣除的税费为555万元；

（5）从事房地产开发的纳税人加计扣除20%，

$$加计扣除额 = （1000 + 3000）× 20\% = 800（万元）$$

（6）允许扣除的项目金额合计 = 1000 + 3000 + 650 + 60 + 800 = 5510（万元）；

（7）增值额 = 10000 - 5510 = 4490（万元）；

（8）增值率 = 4490 ÷ 5510 × 100% = 81.49%；

（9）应纳税额 = 4490 × 40% - 5510 × 5% = 1520.5（万元）。

7.6 土地增值税的预交和清算

7.6.1 土地增值税的预交

《中华人民共和国土地增值税暂行条例实施细则》第十六条规定，"纳税人在项目全部竣工结算前转让房地产取得的收入，由于涉及成本确定或其他原因，而无法据以计算土地增值税的，可以预征土地增值税，待该项目全部竣工、办理结算后再进行清算，多退少补。具体办法由各省、自治区、直辖市地方税务局根据当地情况制定。"

在实际执行中，各地的预征率是不一样的。除保障性住房外，东部地区省份预征率不得低于2%，中部和东北地区省份不得低于1.5%，西部地区省份不得低于1%。

7.6.2 土地增值税的清算

2006年12月28日，国家税务总局下发了《关于房地产开发企业土地增值税清算管理有关问题的通知》，决定从2007年2月1日开始，对房地产开发企业的土地增值税进行清算。各省税务机关可依据该通知的规定并结合当地实际情况制定具体清算管理办法。2009年5月12日，国家税务总局印发《土地增值税清算管理规程》，加强房地产开发企业的土地增值税征收管理，规范土地增值税清算工作；到2010年5月19日，在国税函〔2010〕220号文件《国家税务总局关于土地增值税清算有关问题的通知》中，对土地增值税清算工作中的有关问题做了进一步解释说明。

1. 土地增值税的清算单位

土地增值税以国家有关部门审批的房地产开发项目为单位进行清算，对于分期开发的项目，以分期项目为单位清算。

开发项目中同时包含普通住宅和非普通住宅的，应分别计算增值额。

2．土地增值税的清算条件

（1）符合下列情形之一的，纳税人应进行土地增值税的清算：

① 房地产开发项目全部竣工、完成销售的；

② 整体转让未竣工决算房地产开发项目的；

③ 直接转让土地使用权的。

（2）符合下列情形之一的，主管税务机关可要求纳税人进行土地增值税清算：

① 已竣工验收的房地产开发项目，已转让的房地产建筑面积占整个项目可售建筑面积的比例在85%以上，或该比例虽未超过85%，但剩余的可售建筑面积已经出租或自用的；

② 取得销售（预售）许可证满三年仍未销售完毕的；

③ 纳税人申请注销税务登记但未办理土地增值税清算手续的；

④ 省税务机关规定的其他情况。

对上面所列情形③，应在办理注销登记前进行土地增值税清算。

3．非直接销售和自用房地产的收入确定

（1）房地产开发企业将开发产品用于职工福利、奖励、对外投资、分配给股东或投资人、抵偿债务、换取其他单位和个人的非货币性资产等，发生所有权转移时应视同销售房地产，其收入按下列方法和顺序确认：

① 按本企业在同一地区、同一年度销售的同类房地产的平均价格确定；

② 由主管税务机关参照当地当年、同类房地产的市场价格或评估价值确定。

（2）房地产开发企业将开发的部分房地产转为企业自用或用于出租等商业用途时，如果产权未发生转移，不征收土地增值税，在税款清算时不列收入，不扣除相应的成本和费用。

4．土地增值税的扣除项目

（1）房地产开发企业办理土地增值税清算时计算与清算项目有关的扣除项目金额，应根据土地增值税暂行条例第六条及其实施细则第七条的规定执行。除另有规定外，扣除取得土地使用权所支付的金额、房地产开发成本、费用及与转让房地产有关的税金，须提供合法有效凭证；不能提供合法有效凭证的，不予扣除。

（2）房地产开发企业办理土地增值税清算所附送的前期工程费、建筑安装工程费、基础设施费、开发间接费用的凭证或资料不符合清算要求或不实的，地方税务机关可参照当地建设工程造价管理部门公布的建安造价定额资料，结合房屋结构、用途、区位等因素，核定上述四项开发成本的单位面积金额标准，并据以计算扣除。具体核定方法由省税务机关确定。

（3）房地产开发企业开发建造的与清算项目配套的居委会和派出所用房、会所、停车场（库）、物业管理场所、变电站、热力站、水厂、文体场馆、学校、幼儿园、托儿所、医院、邮电通信等公共设施，按以下原则处理：

① 建成后产权属于全体业主所有的，其成本、费用可以扣除；

② 建成后无偿移交给政府、公用事业单位用于非营利性社会公共事业的，其成本、费用可以扣除；

③ 建成后有偿转让的，应计算收入，并准予扣除成本、费用。

（4）房地产开发企业销售已装修的房屋，其装修费用可以计入房地产开发成本。

房地产开发企业的预提费用，除另有规定外，不得扣除。

（5）属于多个房地产项目共同的成本费用，应按清算项目可售建筑面积占多个项目可售总建筑面积的比例或其他合理的方法，计算确定清算项目的扣除金额。

5．土地增值税清算应报送的资料

纳税人办理土地增值税清算应报送以下资料：

（1）土地增值税清算表及其附表；

（2）房地产开发项目清算说明，主要内容应包括房地产开发项目立项、用地、开发、销售、关联方交易、融资、税款缴纳等基本情况及主管税务机关需要了解的其他情况；

（3）项目竣工决算报表、取得土地使用权所支付的地价款凭证、国有土地使用权出让合同、银行贷款利息结算通知单、项目工程合同结算单、商品房购销合同统计表、销售明细表、预售许可证等与转让房地产的收入、成本和费用有关的证明资料，主管税务机关需要相应项目记账凭证的，纳税人还应提供记账凭证复印件；

（4）主管税务机关要求报送的其他与土地增值税清算有关的证明资料等。

纳税人委托税务中介机构审核鉴证的清算项目，还应报送中介机构出具的《土地增值税清算税款鉴证报告》。

6．土地增值税清算项目的审核鉴证

税务中介机构受托对清算项目审核鉴证时，应按税务机关规定的格式对审核鉴证情况出具鉴证报告。对符合要求的鉴证报告，税务机关可以采信。

税务机关要对从事土地增值税清算鉴证工作的税务中介机构在准入条件、工作程序、鉴证内容、法律责任等方面提出明确要求，并做好必要的指导和管理工作。

7．土地增值税的核定征收

房地产开发企业有下列情形之一的，税务机关可以参照与其开发规模和收入水平相近的当地企业的土地增值税税负情况，按不低于预征率的征收率核定征收土地增值税：

（1）依照法律、行政法规的规定应当设置但未设置账簿的；

（2）擅自销毁账簿或者拒不提供纳税资料的；

（3）虽设置账簿，但账目混乱或者成本资料、收入凭证、费用凭证残缺不全，难以确定转让收入或扣除项目金额的；

（4）符合土地增值税清算条件，未按照规定的期限办理清算手续，经税务机关责令限期清算，逾期仍不清算的；

（5）申报的计税依据明显偏低，又无正当理由的。

8. 清算后再转让房地产的处理

在土地增值税清算时未转让的房地产,清算后销售或有偿转让的,纳税人应按规定进行土地增值税的纳税申报,扣除项目金额按清算时的单位建筑面积成本费用乘以销售或转让面积计算。

单位建筑面积成本费用 = 清算时的扣除项目总金额 ÷ 清算的总建筑面积

7.7 土地增值税的申报与缴纳

7.7.1 纳税义务发生时间

根据《中华人民共和国土地增值税暂行条例》第十条的规定,土地增值税纳税义务发生时间为房地产转让合同签订之日。通过非正常方式转让房地产土地增值税纳税义务发生时间如下:

(1) 已签订房地产转让合同,原房产因种种原因迟迟未能过户,有关问题解决后再办理房产转移登记,土地增值税纳税义务发生时间以签订房地产转让合同时间为准;

(2) 法院在进行民事判决、民事裁定、民事调解过程中,判决或裁定房地产所有权转移,土地增值税纳税义务发生时间以判决书、裁定书、民事调解书确定的权属转移时间为准;

(3) 依法设立的仲裁机构裁决房地产权属转移,土地增值税纳税义务发生时间以仲裁书明确的权属转移时间为准。

7.7.2 纳税期限

纳税人应当自转让房地产合同签订之日起 7 日内向房地产所在地主管税务机关办理纳税申报,并在税务机关核定的期限内缴纳土地增值税。

税务机关核定的纳税期限,应在纳税人签订房地产转让合同之后,办理房地产权属转让(过户及登记)手续之前。

纳税人在项目全部竣工结算前转让房地产取得收入,由于涉及成本确定或其他原因,而无法据以计算土地增值税的,可以预征土地增值税,待该项目全部竣工,办理结算后再进行清算,多退少补。

对于转让的房地产是一次性交割、付清价款的,税务机关可在其办理了纳税申报后根据其应纳税额的大小及有关部门办理过户、登记手续的期限,规定其在办理过户登记手续前缴纳全部的土地增值税。

对于以分期收款方式转让房地产的,可根据合同规定的收款日期来确定具体的纳税期限。

7.7.3 纳税地点

土地增值税由房地产所在地的税务机关负责征收，对于企业法人而言，具体可分为以下三种情况：

（1）纳税人转让的房地产的坐落地与其机构所在地或经营所在地同在一地的，可在办理税务登记的原管辖税务机关申报纳税；

（2）纳税人转让的房地产的坐落地与其机构所在地或经营所在地不在同一地的，应当在房地产坐落地的主管税务机关申报纳税；

（3）纳税人转让的房地产坐落在两个或两个以上地区的，应按房地产所在地分别申报纳税。

本章小结

土地增值税是对转让国有土地使用权、地上建筑物及附着物（简称房地产，下同）的单位和个人，就其转让房地产所取得的增值额征收的一种税。是国家凭借政治权力，参与国有土地增值收益分配的一种税种。土地增值税不仅是国家获取财政收入的重要手段，也是进行宏观调控的重要手段。土地增值税从开征以来，一直是国家进行宏观调控的重要工具。随着我国新一轮税制改革的进行，土地增值税还在不断的变革之中。

关键术语

土地增值税　土地出让金　存量房　土地增值税清算

思考题

1. 土地增值税有哪些特点？
2. 土地增值税的征税范围包括哪些方面？
3. 在计算土地增值税的扣除项目方面，转让新建建筑物和转让存量房有何异同？
4. 某房地产开发公司，建一栋标准住宅出售，不含增值税收入总额为2000万元。其有关支出：支付地价款及各种费用300万元；房地产开发成本800万元；财务费用中的利息支出为200万元（不能按转让项目计算分摊），转让环节缴纳的有关税费共计23.5万元；该单位所在地政府规定的其他房地产开发费用计算扣除比例为10%。试计算该房地产开发公司应纳的土地增值税。
5. 某工业企业6月1日转让其位于县城的一栋办公楼，取得不含增值税销售收入12000万元。2008年建造该办公楼时，为取得土地使用权支付金额3000万元，发生建造成本4000万元，转让时经政府批准的房地产评估机构评估后，确定该办公楼的重置成本价为8000万元。

（其他相关资料：产权转移书据印花税税率0.5‰，成新度折扣率60%）

根据上述资料，按照下列序号回答问题，若有计算需算出合计数。

（1）请解释重置成本价的含义。

（2）计算土地增值税时该企业办公楼的评估价格是多少？

（3）计算土地增值税时允许扣除的税金及附加是多少？

（4）计算土地增值税时允许扣除的印花税是多少？

（5）计算土地增值税时允许扣除项目金额的合计数是多少？

（6）计算转让办公楼应缴纳的土地增值税。

第8章 企业所得税

8.1 企业所得税的概念、特点和作用

8.1.1 企业所得税的概念

企业所得税是对我国境内企业（个人独资企业和合伙企业除外）与组织的生产经营和其他所得征收的一种税。

在世界税收史上，所得税与其他税种相比产生较晚。传统理论认为，所得课税产生于"战争之需"，1798年所得课税始创于英国，最初目的在于应付战争引起的庞大经费开支，此后一度取消，因此，又有"战时税"之称。与商品劳务课税、财产课税等古老的课税相比，所得课税的历史是很短暂的。从1798年英国始创所得税到今天，仅有二百多年的历史。而且企业所得税作为一个独立的税种和固定的税收制度，仅在近百年才在资本主义各国站稳脚跟——1874年，企业所得税才成为英国税制中一个永久的税种。尽管所得税产生于"战争之需"，但经济发展水平是所得税产生的经济基础。第一次世界大战之后，所得税为西方国家所广泛接受和运用，各国相继效仿开征。

从税种的名称来看，企业所得税及与其类似的税种，在相关国家分别被称作法人所得税、法人税、公司所得税等不同名称。多数国家为"公司所得税"，如美国、英国、加拿大、澳大利亚、法国等；也有的国家设计为"法人税"，如日本、德国；还有的国家称之为"企业所得税"，如意大利。我国台湾省将其称为"营业事业所得税"。名称不同，纳税主体也存在着一定的差异。

8.1.2 企业所得税的特点

企业所得税作为我国税收体系的重要组成部分，有着与其他税种不同的特征。

1. 税收负担的直接性

所得课税属于直接税，一般情况下不易于转嫁，纳税人通常就是负税人。政府可以通过对企业所得税政策的选择，较好地实现调控经济的目的。

2. 税基的广泛性

所得课税以所得（纯收益）为课税对象，税基广泛（仅次于商品课税）。作为企业所得税课税对象的所得，是来自企业、单位、社会团体等各种纳税义务人在一定期间内获得的所有正常的纯收益，能全面反映企业的经营成果。

3. 征收管理的复杂性

企业所得课税的计税依据,是经过复杂计算而得到的应纳税所得额。应纳税所得额不等同于会计利润,其在计算目的、依据等诸多方面都有异于会计利润的计算,计税的复杂程度也较高。因此,与其他税种相比,企业所得税对税收制度设计及税务管理的缜密性要求较高,征收管理的难度较大。

8.1.3 企业所得税在我国的沿革

我国首次提倡对所得额课税是在清朝末年,但由于清政府濒于崩溃,没能开征。1936年国民党政府公布了《所得税暂行条例》,并于同年开始征收所得税。中华人民共和国成立后,废除了旧的所得税制度,在1950年公布的《工商业暂行条例》中,把所得税并入工商业税。1958年税制改革把所得税又从工商业税中分离出来,成为一个独立的税种,并正式定名为工商所得税,但仅限于对国有企业以外的单位和个人征收。随着"文化大革命"的开始,1972年3月我国对原本就很简单的税制再次进行简化,简化后的税制对国有企业只征收一种税,即工商税;对集体企业只征收两种税,即工商税和工商所得税。

党的十一届三中全会以后,随着改革开放的不断发展,我国首先颁布了《中华人民共和国中外合资经营企业所得税法》(1980年)和《中华人民共和国外国企业所得税法》(1982年)两部涉外企业所得税法,对吸引外资、扩大对外经济交往起到了积极的作用。同时,通过国务院接连在1984年发布的《中华人民共和国国有企业所得税条例(草案)》、1985年发布的《中华人民共和国集体企业所得税暂行条例》、1988年发布的《中华人民共和国私营企业所得税暂行条例》,能够看出我国在改革开放初期为了更好地发挥税收的经济杠杆作用,改革僵化的经济体制,增强国有企业的活力,打破大锅饭,促进企业自负盈亏、自主经营,已经认识到了必须通过税收这个财政手段进行调节,把国有企业上缴利润改为缴纳所得税,对大中型国有企业按55%的税率征收所得税,对小型国有企业、集体企业实行8级超额累进税率,对个体工商户实行10级超额累进税率,对私营企业实行35%的比例税率,从而正式拉开了我国企业所得税税制的帷幕。但是,企业所得税制按照不同经济成分设立税种,标准不同,税负不一,不利于各种经济成分之间开展竞争,而且缺乏严格监督,所得税制度软化;涉外企业所得税制不仅与内资企业不一致,而且涉外企业之间也不同,不适应进一步对外改革开放的战略要求。

1994年的工商税制改革,对内资企业实行了统一的《中华人民共和国企业所得税暂行条例》,实行统一的33%比例税率;统一税基和优惠办法,使各种经济成分的内资企业处在公平的税制环境下展开竞争。但对外商投资企业实行《中华人民共和国外商投资企业和外国企业所得税法》,内、外资企业实行"内外有别"的所得税制。随着我国市场化与国际化程度的进一步提高,这种"内外有别"的所得税制的弊端也在一步一步地暴露出来,"两税合并"推上了改革议事日程。

2007年3月16日全国人大五次会议上,给内资企业和外资企业带来同等税收待遇的企业所得税法草案获得高票通过,新的税法于2008年1月1日开始实施。这标志着外资企业在华享受20多年的超国民待遇走向终结,我国利用外资政策进入了一个新的历史阶段。

此次企业所得税法的修订，根据科学发展观和完善社会主义市场经济体制的总体要求，按照"简税制、宽税基、低税率、严征管"的税制改革原则，借鉴国际经验，建立各类企业统一适用的科学、规范的企业所得税制度，完成了适用范围、税率、扣除标准、优惠政策的"四个统一"，为各类企业创造公平的市场竞争环境，标志着我国税制进一步走向科学化、规范化、透明化。

8.1.4 企业所得税的作用

1. 是国家财政收入的重要来源

企业所得税是我国的主体税之一。企业所得税通过对企业纯收益的征税，达到筹集财政资金，贡献经济发展的目的。长期以来，企业所得税在很多国家的财政收入中占有相当大的比重，在我国是除增值税之外的第二大税种，2021年占税收收入的比重为24.3%，这也充分体现了它的收入功能。

2. 有效地促进横向公平和纵向公平

企业所得税的应纳税所得额是纳税人在一定时期内可支配的净收益，是纳税人经济福利的重要源泉，政府加给纳税人所得税负担的轻重与纳税人的可得福利成相互转化的关系。所得税征税对象的这一性质，使其成为政府参与社会成员收入分配、实现社会收入分配均等化目标过程中比其他税种更有力的手段。由于企业所得税征税对象是纯所得，并从中作了一些必要的扣除，因而不伤及税本，不影响纳税人的基本生活和再生产，能够保障企业的积累和扩大再生产的基本需要。有所得的征税，无所得的不征，能有效地促进横向公平和纵向公平。

> **思政小课堂**
>
> **公平的课税原则，构建和谐的社会环境**
>
> 从理论上看，税基越广泛，越能真实、全面、准确地体现纳税人的负担能力，这是促进公平的一项基本因素，许多西方学者（如西蒙斯、马斯格雷夫、古德等）都在不断完善这一以广泛税基体现所得税横向公平的课税理论，并不断探索将广泛税基引入税制实践的可能性。就企业所得税制本身而言，税基的广度、税率及扣除项目设置上的差异，会在促进横向和纵向公平方面发挥不同的作用。

3. 直接影响经济增长

企业所得税对经济增长有直接的影响，其促进经济增长的功能是由两个机制实现的：一是所得税税率的降低；二是企业所得税不同具体政策的运用，如折旧、存货、投资抵免等政策对微观的影响。

在总税负水平（税收收入占 GDP 和 GNP 的比例）不变的前提下，企业所得税税率的降低会提高企业的边际盈利能力，从而提高经济增长率；投资抵免等所得税政策会诱发私人部门增加投资、减少消费，从而提高私人部门的储蓄，增加投资的资金来源；企业所得税税负高低直接影响着企业税后可支配收入的高低，影响企业的投资回报率，因而直接有效地影响投资。不同所得税具体政策的运用是政府有效调节经济、稳定发展的手段。

8.2 企业所得税的纳税人和征税对象

8.2.1 企业所得税的纳税义务人

1. 基本规定

企业所得税是对境内企业和其他取得收入的组织的生产经营所得和其他所得征收的一种税。

在中华人民共和国境内,企业和其他取得收入的组织(以下统称企业)为企业所得税的纳税人。个人独资企业、合伙企业不是企业所得税的纳税人。

2. 关于居民企业与非居民企业的规定

缴纳企业所得税的企业分为居民企业和非居民企业。居民企业承担全面纳税义务,就其境内外全部所得纳税;非居民企业承担有限纳税义务,一般只就其来源于我国境内的所得纳税。在国际上,居民企业的判定标准有"登记注册地标准""实际管理机构地标准"和"总机构所在地标准"等,大多数国家都采用多个标准相结合的办法。结合我国的实际情况,我国企业所得税法采用"登记注册地标准"和"实际管理机构地标准"两个衡量标准,对居民企业和非居民企业做了明确界定。

1) 居民企业

居民企业是指依法在中国境内成立,或者依照外国(地区)法律成立但实际管理机构在中国境内的企业。包括除个人独资企业和合伙企业以外的公司、企业、事业单位、社会团体、民办非企业单位、基金会、外国商会、农民专业合作社及取得收入的其他组织。

所谓"实际管理机构",是指对企业生产经营实施实质性管理和控制的机构或场所。居民企业应当就其来源于中国境内、境外的所得缴纳企业所得税。

2) 非居民企业

非居民企业是指依照外国(地区)法律成立且实际管理机构不在中国境内,但在中国境内设立机构、场所的,或者在中国境内未设立机构、场所,但有来源于中国境内所得的企业。

所谓机构、场所,是指在中国境内从事生产经营活动的机构、场所,包括:

(1) 管理机构、营业机构、办事机构;

(2) 农场、工厂、开采自然资源的场所;

(3) 提供劳务的场所;

(4) 从事建筑、安装、装配、修理、勘探等工程作业的场所;

(5) 其他机构、场所。

非居民企业委托营业代理人在中国境内从事生产经营活动的，包括委托单位或者个人经常代其签订合同，或者储存、交付货物等，该营业代理人视为非居民企业在中国境内设立的机构、场所。

8.2.2 企业所得税的征税对象

1．征税对象

企业所得税的征税对象从内容上看包括生产经营所得、其他所得和清算所得，从空间范围上看包括来源于中国境内、境外的所得。

（1）企业应当就其来源于中国境内、境外的所得缴纳企业所得税。

（2）非居民企业在中国境内设立机构、场所的，应当就其所设机构、场所取得的来源于中国境内的所得，以及发生在中国境外但与其所设机构、场所有实际联系的所得，缴纳企业所得税。

非居民企业在中国境内未设立机构、场所的，或者虽设立机构、场所但取得的所得与其所设机构、场所没有实际联系的，应当就其来源于中国境内的所得缴纳企业所得税。

2．所得来源地的确定

所得的来源地与支付地不是等同概念。我国企业所得税的所得类型及来源地的确定如表8-1所示。

表 8-1 所得类型及来源地的确定

所得类型	所得来源地的确定
销售货物所得	按照交易活动发生地确定
提供劳务所得	按照劳务发生地确定
不动产转让所得	按照不动产所在地确定
动产转让所得	按照转让动产的企业或者机构、场所所在地确定
权益性投资资产转让所得	按照被投资企业所在地确定
股息、红利等权益性投资所得	按照分配所得的企业所在地确定
利息所得、租金所得、特许权使用费所得	按照负担、支付所得的企业或者机构、场所所在地确定，或者按照负担、支付所得的个人的住所地确定
其他所得	由国务院财政、税务主管部门确定

8.3 企业所得税的税率

我国企业所得税实行比例税率，基本税率为25%；在中国境内未设立机构、场所的，或者虽设立机构、场所但取得的所得与其所设机构、场所没有实际联系的非居民企业，其来源于中国境内的所得缴纳企业所得税适用低税率20%。

企业所得税采用比例税率的主要原因在于，与累进税率相比，比例税率具有计算简便、透明度高等优点。按比例税率征税体现了税负的横向公平，有利于促进规模经济的发展。目前世界上多数国家的企业所得税都采用比例税率。

居民企业中符合条件的小型微利企业减按20%税率征税；国家重点扶持的高新技术企业减按15%税率征税。企业所得税纳税人、税收管辖权、适用税率等如表8-2所示。

表8-2 企业所得税纳税人、税收管辖权、适用税率一览表

纳税人		税收管辖权		征税对象	税率
居民企业		居民管辖权，就其世界范围所得征税		居民企业、非居民企业在华机构的生产经营所得和其他所得	基本税率25%
非居民企业	在我国境内设立机构、场所	取得所得与设立机构、场所有联系的	地域管辖权	就其来自我国的所得和发生在中国境外但与其境内所设机构、场所实际联系的所得征税	
		取得所得与设立机构、场所没有实际联系的		仅就其来自我国的所得征税	来源于我国的所得	低税率20%（实际减按10%的税率征收）
	未在我国境内设立机构、场所，却有来源于我国的所得				

【例8-1】 以下适用25%企业所得税税率的企业有（　　）。
A. 在中国境内的居民企业
B. 在中国境内设有机构、场所，且所得与机构、场所有关联的非居民企业
C. 在中国境内设有机构、场所，但所得与机构、场所没有实际联系的非居民企业
D. 在中国境内未设立机构、场所的非居民企业
【答案】 AB
【解析】 居民企业和在中国境内设有机构、场所，且所得与机构、场所有关联的非居民企业，适用于25%的税率；在中国境内未设立机构、场所的，或者虽设立机构、场所，但所得与机构、场所没有实际联系的非居民企业适用于20%的低税率。

8.4　企业所得税的应纳税所得额

企业所得税的计税依据是应纳税所得额，即企业每一纳税年度的收入总额，减除不征税收入、免税收入、各项扣除及允许弥补的以前年度亏损后的余额。

应纳税所得额基本计算公式：

$$应纳税所得额 = 纳税年度的收入总额 - 不征税收入 - 免税收入 -$$
$$扣除项目 - 允许弥补的以前年度亏损$$

在计算应纳税所得额时，企业财务、会计处理办法与税收法律、行政法规的规定不一致的，应当依照税收法律、行政法规的规定计算。

应纳税所得额与会计利润是两个不同的概念，两者既有联系又有区别。应纳税所得额是一个税收概念，是根据企业所得税法按照一定的标准确定的、纳税人在一个时期内的计税所得，即企业所得税的计税依据；而会计利润则是一个会计核算概念，反映的是企业一定时期内生产经营的财务成果，它关系到企业经营成果、投资者的权益及企业与职工的利益。会计利润是确定应纳税所得的基础，但是不能等同于应纳税所得额。企业按照会计准则和财会制度的规定进行核算得出的会计利润，根据税法规定做相应的调整后，才能作为企业的应纳税所得额。

8.4.1 企业所得税的收入总额

企业以货币形式和非货币形式从各种来源取得的收入,为收入总额。

以货币形式取得的收入,包括现金、银行存款、应收账款、应收票据、准备持有至到期的债券投资及债务的豁免等。

以非货币形式取得的收入,包括存货、固定资产、生物资产、无形资产、股权投资、劳务、不准备持有至到期的债券投资等资产及其他权益。

对于以非货币形式取得的收入,应当按公允价值确定收入额,即按照资产的市场价格、同类或类似资产市场价值基础确定。

1. 企业收入总额的具体内容

(1)销售货物收入。指企业销售商品、产品、原材料、包装物、低值易耗品及其他存货取得的收入。

(2)提供劳务收入。指企业从事建筑安装、修理修配、交通运输、仓储租赁、金融保险、邮电通信、咨询经纪、文化体育、科学研究、技术服务、教育培训、餐饮住宿、中介代理、卫生保健、社区服务、旅游、娱乐、加工和其他劳务服务活动取得的收入。

(3)转让财产收入。指企业转让固定资产、投资性房地产、生物资产、无形资产、股权、债权等所取得的收入。

(4)股息、红利等权益性投资收益。指企业的权益性投资从被投资方分配取得的收入。

被投资企业将股权(票)溢价所形成的资本公积转为股本的,不作为投资方企业的股息、红利收入,投资方企业也不得增加该项长期投资的计税基础。

(5)利息收入。指企业将资金提供于他人使用但不构成权益性投资,或因他人占用本企业资金所取得的利息收入,包括存款利息、贷款利息、债券利息、欠款利息等收入。

(6)租金收入。包括企业提供固定资产、包装物和其他资产的使用权取得的收入。

(7)特许权使用费收入。包括企业提供专利权、非专利技术、商标权、著作权及其他特许权的使用权而取得的收入。

(8)接受捐赠收入。

(9)其他收入。包括企业资产溢余收入、逾期未退包装物没收的押金、确实无法偿付的应付款项、企业已作坏账损失处理后又收回的应收账款、债务重组收入、补贴收入、违约金收入、汇兑收益等。

2. 一般收入的确认

(1)股息、红利等权益性投资收益,除国务院财政、税务主管部门另有规定外,按照被投资方做出利润分配决定的日期确认收入的实现。

(2)企业转让股权收入,应于转让协议生效且完成股权变更手续时,确认收入的实现。

(3)租金收入,应当按照合同约定的承租人应付租金的日期确认收入的实现。

交易合同或协议中规定租赁期限跨年度且租金提前一次性支付的，根据收入与费用配比原则，出租人可对上述已确认的收入，在租赁期内分期、均匀计入相关年度收入。

（4）特许权使用费收入，应当按照合同约定的特许权使用人应付特许权使用费的日期确认收入的实现。

（5）接受捐赠收入，应当在实际收到捐赠资产时确认收入的实现。

3．特殊收入的确认

（1）以分期收款方式销售货物，按照合同约定的收款日期确认收入的实现。

（2）采用售后回购方式销售商品，销售的商品按售价确认收入，回购的商品作为购进商品处理。有证据表明不符合销售收入确认条件的，如以销售商品方式进行融资，收到的款项应确认为负债，回购价格大于原售价的，差额应在回购期间确认为利息费用。

（3）销售商品以旧换新的，销售商品应当按照销售商品收入确认条件确认收入，回收的商品作为购进商品处理。

（4）企业为促进商品销售而在商品价格上给予的价格扣除属于商业折扣，商品销售涉及商业折扣的，应当按照扣除商业折扣后的金额确定销售商品收入金额。

（5）债权人为鼓励债务人在规定的期限内付款而向债务人提供的债务扣除属于现金折扣，销售商品涉及现金折扣的，应当按扣除现金折扣前的金额确定销售商品收入金额，现金折扣在实际发生时作为财务费用扣除。

（6）企业因售出商品的质量不合格等原因而在售价上给予的减让属于销售折让；企业因售出商品质量、品种不符合要求等原因而发生的退货属于销售退回。企业已经确认销售收入的售出商品发生销售折让和销售退回，应当在发生当期冲减当期销售商品收入。

（7）企业以买一赠一等方式组合销售本企业商品的，不属于捐赠，应将总的销售金额按各项商品的公允价值的比例来分摊确认各项的销售收入。

【例8-2】某服装企业采用买一赠一的方式销售本企业商品，规定以每套1500元（不含增值税价，下同）购买A西服的客户可获赠一条B领带，A西服正常出厂价格1500元，B领带正常出厂价格200元。当期该服装企业销售西服领带组合，取得收入150000元，则

分摊到A西服上的收入 = 买一赠一整体收入 $\times A \div (A+B)$

分摊到B领带上的收入 = 买一赠一整体收入 $\times B \div (A+B)$

A西服销售收入 = $150000 \times 1500 \div (1500+200) = 132352.94$（元）

B领带销售收入 = $150000 \times 200 \div (1500+200) = 17647.06$（元）

（8）企业受托加工制造大型机械设备、船舶、飞机等，以及从事建筑、安装、装配工程业务或者提供劳务等，持续时间超过12个月的，按照纳税年度内完工进度或者完成的工作量确认收入的实现。

（9）采取产品分成方式取得收入的，以企业分得产品的时间确认收入的实现，收入额按照产品的公允价值确定。

（10）除国务院财政、税务主管部门另有规定外，企业发生非货币性资产交换，以及将货物、财产、劳务用于捐赠、赞助、集资、广告、样品、职工福利和进行利润分配，应当视同销售货物、转让财产和提供劳务。

【例8-3】 甲公司2021年3月出资500万元与乙公司合作生产某新型产品,合同约定12月20日进行产品分配。由于生产延期,2022年2月甲公司才分得该产品,该公司分得产品生产成本600万元,市场公允价值800万元。下列关于该业务税务处理的说法,正确的是（ ）。

A. 甲公司应以800万元确认该批产品的收入
B. 甲公司应以600万元确认该批产品的收入
C. 乙公司应以800万元确认该项合作经营支出
D. 甲公司应于2021年12月30日确认收入实现

【答案】 A

【解析】 采取产品分成方式取得收入的,按照企业分得产品的日期确认收入的实现,其收入额按照产品的公允价值确定。

4．处置资产收入的确认

把所有权属是否发生改变作为确定视同销售收入的重要条件。

（1）内部处置资产：

① 将资产用于生产、制造、加工另一产品；
② 改变资产形状、结构或性能；
③ 改变资产用途（如自建商品房转为自用或经营）；
④ 将资产在总机构及其分支机构之间转移；
⑤ 上述两种或两种以上情形的混合；
⑥ 其他不改变资产所有权属的用途。

由于内部处置资产的所有权在形式和内容上均不变,所以不视同销售确认收入（将资产移至境外的除外）,相关资产的计税基础延续计算。

（2）资产移送他人：

① 用于市场推广或销售；
② 用于交际应酬；
③ 用于职工奖励或福利；
④ 用于股息分配；
⑤ 用于对外捐赠；
⑥ 其他改变资产所有权属的用途。

资产移送他人的所有权属已发生改变,按视同销售确定收入。属于自制的资产,按同类资产同期对外售价确定销售收入；属于外购的资产,不以销售为目的,具有替代职工福利等费用支出性质,且购买后在一个纳税年度内处置的,可按购入时的价格确定销售收入。

【例8-4】 甲饮料厂给职工发放自制果汁和当月外购的取暖器作为福利,其中果汁的成本为20万元,同期对外销售价格为25万元；取暖器的购进价格为10万元。根据企业所得税相关规定,计算该厂发放上述福利应确认的收入。

【答案及解析】自制果汁用于职工福利,按照同类产品销售价格确认收入；外购货物在一个纳税年度内用于职工福利,可按购入时价格确认收入。上述福利应确认的收入 = 25 + 10 = 35（万元）。

5. 不征税收入

收入总额中的下列收入为不征税收入：

（1）财政拨款。

财政拨款，是指各级政府对纳入预算管理的事业单位、社会团体等组织拨付的财政资金，但国务院及财政部、国家税务总局另有规定的除外。

（2）依法收取并纳入财政管理的行政事业性收费、政府性基金。

行政事业性收费，是指企业根据法律、行政法规、地方性法规等有关规定，依照国务院规定程序批准，向特定服务对象收取并纳入预算管理的费用。

政府性基金，是指企业根据法律、行政法规等有关规定，代政府收取的具有专项用途的财政资金。

（3）国务院规定的其他不征税收入。

其他不征税收入，是指企业取得的税收返还及国务院财政、税务主管部门规定专门用途的财政性资金。

6. 免税收入

企业的下列收入为免税收入：

（1）国债利息收入。

国债利息收入免税，国债转让收入征税。要准确划分国债利息收入和国债转让收入，划清征免界限。

持有期间尚未兑付的国债利息收入，按以下公式计算确定：

$$国债利息收入 = 国债金额 \times (适用年利率 \div 365) \times 持有天数$$

【例 8-5】 某企业购入政府发行的年利息 4.5% 的一年期国债 1000 万元，持有 300 天时以 1040 万元的价格转让。则该笔收入中免税的国债利息收入：

$$国债利息收入 = 1000 \times (4.5\% \div 365) \times 300 = 36.99（万元）$$

36.99 万元国债利息收入免税；但国债转让收入 1003.01 万元（1040 − 36.99）不属于免税收入。

（2）符合条件的居民企业之间的股息、红利等权益性投资收益。

"符合条件"是指必须是居民企业之间的直接投资；不包括连续持有居民企业公开发行并上市流通的股票不足 12 个月取得的投资收益。

（3）在中国境内设立机构、场所的非居民企业从居民企业取得与该机构、场所有实际联系的股息、红利等权益性投资收益。

此项免税收入也必须来源于居民企业；不包括连续持有居民企业公开发行并上市流通的股票不足 12 个月取得的投资收益。

（4）符合条件的非营利组织的收入。

非营利组织的非营利收入免税。符合条件的非营利组织下列收入为免税收入：

① 接受其他单位或者个人捐赠的收入；

② 除《中华人民共和国企业所得税法》第七条规定的财政拨款以外的其他政府补助收入，但不包括因政府购买服务取得的收入；
③ 按照省级以上民政、财政部门规定收取的会费；
④ 不征税收入和免税收入孳生的银行存款利息收入；
⑤ 财政部、国家税务总局规定的其他收入。

8.4.2 企业所得税的扣除项目

1．扣除项目应遵循的原则

纳税人在生产经营活动中所发生的费用支出必须严格区分经营性支出和资本性支出。资本性支出不得在发生当期直接扣除，必须按税法法规规定分期折旧、摊销或计入有关投资的成本。纳税人申报的扣除项目要真实、合法。真实是指能够提供国家允许使用的有效证明，证明其相关支出确属已经实际发生；合法是指符合国家的税收法规的规定，其他法规规定与税收法规规定不一致的，以税收法规规定为标准。除税收法规另有规定者外，税前扣除的确认一般应遵循以下原则：

（1）权责发生制原则，即纳税人应在费用发生时而不是实际支付时确认扣除。

（2）配比原则，即纳税人发生的费用应在费用应配比或应分配的当期申报扣除。纳税人某一纳税年度应申报的可扣除费用不得提前或滞后申报扣除。

（3）相关性原则，即纳税人可扣除的费用从性质和根源上必须与取得的应税收入相关。

（4）确定性原则，即纳税人可扣除的费用不论何时支付，其金额必须是确定的。

（5）合理性原则，即纳税人可扣除费用的计算和分配方法应符合一般的经营常规和会计惯例。

2．扣除项目的一般规定

企业实际发生的与取得收入有关的、合理的支出，包括成本、费用、税金、损失和其他支出，准予在计算应纳税所得额时扣除。

企业实际发生的与取得收入有关的支出是指与取得收入直接相关的支出，合理的支出是指符合经营活动常规应计入资产成本或当期损益的必要与正常的支出。企业发生的支出应区分为收益性支出和资本性支出。收益性支出在发生当期直接扣除；资本性支出应当分期扣除或者计入有关资产成本，不得在发生当期直接扣除。

成本是指企业在生产经营活动中发生的销售成本、销货成本、业务支出及其他耗费。

费用是指企业在生产经营活动中发生的销售费用、管理费用和财务费用，已计入成本的有关费用除外。

税金是指企业实际发生的除所得税和允许抵扣的增值税以外的各项税金及附加。

损失是指企业经营活动中发生的固定资产和存货的盘亏、毁损、报废净损失，转让财产损失，呆账损失，坏账损失，以及遭受自然灾害等不可抗力因素造成的非常损失及其他损失。其中资产盘亏、毁损、报废净损失，是指资产盘亏、毁损、报废损失减除责任人赔偿和保险赔款后的余额。企业发生的损失，减除责任人赔偿和保险赔款后的余额，按照国务院财政、税务主管部门的规定扣除。企业已作为损失处理的资产,在以后年度全部或部分收回时,应计入当期收入。

其他支出是指除成本、费用、税金、损失外,企业经营活动中发生的与生产经营活动有关的、合理的支出。

【例 8-6】 某企业当期销售货物实际缴纳增值税 20 万元、消费税 15 万元、城建税 2.45 万元、教育费附加 1.05 万元,还缴纳房产税 1 万元、城镇土地使用税 0.5 万元、印花税 0.6 万元,企业当期所得税前可扣除的税金和附加合计为

$$15+2.45+1.05+1+0.5+0.6=20.6(万元)$$

其中,随营业税金及附加在所得税前扣除 $= 15+2.45+1.05 = 18.5$(万元);
随管理费用在所得税前扣除 $= 1+0.5+0.6 = 2.1$(万元)。

3. 扣除项目的具体标准

1)工资、薪金支出

企业发生的合理的工资、薪金支出准予据实扣除。

关于"合理的工资、薪金",是指企业按照股东大会、董事会、薪酬委员会或相关管理机构制定的工资薪金制度规定实际发放给员工的工资、薪金。

属于国有性质的企业,其工资薪金不得超过政府有关部门给予的限定数额;超过部分,不得计入企业工资薪金总额,也不得在计算企业应纳税所得额时扣除。

接受外部劳务派遣用工,按照合同协议支付给派遣单位的属于劳务费支出;直接支付给个人的属于工资薪金或福利费支出。

2)职工福利费、工会经费、职工教育经费

职工福利费、工会经费、职工教育经费三项费用采用的是"据实支出、限度控制"的方法。其不超过工资薪金总额的 14%、2%、8%的部分准予扣除,其中教育经费超支的,可结转下年,用以后年度未用完的限额扣除。

3)社会保险费和其他保险费

保险费的扣除规则如图 8-1 所示。

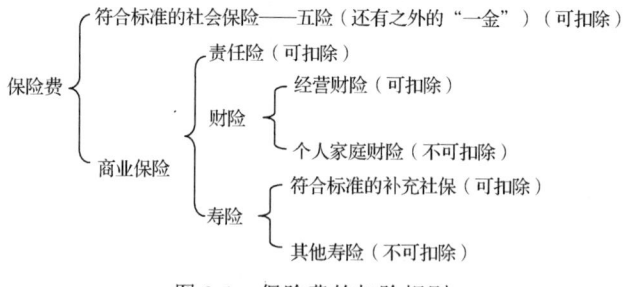

图 8-1 保险费的扣除规则

4)利息费用

(1)非金融企业向金融企业借款的利息支出、金融企业的各项存款利息支出和同业拆借利息支出、企业经批准发行债券的利息支出可据实扣除。

（2）非金融企业向非金融企业借款的利息支出，不超过按照金融企业同期同类贷款利率计算的数额的部分可据实扣除，超过部分不许扣除。

"同期同类贷款利率"是指在贷款期限、贷款金额、贷款担保及企业信誉等条件基本相同的情况下，金融企业提供贷款的利率。该利率既可以是金融企业公布的同期同类平均利率，也可以是金融企业对某些企业提供的实际贷款利率。

【例8-7】 某公司2021年度"财务费用"账户中利息，包括以年利率8%向银行借入的9个月期的生产周转用资金300万元的借款利息，也包括10.5万元的向非金融企业借入的与前述向银行借款同期的生产周转用100万元资金的借款利息。该公司2021年度可在计算应纳税所得额时扣除的利息费用：

可在计算应纳税所得额时扣除的银行利息费用 = 300×8%÷12×9 = 18（万元）；

向非金融企业借入款项可扣除的利息费用限额 = 100×8%÷12×9 = 6（万元），该企业支付的利息超过同类同期银行贷款利率，只可按照限额扣除。

该公司2021年度可在计算应纳税所得额时扣除的利息费用 = 18+6 = 24（万元）。

（3）关联企业利息费用的扣除：

关联企业利息费用的扣除要进行两个合理性的衡量——总量的合理性和利率的合理性。

第一个合理性——通过债资比例来判别关联借款总量是否超标。

政策给定债资比例，金融企业5∶1，其他企业2∶1。

结构合理性的衡量结果——超过债资比例的利息不得在当年和以后年度扣除。

第二个合理性——通过合理利率标准来判别那些未超过债资比例的利息是否符合合理的水平，使利率水平符合合理性。

5）借款费用

所谓借款费用，是指企业因借款而发生的利息及其他相关成本，包括借款利息、折价或者溢价的摊销、辅助费用及因外币借款而发生的汇兑差额。

企业在生产经营活动中发生的合理的不需要资本化的借款费用，准予扣除。

企业为购置、建造固定资产、无形资产和经过12个月以上的建造才能达到预定可销售状态的存货发生借款的，在有关资产购置、建造期间发生的合理的借款费用，应当作为资本性支出计入有关资产的成本，并依照税法的规定扣除；有关资产交付使用后发生的借款利息，可在发生当期扣除。

6）汇兑损失

汇率折算形成的汇兑损失，除已经计入有关资产成本及与向所有者进行利润分配相关的部分外，准予扣除。

7）业务招待费

企业发生的与生产经营活动有关的业务招待费支出，按照发生额的60%扣除，但最高不得超过当年销售（营业）收入的5‰。

对从事股权投资业务的企业（包括集团公司总部、创业投资企业等），其从被投资企业所分配的股息、红利及股权转让收入，可以按规定的比例计算业务招待费扣除限额。

【例8-8】某企业2021年销售货物收入3300万元，视同销售货物收入600万元，包装物出租收入100万元，接受捐赠收入20万元，债务重组收益10万元，当年实际发生业务招待费30万元，该企业当年可在所得税前列支的业务招待费金额：

确定计算招待费的基数 = 3300 + 600 + 100 = 4000（万元）；

接受捐赠收入、债务重组收益均属于营业外收入范畴，不能作为计算业务招待费的基数。

招待费开支标准为发生额的60%，即 30 × 60% = 18（万元）；

招待费开支限额：4000 × 5‰ = 20（万元）。

两数据比大小后择其小者：其当年可在所得税前列支的业务招待费金额是18万元。

8）广告费和业务宣传费

企业每一纳税年度发生的符合条件的广告费和业务宣传费，除国务院财政、税务主管部门另有规定外，不超过当年销售（营业）收入15%的部分，准予扣除；超过部分，准予在以后纳税年度结转扣除。自2021年1月1日起至2025年12月31日，对化妆品制造或销售、医药制造和饮料制造（不含酒类制造）企业发生的广告费和业务宣传费支出，不超过当年销售（营业）收入30%的部分，准予扣除；超过部分，准予在以后纳税年度结转扣除。对烟草企业的烟草广告费和业务宣传费支出，一律不得在计算应纳税所得额时扣除。

【例8-9】2021年某服装生产企业实现商品销售收入2000万元，另发生现金折扣100万元，接受捐赠收入100万元，获得投资收益20万元。该企业当年实际发生业务招待费30万元，广告费240万元（已取得相应发票），业务宣传费80万元。计算该企业在计算应纳税所得额时可扣除的业务招待费、广告费、业务宣传费合计数。

【答案及解析】销售商品涉及现金折扣，应按照扣除现金折扣前的金额确定销售收入。业务招待费按发生额的60%扣除，但不得超过当年销售（营业）收入的5‰；广告费和业务宣传费不超过当年销售（营业）收入的15%的部分，准予扣除。

可扣除业务招待费：2000 × 5‰ = 10（万元）< 30 × 60% = 18（万元），可扣除业务招待费10万元；

可扣除广告费、业务宣传费：2000 × 15% = 300（万元）< 320万元（240 + 80），可扣除广告费和业务宣传费300万元；

可税前扣除的业务招待费、广告费和业务宣传费合计 = 10 + 300 = 310（万元）。

9）租赁费

企业根据生产经营活动租入固定资产支付的租赁费，按照以下方法扣除：

（1）属于经营性租赁发生的租入固定资产的租赁费，根据租赁期限均匀扣除；

（2）属于融资性租赁发生的租入固定资产的租赁费，构成融资租入固定资产价值的部分应当提取折旧费用，分期扣除；租赁费支出不得直接扣除。

10）劳动保护费

劳动保护支出是指确因工作需要为雇员配备或提供工作服、手套、安全保护用品、防暑降温用品等所发生的支出。企业发生的合理的劳动保护支出，准予扣除。

11）公益性捐赠支出

企业发生的公益性捐赠支出，在年度利润总额12%以内的部分，准予在计算应纳税所得额时扣除；超过年度利润总额12%的部分，准予以后三年内在计算应纳税所得额时结转扣除。《中华人民共和国慈善法》规定的公益活动包括以下内容：①扶贫、济困；②扶老、救孤、恤病、助残、优抚；③救助自然灾害、事故灾难和公共卫生事件等突发事件造成的损害；④促进教育、科学、文化、卫生、体育等事业的发展；⑤防治污染和其他公害，保护和改善生态环境；⑥符合本法规定的其他公益活动。

公益性社会团体，是指同时符合下列条件的基金会、慈善组织等社会团体：依法成立，具有社团法人资格；以发展公益事业为宗旨，并不以营利为目的；全部资产及其增值为公益法人所有；收益和营运结余主要用于所创设目的的事业；终止或解散时，剩余财产不归属任何个人或营利组织；不经营与其设立公益目的无关的业务；有健全的财务会计制度；具有不为私人谋利的组织机构；捐赠者不以任何形式参与公益性社会团体的分配，也没有对该组织财产的所有权；符合国务院财政、税务主管部门规定的其他条件。

年度利润总额，是指企业按照国家统一会计制度的规定计算的年度会计利润。

【例8-10】某居民企业按照规定计算出利润总额300万元，当年直接到受灾现场给受灾灾民发放慰问金10万元，通过省级人民政府机关对受灾地区捐赠30万元，其当年捐赠应调整应纳税所得额多少万元？

【答案及解析】

其当年可在企业所得税前列支的公益性捐赠限额 = 300 × 12% = 36（万元）。

通过省级人民政府机关对受灾地区的捐赠30万元低于限额36万元，所以可以全额在税前扣除，不需纳税调整。

直接给受赠人的捐赠在企业所得税前不得扣除。所以当年捐赠应调增应纳税所得额10万元。

思政小课堂

推动慈善捐赠，改善财富分配格局

我国目前鼓励慈善捐赠的税收优惠主要集中在企业所得税、个人所得税两个税种上，即企业发生的公益性捐赠支出，在年度利润总额12%以内的部分，准予在计算应纳税所得额时扣除；个人公益性捐赠额未超过纳税义务人申报的应纳税所得额30%的部分，可以从其应纳税所得额中扣除。为了鼓励应对突发事件的慈善捐赠行为，政府及时出台了更具针对性的税收优惠政策，比如新冠肺炎疫情发生后，财税部门迅速出台了支持疫情防控有关捐赠税收政策，不仅允许特定捐赠在计算应纳税所得额时全额扣除，还在增值税、消费税、城市维护建设税等方面给予减免优惠。

鼓励慈善捐赠的税收优惠政策在捐赠方、社会组织与受益人之间搭建良性互动桥梁，有效推动收入的第三次分配，改善财富的分配格局。第三次分配是指先富起来的高收入群体或企业自愿将其可支配收入或利润，以捐赠、资助、募集等慈善公益方式进行财富资源的再分配。同由政府主导的收入再分配相比，第三次分配是由社会所主导的，而且

> 满足了自愿性，个人或者企业通常是在道德和社会责任的驱使下进行公益性捐赠。税收激励措施可以有效激励纳税人进行慈善捐赠，鼓励人们积极参与助老、扶幼、普及文化教育等公益服务，有助于实现收入的第三次分配。

12）手续费及佣金支出

企业发生的与生产经营有关的手续费、佣金支出，有五个方面的限制：

（1）手续费、佣金有支付对象限制。手续费、佣金的支付对象应该是具有合法经营资格的中介服务企业或个人，不能是本企业雇员，也不能是履行购买职务的购买方人员（含代理人、代表人）。企业应与具有合法经营资格的中介服务企业或个人签订代办协议或合同，并按国家有关规定支付手续费及佣金。

（2）手续费及佣金支出有计算基数和开支比例限制。对于保险企业，自 2019 年 1 月 1 日起，保险企业发生与其经营活动有关的手续费及佣金支出，不超过当年全部保费收入扣除退保金等后余额的18%（含本数）的部分，在计算应纳税所得额时准予扣除；超过部分，允许结转以后年度扣除。对于其他企业，按与具有合法经营资格中介服务机构或个人（不含交易双方及其雇员、代理人和代表人等）所签订服务协议或合同确认的收入金额的 5%计算限额。

（3）手续费及佣金支出不能计入回扣、业务提成、返利、进场费等费用。

（4）手续费和佣金有支付方式限制。除委托个人代理外，企业以现金等非转账方式支付的手续费及佣金不得在税前扣除。

（5）资本化及权益化的手续费、佣金不得扣除。如企业为发行权益性证券支付给有关证券承销机构的手续费及佣金，不得在税前扣除。

13）境外总机构管理费

非居民企业在中国境内设立的机构、场所，就其中国境外总机构发生的与该机构、场所生产经营有关的费用，能够提供总机构出具的费用汇集范围、定额、分配依据和方法等证明文件，并合理分摊的，准予扣除。

14）其他项目

如会员费、合理的会议费、差旅费、违约金、诉讼费用等，准予扣除。

4．不得扣除的项目

企业在计算应纳税所得额时，下列支出不得扣除：

（1）向投资者支付的股息、红利等权益性投资收益款项；

（2）企业所得税税款；

（3）税收滞纳金；

（4）罚金、罚款和被没收财物的损失；

（5）超过规定标准的捐赠支出；

（6）赞助支出（指企业发生的与生产经营活动无关的各种非广告性质的赞助支出）；

（7）未经核定的准备金支出（指不符合国务院财政、税务主管部门规定的各项资产减值准备、风险准备等准备金支出）；

（8）企业之间支付的管理费、企业内营业机构之间支付的租金和特许权使用费，以及非银行企业内营业机构之间支付的利息；

（9）与取得收入无关的其他支出。

8.4.3 亏损的弥补

1. 企业纳税年度发生的亏损，准予向以后年度结转，用以后年度的所得弥补，但结转年限最长不得超过 5 年

【例 8-11】 下表为经税务机关审定的某国有企业 7 年的弥补亏损前的应纳税所得额的情况，假设该企业一直执行 5 年亏损弥补规定，计算该企业 7 年间须缴纳的企业所得税。

单位：万元

年　　度	2015	2016	2017	2018	2019	2020	2021
弥补亏损前的应纳税所得额	-100	10	-20	30	20	30	80

【答案及解析】

关于 2015 年的亏损，要用 2016—2020 年的所得弥补，尽管期间 2017 年亏损，也要占用 5 年抵亏期的一个抵扣年度，且先亏先补，2017 年的亏损须在 2015 年的亏损问题解决之后才能考虑。到了 2020 年，2015 年的亏损未弥补完，但 5 年抵亏期已满，还有 10 万元亏损，不得用 2021 年的应纳税所得额弥补。

2017 年之后的 2018 年至 2020 年之间的所得，已用于弥补 2015 年的亏损，2017 年的亏损只能用 2021 年所得弥补，在弥补 2017 年亏损后，2021 年应纳税所得额 = 80 - 20 = 60（万元），要计算纳税，应纳企业所得税税额 = 60×25% = 15（万元）。

2. 企业的境外分支机构亏损不得由该企业境内所得弥补——境外亏损不得跨国弥补

在汇总计算境外应纳税所得额时，企业在境外同一国家（地区）设立不具有独立纳税地位的分支机构，按照《中华人民共和国企业所得税法》及实施条例的有关规定计算的亏损，不得抵减其境内或他国（地区）的应纳税所得额，但可以用同一国家（地区）其他项目或以后年度的所得按规定弥补。

【提示】注意非实际亏损额的概念。企业在同一纳税年度的境内外所得加总为正数的，其境外分支机构发生的亏损，由于上述结转弥补的限制而发生的未予弥补的部分（以下称为非实际亏损额），今后在该分支机构的结转弥补期限不受 5 年期限制。

【例 8-12】 A 居民企业境内所得 100 万元；境外分支机构 B 亏损 65 万元。A 企业境内外净所得 = 100 - 65 = 35（万元）。

当年 A 企业在我国应缴纳企业所得税 100×25% = 25（万元），境外 B 机构的 65 万元亏损可以无限期向后结转弥补。

【例 8-13】 A 居民企业境内所得 100 万元；境外分支机构 B 亏损 140 万元。A 企业境内外净所得 = 100 - 140 = -40（万元）。

当年 A 企业在我国应缴纳企业所得税 100×25% = 25（万元），境外 B 机构的 100 万元亏损可以无限期向后结转弥补，而超过 100 万元盈利的 40 万元用不超过 5 年的期限弥补亏损。

3. 其他相关规定

（1）高新技术企业或科技型中小企业，亏损最长结转年限由5年延长至10年。

（2）企业筹办期间不计算为亏损年度，企业自开始生产经营的年度为开始计算企业损益的年度。企业从事生产经营之前进行筹办活动期间发生筹办费用支出，不得计算为当期的亏损，企业可以在开始经营之日的当年一次性扣除，也可以按照新税法有关长期待摊费用的处理规定处理，但一经选定，不得改变。

（3）税务机关对企业以前年度纳税情况进行检查时调增的应纳税所得额，凡企业以前年度发生亏损且该亏损属于企业所得税法规定允许弥补的，应允许调增的应纳税所得额弥补该亏损。弥补该亏损后仍有余额的，按照企业所得税法规定计算缴纳企业所得税。

（4）对企业发现以前年度实际发生的、按照税收规定应在企业所得税前扣除而未扣除或者少扣除的支出，企业做出专项申报及说明后，准予追补至该项目发生年度计算扣除，但追补确认期限不得超过5年。

企业由于上述原因多缴的企业所得税税款，可以在追补确认年度企业所得税应纳税款中抵扣，不足抵扣的，可以向以后年度递延抵扣或申请退税。

小资料

企业损失弥补的国际惯例

企业的损失可分为经营损失、非经营损失和资本利亏三类。

对于企业的经营损失，通常可以用各类所得弥补，对于没有弥补完的损失，有以下三种处理方式：一是将损失转回到前几年，称为"回转"或"转回"（carry back），这样冲抵以前年度的应纳税所得，可能会形成退税；二是将损失向后续年度结转，称为"向后结转"或"结转"（carry forward），将损失转到以后年度，冲抵未来的利润或应纳税所得，会因此减轻以后年度的纳税义务；三是不允许损失结转。

对于非经营损失，许多国家有手续上和计算上的限制规则。

对于资本利亏，主要有两类处理方法：一类处理是同类相抵，资本利亏只能用同类收益冲抵；另一类是对损失不分类，可以用其他来源的所得冲抵。

8.5 资产的税务处理

《中华人民共和国企业所得税法》及相关法规规定了纳税人资产的税务处理，其目的是通过对资产的分类，区别资本性支出与收益性支出，确定准予扣除的项目和不准扣除的项目，正确计算应纳税所得额。资产的税务处理涉及资产的计价、折旧、摊销等问题。

企业的各项资产，包括固定资产、生物资产、无形资产、长期待摊费用、投资资产、存货等，以历史成本为计税基础。历史成本，是指企业取得该项资产时实际发生的支出。企业持有各项资产期间资产增值或者减值，除国务院财政、税务主管部门规定可以确认损益外，不得调整该资产的计税基础。

8.5.1 固定资产的税务处理

《中华人民共和国企业所得税法》规定纳税人的固定资产是指企业为生产产品、提供劳务、出租或经营管理而持有的、使用时间超过12个月（不含12个月）的非货币性长期资产，包括房屋、建筑物、机器、机械、运输工具及其他与生产经营有关的设备、器具、工具等。

1．固定资产的计税基础

（1）外购的固定资产，以购买价款和支付的相关税费及直接归属于使该资产达到预定用途发生的其他支出为计税基础；

（2）自行建造的固定资产，以竣工结算前发生的支出为计税基础；

（3）融资租入的固定资产，以租赁合同约定的付款总额和承租人在签订租赁合同过程中发生的相关费用为计税基础，租赁合同未约定付款总额的，以该资产的公允价值和承租人在签订租赁合同过程中发生的相关费用为计税基础；

（4）盘盈的固定资产，以同类固定资产的重置完全价值为计税基础；

（5）通过捐赠、投资、非货币性资产交换、债务重组等方式取得的固定资产，以该资产的公允价值和支付的相关税费为计税基础；

（6）改建的固定资产，除企业所得税法规定的已足额提取折旧的固定资产的改建支出和租入固定资产的改建支出外，以改建过程中发生的改建支出增加计税基础。

2．固定资产折旧的处理规定

（1）固定资产按照直线法计算的折旧，准予扣除。企业应当从固定资产使用月份的次月起计算折旧；停止使用的固定资产，应当从停止使用月份的次月起停止计算折旧。此外，企业还应当根据固定资产的性质和使用情况，合理确定固定资产的预计净残值。固定资产预计净残值一经确定，不得变更。

（2）固定资产折旧的计提年限。

除国务院财政、税务主管部门另有规定外，固定资产计算折旧的最低年限如下：

① 房屋、建筑物，为20年；
② 飞机、火车、轮船、机器、机械和其他生产设备，为10年；
③ 与生产经营活动有关的器具、工具、家具等，为5年；
④ 飞机、火车、轮船以外的运输工具，为4年；
⑤ 电子设备，为3年。

【例8-14】 某企业（增值税一般纳税人）6月购入一台不需要安装的生产设备，取得增值税专用发票上注明价款100万元，增值税税额13万元，购入设备发生运费，取得增值税专用发票上注明金额2万元，增值税0.18万元。该设备当月投入使用，假定该企业生产设备折旧年限为10年，预计净残值率5%，则该企业在企业所得税前扣除的该设备的月折旧额是多少万元？

【答案及解析】 购入设备及运费的进项税可以抵扣，则购入该设备的计税基础＝100＋2＝102（万元）；

该设备可提折旧金额＝102×（1－5%）＝96.9（万元）；

该设备月折旧额＝96.9÷（10×12）＝0.81（万元）。

（3）下列固定资产不得计算折旧扣除：

① 房屋、建筑物以外未投入使用的固定资产；

② 以经营租赁方式租入的固定资产；

③ 以融资租赁方式租出的固定资产；

④ 已足额提取折旧仍继续使用的固定资产；

⑤ 与经营活动无关的固定资产；

⑥ 单独估价作为固定资产入账的土地；

⑦ 其他不得计算折旧扣除的固定资产。

（4）固定资产的改扩建：

企业对房屋、建筑物固定资产在未足额提取折旧前进行改扩建的，如属于推倒重置的，该资产原值减除提取折旧后的净值，应并入重置后的固定资产计税成本，并在该固定资产投入使用后的次月起，按照税法规定的折旧年限，一并计提折旧；

如属于提升功能、增加面积的，该固定资产的改扩建支出，并入该固定资产计税基础，并从改扩建完工投入使用后的次月起，重新按税法规定的该固定资产折旧年限计提折旧，该改扩建后的固定资产尚可使用的年限低于税法规定的最低年限的，可以按尚可使用的年限计提折旧。

8.5.2 生物资产的税务处理

生物资产分为消耗性生物资产、生产性生物资产和公益性生物资产。

1. 生物资产的计税基础

生产性生物资产，是指企业为生产农产品、提供劳务或者出租等而持有的生物资产，包括经济林、薪炭林、产畜和役畜等。生产性生物资产按照以下方法确定计税基础：

（1）外购的生产性生物资产，以购买价款和支付的相关税费为计税基础；

（2）通过捐赠、投资、非货币性资产交换、债务重组等方式取得的生产性生物资产，以该资产的公允价值和支付的相关税费为计税基础。

2. 生物资产的折旧

生产性生物资产按照直线法计算的折旧，准予扣除。

生产性生物资产计算折旧的最低年限如下：

（1）林木类生产性生物资产，为10年；

（2）畜类生产性生物资产，为3年。

8.5.3 无形资产的税务处理

无形资产，是指企业为生产商品、提供劳务、出租给他人，或为管理目的而持有的、没有实物形态的非货币性长期资产，包括专利权、商标权、著作权、土地使用权、非专利技术、商誉等。

1．无形资产的计税基础

（1）外购的无形资产，以购买价款和支付的相关税费及直接归属于使该资产达到预定用途发生的其他支出为计税基础；

（2）自行开发的无形资产，以开发过程中该资产符合资本化条件后至达到预定用途前发生的支出为计税基础；

（3）通过捐赠、投资、非货币性资产交换、债务重组等方式取得的无形资产，以该资产的公允价值和支付的相关税费为计税基础。

2．无形资产的摊销

无形资产按照直线法计算的摊销费用，准予扣除。其摊销年限不得少于 10 年。

（1）作为投资或者受让的无形资产，在有关法律或协议、合同中规定使用年限的，可依其规定使用年限分期计算摊销。

（2）外购商誉的支出，在企业整体转让或清算时，准予扣除。

（3）下列无形资产不得计算摊销费用扣除：

① 自行开发的支出已在计算应纳税所得额时扣除的无形资产；

② 自创商誉；

③ 与经营活动无关的无形资产；

④ 其他不得计算摊销费用扣除的无形资产。

8.5.4 长期待摊费用的税务处理

长期待摊费用，是指企业发生的应在一个年度以上或几个年度进行摊销的费用。在计算应纳税所得额时，企业发生的下列支出作为长期待摊费用，按照规定摊销的，准予扣除。

1．已足额提取折旧的固定资产的改建支出

已足额提取折旧的固定资产的改建支出，是指企业改变房屋、建筑物结构，延长使用年限等发生的支出。这项改建支出应当增加该固定资产原值，其中延长固定资产使用年限的，还应当适当延长折旧年限，并相应调整计算折旧。

2．租入固定资产的改建支出

租入固定资产的改建支出，是指企业改变房屋、建筑物结构，延长使用年限等发生的支出。这项改建支出会增加该固定资产原值，其中延长固定资产使用年限的，还应当适当延长折旧年限，并相应调整计算折旧。

3．固定资产的大修理支出

固定资产的大修理支出，是指符合以下条件的支出：

（1）发生的支出达到取得固定资产的计税基础50%以上；

（2）发生修理后固定资产的使用寿命延长2年以上。

4．其他应当作为长期待摊费用的支出

其他应当作为长期待摊费用的支出，自支出发生月份的次月起，分期摊销，摊销年限不得低于3年。

8.5.5 存货的税务处理

存货是指企业持有以备出售的产成品或商品、处在生产过程中的在产品、在生产过程或提供劳务过程中耗用的材料和物料等。

存货按照以下方法确定成本：

（1）通过支付现金方式取得的存货，以购买价款和支付的相关税费为成本；

（2）通过支付现金以外的方式取得的存货，以该存货的公允价值和支付的相关税费为成本；

（3）生产性生物资产收获的农产品，以产出或者采收过程中发生的材料费、人工费和分摊的间接费用等必要支出为成本。

企业使用或者销售的存货的成本计算方法，可以在先进先出法、加权平均法、个别计价法中选用一种。计价方法一经选用，不得随意变更。

8.5.6 企业投资资产的计价规定

企业所得税法规定，企业对外投资期间，投资资产的成本在计算应纳税所得额时不得扣除。所谓投资资产，是指企业对外进行权益性投资和债权性投资形成的资产。

投资资产按照以下方法确定成本：

（1）通过支付现金方式取得的投资资产，以购买价款为成本；

（2）通过支付现金以外的方式取得的投资资产，以该资产的公允价值和支付的相关税费为成本。

企业对外投资期间，投资资产的成本在计算应纳税所得额时不得扣除，企业在转让或者处置投资资产时，投资资产的成本准予扣除。

投资企业从被投资企业撤回或减少投资，其取得的资产中，相当于初始出资的部分，应确认为投资收回；相当于被投资企业累计未分配利润和累计盈余公积按减少实收资本比例计算的部分，应确认为股息所得；其余部分确认为投资资产转让所得。

被投资企业发生的经营亏损，由被投资企业按规定结转弥补；投资企业不得调整减低其投资成本，也不得将其确认为投资损失。

【例8-15】甲企业作为乙企业的投资方对乙企业投资成本160万元，2021年1月乙企业进行清算，甲企业分得剩余资产204万元，其中含累计未分配利润和累计盈余公积24万元，甲、乙企业均属于境内居民企业，则该项业务甲企业分得的204万元中：

160万元为投资资本的收回（原投资就是160万元）；

24万元确认为股息红利所得；

应纳税所得额为 204 - 160 - 24 = 20 万元，20万元确认为股权转让所得，缴纳企业所得税。

8.5.7 税法规定与会计规定差异的处理

企业不能提供完整、准确的收入及成本、费用凭证，不能正确计算应纳税所得额的，由税务机关核定其应纳税所得额。

> **小贴士**
>
> **资本利得税**
>
> 资本利得税（Capital Gains Tax，CGT），是对资本利得（低买高卖资产所获收益）征税。常见的资本利得有买卖股票、债券、贵金属和房地产等所获得的收益。
>
> 资本利得在事实上增加了资本所有者的所得，同时增加了资本所有者的负担能力，资本利得作为所得的一种形式，对其征税能够体现税收的公平原则。但是资本利得与其他所得又有一定的区别，资产增值的因素比较复杂，有价值增长因素，也有价格上涨、通货膨胀因素，其中还包含了部分价值补偿。因此，在对资本利得是否征税和如何征税的问题上，形成了三种不同的处理方法。
>
> （1）视同普通所得征税。大多数国家都将资本利得视同正常所得征税，但有些国家对所得中的资本利得项目给予不同的优惠规定，主要是对一些长期资本利得给予一定的税收优惠。
>
> （2）征收资本利得税。体现资本利得与一般所得的区别，单独设计征税规则和优惠规则。
>
> （3）对资本利得免税。对资本利得免税或免征部分资本项目所得税，以体现对资本利得的政策优惠。

8.6 资产损失税前扣除的所得税处理

8.6.1 资产损失的定义

资产是指企业拥有或者控制的、用于经营管理活动相关的资产，包括现金、银行存款、应收及预付款项（包括应收票据、各类垫款、企业之间往来款项）等货币性资产，存货、固定资产、无形资产、在建工程、生产性生物资产等非货币性资产，以及债权性投资和股权（权益）性投资。

准予在企业所得税税前扣除的资产损失，包括实际资产损失和法定资产损失。实际资产损失是指企业在实际处置、转让上述资产过程中发生的合理损失；法定资产损失是指企业虽未实际处置、转让上述资产，但按规定条件计算确认的损失。

8.6.2 资产损失的确认

1. 资产损失确认及扣除的基本规定

企业实际资产损失,应当在其实际发生且会计上已作损失处理的年度申报扣除;法定资产损失,应当在企业向主管税务机关提供证据资料证明该项资产已符合法定资产损失确认条件,且会计上已作损失处理的年度申报扣除。

企业发生的资产损失,应按规定的程序和要求向主管税务机关申报后方能在税前扣除。未经申报的损失,不得在税前扣除。

企业以前年度发生的资产损失未能在当年税前扣除的,可以按照规定,向税务机关说明并进行专项申报扣除。其中,属于实际资产损失的,准予追补至该项损失发生年度扣除,其追补确认期限一般不得超过 5 年,但因计划经济体制转轨过程中遗留的资产损失、企业重组上市过程中因权属不清出现争议而未能及时扣除的资产损失、因承担国家政策性任务而形成的资产损失及政策定性不明确而形成资产损失等特殊原因形成的资产损失,其追补确认期限经国家税务总局批准后可适当延长。属于法定资产损失的,应在申报年度扣除。

企业因以前年度实际资产损失未在税前扣除而多缴的企业所得税税款,可在追补确认年度企业所得税应纳税款中予以抵扣,不足抵扣的,向以后年度递延抵扣。

企业实际资产损失发生年度扣除追补确认的损失后出现亏损的,应先调整资产损失发生年度的亏损额,再按弥补亏损的原则计算以后年度多缴的企业所得税税款,并按前款办法进行税务处理。

2. 可扣除的资产损失的金额确认

坏账损失——除贷款类债权外的应收、预付账款,减除可收回金额后确认损失。

贷款类债权——按未能收回的贷款损失确认损失。

股权投资损失——投资额减除可收回金额后确认的无法收回的股权投资,可以作为股权投资损失。

固定资产和存货损失——盘亏的固定资产或存货,按该固定资产的账面净值或存货的成本减除责任人赔偿后的余额确认损失;毁损、报废的固定资产或存货,按该固定资产的账面净值或存货的成本减除残值、保险赔款和责任人赔偿后的余额确认损失;被盗的固定资产或存货,按该固定资产的账面净值或存货的成本减除保险赔款和责任人赔偿后的余额确认损失;对于企业因存货盘亏、毁损、报废、被盗等原因不得从增值税销项税额中抵扣的进项税额,可以与存货损失一起在计算应纳税所得额时扣除。

现金损失——按短缺额减除责任人赔偿后的余额扣除。

货币性存款存入的法定机构依法破产、清算或政府责令停业、关闭所产生的损失——按确实不能收回的部分确认损失。

8.6.3 资产损失税前扣除管理

企业在进行企业所得税年度汇算清缴申报时,可将资产损失申报材料和纳税资料作为企业所得税年度纳税申报表的附件一并向税务机关报送。

企业资产损失按其申报内容和要求的不同，分为清单申报和专项申报两种申报形式。其中，属于清单申报的资产损失，企业可按会计核算科目进行归类、汇总，然后再将汇总清单报送税务机关，有关会计核算资料和纳税资料留存备查；属于专项申报的资产损失，企业应逐项（或逐笔）报送申请报告，同时附送会计核算资料及其他相关的纳税资料。

企业在申报资产损失税前扣除过程中不符合上述要求的，税务机关应当要求其改正，企业拒绝改正的，税务机关有权不予受理。

1．清单申报方式

清单申报方式下，列举的损失一般都是企业正常经营管理活动发生的，损失情况简单并且业务量大。属于清单申报的资产损失，企业可按会计核算科目进行归类、汇总，然后再将汇总清单报送税务机关，有关会计核算资料和纳税资料留存备查。

下列资产损失，应以清单申报的方式向税务机关申报扣除：

（1）企业在正常经营管理活动中，按照公允价格销售、转让、变卖非货币资产的损失；

（2）企业各项存货发生的正常损耗；

（3）企业固定资产达到或超过使用年限而正常报废清理的损失；

（4）企业生产性生物资产达到或超过使用年限而正常死亡发生的资产损失；

（5）企业按照市场公平交易原则，通过各种交易场所、市场等买卖债券、股票、期货、基金及金融衍生产品等发生的损失。

2．专项申报方式

清单申报以外的资产损失，应以专项申报的方式向税务机关申报扣除。企业无法准确判别是否属于清单申报扣除的资产损失，可以采取专项申报的形式申报扣除。属于专项申报的资产损失，企业应逐项（或逐笔）报送申请报告，资产损失的会计核算资料及其他相关的纳税资料，由企业留存备查。

3．跨地区经营汇总企业资产损失的申报扣除

在中国境内跨地区经营的汇总纳税企业发生的资产损失，应按以下规定申报扣除：

（1）总机构及其分支机构发生的资产损失，除应按专项申报和清单申报的有关规定，各自向当地主管税务机关申报外，各分支机构同时还应上报总机构；

（2）总机构对各分支机构上报的资产损失，除税务机关另有规定外，应以清单申报的形式向当地主管税务机关进行申报；

（3）总机构将跨地区分支机构所属资产捆绑打包转让所发生的资产损失，由总机构向当地主管税务机关进行专项申报。

企业因国务院决定事项形成的资产损失，应向国家税务总局提供有关资料。国家税务总局审核有关情况后，将损失情况通知相关税务机关。企业应按本办法的要求进行专项申报。

4. 企业和税务机关应健全资产损失管理制度

企业应当建立健全资产损失内部核销管理制度，及时收集、整理、编制、审核、申报、保存资产损失税前扣除证据材料，方便税务机关检查。

税务机关应按分项建档、分级管理的原则，建立企业资产损失税前扣除管理台账和纳税档案，及时进行评估。对资产损失金额较大或经评估后发现不符合资产损失税前扣除规定或存有疑点、异常情况的资产损失，应及时进行核查。对有证据证明申报扣除的资产损失不真实、不合法的，应依法做出税收处理。企业发生的资产损失，应按规定的程序和要求向主管税务机关申报后方能在税前扣除。未经申报的损失，不得在税前扣除。

8.7 企业重组的所得税处理

8.7.1 企业重组的相关概念

企业重组，是指企业在日常经营活动以外发生的法律结构或经济结构重大改变的交易，包括企业法律形式改变、债务重组、股权收购、资产收购、合并、分立等。

企业法律形式改变是指企业注册名称改变、住所及企业组织形式等的简单改变，但符合规定的其他重组的类型除外。

债务重组是指债务人发生财务困难的情况下，债权人按照其与债务人达成的书面协议或者法院裁定书，就其债务人的债务做出让步的事项。

股权收购，是指一家企业（以下称为收购企业）购买另一家企业（以下称为被收购企业）的股权，以实现对被收购企业控制的交易。收购企业支付对价的形式包括股权支付、非股权支付或两者的组合。

资产收购，是指一家企业（以下称为受让企业）购买另一家企业（以下称为转让企业）实质经营性资产的交易。受让企业支付对价的形式包括股权支付、非股权支付或两者的组合。

合并是指一家或多家企业（以下称为被合并企业）将其全部资产和负债转让给另一家现存或新设企业（以下称为合并企业），被合并企业股东换取合并企业的股权或非股权支付，实现两个或两个以上企业的依法合并。

分立是指一家企业（以下称为被分立企业）将部分或全部资产分离转让给现存或新设的企业（以下称为分立企业），被分立企业股东换取分立企业的股权或非股权支付额。分立可以采取存续分立和新设分立两种形式。

企业重组支付对价的形式有以本企业或其控股企业的股权、股份作为支付的形式（股权支付）；也有以本企业的现金、银行存款、应收款项，本企业或其控股企业股权和股份以外的有价证券、存货、固定资产、其他资产及承担债务等作为支付的形式（非股权支付）。

8.7.2 企业重组业务的所得税处理

1. 一般性税务处理

企业由法人转变为个人独资企业、合伙企业等非法人组织，或将登记注册地转移至中华人民共和国境外（包括港澳台地区），应视同企业进行清算、分配，股东重新投资成立新企业。企业的全部资产及股东投资的计税基础均应以公允价值为基础确定。

企业发生其他法律形式简单改变的，可直接变更税务登记，除另有规定外，有关企业所得税纳税事项（包括亏损结转、税收优惠等权益和义务）由变更后企业承继，但因住所发生变化而不符合税收优惠条件的除外。

企业债务重组，相关交易应按以下规定处理：以非货币资产清偿债务，应当分解为转让相关非货币性资产、按非货币性资产公允价值清偿债务两项业务，确认相关资产的所得或损失；发生债权转股权的，应当分解为债务清偿和股权投资两项业务，确认有关债务清偿所得或损失；债务人应当按照支付的债务清偿额低于债务计税基础的差额，确认债务重组所得；债权人应当按照收到的债务清偿额低于债权计税基础的差额，确认债务重组损失；债务人的相关所得税纳税事项原则上保持不变。

企业股权收购、资产收购重组交易，相关交易应按以下规定处理：被收购方应确认股权、资产转让所得或损失；收购方取得股权或资产的计税基础应以公允价值为基础确定；被收购企业的相关所得税事项原则上保持不变。

企业合并，当事各方应按下列规定处理：合并企业应按公允价值确定接受被合并企业各项资产和负债的计税基础；被合并企业及其股东都应按清算进行所得税处理；被合并企业的亏损不得在合并企业结转弥补。

企业分立，当事各方应按下列规定处理：被分立企业对分立出去的资产应按公允价值确认资产转让所得或损失；分立企业应按公允价值确认接受资产的计税基础；被分立企业继续存在时，其股东取得的对价应视同被分立企业分配进行处理；被分立企业不再继续存在时，被分立企业及其股东都应按清算进行所得税处理；企业分立相关企业的亏损不得相互结转弥补。

2. 企业重组特殊性税务处理规定

（1）企业重组同时符合下列条件的，适用特殊性税务处理规定：
① 具有合理的商业目的，且不以减少、免除或者推迟缴纳税款为主要目的；
② 被收购、合并或分立部分的资产或股权比例符合本通知规定的比例；
③ 企业重组后的连续 12 个月内不改变重组资产原来的实质性经营活动；
④ 重组交易对价中涉及股权支付金额符合本通知规定比例；
⑤ 企业重组中取得股权支付的原主要股东，在重组后连续 12 个月内，不得转让所取得的股权。

（2）特殊税务处理。

企业重组符合通知规定的上述 5 个条件的，交易各方对其交易中的股权支付部分，可以按规定进行特殊性税务处理：

① 企业债务重组确认的应纳税所得额占该企业当年应纳税所得额 50%以上，可以在 5 个纳税年度的期间内，均匀计入各年度的应纳税所得额。

企业发生债权转股权业务，对债务清偿和股权投资两项业务暂不确认有关债务清偿所得或损失，股权投资的计税基础以原债权的计税基础确定。企业的其他相关所得税事项保持不变。

② 股权收购、资产收购、企业合并、分立等行为，在符合规定目的和比例的前提下，对股权支付部分不确认所得、保持原计税基础、有条件的免税（实施税收递延）。

企业重组的税务处理规定如表 8-3 所示。

表 8-3 企业重组税务处理规定

企业重组		具体规定
一般性税务处理		按公允价值确认资产的转让所得或损失，按公允价值确认资产或负债的计税基础
特殊性税务处理	非股权支付部分	
	股权支付部分	暂不确认有关资产的转让所得或损失，按原计税基础确认新资产或负债的计税基础

8.7.3 企业清算的相关规定

依照法律法规、章程协议终止经营或应税重组中取消独立纳税人资格的企业，应按照国家有关规定进行清算，并就清算所得计算缴纳企业所得税。企业的全部资产可变现价值或交易价格减除资产的计税基础、清算费用、相关税费及债务清偿损益等后的余额为清算所得。

企业从被清算方分得的剩余资产，与企业累计未分配利润和累计盈余公积相当的部分，应确认为股息所得；剩余资产扣除股息所得后的余额，超过或低于所有者投资成本的部分，应确认为所有者的投资转让所得或损失。

企业全部资产的可变现价值减除清算费用，职工的工资、社会保险费用和法定补偿金，缴纳以往年度欠税、清算期间所得税，清偿公司债务后是企业可以向所有者分配的剩余资产。

企业只改变法律形式或地址，有关资产可不视为转让，不进行清算和分配。

8.8 企业所得税的税收优惠

企业所得税法的税收优惠方式包括免税、减税、加计扣除、加速折旧、减计收入、税额抵免等。

8.8.1 企业的主要税收优惠规定

1. 税基式减免优惠（减免所得额、加计扣除、加速折旧、减计收入）

【提示】（1）～（8）项减免税在企业所得税申报表上体现出对所得额减免，所以归入税基式减免。

（1）国家重点扶持的公共基础设施项目投资经营的所得。国家重点扶持公共基础设施项目的投资经营所得，从项目取得第一笔生产经营收入所属年度起，第一年至第三年免征企业所得税，第四年至第六年减半征收企业所得税。国家重点扶持的公共基础设施项目是指《公共基础设施项目企业所得税优惠目录》内的港口码头、机场、铁路、公路、电力、水利等项目。《公共基础设施项目企业所得税优惠目录》由国务院财政、税务主管部门会同有关部门共同制定。企业承包经营、承包建设和内部自建自用以上项目，不得享受企业所得税优惠。

（2）企业从事农、林、牧、渔业项目，可以免征、减征企业所得税。

① 企业从事下列项目的所得，免征企业所得税：
- 蔬菜、谷物、薯类、油料、豆类、棉花、麻类、糖料的种植；
- 农作物新品种的选育；
- 中药材的种植；
- 林木的培育和种植；
- 牲畜、家禽的饲养；
- 林产品的采集；
- 灌溉、农产品初加工、兽医、农技推广、农机作业和维修等农、林、牧、渔服务业项目；
- 远洋捕捞。

② 企业从事下列项目的所得，减半征收企业所得税：
- 花卉、茶及其他饮料作物和香料作物的种植；
- 海水养殖、内陆养殖。

（3）从事符合条件的环境保护、节能节水项目的所得。符合条件的环境保护、节能节水项目的所得，从项目取得第一笔生产经营收入所属年度起，第一年至第三年免征企业所得税，第四年至第六年减半征收企业所得税。符合条件的环境保护、节能节水项目，包括公共污水处理、公共垃圾处理、沼气综合开发利用、风力发电、太阳能发电、潮汐发电、海水淡化等，具体条件和范围由国务院财政、税务主管部门另行制定。

（4）企业购置并实际使用《环境保护专用设备企业所得税优惠目录》《节能节水专用设备企业所得税优惠目录》和《安全生产专用设备企业所得税优惠目录》规定的环境保护、节能节水、安全生产等专用设备的，该专用设备的投资额的10%可以从企业当年的应纳税额中抵免；当年不足抵免的，可以在以后5个纳税年度结转抵免。

享受规定的企业所得税优惠的企业，应当实际购置并自身实际投入使用前款规定的专用设备；企业购置上述专用设备在5年内转让、出租的，应当停止享受企业所得税优惠，并补缴已经抵免的企业所得税税款。

（5）符合条件的技术转让所得。符合条件的技术转让所得，500万元以内的部分免征企业所得税，500万元以上的部分减半征收企业所得税。关联方之间发生技术转让所取得的技术转让所得，不适用上述规定。

（6）对经济特区和上海浦东新区内在2008年1月1日（含）之后完成登记注册的国家需要重点扶持的高新技术企业，在经济特区和上海浦东新区内取得的所得，自取得第一笔生产经营收入所属纳税年度起,第一年至第二年免征企业所得税,第三年至第五年按照25%的法定税率减半征收企业所得税。

（7）对符合条件的节能服务公司实施合同能源管理项目,符合企业所得税税法有关规定的,自项目取得第一笔生产经营收入所属纳税年度起,第一年至第三年免征企业所得税,第四年至第六年按照25%的法定税率减半征收企业所得税。

（8）自2020年1月1日起,对北京市中关村国家自主创新示范区内公司型创业投资企业,转让持有3年以上股权的所得占年度股权转让所得总额的比例超过50%的,按照年末个人股东持股比例减半征收当年企业所得税;转让持有5年以上股权的所得占年度股权转让所得总额的比例超过50%的,按照年末个人股东持股比例免征当年企业所得税。

（9）用减计收入的方法缩小税基的优惠：企业综合利用资源,生产符合国家产业政策规定的产品所取得的收入,可以在计算应纳税所得额时减计收入。企业以《资源综合利用企业所得税优惠目录》内的资源作为主要原材料,生产非国家限定并符合国家和行业相关标准的产品所取得的收入,减按90%计入收入总额。

（10）用加计扣除的方法减少税基的优惠：开发新技术、新产品、新工艺发生的研究开发费用。企业为开发新技术、新产品、新工艺发生的研究开发费用,未形成无形资产计入当期损益的,在按规定实行75%扣除基础上,按研究开发费用的75%加计扣除;形成无形资产的,按无形资产成本的175%进行摊销。制造业企业开展研发活动中实际发生的研发费用,未形成无形资产计入当期损益的,在按规定据实扣除的基础上,自2021年1月1日起,再按照实际发生额的100%在税前加计扣除;形成无形资产的,自2021年1月1日起,按照无形资产成本的200%在税前摊销。

安置残疾人员及国家鼓励安置的其他就业人员所支付的工资。企业安置残疾人员的,按实际支付给残疾职工工资的100%加计扣除。残疾人员是指经认定的视力、听力、言语、肢体、智力和精神残疾人员。

（11）用单独计算扣除的方法减少税基的优惠：创业投资企业从事国家需要重点扶持和鼓励的创业投资,可以按投资额的一定比例抵扣应纳税所得额。创业投资企业采取股权投资方式投资于未上市的中小高新技术企业2年以上的,可按其对中小高新技术企业投资额的70%在股权持有满2年的当年抵扣该创业投资企业的应纳税所得额,符合抵扣条件并在当年不足抵扣的,可在以后纳税年度逐年延续抵扣。其中中小高新技术企业是指企业职工人数不超过500人、年销售收入不超过2亿元、资产总额不超过2亿元的高新技术企业。

（12）用加速折旧的方法影响税基：企业的固定资产由于技术进步等原因,确需加速折旧的,可以采取缩短折旧年限或者加速折旧的方法。采取缩短折旧年限或者加速折旧方法的固定资产,包括：

① 由于科技进步,产品更新换代较快的固定资产;
② 常年处于强震动、高腐蚀状态的固定资产;
③ 国务院财政、税务主管部门规定的其他固定资产。

采取缩短折旧年限方法的,最短不得低于企业所得税法实施条例规定折旧年限的60%;采取加速折旧方法的,可以采取双倍余额递减法或年数总和法。

2. 税率式减免优惠（减低税率）

（1）国家需要重点扶持的高新技术企业，减按15%的税率征收企业所得税。

（2）符合条件的小型微利企业，减按20%的税率征收企业所得税。

① 小型微利企业认定的条件——四项。

小型微利企业认定的条件如表8-4所示。

表8-4 小型微利企业认定的条件

必备条件	2018年度要求	2019年度要求
企业性质	全部生产经营活动产生的所得均负有我国企业所得税纳税义务的企业且从事国家非限制和禁止行业（包括采取查账征收方式和核定征收方式的企业）；不能是非居民企业	
盈利水平及所得优惠	年度应纳税所得额不超过100万元（含），减按50%计入应纳税所得额	自2021年1月1日至2022年12月31日，对小型微利企业年应纳税所得额不超过100万元的部分，减按12.5%计入应纳税所得额；自2022年1月1日至2024年12月31日，对年应纳税所得额超过100万元但不超过300万元的部分，减按25%计入应纳税所得额
从业人数	工业企业：不超过100人 其他企业：不超过80人	不超过300人（不分行业）
资产总额	工业企业：不超过3000万元 其他企业：不超过1000万元	不超过5000万元（不分行业）
优惠税率	20%	

② 小型微利企业税收优惠的手续——自行享受，无须审批。

3. 税额式减免优惠（免税、减税、税额抵免）

（1）企业购置并实际使用规定的环境保护、节能节水、安全生产等专用设备的投资额的10%抵免应纳税额。

（2）民族自治地方的自治机关对本民族自治地方的企业应缴纳的企业所得税中属于地方分享的部分，可以决定减征或者免征。自治州、自治县决定减征或者免征的，须报省、自治区、直辖市人民政府批准。

思政小课堂

帮扶中小微企业，推动共同富裕

我国中小微企业是创业致富的主要群体，数量十分庞大，也是稳就业和促进社会和谐的重要力量。2018年以来，我国出台了多项针对中小微企业的税收优惠政策，多次放宽小微企业的认定标准，实行减计应纳税所得额和税率减免税收优惠。为了给受新冠疫情冲击最严重的中小微企业和个体工商户纾难解困，政府进一步出台了一系列阶段性、结构性减税政策。这些税收优惠措施实质性地减轻了中小微企业的税收负担，提升了市场创业活力和吸纳就业人数，有助于中小微企业稳定经营、持续增收；为中小微企业持续、健康发展营造了优良营商环境，提高了社会生产力，为推进共同富裕发挥中坚力量。

8.8.2 非居民企业税收优惠规定

非居民企业税收优惠种类和主要规定如表 8-5 所示。

表 8-5 非居民企业税收优惠种类和主要规定

优惠种类	具体规定
减按低税率	非居民企业减按 10% 的税率征收企业所得税
免征企业所得税	非居民企业的下列所得免征企业所得税： （1）外国政府向中国政府提供贷款取得的利息所得； （2）国际金融组织向中国政府和居民企业提供优惠贷款取得的利息所得； （3）经国务院批准的其他所得

8.9 企业所得税的税额计算

8.9.1 居民企业应纳税额的计算

1. 居民企业应纳税额的核算征收

企业的应纳税所得额乘以适用税率，减除依照税法关于税收优惠的规定减免和抵免的税额后的余额，为应纳税额。用公式表示：

$$应纳税额 = 应纳税所得额 \times 适用税率 - 减免税额 - 抵免税额$$

减免税额和抵免税额，是指根据税法或者国务院的税收优惠规定减征、免征和抵免的应纳税额。

直接计算法的应纳税所得额计算公式：

$$应纳税所得额 = 收入总额 - 不征税收入 - 免税收入 - 各项扣除金额 - 弥补亏损$$

间接计算法的应纳税所得额计算公式：

$$应纳税所得额 = 会计利润总额 \pm 纳税调整项目金额$$

【例 8-16】 某电子设备制造企业 2021 年发生下列业务：

（1）销售产品收入 2000 万元；

（2）接受捐赠材料一批，取得赠出方开具的增值税发票，注明价款 10 万元，增值税 1.3 万元，企业找一运输公司将该批材料运回企业，支付运杂费 0.3 万元；

（3）转让一项商标所有权，取得营业外收入 60 万元；

（4）收取当年让渡资产使用权的专利实施许可费，取得其他业务收入 10 万元；

（5）取得国债利息 2 万元；

（6）全年销售成本和销售税金及附加合计 1000 万元；

（7）全年销售费用 500 万元，含广告费 400 万元，全年管理费用 300 万元，含招待费 80 万元，新产品研发费用 70 万元，全年财务费用 50 万元；

（8）全年营业外支出 40 万元，含通过政府部门对灾区捐款 20 万元，直接对私立小学捐款 10 万元，违反政府规定被工商局罚款 2 万元。

要求计算：
（1）该企业的会计利润总额；
（2）该企业对收入的纳税调整额；
（3）该企业对广告费用的纳税调整额；
（4）该企业对招待费的纳税调整额；
（5）该企业对研发费用的纳税调整额；
（6）该企业对营业外支出的纳税调整额；
（7）该企业应纳税所得额；
（8）该企业应纳所得税额。

答案：
（1）该企业的会计利润总额：
企业账面利润 = 2000 + 10 + 1.3 + 60 + 10 + 2 − 1000 − 500 − 300 − 50 − 40 = 193.3（万元）。
（2）该企业对收入的纳税调整额：
2 万元国债利息属于免税收入。
（3）该企业对广告费用的纳税调整额：
广告费限额 =（2000 + 10）× 15% = 301.5 万元；
广告费超支 = 400 − 301.5 = 98.5（万元）；
调增应纳税所得额 98.5 万元。
（4）该企业对招待费纳税调整额：
招待费限额计算：①80 × 60% = 48 万元；②（2000 + 10）× 5‰ = 10.05 万元。
招待费限额为 10.05 万元，超支 69.95 万元。
（5）该企业对研发费用的纳税调整额：
制造业企业研发费用加计扣除 70 × 100% = 70 万元；
调减应纳税所得额 70 万元。
（6）该企业对营业外支出的纳税调整额：
捐赠限额 = 193.3 × 12% = 23.20（万元）；
该企业 20 万元公益性捐赠可以扣除，直接对私立小学的捐赠不得扣除，行政罚款不得扣除；
对营业外支出的纳税调整额 12 万元。
（7）该企业应纳税所得额：
193.3 − 2 + 98.5 + 69.95 − 70 + 12 = 301.75（万元）。
（8）该企业应纳所得税额：
301.75 × 25% = 75.44（万元）。

2. 居民企业应纳税额的核定征收

居民企业所得税核定征收办法，仅适用于账簿不全、核算不清、责令申报逾期仍不报、申报不正常的居民纳税人，具体分为定率（核定应税所得率）和定额（核定应纳所得税额）两种方法。

（1）税务机关采用下列方法核定征收企业所得税：

① 参照当地同类行业或者类似行业中经营规模和收入水平相近的纳税人的税负水平核定；

② 按照应税收入额或成本费用支出额定率核定；

③ 按照耗用的原材料、燃料、动力等推算或测算核定；

④ 按照其他合理方法核定。

采用上述所列一种方法不足以正确核定应纳税所得额或应纳税额的，可以同时采用两种以上的方法核定。采用两种以上方法测算的应纳税额不一致时，可按测算的应纳税额从高核定。

（2）采用应税所得率方式核定征收企业所得税的，应纳所得税额计算公式如下：

$$应纳所得税额 = 应纳税所得额 \times 适用税率$$

$$应纳税所得额 = 应税收入额 \times 应税所得率$$

或　　$$应纳税所得额 = 成本（费用）支出额 \div (1 - 应税所得率) \times 应税所得率$$

实行应税所得率方式核定征收企业所得税的纳税人，经营多业的，无论其经营项目是否单独核算，均由税务机关根据其主营项目确定适用的应税所得率。

纳税人的生产经营范围、主营业务发生重大变化，或者应纳税所得额或应纳税额增减变化达到 20%的，应及时向税务机关申报调整已确定的应纳税额或应税所得率。

【例 8-17】 某小型企业雇佣职工 12 人，资产总额 300 万元，不能正确核算收入总额，2021 年发生成本费用 540 万元，税务机关核定的应税所得率为 10%。计算该企业 2021 年应缴纳的企业所得税。

【答案及解析】应纳税所得额 = 成本（费用）支出额 ÷（1 - 应税所得率）× 应税所得率 = 540 ÷（1 - 10%）× 10% = 60（万元），应纳所得税额 = 应纳税所得额 × 适用税率 = 60 × 25% × 20% = 3（万元）。

8.9.2 非居民企业应纳税额的计算

1. 在我国境内设立机构、场所的非居民企业应纳税额的核定征收

非居民企业因会计账簿不健全、资料残缺难以查账，或者其他原因不能准确计算并据实申报其应纳税所得额的，税务机关有权采取一定方法核定其应纳税所得额。

（1）非居民企业核定纳税的基本规定。

非居民企业核定纳税方法及适用情况如表 8-6 所示。

表 8-6 非居民企业核定纳税方法及适用情况

核定方法	适用情况及计算公式
按收入总额核定应纳税所得额	适用于能够正确核算收入或通过合理方法推定收入总额，但不能正确核算成本费用的非居民企业 应纳税所得额 = 收入总额 × 经税务机关核定的利润率

续表

核定方法	适用情况及计算公式
按成本费用核定应纳税所得额	适用于能够正确核算成本费用,但不能正确核算收入总额的非居民企业 应纳税所得额 = 成本费用总额 ÷（1 - 经税务机关核定的利润率）× 经税务机关核定的利润率
按经费支出换算收入核定应纳税所得额	适用于能够正确核算经费支出总额,但不能正确核算收入总额和成本费用的非居民企业 应纳税所得额 = 经费支出总额 ÷（1 - 经税务机关核定的利润率）× 经税务机关核定的利润率

税务机关可按照以下标准确定非居民企业的利润率：

① 从事承包工程作业、设计和咨询劳务的，利润率为15%~30%；

② 从事管理服务的，利润率为30%~50%；

③ 从事其他劳务或劳务以外经营活动的，利润率不低于15%。

税务机关有根据认为非居民企业的实际利润率明显高于上述标准的，可以按照比上述标准更高的利润率核定其应纳税所得额。

【例8-18】 境外某公司在中国境内设立咨询机构，被税务机关认定按照经费支出换算收入确定应纳税所得额。2021年该机构经费支出224万元，税务机关核定其利润率为20%，则

① 应纳税所得额 = 224 ÷（1 - 20%）× 20% = 280 × 20% = 56（万元）；

② 在我国设立机构、场所，且所得与其所设机构、场所有关联的非居民企业，适用25%的企业所得税基本税率，应纳的企业所得税 = 56 × 25% = 14（万元）。

（2）特殊情况下的核定方法。

非居民企业与中国居民企业签订机器设备或货物销售合同，同时提供设备安装、装配、技术培训、指导、监督服务等劳务，其销售货物合同中未列明提供上述劳务服务收费金额，或者计价不合理的，主管税务机关可以根据实际情况，参照相同或相近业务的计价标准核定劳务收入。无参照标准的，以不低于销售货物合同总价款的10%为原则，确定非居民企业的劳务收入。

2. 在我国境内未设立机构、场所的非居民企业应纳税额的源泉扣缴

非居民企业在中国境内未设立机构、场所的，或者虽设立机构、场所但取得的所得与其所设机构、场所没有实际联系的，应当就其来源于中国境内的所得缴纳企业所得税，并实行源泉扣缴。

对未设机构、场所的非居民企业实行源泉扣缴的最大优点在于可以有效保护税源，保证国家的财政收入，简化纳税手续。此种征收方式也被称为"预提所得税"。

（1）在我国境内未设立机构、场所的非居民企业的应税所得额：

① 股息、红利等权益性投资收益和利息、租金、特许权使用费所得，以收入全额为应纳税所得额；

② 转让财产所得，以收入全额减除财产净值后的余额为应纳税所得额；

③ 其他所得，参照前两项规定的方法计算应纳税所得额。

（2）扣缴义务人。

扣缴义务人分法定和指定两类。

法定——支付人为扣缴义务人。支付人是指依照有关法律规定或者合同约定对非居民企业直接负有支付相关款项义务的组织和个人。

支付形式包括现金支付、汇拨支付、转账支付和权益兑价支付等货币支付和非货币支付。

指定——税务机关也可指定工程价款或劳务费的支付人为扣缴义务人。

（3）扣税时间。

体现"实际支付"与"未支付但影响境内企业成本费用"孰先的原则：

① 中国境内企业（以下称为企业）和非居民企业签订与利息、租金、特许权使用费等所得有关的合同或协议，如果未按照合同或协议约定的日期支付上述所得款项，或者变更或修改合同或协议延期支付，但已计入企业当期成本、费用，并在企业所得税年度纳税申报中作税前扣除的，应在企业所得税年度纳税申报时按照企业所得税法有关规定代扣代缴企业所得税。

② 如果企业上述到期未支付的所得款项，不是一次性计入当期成本、费用，而是计入相应资产原价或企业筹办费，在该类资产投入使用或开始生产经营后分期摊入成本、费用，分年度在企业所得税前扣除的，应在企业计入相关资产的年度纳税申报时就上述所得全额代扣代缴企业所得税。

③ 如果企业在合同或协议约定的支付日期之前支付上述所得款项，应在实际支付时按照企业所得税法有关规定代扣代缴企业所得税。

（4）入库申报时间。

扣缴义务人每次代扣的税款，应当自代扣之日起 7 日内缴入国库，并向所在地的税务机关报送扣缴企业所得税报告表。

8.9.3 境外已纳税额的抵免

境外已纳税额扣除，是避免国际间对同一所得重复征税的一项重要措施。我国税法规定，企业取得的来源于境外的所得已在境外缴纳的所得税税额，可以从其当期应纳税额中抵免，抵免限额为该项所得依照企业所得税法规定计算的应纳税额；超过抵免限额的部分，可以在以后 5 个年度内，用每年度抵免限额抵免当年应抵税额后的余额进行抵补。也就是说，企业所得税法允许对纳税人境外已纳税款实行限额扣除。境外缴纳的所得税税额，是指企业来源于中国境外的所得依照中国境外税收法律及相关规定应当缴纳并已经实际缴纳的企业所得税性质的税款。抵免限额采用分国不分项的计算原则。

（1）抵免适用情况。

① 对进行境外经营所得已纳税款的抵扣——（总分机构之间）直接抵免：

- 居民企业来源于中国境外的应税所得；
- 非居民企业在中国境内设立机构、场所，取得发生在中国境外但与该机构、场所有实际联系的应税所得。

② 对进行境外投资所得已纳税款的抵扣——（母子或母子孙机构之间）间接抵免。

居民企业从其直接或者间接控制的外国企业分得的来源于中国境外的股息、红利等权益性投资收益，外国企业在境外实际缴纳的所得税税额中属于该项所得负担的部分，可以作为该居民企业的可抵免境外所得税税额，在税法规定的抵免限额内抵免。

（2）抵免限额的计算。

境外所得税税款扣除限额公式：

抵免限额＝境内、境外所得按税法计算的应纳税总额 × 来源于某国（地区）的应纳税所得额 ÷ 境内、境外应纳税所得总额

该公式可以简化成：

抵免限额＝来源于某国的（税前）应纳税所得额 × 我国税率

关于上述公式中的税率，一般为法定税率25%，但是，以境内、境外全部生产经营活动有关的研究开发费用总额、总收入、销售收入总额、高新技术产品（服务）收入等指标申请并经认定的高新技术企业，其来源于境外的所得可以享受高新技术企业所得税优惠政策，即对其来源于境外所得可以按照15%的优惠税率缴纳企业所得税，在计算境外抵免限额时，可按照15%的优惠税率计算境内外应纳税总额。

【例8-19】我国居民企业A直接持有甲国B企业20%的股份，甲国B企业2021年获利折合人民币1000万元，缴纳完甲国20%的企业所得税后，将800万税后利润全部分配，将160万元归属于A企业的部分汇出，在汇出时被来源国扣缴了10%的预提所得税折合人民币16万元，则

A企业境外所得抵免限额＝1000×20%×25%＝50（万元）

或

160÷(1－20%)×25%＝50（万元）

A企业取得B企业分配的所得境外实际负担的所得税56万元，其中包括直接缴纳的预提税16万元和间接缴纳的40万元（1000×20%×20%＝40）。

50＜（16＋40），则A企业在境内汇总纳税时实际可抵免境外所得税50万元。

【例8-20】某大型企业在甲、乙两国分设分支机构。2021年境内所得800万元；在甲国的分支机构取得经营所得200万元（税前），甲国公司所得税税率为40%，在甲国取得特许权使用费所得50万元（税前），甲国预提所得税税率为20%，对上述所得，甲国政府均已扣缴了其应纳税款；从乙国分支机构分回税后利润40万元，已在乙国纳税5万元。

要求：请计算该企业汇总纳税应纳企业所得税税额。

答案：

(1) 甲国已纳税款扣除限额=(800+200+50)×25%×(200+50)÷(800+200+50)
    =62.5（万元）

    在甲国已纳税款=200×40%+50×20%=90（万元）

在甲国已纳税额90万元高于扣除限额，按扣除限额扣除，超过限额的27.5万元当年不得抵扣。可结转下年，在以后5个年度内，用每年度来自甲国所得抵免限额，抵免当年应抵税额后的余额中进行抵补。

（2）乙国应纳税所得额 = 40 + 5 = 45（万元）

乙国已纳税款扣除限额 =（800 + 45）× 25% × 45 ÷（800 + 45）= 11.25（万元）

在乙国已纳税款 5 万元低于扣除限额，可全额扣除。

（3）2021 年该企业汇总纳税应纳企业所得税税额 =（800 + 200 + 50 + 45）× 25% - 62.5 - 5 = 206.25（万元）。

8.10 特别纳税调整

相对于"一般纳税调整"而言，"特别纳税调整"是指企业与其关联方之间的业务往来，不符合独立交易原则而减少企业或者其关联方应纳税收入或者所得额的，税务机关有权按照合理方法调整。更通俗地讲，一般纳税调整是基于企业的日常经营，而特别纳税调整则是基于企业存在关联交易，违背独立交易原则的"特别情况"。"特别纳税调整"与我们常说的"反避税"在本质上是一样的，只是"反避税"是一个通俗化、中国化的说法，而"特别纳税调整"则是一个专业化、国际化的说法。

8.10.1 关联方业务往来的基本涉税规则

企业与其关联方之间的业务往来，凡不符合独立交易原则而减少企业或者其关联方应纳税收入或者所得额的，税务机关有权按照合理方法调整。

关联方，是指与企业有以下关系之一的企业、个人和其他经济组织：

（1）在资金、经营、购销等方面，存在直接或者间接的拥有或者控制关系；

（2）直接或者间接地同为第三者所拥有或者控制；

（3）在利益上具有相关联的其他关系。

企业与其关联方之间的业务往来，包括转让财产、提供财产使用权、提供劳务、融通资金及其他类型。

1. 关联业务的税务处理

（1）对低税负受控外国企业扭曲利润分配的行为的控制。

本规定是为了防范将经营利润保留在外国公司不作分配或少量分配，逃避在国内的纳税义务。

设立在实际税负明显偏低的国家或地区的受控外国企业，并非由于合理的经营需要而对利润不作分配或者减少分配的，上述利润中应归属于该居民企业的部分，应当计入该居民企业的当期收入。

所指控制包括：

① 居民企业或者中国居民直接或者间接单一持有外国企业 10% 以上有表决权股份，且由其共同持有该外国企业 50% 以上的股份；

② 居民企业或者居民企业和中国居民持股比例没有达到第①项规定的标准，但在股份、资金、经营、购销等方面对该外国企业构成实质控制。

居民企业或居民个人通过控制设立在避税港的外国企业，将利润滞留在外国企业不汇回，从而延迟本国的纳税义务，是很多跨国公司常用的避税手段。规定中实际税负明显偏低是指实际税负明显低于《中华人民共和国企业所得税法》规定的25%税率的50%，即实际税负低于12.5%，这里强调的是实际税负而非名义税率。

(2) 对资本弱化的行为的控制。

本规定针对的是企业通过加大借贷款（债权性投资）而减少股份资本（权益性投资）比例的方式增加税前扣除，以降低企业税负的行为。

企业从其关联方接受的债权性投资与权益性投资的比例超过规定标准而发生的利息支出，不得在计算应纳税所得额时扣除。

债权性投资，是指企业直接或者间接从关联方获得的，需要偿还本金和支付利息或者需要以其他具有支付利息性质的方式予以补偿的融资。

企业间接从关联方获得的债权性投资，包括：

① 关联方通过无关联第三方提供的债权性投资；

② 无关联第三方提供的、由关联方担保且负有连带责任的债权性投资；

③ 其他间接从关联方获得的具有负债实质的债权性投资。

权益性投资，是指企业接受的不需要偿还本金和支付利息，投资人对企业净资产拥有所有权的投资。

(3) 对母子公司间提供服务支付费用有关企业所得税的处理。

本规定是针对母子公司之间利用服务费、管理费方式转移利润的行为进行控制和规范。

① 母公司为其子公司提供各种服务而发生的费用，应按照独立企业之间公平交易原则确定服务的价格，作为企业正常的劳务费用进行税务处理。

母子公司未按照独立企业之间的业务往来收取价款的，税务机关有权予以调整。

② 母公司向其子公司提供各项服务，双方应签订服务合同或协议，明确规定提供服务的内容、收费标准及金额等，凡按合同或协议规定所发生的服务费，母公司应作为营业收入申报纳税，子公司作为成本费用在税前扣除。

③ 母公司向其多个子公司提供同类项服务，其收取的服务费可以采取分项签订合同或协议的方式，也可以采取服务分摊协议的方式，即由母公司与各子公司签订服务费用分摊合同或协议，以母公司为其子公司提供服务所发生的实际费用并附加一定比例利润作为向子公司收取的总服务费，在各服务受益子公司（包括盈利企业、亏损企业和享受减免税企业）之间按独立交易原则合理分摊。

④ 母公司以管理费形式向子公司提取费用，子公司因此支付给母公司的管理费，不得在税前扣除。

⑤ 子公司申报税前扣除向母公司支付的服务费用，应向主管税务机关提供与母公司签订的服务合同或者协议等与税前扣除该项费用相关的材料。不能提供相关材料的，支付的服务费用不得在税前扣除。

2. 特别纳税调整管理的内容

特别纳税调整管理适用于税务机关对企业的转让定价、预约定价安排、成本分摊协议、受控外国企业、资本弱化及一般反避税等特别纳税调整事项的管理。

（1）转让定价管理是指税务机关按照有关规定，对企业与其关联方之间的业务往来（以下简称关联交易）是否符合独立交易原则进行审核评估和调查调整等工作的总称。

（2）预约定价安排管理是指税务机关按照规定，对企业提出的未来年度关联交易的定价原则和计算方法进行审核评估，并与企业协商达成预约定价安排等工作的总称。

（3）成本分摊协议管理是指税务机关按照规定，对企业与其关联方签署的成本分摊协议是否符合独立交易原则进行审核评估和调查调整等工作的总称。

（4）受控外国企业管理是指税务机关按照规定，对受控外国企业不作利润分配或减少分配进行审核评估和调查，并对归属于中国居民企业所得进行调整等工作的总称。

（5）资本弱化管理是指税务机关按照规定，对企业接受关联方债权性投资与企业接受的权益性投资的比例是否符合规定比例或独立交易原则进行审核评估和调查调整等工作的总称。

（6）一般反避税管理是指税务机关按照规定，对企业实施其他不具有合理商业目的的安排而减少其应纳税收入或所得额进行审核评估和调查调整等工作的总称。

8.10.2 转让定价方法管理

企业发生关联交易及税务机关审核、评估关联交易均应遵循独立交易原则，选用合理的转让定价方法。合理的转让定价方法包括可比非受控价格法、再销售价格法、成本加成法、交易净利润法、利润分割法和其他符合独立交易原则的方法。

（1）可比非受控价格法，是指按照非关联方之间、企业与个人或其他组织之间进行相同或类似业务活动的价格进行定价的方法。

（2）再销售价格法，是指按照再销售给没有关联关系的第三方的价格所应取得的收入和利润水平进行定价的方法。

（3）成本加成法，是指按照成本加合理的利润进行定价的方法。

（4）交易净利润法，是指按照没有关联关系的企业之间、企业与个人或其他组织之间从事相同或类似业务活动所取得的净利润水平的方法。

（5）利润分割法，是指按照企业与其关联方的合并利润（或亏损）在各方之间采用合理标准进行分配的方法。

（6）其他符合独立交易原则的方法。

8.10.3 预约定价方法管理

企业可以与税务机关就企业未来年度关联交易的定价原则和计算方法达成预约定价安排。预约定价安排的谈签与执行通常经过预备会谈、正式申请、审核评估、磋商、签订安排和监控执行6个阶段。预约定价安排的基本规定如表8-7所示。

表 8-7 预约定价安排的基本规定

要 点	主 要 规 定
类型	预约定价安排包括单边、双边和多边 3 种类型
受理机关	预约定价安排应由设区的市、自治州以上的税务机关受理
适用企业	预约定价安排一般适用于同时满足以下条件的企业： （1）年度发生的关联交易金额在 4000 万元以上； （2）依法履行关联申报义务； （3）按规定准备、保存和提供同期资料
适用期间	预约定价安排适用于自企业提交正式书面申请年度的次年起 3～5 个连续年度的关联交易 预约定价安排的谈签不影响税务机关对企业提交预约定价安排正式书面申请当年或以前年度关联交易的转让定价的调查调整 如果企业申请当年或以前年度的关联交易与预约定价安排适用年度相同或类似，经企业申请、税务机关批准，可将预约定价安排确定的定价原则和计算方法适用于申请当年或以前年度关联交易的评估和调整

8.10.4 一般反避税管理

（1）企业实施其他不具有合理商业目的的安排而减少其应纳税收入或者所得额的，税务机关有权按照合理方法调整。不具有合理商业目的，是指以减少、免除或者推迟缴纳税款为主要目的。

对存在以下避税安排的企业，启动一般反避税调查：

① 滥用税收优惠；

② 滥用税收协定；

③ 滥用公司组织形式；

④ 利用避税港避税；

⑤ 其他不具有合理商业目的的安排。

（2）税务机关应按照经济实质对企业的避税安排重新予以定性，取消企业从避税安排中获得的税收利益。对于没有经济实质的企业，特别是设在避税港并导致其关联方或非关联方避税的企业，可在税收上否定该企业的存在。

（3）一般反避税调查及调整须层报国家税务总局批准。

8.10.5 其他重要规定

1．特别纳税调整的加收利息规定

税务机关依照规定进行特别纳税调整后，除了应当补征税款，还应当对补征的税款，自税款所属纳税年度的次年 6 月 1 日起至补缴税款之日止的期间，按日加收利息。所称利息，应当按照税款所属纳税年度中国人民银行公布的与补税期间同期的人民币贷款基准利率加 5 个百分点计算。

2．特别纳税调整的追溯

企业与其关联方之间的业务往来，不符合独立交易原则，或者企业实施其他不具有合理商业目的的安排的,税务机关有权在该业务发生的纳税年度起 10 年内,进行纳税调整。

8.11 企业所得税的申报与缴纳

8.11.1 纳税年度

企业所得税按纳税年度计算。纳税年度自公历 1 月 1 日起至 12 月 31 日止。

企业在一个纳税年度中间开业，或者终止经营活动，使该纳税年度的实际经营期不足 12 个月的，应当以其实际经营期为一个纳税年度。

企业依法清算时，应当以清算期间作为一个纳税年度。

小资料

企业所得税的纳税期间

企业所得税通常按照纳税年度计税，纳税年度在有些国家采用公历年制，如中国、澳大利亚、比利时、巴西等；也有一些国家单独统一规定纳税年度或财政年度，如意大利、印度、斯里兰卡等；还有一些国家不统一规定纳税年度，而允许纳税人使用自己的满 12 个月的会计年度为纳税年度，如美国、丹麦、日本等。

8.11.2 税款缴纳

企业所得税分月或者分季预缴。一般采取按季预缴企业所得税，企业预缴税款数额较大的，经省级税务机关核准，可以实行按月预缴。

企业应当自月份或者季度终了之日起 15 日内，向税务机关报送预缴企业所得税纳税申报表，预缴税款。分月或分季预缴所得税时，应当按月度或季度的实际利润额预缴；按月度或季度的实际利润额预缴有困难的，可以按上一年度应纳税所得额的 1/12 或 1/4 按月度或季度或经税务机关认可的其他方法按月度或季度预缴。预缴方法一经确定，当年不得随意变更。

企业应当自年度终了之日起 5 个月内，向税务机关报送年度企业所得税纳税申报表，并汇算清缴，结清应缴应退税款。

企业在报送企业所得税纳税申报表时，应当按照规定附送财务会计报告和其他有关资料。

企业在年度中间终止经营活动的，应当自实际经营终止之日起 60 日内，向税务机关办理当期企业所得税汇算清缴。

企业应当在办理注销登记前，就其清算所得向税务机关申报并依法缴纳企业所得税。

企业所得税以人民币计算。所得以人民币以外的货币计算的，应当折合成人民币计算并缴纳税款。企业所得以人民币以外的货币计算的，应当按照年度最后一日的外汇牌价，折合成人民币计算应纳税所得额。

企业所得为外国货币的，在依照税法第五十四条规定，预缴企业所得税时，应当按照月度或季度最后一日的外汇牌价折合成人民币计算应纳税所得额。年度终了后汇算清缴时，对已按月度或季度预缴税款的外国货币，不再重新折合计算，只就全年未纳税的外国货币所得部分，折合成人民币计算应纳税所得额。发生多缴税款需要办理退税时，可以将应退的人民币税款，按照年度最后一日的外汇牌价折合成外国货币，再将该外国货币数额按照填开退税凭证当日的外汇牌价折合成人民币退还税款。

经税务机关评估或检查，企业发生少缴税款需要办理补税时，应当按照填开补税凭证当日的外汇牌价折合成人民币补缴税款。

8.11.3 纳税地点

除税收法律、行政法规另有规定外，居民企业以企业登记注册地为纳税地点；但登记注册地在境外的，以实际管理机构所在地为纳税地点。

居民企业在中国境内设立不具有法人资格的营业机构的，应当汇总计算并缴纳企业所得税。

非居民企业在中国境内设立机构、场所取得的所得，以机构、场所所在地为纳税地点。非居民企业在中国境内设立两个或者两个以上机构、场所的，经税务机关审核批准，可以选择由其主要机构、场所汇总缴纳企业所得税。

非居民企业在中国境内未设立机构、场所的，或者虽设立机构、场所但取得的所得与其所设机构、场所没有实际联系的，取得的所得，以扣缴义务人所在地为纳税地点。

凡生产经营项目涉及的营业机构适用不同税率和不同税收优惠的，按企业经营收入、职工人数或工资总额、资产总额等因素在各营业机构之间合理分配应纳税所得额。

除国务院另有规定外，企业之间不得合并缴纳企业所得税。

8.11.4 跨地区经营汇总纳税企业所得税征收管理

（1）居民企业在中国境内跨地区（指跨省、自治区、直辖市和计划单列市，下同）设立不具有法人资格的营业机构、场所（以下称分支机构）的，该居民企业为汇总纳税企业（另有规定者除外）。

缴纳所得税未纳入中央和地方分享范围的企业，不适用汇总纳税办法。

（2）企业实行"统一计算、分级管理、就地预缴、汇总清算、财政调库"的企业所得税征收管理办法。

（3）企业应根据当期实际利润额，按照规定的预缴分摊方法计算总机构和分支机构的企业所得税预缴额，分别由总机构和分支机构分月或者分季就地预缴，如图8-2所示。

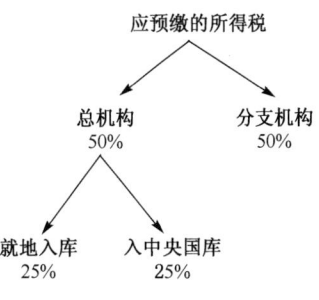

图8-2 预缴分摊方法

【提示】统一计算所得税款的50%由总机构分摊缴纳，其中25%就地办理缴库（或退库），税款收入由中央与总机构所在地按60：40分享；剩余25%就地全额缴入中央国库（或退库），税款收入60%为中央收入，40%由财政部按照2004年至2006年各省市三年实际分享企业所得税占地方分享总额的比例定期向各省市分配。

（4）总机构按以下公式计算分摊税款：

$$总机构分摊税款 = 统一计算的企业当期应纳所得税额 \times 50\%$$

（5）分支机构按以下公式计算分摊税款：

$$所有分支机构分摊税款总额 = 汇总纳税企业当期应纳所得税额 \times 50\%$$

$$某分支机构分摊税款 = 所有分支机构分摊税款总额 \times 该分支机构分摊比例$$

应按照上年度各省市分支机构的营业收入、职工薪酬和资产总额三个因素计算各分支机构分摊所得税款的比例；三级及以下分支机构，其营业收入、职工薪酬和资产总额统一计入二级分支机构计算；三个因素的权重依次为 0.35、0.35、0.30。

计算公式如下：

$$\begin{aligned}某分支机构分摊比例 =\ &（该分支机构营业收入 \div 各分支机构营业收入之和）\times 0.35 + \\&（该分支机构职工薪酬 \div 各分支机构职工薪酬之和）\times 0.35 + \\&（该分支机构资产总额 \div 各分支机构资产总额之和）\times 0.30\end{aligned}$$

本章小结

2008 年《中华人民共和国企业所得税法》的颁布，不仅标志着我国企业所得税"内外有别"时代的结束，也标志着我国所得税制度进一步优化和完善。本章根据 2008 年以来实施的企业所得税法和一系列补充规定，系统分析了我国企业所得税的主要征收制度，并对一些难点内容做出举例说明。

关键术语

企业所得税　居民企业　非居民企业　应纳税所得额　企业重组　特别纳税调整

思考题

1. 请说明企业所得税纳税人的范围。
2. 企业所得税法如何划分居民企业和非居民企业？
3. 对非居民企业如何进行企业所得税源泉扣缴？
4. 请说明企业所得税应纳税所得额和应纳税额的计算。
5. 企业所得税的税收优惠主要有哪些方面？
6. 请说明企业所得税特别纳税调整的意义和具体方法。
7. 某运输企业（增值税一般纳税人）8 月 5 日购进一批运输车辆，取得增值税专用发票上注明价款 1500 万元，增值税税额 195 万元，且发生上牌照税费共计 245 万元，该批车辆当月投入使用。假定该企业固定资产预计净残值率 5%，计算该批车辆在当年企业所得税前最多可扣除的折旧额为多少万元。

8. 某食品加工厂雇佣职工 10 人，资产总额 200 万元，税务机关对其 2021 年的经营业务进行检查时发现食品销售收入为 195 万元、转让国债收入 4 万元、国债利息收入 1 万元，但无法查实成本费用，税务机关采用核定办法对其征收所得税，应税所得率为 15%。计算当年该食品加工厂应缴纳的企业所得税。

9. 某县城一机械制造企业 2021 年自行核算的销售（营业）收入 8000 万元，销售（营业）成本 5000 万元，营业税金及附加 500 万元，期间费用 2300 万元，其他支出合计 200 万元，应纳税所得额为 0。某会计师事务所对其进行年终审计时发现如下情况：

   （1）2021 年 1 月企业受赠一台新的生产用机器设备，未取得增值税专用发票，在当月投入使用，相关合同单证证明其市场价 10 万元，该企业直接计入资本公积，并在当年提取折旧 2 万元；

   （2）该企业当年核算的投资损失为 10 万元，系企业以权益法核算的被投资企业的亏损，影响了该投资企业的所得；

   （3）该企业将销售产品取得的现金 20 万元漏记收入。

   （其他资料：①该企业向税务机关备案的生产设备残值率为 5%；②该企业为增值税一般纳税人）

   要求：根据上述资料，按顺序回答下列问题。

   （1）受赠设备及计提折旧应调整的应纳税所得额是多少？

   （2）投资损益应调整的应纳税所得额是多少？

   （3）漏记收入应调整的应纳税所得额是多少？

   （4）该企业应纳的企业所得税是多少？

第9章 个人所得税

9.1 个人所得税的概念和特点

对个人的所得课税，是世界各国普遍的做法。目前，个人所得税已经成为一个世界性的重要税种，在对社会成员收入分配的调节中具有其他税种无法替代的作用。在一些国家成为首要税种，是一些国家税收的主要来源和政府最重要的财政收入。

9.1.1 个人所得税的概念

个人所得税是以个人（自然人）取得的各项应税所得为对象征收的一种税。

个人所得税最早开征于英法战争期间的英国，在当时，仅个人所得税一个税种就为政府提供了20%的财政收入。第二次世界大战后，在许多西方国家纷纷以直接税代替间接税的大趋势中，个人所得税也得到较为充分的发展，其组织财政收入的功能也更加明显。到了20世纪70年代中期，许多国家如美国、加拿大、英国、丹麦、瑞典、芬兰、瑞士、澳大利亚、新西兰等，个人所得税已占政府全部税收收入的30%～50%。

我国现行个人所得税依据《中华人民共和国个人所得税法》征收。该法最早于1980年9月10日第五届全国人民代表大会第三次会议通过。2018年6月19日，个人所得税法修正案草案提请第十三届全国人大常委会第三次会议审议。全国人大常委会关于修改个人所得税法的决定草案于2018年8月27日提请第十三届全国人大常委会第五次会议审议。依据决定草案，基本减除费用标准确定为每年6万元，即每月5000元，增加了专项附加扣除，修改了征收模式。

> **思政小课堂**
>
> **《中华人民共和国个人所得税法》的修订彰显新时代税收使命**
>
> 一个时代有一个时代的主题，一个时代有一个时代的使命。习近平总书记在党的十九大报告中指出："中国特色社会主义进入新时代,我国社会主要矛盾已经转化为人民日益增长的美好生活需要和不平衡不充分发展之间的矛盾。"随着社会主要矛盾变化，人民对于更高层次、更广范围的美好生活需要，虽然涵盖了物质和精神两个层面，但重点拓展且成为重心的更多是精神层面，这其中，当然包括人民对于税收公平正义的追求。《中华人民共和国个人所得税法》的修订，集中体现出新时代背景下我国公民税收公平意识、税收民主意识和税收权利意识的不断增强。

9.1.2 个人所得税的特点

我国现行的个人所得税主要有以下五个特点。

1. 实行分类与综合相结合的征收模式

世界各国的个人所得税制大体可分为三种类型：分类所得税制、综合所得税制和混合所得税制。这三种税制各有所长，各国可根据本国具体情况选择、运用。

1）分类所得税

分类所得税也称为分项所得税、个别所得税，它是将纳税人的各种应纳税所得分为若干类别，对不同类别或不同来源的所得分别课征。

分类所得税不能体现纳税人的整体负担能力，所以一般使用比例税率课征，分项征收可以采用源泉课征的方式，有利于简化征收管理。其优点是有利于对个人的不同所得区别对待，税制简单，计算方便，适用于税务机关征管能力较弱、征管手段比较落后的状况。但是，分类所得税制也存在很多的弊端，特别是费用扣除不合理，纳税人应税项目越多，得到的费用扣除也就越多，不能准确地根据纳税人的实际总体负担能力来实行量能课税，一般只适用比例税率，难以体现公平税负、合理负担的原则。英国最早开征所得税适用的就是分类所得税制。

2）综合所得税

综合所得税也称为一般所得税，是对纳税人的各项应税所得综合征收。

综合所得税制充分考虑了纳税人的总体负担能力，较好地体现了量能课税的原则，一般使用累进税率征收。由于汇总了纳税人各方面的所得，就需要用申报法来征收。这种税制管理难度大，管理成本高，需要具备较先进的征管技术，尤其是需要普遍采用计算机对个人收入进行监控和管理，也需要纳税人具有较高的综合素质和纳税意识。综合所得税制最早出现于德国。

3）混合所得税

混合所得税也称为二元制、分类综合所得税，是对纳税人一部分所得按分类所得税制征税，另一部分所得采用综合所得税制征税，实行分项课征和综合计税相结合。

分类和综合相结合的税制模式，吸收了分类所得税制和综合所得税制的优点，既对纳税人部分不同来源的收入实行综合课征，体现了按支付能力课税的原则，又将所列举的特定项目按特定办法和税率课征，体现了对某些不同性质的收入区别对待的原则。法国是混合所得税制的创始国，于1917年实施了新的所得税，将个人所得税制设计成七种分类税和一种对个人总所得课征的附加税。目前，世界上实施这种混合所得税制的国家并不多。在实践中，有些国家对部分所得进行分类，按比例税率征收分类所得税，对部分所得汇总综合，按累进税率征收综合所得税，这也是混合所得税的另一种表现形态。

我国现行个人所得税采用的是分类与综合相结合的所得税制。

2. 累进税率与比例税率并用

我国现行个人所得税根据各类个人所得的不同性质和特点，将这两种形式的税率运用于个人所得税制。其中，对综合所得、经营所得，均采用累进税率，实行量能负担；对财产转让所得、财产租赁所得、利息股息红利所得和偶然所得等，采用比例税率，实行等比负担。

3. 费用扣除额较宽

各国的个人所得税均有费用扣除的规定，只是扣除的方法及额度不尽相同。我国本着费用扣除从宽、从简的原则，采用费用定额扣除和定率扣除两种方法。对综合所得除规定了基本费用扣除之外，还设计了专项扣除、专项附加扣除、其他扣除项目，按照这样的标准减除费用的后果是，对绝大多数劳动者的劳动所得只征很少的税款。

4. 采取课源制和申报制两种征纳方法

《中华人民共和国个人所得税法》规定，对纳税人的应纳税额分别采取由支付单位源泉扣缴和纳税人自行申报两种方法。对凡是可以在应税所得的支付环节扣缴个人所得税的，均由扣缴义务人履行代扣代缴义务。对于没有扣缴义务人的，以及境外所得、综合所得需要汇算清缴补税的，由纳税人自行申报纳税。

5. 存在经济上的重复征税

在个人所得税与企业所得税并存的税制下，先对企业的所得征一次企业所得税；税后利润分配给股东并入股东的个人所得再被征一次个人所得税，两个税种课征的同源性导致经济上的重复征税。现在已有一些国家采取措施来消除或减轻此种重复征税。

> **小贴士**
>
> **个人所得税的纳税单位**
>
> 个人所得税的计算和申报是以个人为单位还是家庭（夫妇）为单位，这是税收理论和实践中存在争议的问题。世界上很多国家的个人所得税法同时存在个人独立申报和家庭联合申报这两种申报方式，我国目前只规定以个人为纳税单位。不同纳税单位的选择有着不同的社会效应，影响着税收负担的公平程度，也影响着人们对婚姻行为的选择和劳动力的供给。近些年来，我国学界和民间一直存在改个人独立申报为家庭联合申报的呼声。

9.2 个人所得税的纳税人

个人所得税的纳税人不仅包括中国公民，也包括在华取得所得的外籍人员和港、澳、台同胞，还包括个体户、个人独资企业和合伙企业的投资者。个人所得税的纳税人按照国际通常的做法，依据住所和居住时间两个标准，区分为居民和非居民，并分别承担不同的纳税义务。

9.2.1 居民纳税义务人

判断是否为中华人民共和国居民纳税义务人的标准有两个：一是看其在中华人民共和国境内是否有住所；二是看其在中国居住时间是否超过 183 天。在我国境内有住所或无住所但居住时间超过 183 天的人为我国的居民纳税义务人，负有无限纳税义务，来源于中国境内外的所得都应纳税。

在中国境内有住所的个人，是指因户籍、家庭、经济利益关系而在中国境内习惯性居住的个人。在中华人民共和国境内居住满 183 天，是指在一个纳税年度中（从公历 1 月 1 日起至 12 月 30 日止）在中国境内累计居住 183 天。

9.2.2 非居民纳税义务人

在中国境内无住所又不居住的外籍人员、华侨或者港、澳、台同胞；和在境内无住所，而且在一个纳税年度内，在中国境内居住不满 183 天的外籍人员、华侨或者港、澳、台同胞为非居民纳税义务人，负有有限纳税义务，仅就其来自于中国境内的所得纳税。

9.3 所得来源地的确定

所得的来源地与所得的支付地不是一个概念。从中国境内取得的所得，是指来源于中国境内的所得；从中国境外取得的所得，是指来源于中国境外的所得。下列所得，不论支付地点是否在中国境内，均为来源于中国境内的所得：

（1）因任职、受雇、履约等而在中国境内提供劳务取得的所得；
（2）将财产出租给承租人在中国境内使用而取得的所得；
（3）转让中国境内的建筑物、土地使用权等财产或者在中国境内转让其他财产取得的所得；
（4）许可各种特许权在中国境内使用而取得的所得；
（5）从中国境内的公司、企业及其他经济组织或者个人取得的利息、股息、红利所得。

9.4 个人所得税的征税项目

个人所得税的征税对象是个人取得的应税所得。个人所得税法列举征税的个人所得共 9 项，具体如下。

9.4.1 工资、薪金所得

工资、薪金所得，是指个人因任职或者受雇而取得的工资、薪金、奖金、年终加薪、劳动分红、津贴、补贴，以及与任职或者受雇有关的其他所得。

一般而言，工资、薪金所得属于非独立个人劳动所得。所谓非独立个人劳动，是指个人所从事的是由他人指定、安排并接受管理的劳动，工作或服务于公司、工厂、行政事业单位的人员（私营企业主除外）均为非独立劳动者。通常情况下，把直接从事生产、经营或服务的劳动者（工人）的收入称为工资；而将从事社会公职或管理活动的劳动者（公职人员）的收入称为薪金。

除工资、薪金以外，奖金、年终加薪、劳动分红、津贴、补贴也被确定为工资、薪金范畴。其中，年终加薪、劳动分红不分种类和取得情况，一律按工资薪金所得课税。

津贴、补贴等则有例外。根据我国目前个人收入的构成情况，规定对一些不属于工资、薪金性质的津贴、补贴或者不属于纳税人本人工资、薪金所得项目的收入，不予征税。这些项目包括：

（1）独生子女补贴；

（2）执行公务员工资制度未纳入基本工资总额的津贴、补贴差额和家属成员的副食品补贴；

（3）托儿补助费；

（4）差旅费津贴、误餐补助，但不包括单位以误餐补助名义发给职工的津贴、补贴。

9.4.2 劳务报酬所得

劳务报酬所得，指个人独立从事非雇佣的各种劳务所取得的所得。劳务报酬所得包括：个人从事设计、装潢、安装、制图、化验、测试、医疗、法律、会计、咨询、讲学、新闻、广播、翻译、审稿、书画、雕刻、影视、录音、录像、演出、表演、广告、展览、技术服务、介绍服务、经纪服务、代办服务及其他劳务取得的所得。

【提示】

（1）自 2004 年 1 月 20 日起，对商品营销活动中，企业和单位对营销业绩突出的非雇员以培训班、研讨会、工作考察等名义组织旅游活动，通过免收差旅费、旅游费对个人实行的营销业绩奖励（包括实物、有价证券等），应根据所发生费用的全额并入营销人员当期的劳务收入，按照"劳务报酬所得"项目征收个人所得税，由提供上述费用的企业和单位代扣代缴。

（2）个人由于担任董事职务所取得的董事费收入，按照"劳务报酬所得"项目征收个人所得税，但仅适用于个人担任公司董事、监事，且不在公司任职、受雇的情形。个人在公司（包括关联公司）任职、受雇，同时兼任董事、监事的，应将董事费、监事费与个人工资收入合并，统一按"工资、薪金所得"征税。

9.4.3 稿酬所得

稿酬所得，是指个人因其作品以图书、报纸、期刊形式出版、发表而取得的所得。

纳税人将包括中外文字（文学作品）、图片（书画作品、摄影作品）、乐谱，以及其他作品等以图书、报纸、期刊方式出版、发表的作品，按照稿酬所得征税，未出版、发表而从外单位取得的报酬按照劳务报酬征税。

任职、受雇于报纸、杂志等单位的记者、编辑等专业人员，因在本单位的报纸、杂志上发表作品而取得的所得，属于因任职、受雇而取得的所得，应与其当月工资收入合并，按"工资、薪金所得"项目征收个人所得税。

9.4.4 特许权使用费所得

特许权使用费所得，是指个人提供专利权、商标权、著作权、非专利技术及其他特许权的使用权取得的所得。提供著作权的使用权取得的所得，不包括稿酬所得。

【提示】对于作者将自己的文字作品手稿原件或复印件公开拍卖（竞价）取得的所得，属于提供著作权的使用所得，故应按"特许权使用费所得"项目征收个人所得税。

9.4.5 经营所得

经营所得，是指：

（1）个体工商户从事生产、经营活动取得的所得，个人独资企业投资人、合伙企业的个人合伙人来源于境内注册的个人独资企业、合伙企业生产、经营的所得；

（2）个人依法从事办学、医疗、咨询及其他有偿服务活动取得的所得；

（3）个人对企业、事业单位承包经营、承租经营及转包、转租取得的所得；

（4）个人从事其他生产、经营活动取得的所得。

【注意】个人独资企业、合伙企业的个人投资者以企业资金为本人、家庭成员及其相关人员支付与企业生产经营无关的消费性支出及购买汽车、住房等财产性支出，视为企业对个人投资者的利润分配，并入投资者个人的生产经营所得，依照"经营所得"项目计征个人所得税。

对企事业单位的承包经营、承租经营所得，是指个人承包经营、承租经营及转包、转租取得的所得。

按照承包、承租企业的不同登记和分配的情况，要区分承包、承租经营所得应纳的个人所得税与企业所得税。

个人承包、承租企事业单位的涉税情况如表 9-1 所示。

表 9-1　个人承包、承租企事业单位的涉税情况归纳

个人承包登记状况	是否交企业所得税	是否交个人所得税
承包后工商登记改变为个体工商户的	不交企业所得税	按照经营所得交个人所得税
个人对企事业单位承包、承租经营后，工商登记仍为企业的	缴纳企业所得税	承包、承租人对企业经营成果不拥有所有权，仅按合同（协议）规定取得一定所得的，应按工资、薪金所得项目征收个人所得税
		承包、承租人按合同（协议）规定只向发包方、出租人缴纳一定的费用，缴纳承包、承租费后的企业的经营成果归承包、承租人所有的，其取得的所得（含承包转包所得和从被承包企业取得的工资、薪金所得），按经营所得项目征收个人所得税

9.4.6 利息、股息、红利所得

利息、股息、红利所得，是指个人拥有债权、股权而取得的利息、股息、红利所得。

企业购买车辆并将车辆所有权办到股东个人名下，其实质为企业对股东进行了红利性质的实物分配，应按照"利息、股息、红利所得"项目征收个人所得税。考虑到该股东个人名下的车辆同时也为企业经营使用的实际情况，允许合理减除部分所得，减除的具体数额由主管税务机关根据车辆的实际使用情况合理确定。上述企业为个人股东购买的车辆，不属于企业的资产，不得在企业所得税前扣除折旧。

除个人独资企业、合伙企业以外的其他企业的个人投资者，以企业资金为本人、家庭成员及其相关人员支付与企业生产经营无关的消费性支出及购买汽车、住房等财产性支出，视为企业对个人投资者的红利分配，依照"利息、股息、红利所得"项目计征个人所得税。企业的上述支出不允许在所得税前扣除。

纳税年度内个人投资者从其投资企业（个人独资企业、合伙企业除外）借款，在该纳税年度终了后既不归还，又未用于企业生产经营的，其未归还的借款可视为企业对个人投资者的红利分配，依照"利息、股息、红利所得"项目计征个人所得税。

9.4.7 财产租赁所得

财产租赁所得，是指个人出租不动产、机器设备、车船及其他财产取得的所得。

个人取得的财产转租收入，属于"财产租赁所得"的征税范围。在确定纳税义务人时，应以产权凭证为依据，对无产权凭证的，由主管税务机关根据实际情况确定；产权所有人死亡，在未办理产权继承手续期间，该财产出租而有租金收入的，以领取租金的个人为纳税义务人。

9.4.8 财产转让所得

财产转让所得，是指个人转让有价证券、股权、合伙企业中的财产份额、不动产、机器设备、车船及其他财产取得的所得。

9.4.9 偶然所得

偶然所得，是指个人得奖、中奖、中彩及其他偶然性质的所得。

企业对累积消费达到一定额度的顾客，给予额外抽奖机会。个人的获奖所得；个人因参加企业的有奖销售活动而取得的赠品所得，应按"偶然所得"项目计征个人所得税。赠品所得为实物的，应以《中华人民共和国个人所得税法实施条例》第十条规定的方法确定应纳税所得额，计算缴纳个人所得税。税款由举办有奖销售活动的企业（单位）负责代扣代缴。

个人取得的企业向个人支付的不竞争款，应按照偶然所得计算缴纳个人所得税。

个人为单位或他人提供担保获得报酬；企业在业务宣传、广告等活动中，随机向本单位以外的个人赠送礼品，对个人取得的礼品所得；企业在年会、座谈会、庆典及其他

活动中向本单位以外的个人赠送礼品,对个人取得的礼品所得等;房屋产权所有人将房屋产权无偿赠予他人的,受赠人因无偿受赠房屋取得的受赠所得,按照"偶然所得"项目缴纳个人所得税。

个人取得的上述 9 项应纳税所得,其所得形式包括现金、实物和有价证券。所得为实物的,应当按照取得的凭证上所注明的价格计算应纳税所得额;无凭证的实物或者凭证上所注明的价格明显偏低的,由主管税务机关参照当地的市场价格核定应纳税所得额。所得为有价证券的,由主管税务机关根据票面价格和市场价格核定应纳税所得额。

9.5 个人所得税的税率

个人所得税针对不同个人所得项目,规定了超额累进税率和比例税率两种形式,如表 9-2 所示。

表 9-2 个人所得税税率类别

类 别	形 式	备 注
综合所得	适用 7 级超额累进税率 (税率为 3%~45%)	工资、薪金所得,劳务报酬所得,稿酬所得和特许权使用费所得
		(1) 全年应纳税所得额是指依照税法的规定,居民个人取得综合所得以每一纳税年度收入额减除费用 6 万元及专项扣除、专项附加扣除和依法确定的其他扣除后的余额
		(2) 非居民个人取得工资、薪金所得,劳务报酬所得,稿酬所得和特许权使用费所得,按月换算后计算应纳税额
经营所得	适用 5 级超额累进税率 (税率为 5%~35%)	全年应纳税所得额是指以每一纳税年度的收入总额减除成本、费用及损失后的余额
其他分类所得	比例税率(20%)	利息、股息、红利所得,财产租赁所得,财产转让所得和偶然所得

9.5.1 累进税率

1. 7 级超额累进税率

综合所得适用 3%~45%的 7 级超额累进税率,如表 9-3 所示。

表 9-3 居民综合所得个人所得税税率表

级 数	全年应纳税所得额	税率(%)	速算扣除数
1	不超过 36000 元的部分	3	0
2	36000~144000 元的部分	10	2520
3	144000~300000 元的部分	20	16920
4	300000~420000 元的部分	25	31920
5	420000~660000 元的部分	30	52920
6	660000~960000 元的部分	35	85920
7	超过 960000 元的部分	45	181920

注:本表所列含税级距与不含税级距,均为按照税法规定减除有关费用后的所得额。

非居民个人工资、薪金所得,劳务报酬所得,稿酬所得,特许权使用费所得适用税率如表 9-4 所示。

表 9-4 非居民个人工资、薪金所得，劳务报酬所得，稿酬所得，特许权使用费所得适用税率表

级 数	应纳税所得额	税率（%）	速算扣除数
1	不超过 3000 元的部分	3	0
2	3000～12000 元的部分	10	210
3	12000～25000 元的部分	20	1410
4	25000～35000 元的部分	25	2660
5	35000～55000 元的部分	30	4410
6	55000～80000 元的部分	35	7160
7	超过 80000 元的部分	45	15160

2．5 级超额累进税率

经营所得适用 5%～35%的 5 级超额累进税率，如表 9-5 所示。

表 9-5 经营所得税率表

级 数	全年应纳税所得额	税率（%）	速算扣除数（元）
1	不超过 30000 元的部分	5	0
2	30000～90000 元的部分	10	1500
3	90000～300000 元的部分	20	10500
4	300000～500000 元的部分	30	40500
5	超过 500000 元的部分	35	65500

9.5.2 比例税率

利息、股息、红利所得，财产租赁所得，财产转让所得和偶然所得，适用 20%的比例税率。

【提示】其中有特例：财产租赁所得中，个人出租住房取得的所得减按 10%的税率征税。

9.6 个人所得税的计税依据和税额计算

9.6.1 应纳税所得额的规定

由于个人所得税的应税项目不同，并且取得某项所得所需费用也不相同，因此，计算个人应纳税所得额，需按不同应税项目分项计算。以某项应税项目的收入额减去税法规定的该项目费用减除标准后的余额，为该应税项目应纳税所得额。

1．每次收入的确定

《中华人民共和国个人所得税法》规定对纳税义务人的征税方法有三种：一是按年计征，如经营所得、居民个人取得的综合所得；二是按月计征，如非居民个人取得的工资、薪金所得；三是按次计征，如利息、股息、红利所得，财产租赁所得，偶然所得和非居

民个人取得的劳务报酬所得、稿酬所得、特许权使用费所得共 6 项所得。确定收入，确定"每次"是关键，"每次"的具体规定如下。

（1）劳务报酬所得，根据不同劳务项目的特点，分别规定为：

① 只有一次性收入的，以取得该项收入为一次。

② 属于同一事项连续取得收入的，以 1 个月内取得的收入为一次。

（2）稿酬所得，以每次出版、发表取得的收入为一次。

① 同一作品再版取得的所得，应视作另一次稿酬所得计征个人所得税。

② 同一作品先在报纸上连载，然后再出版，或先出版，再在报纸上连载的，应视为两次稿酬所得征税，即连载作为一次，出版作为另一次。

（3）特许权使用费所得，以某项使用权的一次转让所取得的收入为一次。

（4）财产租赁所得，以 1 个月内取得的收入为一次。

（5）利息、股息、红利所得，以支付利息、股息、红利时取得的收入为一次。

（6）偶然所得，以每次收入为一次。

2．费用减除标准

（1）居民综合所得，以每年收入额减除费用 6 万元及专项扣除、专项附加扣除和依法确定的其他扣除后的余额，为应纳税所得额。

① 专项扣除：个人负担的"三险一金"，包括基本养老保险、基本医疗保险、失业保险和住房公积金。

② 专项附加扣除：子女教育、继续教育、大病医疗、住房贷款利息或者住房租金、赡养老人及婴幼儿照护支出。

③ 依法确定的其他扣除：包括个人缴付符合国家规定的企业年金、职业年金，个人购买符合国家规定的商业健康保险、税收递延型商业养老保险的支出，以及国务院规定可以扣除的其他项目。

专项扣除、专项附加扣除和依法确定的其他扣除，以居民个人一个纳税年度的应纳税所得额为限额；一个纳税年度扣除不完的，不结转以后年度扣除。

（2）非居民个人的工资、薪金所得，每月收入额减除费用 5000 元；劳务报酬所得、稿酬所得、特许权使用费所得，每次收入额为应纳税所得额。

（3）经营所得，以每一纳税年度的收入总额减除成本、费用及损失后的余额，为应纳税所得额。取得经营所得的个人，没有综合所得的，计算其每一纳税年度的应纳税所得额时，应当减除费用 60000 元、专项扣除、专项附加扣除及依法确定的其他扣除，专项附加扣除在办理汇算清缴时减除。

（4）财产租赁所得，每次收入不超过 4000 元的，减除费用 800 元；4000 元以上的，减除 20% 的费用，其余额为应纳税所得额。

（5）财产转让所得，以转让财产的收入额减除财产原值和合理费用后的余额，为应纳税所得额。纳税义务人未提供完整、准确的财产原值凭证，不能正确计算财产原值的，由主管税务机关核定其财产原值。

（6）利息、股息、红利所得和偶然所得，无费用扣除，以每次收入为应纳税所得额。

3. 附加减除费用适用的范围和标准

专项附加扣除标准如表 9-6 所示。

表 9-6 专项附加扣除标准

项目	标准	扣除人的选择
子女教育	纳税人年满 3 岁的子女接受学前教育和学历教育的相关支出，按照每个子女每月 1000 元（每年 12000 元）的标准定额扣除	（1）父母可以选择由其中一方按扣除标准的 100%扣除，也可以选择由双方分别按扣除标准的 50%扣除 （2）扣除方式在一个纳税年度内不能变更
继续教育	在中国境内接受学历（学位）继续教育的支出，在学历（学位）教育期间按照每月 400 元（每年 4800 元）定额扣除。同一学历（学位）继续教育的扣除期限不能超过 48 个月（4 年）。纳税人接受技能人员职业资格继续教育、专业技术人员职业资格继续教育支出，在取得相关证书的当年，按照 3600 元定额扣除	个人接受本科及以下学历（学位）继续教育，符合税法规定扣除条件的，可以选择由其父母扣除，也可以选择由本人扣除
大病医疗	在一个纳税年度内，纳税人发生的与基本医保相关的医药费用支出，扣除医保报销后个人负担（指医保目录范围内的自付部分）累计超过 15000 元的部分，由纳税人在办理年度汇算清缴时，在 80000 元限额内据实扣除	（1）纳税人发生的医药费用支出可以选择由本人或者其配偶扣除；未成年子女发生的医药费用支出可以选择由其父母一方扣除 （2）纳税人及其配偶、未成年子女发生的医药费用支出，应分别计算扣除额
住房贷款利息	纳税人本人或配偶，单独或共同使用商业银行或住房公积金个人住房贷款，为本人或其配偶购买中国境内住房，发生的首套住房贷款利息支出，在实际发生贷款利息的年度，按照每月 1000 元（每年 12000 元）的标准定额扣除，扣除期限最长不超过 240 个月（20 年）。纳税人只能享受一套首套住房贷款利息扣除	（1）经夫妻双方约定，可以选择由其中一方扣除，具体扣除方式在确定后，一个纳税年度内不得变更 （2）夫妻双方婚前分别购买住房发生的首套住房贷款，其贷款利息支出，婚后可以选择其中一套购买的住房，由购买方按扣除标准的 100%扣除，也可以由夫妻双方对各自购买的住房分别按扣除标准的 50%扣除 （3）具体扣除方式在一个纳税年度内不能变更
住房租金	纳税人在主要工作城市没有自有住房而发生的住房租金支出，可以按照以下标准定额扣除： （1）直辖市、省会（首府）城市、计划单列市及国务院确定的其他城市，扣除标准为每月 1500 元（每年 18000 元） （2）除上述所列城市外，市辖区户籍人口超过 100 万的城市，扣除标准为每月 1100 元（每年 13200 元）；市辖区户籍人口不超过 100 万的城市，扣除标准为每月 800 元（每年 9600 元）	（1）夫妻双方主要工作城市相同的，只能由一方扣除住房租金支出 （2）住房租金支出由签订租赁住房合同的承租人扣除 （3）纳税人及其配偶在一个纳税年度内不得同时分别享受住房贷款利息专项附加扣除和住房租金专项附加扣除
赡养老人	纳税人赡养一位及以上被赡养人的赡养支出，统一按以下标准等额扣除： 纳税人为独生子女的，按照每月 2000 元（每年 24000 元）的标准定额扣除；纳税人为非独生子女的，由其与兄弟姐妹分摊每月 2000 元（每年 24000 元）的扣除额度，每人分摊的额度最高不得超过每月 1000 元（每年 12000 元）。可以由赡养人均摊或者约定分摊，也可以由被赡养人指定分摊	（1）约定或者指定分摊的须签订书面分摊协议，指定分摊优于约定分摊 （2）具体分摊方式和额度在一个纳税年度内不得变更
婴幼儿照护	（1）纳税人照护 3 岁以下婴幼儿子女的相关支出，按照每个婴幼儿每月 1000 元的标准定额扣除 （2）3 岁以下婴幼儿照护个人所得税专项附加扣除自 2022 年 1 月 1 日起实施	父母可以选择由其中一方按扣除标准的 100%扣除，也可以选择由双方分别按扣除标准的 50%扣除，具体扣除方式在一个纳税年度内不能变更

（1）学前教育包括年满3岁至小学入学前教育；学历教育包括义务教育（小学、初中教育）、高中阶段教育（普通高中、中等职业、技工教育）、高等教育（大学专科、大学本科、硕士研究生、博士研究生教育）。

（2）首套住房贷款是指购买住房享受首套住房贷款利率的住房贷款。

（3）主要工作城市是指纳税人任职受雇的直辖市、计划单列市、副省级城市、地级市（地区、州、盟）全部行政区域范围；纳税人无任职受雇单位的，为受理其综合所得汇算清缴的税务机关所在城市。

（4）被赡养人是指年满60岁的父母，以及子女均已去世的年满60岁的祖父母、外祖父母。

（5）纳税人子女在中国境外接受教育的，纳税人应当留存境外学校录取通知书、留学签证等相关教育的证明资料备查；纳税人应当留存医药服务收费及医保报销相关票据原件（或复印件）等资料备查；纳税人接受技能人员职业资格继续教育、专业技术人员职业资格继续教育的，应当留存相关证书等资料备查；纳税人应当留存住房贷款合同、贷款还款支出凭证备查；纳税人应当留存住房租赁合同、协议等有关资料备查。

【例9-1】以下属于个人所得税专项扣除的项目有（　　）。

A．基本医疗保险　　　B．住房公积金　　　C．子女教育　　　D．住房租金

【答案】AB

【解析】选项A、B属于个人所得税专项扣除的项目；选项C、D属于个人所得税专项附加扣除的项目。

4．应纳税所得额的其他规定

（1）部分收入的确定。劳务报酬所得、稿酬所得、特许权使用费所得以收入减除20%的费用后的余额为收入额。稿酬所得的收入额减按70%计算。个人兼有不同的劳务报酬所得，应当分别减除费用，计算缴纳个人所得税。

（2）个人将其所得对教育、扶贫、济困等公益慈善事业进行捐赠，捐赠额未超过纳税人申报的应纳税所得额30%的部分，可以从其应纳税所得额中扣除；国务院规定对公益慈善事业捐赠实行全额税前扣除的，从其规定。

（3）对个人从事技术转让、提供劳务等过程中所支付的中介费，如能提供有效、合法凭证的，允许从其所得中扣除。

【例9-2】王某2022年参加商场有奖竞猜获得偶然收入2500元，当即让商场通过政府部门向水灾地区捐赠1000元。其应缴纳的个人所得税计算方法如下：

$$允许扣除的捐赠额 = 2500 \times 30\% = 750（元）$$

因王某捐赠的1000元超过捐赠限额，所以只允许扣除750元捐赠。

$$应纳个人所得税额 = (2500-750) \times 20\% = 350（元）$$

9.6.2 居民个人综合所得应纳税额的计算

居民个人综合所得应纳税额的计算方法如表9-7所示。

表 9-7 居民个人综合所得应纳税额的计算

项 目	类 别	具 体 规 定
收入	工资、薪金所得	全额计入收入额
	劳务报酬所得、特许权使用费所得	收入额为实际取得劳务报酬、特许权使用费收入的80%
	稿酬所得	收入额在扣除20%费用基础上，再减按70%计算，即稿酬所得的收入额为实际取得稿酬收入的56%
公式		应纳税额=全年应纳税所得额×适用税率－速算扣除数 ＝（全年收入额－60000元－社保、住房公积金费用－享受的专项附加扣除－享受的其他扣除）×适用税率－速算扣除数

【例 9-3】 假定某居民个人纳税人 2021 年扣除"三险一金"后共取得含税工资收入 12 万元，除住房贷款专项附加扣除外，该纳税人不享受其余专项附加扣除和税法规定的其他扣除。其当年应纳个人所得税税额为多少元？

全年应纳税所得额 = 120000 － 60000 － 12000 = 48000（元）；

应纳税额 = 48000 × 10% － 2520 = 2280（元）。

【例 9-4】 假定某居民个人纳税人为独生子女，2021 年交完社保和住房公积金后共取得税前工资收入 20 万元，劳务报酬 1 万元，稿酬 1 万元。该纳税人有两个小孩且均由其扣除子女教育专项附加，纳税人的父母健在且均已年满 60 岁。当年应纳个人所得税税额为多少元？

全年应纳税所得额 = 200000 + 10000 × (1 － 20%) + 10000 × 70% × (1 － 20%) － 60000 － 12000 × 2 － 24000 = 213600 － 108000 = 105600（元）；

应纳税额 = 105600 × 10% － 2520 = 8040（元）。

【提示】

（1）居民全年一次性奖金应纳税额的计算如表 9-8 所示。

表 9-8 居民全年一次性奖金应纳税额的计算

居民全年一次性奖金	方 案	计 算 方 法
在 2023 年 12 月 31 日前	可选择不并入当年综合所得	将居民个人取得的全年一次性奖金，除以 12 个月，按其商数依照按月换算后的综合所得税率表确定适用税率和速算扣除数
		由扣缴义务人发放时代扣代缴
		在一个纳税年度内，对每一个纳税人，该计税办法只允许采用一次
	可选择并入当年综合所得	按综合所得的一般方法计税
自 2024 年 1 月 1 日起	并入当年综合所得	
税率	按月换算后的综合所得税率表	

【例 9-5】 中国公民肖某 2021 年 1 月份取得 2020 年的年终奖金 60000 元。肖某选择不并入当年综合所得的计税方法，其年终奖应纳个人所得税如何计算？

肖某选择不并入当年综合所得的计税方法，其年终奖单独计税，不与综合所得合并计税。年终奖单独计税时，需要按照月平均水平找税率。年终奖 60000 元除以 12 算出月平均奖金 5000 元，不能再做其他扣除，须直接查找对应税率 10%和 210 元的速算扣除数，年终奖应缴纳个人所得税 = 60000 × 10% - 210 = 5790（元）。

（2）股票期权。

企业员工股票期权（简称股票期权）是指上市公司按照规定的程序授予本公司及其控股企业员工的一项权利，该权利允许被授权员工在未来时间内以某一特定价格购买本公司一定数量的股票。员工因参加股票期权计划而从中国境内取得的所得，按规定应按工资、薪金所得计算纳税的，在 2021 年 12 月 31 日前，对该股票期权形式的工资、薪金所得不并入当年综合所得，全额单独适用综合所得税率表，计算纳税。计算公式：

$$应纳税额 = 股权激励收入 × 适用税率 - 速算扣除数$$

【提示】取得不可公开交易的股票期权：

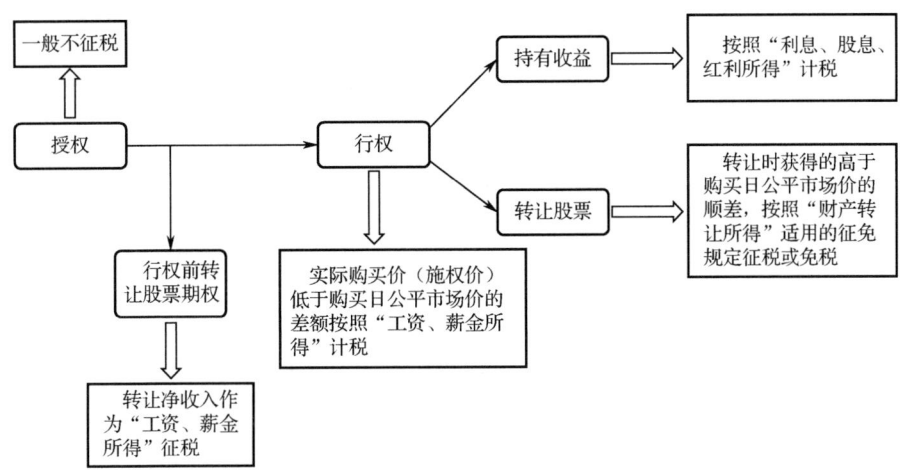

9.6.3 非居民个人四项所得应纳税额的计算

非居民个人四项所得应纳税额的计算如表 9-9 所示。

表 9-9 非居民个人四项所得应纳税额的计算

项目	类别	具体规定
收入	工资、薪金所得	全额计入收入额
	劳务报酬所得、特许权使用费所得	收入额为实际取得劳务报酬、特许权使用费收入的 80%
	稿酬所得	收入额在扣除 20%费用基础上，再减按 70%计算
所得	工资、薪金所得	以每月收入额减除费用 5000 元后的余额为应纳税所得额
	劳务报酬所得、稿酬所得、特许权使用费所得	以每次收入额为应纳税所得额
公式		应纳税额=应纳税所得额×适用税率-速算扣除数

【例 9-6】 假定某外商投资企业中工作的美国专家（假设为非居民纳税人），2022 年 2 月取得由该企业发放的含税工资收入 10400 元人民币，此外还从别处取得劳务报酬 5000 元人民币。当月其应纳个人所得税税额为多少元？

该非居民个人当月工资、薪金所得应纳税额＝（10400－5000）×10%－210＝330（元），该非居民个人当月劳务报酬所得应纳税额＝5000×（1－20%）×10%－210＝190（元），合计应纳税额＝330＋190＝520元。

9.6.4 经营所得应纳税额的计算

经营所得应纳税额＝全年应纳税所得额×适用税率－速算扣除数
　　　　　　　　＝（全年收入总额－成本、费用及损失）×适用税率－速算扣除数

1. 个体户查账征收应纳税额的计算

个体户经营所得应纳税额的计算如表9-10所示。

表9-10 个体户经营所得应纳税额的计算

项目		要点
收入总额		销售货物收入、提供劳务收入、转让财产收入、利息收入、租金收入、接受捐赠收入、其他收入
可以扣除的项目	成本	个体工商户在生产经营活动中发生的销售成本、销货成本、业务支出及其他耗费（销售存货的成本，可扣）
	费用	个体工商户在生产经营活动中发生的销售费用、管理费用和财务费用，已经计入成本的有关费用除外
	税金	个体工商户在生产经营活动中发生的除个人所得税和允许抵扣的增值税以外的各项税金及其附加
	损失	个体工商户在生产经营活动中发生的固定资产和存货的盘亏、毁损、报废损失，转让财产损失，坏账损失，自然灾害等不可抗力因素造成的损失及其他损失。个体工商户发生的损失，减除责任人赔偿和保险赔款后的余额，参照财政部、国家税务总局有关企业资产损失税前扣除的规定扣除
	其他支出	除成本、费用、税金、损失外，个体工商户在生产经营活动中发生的与生产经营活动有关的、合理的支出
	亏损	个体工商户纳税年度发生的亏损，准予向以后年度结转，用以后年度的生产经营所得弥补，但结转年限最长不得超过5年
不得扣除的项目		（1）个人所得税税款 （2）税收滞纳金 （3）罚金、罚款和被没收财物的损失 （4）不符合扣除规定的捐赠支出 （5）赞助支出 （6）用于个人和家庭的支出 （7）与取得生产经营收入无关的其他支出 （8）国家税务总局规定不准扣除的支出

【提示】

（1）个体工商户发生的支出应当区分收益性支出和资本性支出。收益性支出在发生当期直接扣除；资本性支出应当分期扣除或者计入有关资产成本，不得在发生当期直接扣除。

（2）个体工商户生产经营活动中，应当分别核算生产经营费用和个人、家庭费用。对于生产经营与个人、家庭生活混用难以分清的费用，其40%视为与生产经营有关费用，准予扣除。

（3）个体工商户转让资产，该项资产的净值准予在计算应纳税所得额时扣除。
（4）扣除项目及标准如表 9-11 所示。

表 9-11　个体户经营所得的扣除项目及标准的计算

项　　目	可以扣除的项目及标准	不得扣除项目
工资、薪金	（1）实际支付给从业人员的、合理的工资、薪金 （2）业主本人的费用 60000 元/年	业主的工资、薪金
社会保险	（1）按相关标准缴纳的"五险一金" （2）不超过从业人员工资总额 5%标准的补充保险（养老、医疗） （3）业主本人缴纳的补充保险以当地（地级市）上年度社会平均工资的 3 倍为计算基数，分别在不超过该计算基数 5%标准内的部分据实扣除	超过标准的部分
商业保险	依照国家有关规定为特殊工种从业人员支付的人身安全保险费和财政部、国家税务总局规定可以扣除的其他商业保险费	为业主本人或者从业人员
借款费用	生产经营活动中发生的合理的不需要资本化的借款费用	—
利息支出	（1）向金融企业借款的利息支出 （2）向非金融企业和个人借款的利息支出，不超过按照金融企业同期同类贷款利率计算的数额的部分	向非金融企业和个人借款的利息支出，超过按照金融企业同期同类贷款利率计算的数额的部分
汇兑损失	在货币交易中，以及纳税年度终了时将人民币以外的货币性资产、负债按照期末即期人民币汇率中间价折算为人民币时产生的，除已经计入有关资产成本部分外的汇兑损失	—
三项经费	（1）标准内据实扣除（从业人员） （2）业主本人向当地工会组织缴纳的工会经费、实际发生的职工福利费支出、职工教育经费支出，以当地（地级市）上年度社会平均工资的 3 倍为计算基数，按上述比例据实扣除	超过标准的部分
业务招待费	按照实际发生额的 60%扣除，但最高不得超过当年销售（营业）收入的 5‰	超过标准的部分
广告费、业务宣传费	不超过当年销售（营业）收入 15%的部分，可以据实扣除；超过部分，准予在以后纳税年度结转扣除	—
税款	在生产经营活动中发生的各项税金及附加	（1）代其从业人员或者他人负担的税款 （2）增值税、个人所得税
摊位费、行政性收费、协会会费	按照规定缴纳的，按实际发生数额扣除	—
租赁费	（1）以经营租赁方式租入固定资产发生的租赁费支出，按照租赁期限均匀扣除 （2）以融资租赁方式租入固定资产发生的租赁费支出，按照规定构成融资租入固定资产价值的部分应当提取折旧费用，分期扣除	—
财产保险	按规定缴纳的财产保险费	—
劳保支出	合理的劳动保护支出	—
捐赠支出	通过公益性社会团体或者县级以上人民政府及其部门，用于《公益事业捐赠法》规定的公益事业的捐赠，捐赠额不超过其应纳税所得额 30%的部分	直接对受益人的捐赠
开发费用	个体工商户研究开发新产品、新技术、新工艺所发生的开发费用，以及研究开发新产品、新技术而购置单台价值在 10 万元以下的测试仪器和试验性装置的购置费准予直接扣除	单台价值在 10 万元以上（含 10 万元）的测试仪器和试验性装置，按固定资产管理，不得在当期直接扣除

2. 个人独资企业和合伙企业应纳税额的计算

个人独资企业和合伙企业应纳个人所得税的计算如表 9-12 所示。

表 9-12 个人独资企业和合伙企业应纳个人所得税的计算

要 点		相 关 规 则
查账征收		应纳税额=应纳税所得额×适用税率-速算扣除数 =（全年收入总额-成本、费用及损失）×适用税率-速算扣除数
核定征收	计税规则	（1）核定征收方式包括定额征收、核定应税所得率征收及其他合理的方式，与企业所得税类似 （2）实行核定征收的投资者，不能享受个人所得税的优惠政策 （3）实行查账征税改为核定征税的纳税人，在查账征税方式下认定的年度经营亏损未弥补完的部分，不得再继续弥补
	公式 或	应纳个人所得税额=应纳税所得额×适用税率 应纳税所得额=收入总额×应税所得率 应纳税所得额=成本费用支出额÷（1-应税所得率）×应税所得率

【提示】投资者兴办两个或两个以上个人独资企业，于年终汇算清缴时（查账征收），采用以下步骤：

（1）汇总其投资兴办的所有企业的经营所得；

（2）将汇总所得作为应纳税所得额，并按此金额确定税率计算整体应纳税额；

（3）将整体应纳税额按各企业经营所得占所有企业经营所得的比重分配，算出各企业的应纳所得税额；

（4）计算各企业应补缴的税款。

3. 对企事业单位的承包经营、承租经营所得应纳税额的计算

对企事业单位的承包经营、承租经营所得，以每一纳税年度的收入总额，减除必要费用后的余额，为应纳税所得额。

每一纳税年度的收入总额，是指纳税人按照承包经营、承租经营合同规定分得的经营利润和工资、薪金性质的所得之和；必要费用按年减除 60000 元（不得与综合所得重复扣除）。

企事业单位承包、承租经营者自行购买符合条件的商业健康保险产品的支出，在不超过 2400 元/年（200 元/月）的标准内扣除。

试点地区承包、承租经营者通过个人商业养老资金账户购买符合规定的税收递延型商业养老保险产品，缴纳的保费准予在申报扣除当年计算应纳税所得额时予以限额据实扣除，扣除限额按照不超过当年应税收入的 6%和 12000 元孰低办法确定。

应纳税额=应纳税所得额×适用税率-速算扣除数
=（纳税年度收入总额－必要费用）×适用税率-速算扣除数

【例 9-7】 自 2021 年 3 月 1 日起，张某承包一家招待所，合同规定张某每月取得工资 6000 元，年终从企业所得税税后利润中上缴承包费 50000 元，其余经营成果归张某所有。2021 年该招待所税后利润为 120000 元，当年张某共应缴纳多少个人所得税？

纳税年度收入总额 = 6000×10＋(120000－50000) = 60000＋70000 = 130000（元）；

年应纳税所得额 = 130000－5000×10 = 80000（元）；

应纳个人所得税 = 80000×10%－1500 = 6500（元）。

9.6.5 财产租赁所得应纳税额的计算

财产租赁所得以 1 个月内取得的收入为一次。在确定财产租赁的应纳税所得额时，纳税人在出租财产过程中缴纳的税金和教育费附加，可持完税（缴款）凭证，从其财产租赁收入中扣除。准予扣除的项目除了规定费用和有关税、费，还准予扣除能够提供有效、准确凭证，证明由纳税人负担的该出租财产实际开支的修缮费用。允许扣除的修缮费用，以每次 800 元为限。一次扣除不完的，准予在下一次继续扣除，直到扣完为止。

应纳税所得额的计算公式如下。

（1）每次（月）收入不超过 4000 元的：

应纳税所得额=每次（月）收入额-准予扣除项目-修缮费用（800 元为限）-800 元

（2）每次（月）收入超过 4000 元的：

应纳税所得额=[每次（月）收入额-准予扣除项目-修缮费用（800 元为限）]×(1-20%)

（3）财产租赁所得适用 20%的比例税率。但对个人按市场价格出租的居民住房取得的所得，自 2001 年 1 月 1 日起暂减按 10%的税率征收个人所得税。其应纳税额的计算公式：

$$应纳税额 = 应纳税所得额 \times 适用税率$$

【提示】在计算财产租赁所得个人所得税时，首先扣除财产租赁过程中缴纳的税费（附加税、房产税、印花税、城建税、国家能源重点建设基金、国家预算调节基金、教育费附加等，不含增值税，因为收入也为不含税收入）；其次扣除个人向出租方支付的租金和增值税额（转租）；再次扣除由纳税人负担的该出租财产实际开支的修缮费用；最后减除税法规定的费用标准。也就是说，经上述前三项减除后，若余额不足 4000 元，则扣 800 元；若超过 4000 元，则扣 20%。

【例 9-8】王某 7 月将市区内闲置的一处住房出租，用于他人居住，租期 1 年，每月含税租金 4100 元，由于未达到起征点而未缴纳增值税，可提供实际缴纳房产税的完税凭证每月 164 元。7 月发生漏雨修缮费 1000 元。则其 7 月、8 月两个月应纳个人所得税：

7 月租金应纳税=（4100 - 164 - 800 - 800）× 10% = 233.6（元）;

8 月租金应纳税=（4100 - 164 - 200 - 800）× 10% = 293.6（元）。

9.6.6 财产转让所得应纳税额的计算

一般情况下财产转让所得应纳税额的计算公式：

$$应纳税额=应纳税所得额\times适用税率$$
$$=（收入总额-财产原值-合理税费）\times 20\%$$

（1）个人住房转让所得征税的计算如表 9-13 所示。

表 9-13 个人住房转让所得征税的计算

项　目	相　关　收　入
收入	以实际成交价格为转让收入
	纳税人申报的住房成交价格明显低于市场价格且无正当理由的,征收机关依法有权根据有关信息核定其转让收入,但必须保证各税种计税价格一致
扣除项目	纳税人可凭原购房合同、发票等有效凭证,经税务机关审核后,允许从其转让收入中减除房屋原值(含契税)、准予扣除的税金及有关合理费用
	税金,指纳税人在转让住房时实际缴纳的城市维护建设税、教育费附加、地方教育附加、土地增值税、印花税等税金
	合理费用,指纳税人按照规定实际支付的住房装修费用、住房贷款利息、手续费、公证费等费用
不能正确计算的	纳税人未提供完整、准确的房屋原值凭证,不能正确计算房屋原值和应纳税额的,税务机关可按纳税人住房转让收入的一定比例核定应纳个人所得税额。一般在住房转让收入 1%～3%的幅度内确定

（2）个人转让股权应纳税额的计算如表 9-14 所示。

表 9-14 个人转让股权应纳税额的计算

项　目	相　关　规　定	
转让行为	将股权转让给其他个人或法人的行为,包括以下情形: (1) 出售股权 (2) 公司回购股权 (3) 发行人首次公开发行新股时,被投资企业股东将其持有的股份以公开发行方式一并向投资者发售 (4) 股权被司法或行政机关强制过户 (5) 以股权对外投资或进行其他非货币性交易 (6) 以股权抵偿债务 (7) 其他股权转移行为	
应税所得额	以股权转让收入减除股权原值和合理费用后的余额为应纳税所得额	
纳税义务人	以股权转让方为纳税人	
扣缴义务人	以受让方为扣缴义务人	
收入的确认	股权转让收入是指让方因股权转让而获得的现金、实物、有价证券和其他形式的经济利益	转让方取得与股权转让相关的各种款项,包括违约金、补偿金及其他名目的款项、资产、权益等,均应当并入股权转让收入
		纳税人按照合同约定,在满足约定条件后取得的后续收入,应当作为股权转让收入
	视为股权转让收入明显偏低	(1) 申报的股权转让收入低于股权对应的净资产份额的 (2) 申报的股权转让收入低于初始投资成本或低于取得该股权所支付的价款及相关税费的 (3) 申报的股权转让收入低于相同或类似条件下同一企业同一股东或其他股东股权转让收入的 (4) 申报的股权转让收入低于相同或类似条件下同类行业的企业股权转让收入的 (5) 不具合理性的无偿让渡股权或股份 (6) 主管税务机关认定的其他情形
	视为有正当理由	(1) 能出具有效文件,证明被投资企业因国家政策调整,生产经营受到重大影响,导致低价转让股权 (2)继承或将股权转让给其能提供具有法律效力身份关系证明的配偶、父母、子女、祖父母、外祖父母、孙子女、外孙子女、兄弟姐妹及对转让人承担直接抚养或者赡养义务的抚养人或者赡养人

续表

项 目		相 关 规 定
收入的确认	视为有正当理由	（3）相关法律、政府文件或企业章程规定，并有相关资料充分证明转让价格合理且真实的本企业员工持有的不能对外转让股权的内部转让 （4）股权转让双方能够提供有效证据证明其合理性的其他合理情形
核定收入	方法	净资产核定法、类比法、其他合理方法
原值的确认	取得股权方式	股权原值
	以现金出资方式取得的股权	实际支付的价款与取得股权直接相关的合理税费之和
	以非货币性资产出资方式取得的股权	税务机关认可或核定的投资入股时非货币性资产价格与取得股权直接相关的合理税费之和
	通过无偿让渡方式取得的股权	取得股权发生的合理税费与原持有人的股权原值之和
	被投资企业以资本公积、盈余公积、未分配利润转增股本	转增额和相关税费之和
	除以上情形外	由主管税务机关按照避免重复征收个人所得税的原则合理确认

9.6.7 利息股息红利所得和偶然所得应纳税额的计算

（1）利息、股息、红利所得以支付时取得的收入为一次，适用20%的比例税率，但国务院决定自2007年8月15日起，将储蓄存款利息所得个人所得税的适用税率由20%调减为5%；自2008年10月9日起暂免征收储蓄存款利息的个人所得税。

利息、股息和红利的应纳税额计算公式：

$$应纳税额 = 应纳税所得额（每次收入额）\times 适用税率$$

公式中的"应纳税所得额"是纳税人每次取得的收入额，不得从收入额中扣除任何费用。

自2015年9月8日起，个人从公开发行和转让市场取得的上市公司股票，持股期限超过1年的，股息红利所得暂免征收个人所得税。持股期限在1个月以内（含1个月）的，其股息红利所得全额计入应纳税所得额（税负为20%）；持股期限在1个月以上至1年（含1年）的，暂减按50%计入应纳税所得额（税负为10%）；上述所得统一适用20%的税率计征个人所得税。全国中小企业股份转让系统挂牌公司股息红利差别化个人所得税政策也按上述政策执行。

自2016年1月1日起，全国范围内非上市的中小高新技术企业以未分配利润、盈余公积、资本公积向个人股东转增股本时，个人股东一次缴纳个人所得税确有困难的，可根据实际情况自行制订分期缴税计划，在不超过5个公历年度内（含）分期缴纳，并将有关资料报主管税务机关备案。

【提示】与股权和股利分配相关的递延5年纳税政策辨析如表9-15所示。

表 9-15 与股权和股利分配相关的递延 5 年纳税政策辨析

适用的企业	具体行为	纳税人	征税项目
非上市、非新三板的中小高新技术企业	股权奖励	得到奖励股权的技术人员和管理人员	工资、薪金所得
	以未分配利润、盈余公积、资本公积向个人股东转增股本	股东	利息、股息、红利所得

【例 9-9】 以下按照"利息、股息、红利所得"项目征收个人所得税的有（　　）。

A. 个人取得的企业债券利息

B. 合伙企业的个人投资者以企业资金为本人购买住房

C. 股份有限公司的个人投资者以企业资金为本人购买汽车

D. 公司职工取得的用于购买企业国有股权的劳动分红

【答案】 AC

【解析】 选项 B，应按照"经营所得"项目征税；选项 D，应按照"工资、薪金所得"项目征收个人所得税。

【例 9-10】 中国公民王某于 2020 年 9 月起以 6 万元的资金持有上海证券交易所的某境内上市公司的股票 10000 股。2021 年 2 月，该上市公司宣布实施每股 0.8 元的分红决定，王某在 3 月将上述股票以 7 万元的价格转让。王某上述行为应缴纳个人所得税多少元？

王某转让境内上市公司股票的行为暂不征收个人所得税；获得分红的股息、红利所得，持股期限在 1 个月以上至 1 年（含）的，暂减按 50% 计入个人应纳税所得额。

王某上述行为应纳个人所得税 = $10000 \times 0.8 \times 50\% \times 20\%$ = 800（元）。

（2）偶然所得以每次收入额为应纳税所得额，不扣除任何费用。偶然所得适用 20% 的比例税率，应纳税额的计算公式：

$$应纳税额 = 应纳税所得额（每次收入额）\times 适用税率$$

9.7 个人所得税的税收优惠

个人所得税作为体现国家政策的重要税收工具，为鼓励科学发展、支持社会福利、慈善事业和照顾某些纳税人的实际困难，个人所得税对一些特定项目规定了减免税的优惠。

9.7.1 免税项目

免税项目包括：

（1）省级人民政府、国务院部委和中国人民解放军军以上单位，以及外国组织、国际组织颁发的科学、教育、技术、文化、卫生、体育、环境保护等方面的奖金。

（2）国债利息和国家发行的金融债券利息免纳个人所得税。

其中，国债利息是指个人持有我国财政部发行的债券而取得的利息所得，即国库券利息；国家发行的金融债券利息是指个人持有经国务院批准发行的金融债券而取得的利息所得。对于一些经国务院有关部委批准，以企业债券形式筹集部分建设资金或经营性资金，如铁道部发行的中铁建设债券，中国建设银行和其他金融机构发行的用于自身经营的债券等，均不属于免税债券范畴。

另外，教育储蓄存款利息所得，国务院财政部门确定的其他专项储蓄存款或储蓄性专项基金存款利息所得（包括基本养老保险基金、基本医疗保险基金、失业保险基金、住房公积金）免税。

（3）按照国家统一规定发给的补贴、津贴，免纳个人所得税。按照国家统一规定发给的补贴、津贴，是指按照国务院规定给予的政府特殊津贴和国务院规定免纳个人所得税的补贴、津贴，如中国科学院院士、中国工程院院士的院士津贴，中国科学院资深院士、中国工程院资深院士的资深院士津贴等。

（4）福利费、抚恤金、救济金。

（5）保险赔款。

（6）军人的转业费、复员费。

（7）按照国家统一规定发给干部、职工的安家费、退职费、退休工资、离休工资、离休生活补助费。

（8）依照我国有关法律规定应予免税的各国驻华使馆、领事馆的外交代表、领事官员和其他人员的所得。

（9）中国政府参加的国际公约、签订的协议中规定免税的所得。

（10）个人从公开发行和转让市场取得的上市公司股票，持股期限超过1年的，股息红利所得暂免征收个人所得税。个人从公开发行和转让市场取得的上市公司股票，持股期限在1个月以内（含1个月）的，其股息红利所得全额计入应纳税所得额；持股期限在1个月以上至1年（含1年）的，暂减按50%计入应纳税所得额；上述所得统一适用20%的税率计征个人所得税。本规定自2015年9月8日起施行。全国中小企业股份转让系统挂牌公司股息红利差别化个人所得税政策也按上述政策执行。

（11）个人按国家有关城镇房屋拆迁规定取得的拆迁补偿款免税。

（12）经国务院财政部门批准免税的所得。

9.7.2 暂免征税的主要项目

暂免征税的主要项目包括：

（1）股票、证券投资基金转让所得；

（2）科研机构、高等学校转化职务科技成果，以股份、出资比例等股权形式给予个人的奖励；

（3）集体所有制企业改为股份合作制企业时职工个人以股份形式取得的拥有所有权的企业量化资产；

（4）单张有奖发票奖金所得不超过800元（含800元）的；

（5）个人购买福利彩票和体育彩票，一次中奖所得不超过1万元的；

（6）个人转让自用5年以上且是家庭唯一生活用房取得的所得；

（7）个人因举报、协查各种违法、犯罪行为获得的奖金；

（8）个人办理代扣代缴税款手续，按规定取得的手续费，已达到离休、退休年龄，因工作需要留任的享受政府特殊津贴的专家、学者，在延缓办理离休、退休期间取得的工资、薪金所得；

（9）符合规定的外国专家取得的工资、薪金所得。

9.7.3 经批准可以减征个人所得税的项目

经批准可以减征个人所得税的项目包括：

（1）残疾、孤老人员和烈属的所得；

（2）因严重自然灾害造成重大损失的；

（3）其他经国务院财政部门批准减税的。

9.8 境外已纳税款的扣除

税法规定，居民个人从中国境外取得的所得，准予其在应纳税额中抵免已在境外缴纳的个人所得税税额，但抵免额不得超过该纳税人境外所得依照我国税法规定计算的应纳税额。

税法所说的"已在境外缴纳的个人所得税税额"，是指居民个人从中国境外取得的所得，依照该所得来源国家或者地区的法律应当缴纳并且实际已经缴纳的税额。

税法所说的"纳税人境外所得依照我国税法规定计算的应纳税额"，是居民个人抵免已在境外缴纳的综合所得、经营所得及其他所得的所得税税额的限额（以下简称"抵免限额"）。除国务院财政、税务主管部门另有规定外，来源于中国境外一个国家（地区）的综合所得抵免限额、经营所得抵免限额及其他所得抵免限额之和，为来源于该国家（地区）所得的抵免限额。

居民个人在中国境外一个国家或地区实际已经缴纳的个人所得税税额低于抵免限额的，应当在中国缴纳差额部分的税款；超过抵免限额的，其超过的部分不得在本纳税年度的应纳税额中抵免，但是可以在以后纳税年度的该国家或地区抵免限额的余额中补扣，补扣期限最长不得超过5年。

【例9-11】 2021年中国公民黄某在A国转让股权应纳税所得额50000元，按A国税法规定缴纳了个人所得税9000元；在A国还取得偶然所得8000元，按A国税法规定缴纳了个人所得税2100元。回国后，黄某应补缴多少个人所得税？（以上货币均为人民币）

境外所得的抵免限额为同一国家内不同应税项目，依照我国税法计算的应纳税额之和。

转让股权应纳税额 = 50000 × 20% = 10000（元）；

偶然所得按我国税法计算的应纳税额 = 8000 × 20% = 1600（元）；

黄某A国所得的抵免限额 = 10000 + 1600 = 11600（元）> 9000 + 2100 = 11100（元）；

黄某应在我国补缴个人所得税 = 11600 − 11100 = 500（元）。

9.9　个人所得税的申报与缴纳

个人所得税有自行申报纳税和代扣代缴两种纳税办法。

9.9.1　自行申报纳税

自行申报纳税，是由纳税人自行在税法规定的纳税期限内，向税务机关申报取得的应税所得项目和数额，如实填写个人所得税纳税申报表，并按照税法规定计算应纳税额，据此缴纳个人所得税的一种方法。

（1）以下几种情形，纳税人需要自行申报纳税。

① 取得综合所得需要办理汇算清缴。

② 取得应税所得没有扣缴义务人。

③ 取得应税所得，扣缴义务人未扣缴税款。

④ 取得境外所得。

⑤ 因移居境外注销中国户籍。

⑥ 非居民个人在中国境内从两处以上取得工资、薪金所得。

⑦ 国务院规定的其他情形。

其中，取得综合所得且符合下列情形之一的纳税人，应当依法办理汇算清缴。

① 从两处以上取得综合所得，且综合所得年收入额减除专项扣除后的余额超过 6 万元。

② 取得劳务报酬所得、稿酬所得、特许权使用费所得中一项或者多项所得，且综合所得年收入额减除专项扣除的余额超过 6 万元。

③ 纳税年度内预缴税额低于应纳税额。

④ 纳税人申请退税。

（2）取得经营所得的纳税申报。

纳税人取得经营所得，按年计算个人所得税，由纳税人在月度或季度终了后 15 日内，向经营管理所在地主管税务机关办理预缴纳税申报。在取得所得的次年 3 月 31 日前，向经营管理所在地主管税务机关办理汇算清缴；从两处以上取得经营所得的，选择向其中一处经营管理所在地主管税务机关办理年度汇总申报。

（3）取得应税所得，扣缴义务人未扣缴税款的纳税申报。

① 居民个人取得综合所得的，且符合规定的，应当依法办理汇算清缴。

② 非居民个人取得工资、薪金所得，劳务报酬所得，稿酬所得，特许权使用费所得的，应当在取得所得的次年 6 月 30 日前，向扣缴义务人所在地主管税务机关办理纳税申报。有两个以上扣缴义务人均未扣缴税款的，选择向其中一处扣缴义务人所在地主管税务机关办理纳税申报。非居民个人在次年 6 月 30 日前离境（临时离境除外）的，应当在离境前办理纳税申报。

③ 纳税人取得利息、股息、红利所得，财产租赁所得，财产转让所得和偶然所得的，应当在取得所得的次年 6 月 30 日前，按相关规定向主管税务机关办理纳税申报。纳税人

取得应税所得没有扣缴义务人的,应当在取得所得的次月 15 日内向税务机关报送纳税申报表,并缴纳税款。

(4) 取得境外所得的纳税申报。

居民个人从中国境外取得所得的,应当在取得所得的次年 3 月 1 日至 6 月 30 日内,向中国境内任职、受雇单位所在地主管税务机关办理纳税申报;在中国境内没有任职、受雇单位的,向户籍所在地或中国境内经常居住地主管税务机关办理纳税申报;户籍所在地与中国境内经常居住地不一致的,选择其中一地主管税务机关办理纳税申报;在中国境内没有户籍的,向中国境内经常居住地主管税务机关办理纳税申报。

(5) 因移居境外注销中国户籍的纳税申报。

纳税人因移居境外注销中国户籍的,应当在申请注销中国户籍前,向户籍所在地主管税务机关办理纳税申报,进行税款清算。

(6) 非居民个人在中国境内从两处以上取得工资、薪金所得的纳税申报。

非居民个人在中国境内从两处以上取得工资、薪金所得的,应当在取得所得的次月 15 日内,向其中一处任职、受雇单位所在地主管税务机关办理纳税申报。

9.9.2 代扣代缴税款

代扣代缴,是指按照税法规定负有扣缴税款义务的单位或者个人,在向个人支付应纳税所得时,应计算应纳税额,从其所得中扣出并缴入国库,同时向税务机关报送扣缴个人所得税报告表。

个人所得税以支付所得的单位或个人为扣缴义务人。扣缴义务人向个人支付下列所得,应代扣代缴个人所得税:工资、薪金所得,劳务报酬所得,稿酬所得,特许权使用费所得,利息、股息、红利所得,财产租赁所得,财产转让所得,偶然所得。

1. 支付工资、薪金所得的扣缴方法

支付工资、薪金所得的扣缴方法如表 9-16 所示。

表 9-16 支付工资、薪金所得的扣缴方法

项 目	具 体 内 容
基本原则	按照累计预扣法计算预扣税款,并按月办理扣缴申报
累计预扣法	扣缴义务人在一个纳税年度内预扣预缴税款时,以纳税人在本单位截至当前月份工资、薪金所得累计收入减除累计免税收入、累计减除费用、累计专项扣除、累计专项附加扣除和累计依法确定的其他扣除后的余额为累计预扣预缴应纳税所得额,适用居民个人工资、薪金所得预扣预缴率表,计算累计应预扣预缴税额,再减除累计减免税额和累计已预扣预缴税额,其余额为本期应预扣预缴税额。余额为负值时,暂不退税。纳税年度终了后余额仍为负值时,由纳税人办理综合所得年度汇算清缴,税款多退少补
公式	本期应预扣预缴税额=(累计预扣预缴应纳税所得额×预扣率-速算扣除数)-累计减免税额-累计已预扣预缴税额 累计预扣预缴应纳税所得额=累计收入-累计免税收入-累计减除费用-累计专项扣除-累计专项附加扣除-累计依法确定的其他扣除 累计减除费用,按照 5000 元/月乘以纳税人当年截至本月在本单位的任职受雇月份数计算

【例 9-12】 某居民个人 2021 年每月取得工资收入 12000 元，每月缴纳社保费用和住房公积金 1400 元，该居民个人作为独生子独立赡养自己 60 岁以上的父母，全年均享受住房贷款利息专项附加扣除，请计算该居民个人的工资薪金扣缴义务人 2021 年 1 月、2 月和 12 月预扣预缴的税款金额。

（1）2021 年 1 月：

累计预扣预缴应纳税所得额=累计收入-累计免税收入-累计基本减除费用-累计专项扣除-累计专项附加扣除-累计依法确定的其他扣除=12000-5000-1400-2000-1000=2600（元）；

本期应预扣预缴税额=2600×3%-0=78（元）。

（2）2021 年 2 月：

累计预扣预缴应纳税所得额=累计收入-累计免税收入-累计基本减除费用-累计专项扣除-累计专项附加扣除-累计依法确定的其他扣除=24000-10000-2800-4000-2000=5200（元）；

本期应预扣预缴税额=（5200×3%-0）-累计减免税额-累计已预扣预缴税额=156-78=78（元）。

（3）2021 年 12 月：

累计预扣预缴应纳税所得额=累计收入-累计免税收入-累计基本减除费用-累计专项扣除-累计专项附加扣除-累计依法确定的其他扣除=144000-60000-16800-24000-12000=31200（元）；

本期应预扣预缴税额=（31200×3%-0）-累计减免税额-累计已预扣预缴税额=936-78×11=78（元）。

2. 支付劳务报酬所得、稿酬所得、特许权使用费所得的扣缴方法

支付劳务报酬所得、稿酬所得、特许权使用费所得的扣缴方法如表 9-17 所示。

表 9-17　支付劳务报酬所得、稿酬所得、特许权使用费所得的扣缴方法

项　目	具 体 规 定
收入	劳务报酬所得、稿酬所得、特许权使用费所得以收入减除费用后的余额为收入额。其中，稿酬所得的收入额减按 70% 计算
费用	预扣预缴税款时，劳务报酬所得、稿酬所得、特许权使用费所得每次收入不超过 4000 元的，减除费用按 800 元计算；每次收入在 4000 元以上的，减除费用按收入的 20% 计算
应纳税所得额	劳务报酬所得、稿酬所得、特许权使用费所得，以每次收入额为预扣预缴应纳税所得额，计算应预扣预缴税额。劳务报酬所得适用居民个人劳务报酬所得预扣预缴率表，稿酬所得、特许权使用费所得适用 20% 的比例预扣率
公式	劳务报酬所得应预扣预缴税额 = 预扣预缴应纳税所得额×预扣率-速算扣除数 稿酬所得、特许权使用费所得应预扣预缴税额 = 预扣预缴应纳税所得额×20%

【提示】 居民个人劳务报酬所得预扣预缴率如表 9-18 所示。

表 9-18 居民个人劳务报酬所得预扣预缴率

级 数	预扣预缴应纳税所得额	预扣率（%）	速算扣除数
1	不超过 20000 元的部分	20	0
2	20000~50000 元的部分	30	2000
3	超过 50000 元的部分	40	7000

【例 9-13】某演员一次获得表演收入 60000 元，按照"劳务报酬所得"项目预扣预缴个人所得税的计算如下：

预扣预缴应纳税所得额=60000×（1-20%）=48000（元）；

预扣预缴个人所得税税额=48000×30%-2000=12400（元）。

【例 9-14】教授王某 2021 年 8 月在北京日报发表一篇评论文章，取得稿酬 1500 元；当月他的一部著作由某出版社出版，取得稿酬 40000 元。王某所获稿酬在 3 月应预扣预缴的个人所得税计算如下：

北京日报应预扣预缴王某个人所得税=（1500-800）×70%×20%=98（元）；

某出版社应预扣预缴王某个人所得税=40000×（1-20%）×70%×20%=4480（元）。

3．扣缴非居民个人所得税

扣缴非居民个人所得税的相关规定如表 9-19 所示。

表 9-19 扣缴非居民个人所得税的相关规定

项 目	具 体 规 定
工资、薪金所得	非居民个人的工资、薪金所得，以每月收入额减除费用 5000 元后的余额为应纳税所得额
劳务报酬所得、稿酬所得、特许权使用费所得	（1）劳务报酬所得、稿酬所得、特许权使用费所得，以每次收入额为应纳税所得额，根据非居民个人工资薪金所得、劳务报酬所得、稿酬所得、特许权使用费所得适用税率表，计算应纳税额 （2）劳务报酬所得、稿酬所得、特许权使用费所得以收入减除 20%的费用后的余额为收入额。其中，稿酬所得的收入额减按 70%计算
公式	非居民个人工资、薪金所得，劳务报酬所得，稿酬所得，特许权使用费所得应纳税额＝应纳税所得额×税率-速算扣除数
其他	扣缴义务人支付利息、股息、红利所得，财产租赁所得，财产转让所得或者偶然所得时，应当依法按次或者按月代扣代缴税款

4．扣缴义务人责任与义务

支付工资、薪金所得的扣缴义务人应当于年度终了后 2 个月内，向纳税人提供其个人所得和已扣缴税款等信息。纳税人年度中间需要提供上述信息的，扣缴义务人应当提供。扣缴义务人应当按照纳税人提供的信息计算税款、办理扣缴申报，不得擅自更改纳税人提供的信息。

5．代扣代缴期限

扣缴义务人每月或者每次预扣、代扣的税款，应当在次月 15 日内缴入国库。扣缴义务人首次向纳税人支付所得时，应当按照纳税人提供的纳税人识别号等基础信息，并于次月扣缴申报时向税务机关报送。扣缴义务人对纳税人向其报告的相关基础信息变化情况,应当于次月扣缴申报时向税务机关报送。

6. 享受扣除及办理时间

享受扣除及办理时间如表9-20所示。

表9-20 享受扣除及办理时间

项 目	时 间
婴幼儿照护	子女出生当月至年满3周岁前一月
子女教育	学前教育阶段,为子女年满3周岁当月至小学入学前一月;学历教育,为子女接受全日制学历教育入学的当月至全日制学历教育结束的当月
继续教育	学历(学位)继续教育,为在中国境内接受学历(学位)继续教育入学的当月至学历(学位)继续教育结束的当月,同一学历(学位)继续教育的扣除期限最长不得超过48个月;技能人员职业资格继续教育、专业技术人员职业资格继续教育,为取得相关证书的当年
大病医疗	为医疗保障信息系统记录的医药费用实际支出的当年
住房贷款利息	为贷款合同约定开始还款的当月至贷款全部归还或贷款合同终止的当月,扣除期限最长不得超过240个月
住房租金	为租赁合同(协议)约定的房屋租赁期开始的当月至租赁期结束的当月。提前终止合同(协议)的,以实际租赁期限为准
赡养老人	为被赡养人年满60周岁的当月至赡养义务终止的年末

【提示】

(1)享受子女教育、继续教育、住房贷款利息或者住房租金、赡养老人专项附加扣除的纳税人,自符合条件开始,可以向支付工资、薪金所得的扣缴义务人提供上述专项附加扣除有关信息,由扣缴义务人在预扣预缴税款时,按其在本单位本年可享受的累计扣除额办理扣除;也可以在次年3月1日至6月30日内,向汇缴地主管税务机关办理汇算清缴申报时扣除。

(2)纳税人同时从两处以上取得工资、薪金所得,并由扣缴义务人办理上述专项附加扣除的,对同一专项附加扣除项目,一个纳税年度内,纳税人只能选择从其中一处扣除。

(3)享受大病医疗专项附加扣除的纳税人,由其在次年3月1日至6月30日内,自行向汇缴地主管税务机关办理汇算清缴申报时扣除。

(4)一个纳税年度内,纳税人在扣缴义务人预扣预缴税款环节未享受或未足额享受专项附加扣除的,可以在当年内向支付工资、薪金的扣缴义务人申请在剩余月份发放工资、薪金时补充扣除,也可以在次年3月1日至6月30日内,向汇缴地主管税务机关办理汇算清缴时申报扣除。

7. 备查资料

相关备查资料如表9-21所示。

表9-21 备查资料

项 目	具 体 资 料
子女教育	子女在境外接受教育的,应当留存境外学校录取通知书、留学签证等境外教育佐证资料
继续教育	纳税人接受技能人员职业资格继续教育、专业技术人员职业资格继续教育的,应当留存职业资格相关证书等资料

续表

项 目	具 体 资 料
大病医疗	大病患者医药服务收费及医保报销相关票据原件或复印件，或者医疗保障部门出具的纳税年度医药费用清单等资料
住房贷款利息	住房贷款合同、贷款还款支出凭证等资料
住房租金	住房租赁合同或协议等资料
赡养老人	约定或指定分摊的书面分摊协议等资料

9.9.3 纳税地点

申报纳税地点一般应为来源地的税务机关。但纳税人在两处或两处以上取得工资薪金所得的，可选择并固定在一地税务机关申报纳税；从中国境外取得所得的，应向境内户籍所在地或经常居住地税务机关申报纳税。纳税人要求变更纳税地点的，须经原主管税务机关批准。

本 章 小 结

个人所得税是以个人（自然人）取得的各项应税所得为对象征收的一种税。

个人所得税的纳税人为居民纳税义务人和非居民纳税义务人。个人所得税的征税对象是个人取得的应税所得。我国个人所得税采用分类与综合相结合的模式，税法列举征税的个人所得共9项，分别针对不同个人所得项目规定了超额累进税率和比例税率两种税率形式。应纳税所得额为个人所得税的计税依据，具体计算应纳税所得额的费用扣除时，分为定额扣除、定率扣除、核算扣除、不得扣除四类扣除方式。

为了避免重复征税，税法规定，纳税人来源于我国境外的所得，准予从其应纳税额中扣除已经在境外实际缴纳的个人所得税税额，但扣除额不得超过该纳税人境外所得按照我国个人所得税法规定计算的应纳税额。

关键术语

个人所得税　居民　非居民　综合所得　专项附加扣除　经营所得

思考题

1. 我国判断居民的标准是怎样的？居民与非居民的纳税义务有何不同？
2. 我国个人所得税有哪些优惠规定？
3. 谈谈你对我国现行个人所得税的认识：你认为我国个人所得税还应做哪些方面的改进？
4. 在甲单位就职的工程师李某每月取得扣除"三险一金"后的工资25000元，负担其就读于九年级的女儿的教育费用。2022年1月和2月还取得以下收入：

（1）1月某个休息日，业余帮乙单位检查设备运行，乙单位按照10000元的标准支付给李某报酬；

（2）2月领取2021年年终奖36000元，选择单独计税；

（3）2月在丙杂志社发表一篇技术分析文章，取得稿酬2000元。

（其他相关资料：对子女教育专项附加扣除，李某选择在甲单位预扣预缴其税款时扣除）

要求：根据上述资料，按照下列序号计算回答问题，每一问均需计算出合计数。

（1）乙单位1月应预扣预缴李某的个人所得税为多少？

（2）甲单位2月应预扣预缴李某的个人所得税为多少？

（3）甲单位2月应扣缴李某年终奖的个人所得税为多少？

（4）丙杂志社2月应预扣预缴李某的个人所得税为多少？

5. 徐某2021年承包某加工厂，根据协议变更登记为个体工商户，当年加工厂取得收入总额500万元，准予扣除的成本、费用及损失等合计420万元（不含业主扣除费用，含徐某每月从加工厂领取的工资4000元）。徐某没有综合所得，但有一个上小学的孩子且由他扣除子女教育专项附加。徐某2021年个人所得税应纳税所得额为多少万元？

第10章 城镇土地使用税和耕地占用税

10.1 城镇土地使用税

10.1.1 城镇土地使用税的概念和特点

城镇土地使用税是对城市、县城、建制镇、工矿区范围内使用土地的单位和个人,按使用土地的面积定额征收的一种税。

我国地少人多,可利用的土地资源十分紧缺。珍惜土地、节约土地也成为一项重要国策。1988年9月27日,国务院发布了《中华人民共和国城镇土地使用税暂行条例》,在全国开征城镇土地使用税,依土地所在地的市政状况及繁荣程度制定差别定额税率,并按照使用土地的面积征税。这对于调节土地级差收入,促进城镇土地的合理利用,提高土地使用效益具有重要意义。2006年12月,国务院公布了修订后的《中华人民共和国城镇土地使用税暂行条例》,从2007年1月1日起施行。修订后的条例将征税范围扩大到外商投资企业和外国企业,并调整了税额标准,有利于统一税制、公平税负、拓宽税基,贯彻落实国家宏观经济政策,增加地方财政收入。2011年1月8日根据《国务院关于废止和修改部分行政法规的决定》进行了第二次修订,2013年12月7日根据《国务院关于修改部分行政法规的决定》进行了第三次修订。

现行城镇土地使用税的特点如下。

1. 对占用土地的行为课税

广义上看,土地是一种财产,但由于我国不存在土地私有制度,故我国现行的土地使用税不是严格意义上的财产税,而是体现出对占用土地资源或行为的课税。

2. 征税范围有限定

我国现行的土地使用税仅限于对城市、县城、建制镇、工矿区的土地征税,故税种名称为"城镇土地使用税"。

3. 采用地区差别定额税率

根据城市规模、市政建设状况、经济繁荣程度确定高低不等的负担水平,有利于调节级差收入。

10.1.2 城镇土地使用税的主要征收制度

1. 纳税义务人

在城市、县城、建制镇、工矿区范围内使用土地的单位和个人,为城镇土地使用税的纳税人。

以上所称单位,包括国有企业、集体企业、私营企业、股份制企业、外商投资企业、外国企业、其他企业和事业单位、社会团体、国家机关、军队及其他单位;所称个人,包括个体工商户及其他个人。具体来说,纳税义务人如下:

(1) 拥有土地使用权的单位和个人是纳税人;

(2) 拥有土地使用权的单位和个人不在土地所在地的,其土地的实际使用人和代管人为纳税人;

(3) 土地使用权未确定的或权属纠纷未解决的,其实际使用人为纳税人;

(4) 土地使用权共有的,共有各方都是纳税人,由共有各方分别纳税。

例如,几个单位共有一块土地的使用权,一方占面积的60%,另两方各占面积的20%,如果算出的税额为100万元,则分别按60万元、20万元、20万元的数额负担城镇土地使用税。

2. 征税范围

城镇土地使用税的征税范围是城市、县城、建制镇、工矿区内的土地,包括国有的和集体所有的土地。

上述城市、县城、建制镇和工矿区分别按以下标准确认:

(1) 城市是指经国务院批准设立的市;

(2) 县城是指县人民政府所在地;

(3) 建制镇是指经省、自治区、直辖市人民政府批准设立的建制镇;

(4) 工矿区是指工商业比较发达,人口比较集中,符合国务院规定的建制镇标准,但尚未设立建制镇的大中型工矿企业所在地,工矿区须经省、自治区、直辖市人民政府批准。

上述城镇土地使用税的征税范围中,城市的土地包括市区和郊区的土地,县城的土地是指县人民政府所在地的城镇的土地,建制镇的土地是指镇人民政府所在地的土地。

建立在城市、县城、建制镇和工矿区以外的工矿企业则无须缴纳城镇土地使用税。

3. 计税依据

城镇土地使用税以纳税人实际占用的土地面积为计税依据。土地面积计量标准为每平方米。纳税人实际占用的土地面积按下列办法确定:

(1) 凡由省、自治区、直辖市人民政府确定的单位组织测定土地面积的,以测定的面积为准。

(2) 尚未组织测量,但纳税人持有政府部门核发的土地使用证书的,以证书确认的土地面积为准。

（3）尚未核发土地使用证书的，应由纳税人申报土地面积，据以纳税，待核发土地使用证以后再做调整。

需要注意的是，税务机关根据纳税人实际占用的土地面积，按照规定的税额计算应纳税额，向纳税人征收土地使用税。但是，税务机关不能核定纳税人实际占用的土地面积。

（4）对在城镇土地使用税征税范围内单独建造的地下建筑用地，按规定征收城镇土地使用税。其中，已取得地下土地使用权证的，按土地使用权证确认的土地面积计算应征税款；未取得地下土地使用权证或地下土地使用权证上未标明土地面积的，按地下建筑垂直投影面积计算应征税款。对上述地下建筑用地暂按应征税款的50%征收城镇土地使用税。

4．税率

城镇土地使用税采用有幅度的差别定额税率，即按大、中、小城市和县城、建制镇、工矿区分别规定每平方米土地使用税年应纳税额。城镇土地使用税暂行条例规定的每平方米土地的年税额为：大城市1.5～30元；中等城市1.2～24元；小城市0.9～18元；县城、建制镇和工矿区0.6～12元。

以上大、中、小城市的划分标准，由国务院颁布的《城市规划条例》规定。

各省、自治区、直辖市人民政府可根据市政建设情况和经济繁荣程度在规定税额幅度内，确定所辖地区的使用税额幅度。经济落后地区土地使用税的适用税额标准可以适当降低，但降低额不得超过条例规定的最低税额的30%；经济发达地区的土地使用税的适用税额标准可以适当提高，但须报财政部批准。

5．应纳税额的计算

城镇土地使用税的应纳税额依据纳税人实际占用的土地面积和适用单位税额计算。计算公式如下：

$$应纳税额 = 应税土地面积（平方米）\times 适用税额$$

6．税收优惠

（1）法定免缴土地使用税的优惠。

① 国家机关、人民团体、军队自用的土地。

② 由国家财政部门拨付事业经费的单位自用的土地。

③ 宗教寺庙、公园、名胜古迹自用的土地。

④ 市政街道、广场、绿化地带等公共用地。

⑤ 直接用于农、林、牧、渔业的生产用地。

⑥ 经批准开山填海整治的土地和改造的废弃土地，从使用的月份起免缴城镇土地使用税5～10年。

⑦ 对非营利性医疗机构、疾病控制机构和妇幼保健机构等卫生机构自用的土地，免征城镇土地使用税。对营利性医疗机构自用的土地自2000年起免征城镇土地使用税3年。

⑧ 企业办的学校、医院、托儿所、幼儿园，其用地能与企业其他用地明确区分的，免征城镇土地使用税。

⑨ 免税单位无偿使用纳税单位的土地（如公安、海关等单位使用铁路、民航等单位的土地），免征城镇土地使用税。纳税单位无偿使用免税单位的土地，纳税单位应照章缴纳城镇土地使用税。纳税单位与免税单位共同使用、共有使用权的土地上的多层建筑，对纳税单位可按其占用的建筑面积占建筑总面积的比例计征城镇土地使用税。

⑩ 对行使国家行政管理职能的中国人民银行总行（含国家外汇管理局）所属分支机构自用的土地，免征城镇土地使用税。

⑪ 为了体现国家的产业政策，支持重点产业的发展，对石油、电力、煤炭等能源用地，民用港口、铁路等交通用地和水利设施用地，三线调整企业、盐业、采石场、邮电等一些特殊用地规划了征免税界限和给予政策性减免税照顾。

⑫ 对石油天然气生产建设中用于地质勘探、钻井、井下作业、油气田地面工程等施工临时用地暂免征收城镇土地使用税。

⑬ 自2020年1月1日起至2022年12月31日止，对物流企业自有的（包括自用和出租）大宗商品仓储设施用地，减按所属土地等级适用税额标准的50%计征城镇土地使用税。

⑭ 自2016年1月1日起，国家机关、军队、人民团体、财政补助事业单位、居民委员会、村民委员会拥有的体育场馆，用于体育活动的房产、土地，免征城镇土地使用税；经费自理事业单位、体育社会团体、体育基金会、体育类民办非企业单位拥有并运营管理的体育场馆，符合一定条件的，其用于体育活动的房产、土地，免征城镇土地使用税；企业拥有并运营管理的大型体育场馆，其用于体育活动的房产、土地，减半征收城镇土地使用税。

⑮ 自2019年1月1日起至2023年12月31日止，对专门经营农产品的农产品批发市场、农贸市场使用（包括自有和承租）的房产、土地，暂免征收城镇土地使用税。对同时经营其他产品的农产品批发市场和农贸市场使用的房产、土地，按其他产品与农产品交易场地面积的比例确定征免城镇土地使用税。

⑯ 自2019年1月1日至2023年12月31日，对城市公交站场、道路客运站场、城市轨道交通系统运营用地，免征城镇土地使用税。

（2）省、自治区、直辖市税务局确定减免土地使用税的优惠。

① 个人所有的居住房屋及院落用地。
② 房产管理部门在房租调整改革前经租的居民住房用地。
③ 免税单位职工家属的宿舍用地。
④ 民政部门举办的安置残疾人占一定比例的福利工厂用地。
⑤ 集体和个人办的各类学校、医院、托儿所、幼儿园用地。

【例10-1】某市肉制品加工企业占地60000平方米，其中办公占地5000平方米，生猪养殖基地占地28000平方米，肉制品加工车间占地16000平方米，企业内部道路及绿化占地11000平方米。企业所在地城镇土地使用税单位税额每平方米8元。计算该企业全年应缴纳城镇土地使用税。

该企业应纳城镇土地使用税 =（60000－28000）×8＝256000（元）。直接用于农、林、牧、渔业的生产用地免征城镇土地使用税，但不包括农副产品加工场地和生活办公用地；对企业厂区以外的公共绿化用地暂免征收城镇土地使用税，企业厂区以内的照章征税。

【例 10-2】 某企业土地使用证标明实际占地 60000 平方米，厂区内厂医院占地 800 平方米，托儿所占地 500 平方米，将 100 平方米无偿提供给公安局派出所使用。该厂所在地区城镇土地使用税年税额为 2 元/平方米。计算该厂当年应缴纳城镇土地使用税。

该厂当年应缴纳城镇土地使用税 =（60000－800－500－100）×2＝117200（元）。厂内医院、幼儿园及无偿提供给免税单位（派出所）使用的有明确范围的土地免征城镇土地使用税。

7．征收管理与纳税申报

1）纳税期限

城镇土地使用税按年计算，分期缴纳。具体缴纳期限由各省、自治区、直辖市人民政府确定。

2）纳税义务发生时间

（1）购置新建商品房，自房屋交付使用次月起，缴纳城镇土地使用税。

（2）购置存量房，自办理房屋权属转移、变更登记手续，房地产权属登记机关签发房屋权属证书次月起，缴纳城镇土地使用税。

（3）纳税人出租、出借房产，自交付出租、出借房产次月起，缴纳城镇土地使用税。

（4）以出让或转让方式有偿取得土地使用权的，应由受让方从合同约定交付土地时间的次月起缴纳城镇土地使用税；合同未约定交付时间的，由受让方从合同签订的次月起缴纳城镇土地使用税。

（5）新征用的耕地，自批准征用之日起期满 1 年的时候开始缴纳城镇土地使用税。

（6）新征用的非耕地，自批准征用次月起纳税。

（7）纳税人因土地的权利发生变化而依法终止城镇土地使用税纳税义务的，其应纳税款的计算截止到土地权利发生变化的当月末。

3）纳税地点

城镇土地使用税由土地所在地的税务机关征收。纳税人使用的土地不属于同一省（自治区、直辖市）管辖范围的，由纳税人分别向土地所在地的税务机关缴纳土地使用税；在同一省（自治区、直辖市）管辖范围内，纳税人跨地区使用的土地，如何确定纳税地点，由各省、自治区、直辖市税务局确定。

思政小课堂

用税收政策促进、提升土地的利用价值

经批准开山填海整治的土地和改造的废弃土地，从使用的月份起免缴城镇土地使用税 5 年至 10 年。该项税收优惠政策不仅能够引导提高废弃土地的利用价值，而且还能够优化土地资源，提高土地利用率，保证土地资源可持续利用。我国国土面积虽然位居世界第三，但是存在山多地少的问题，可利用土地面积有限，我们应该珍惜土地资源，树立资源节约和环境保护意识，维护和改善我们赖以生存的生态环境。

10.2 耕地占用税

10.2.1 耕地占用税的概念和特点

耕地占用税是在全国范围内，对占用耕地建房或者从事其他非农业建设的单位和个人，按照规定税率一次性征收的税种。

1987年4月1日国务院发布《中华人民共和国耕地占用税暂行条例》。条例实施20年来，对保护耕地、促进合理利用土地资源起到了积极的作用。但随着经济的发展，现行条例越来越不适应新形势的需要，保护耕地的作用日益弱化。为此，财政部、税务总局拟订了《中华人民共和国耕地占用税暂行条例（修订草案）》报国务院审批，2007年12月1日，国务院公布了修订后的《中华人民共和国耕地占用税暂行条例》，自2008年1月1日起施行。2018年12月29日第十三届全国人民代表大会常务委员会第七次会议通过了《中华人民共和国耕地占用税法》（以下简称《耕地占用税法》），自2019年9月1日起实施。按照税收分类属性，耕地占用税属于行为税，也就是对单位和个人建房或者从事其他非农业建设占用耕地的行为征收的税。

目前耕地占用税具有如下特点：
（1）对占用耕地从事非农业建设的行为征税；
（2）采用差别定额税率；
（3）占用耕地环节一次性征收；
（4）体现保护耕地的政策目的。

10.2.2 耕地占用税的主要征收制度

1. 纳税义务人

在中华人民共和国境内占用耕地建设建筑物、构筑物或者从事非农业建设的单位和个人，为耕地占用税的纳税人。所称单位，包括国有企业、集体企业、私营企业、股份制企业、外商投资企业、外国企业、其他企业和事业单位、社会团体、国家机关、部队及其他单位；所称个人，包括个体工商户及其他个人。

2. 征税对象和征税范围

耕地占用税的征税对象是占用耕地建设建筑物、构筑物或从事其他非农业建设的行为。构成这一行为，必须具备两个条件：一是占用耕地；二是建设建筑物、构筑物或从事非农业建设。

耕地占用税的征收范围包括用于建设建筑物、构筑物或从事其他非农业建设征（占）用的国家和集体所有的耕地。

耕地是指种植农作物的土地（包括菜地、园地）。占用鱼塘、藕塘、打谷场、晒场及其他农用土地建房或从事其他非农业建设，也视同占用耕地，必须依法征收耕地占用税。

占用园地、林地、草地、农田水利用地、养殖水面、渔业水域滩涂及其他农用地建设建筑物、构筑物或者从事非农业建设的，依照耕地占用税法的规定缴纳耕地占用税。园地包括苗圃、花圃、茶园、果园、桑园、竹园、药材种植园。其他农用地包括林地、人工草场、人工开掘的水产养殖水面。

占用耕地建设农田水利设施的，不缴纳耕地占用税。

3. 计税依据和税率

耕地占用税以纳税人实际占用耕地面积为计税依据，按照规定税额一次性征收。

耕地占用税实行地区差别幅度定额税率，即根据人均耕地面积多少划分四类地区，分别按占用耕地的平方米规定有幅度的税额。人均耕地面积越少，单位税额越高。耕地占用税税额如表10-1所示。

表10-1　耕地占用税税额（以县级行政区域为单位）

级　别	人均耕地面积	每平方米税额
1	1亩以下（含1亩）	10～50元
2	1～2亩（含2亩）	8～40元
3	2～3亩（含3亩）	6～30元
4	3亩以上	5～25元

各地区耕地占用税的适用税额，由省、自治区、直辖市人民政府根据人均耕地面积和经济发展等情况，在《耕地占用税法》规定的税额幅度内提出，报同级人民代表大会常务委员会决定，并报全国人民代表大会常务委员会和国务院备案。各省、自治区、直辖市耕地占用税适用税额的平均水平，不得低于《耕地占用税法》所附《各省、自治区、直辖市耕地占用税平均税额表》规定的平均税额。

在人均耕地低于0.5亩的地区，省、自治区、直辖市可以根据当地经济发展情况，适当提高耕地占用税的适用税额，但提高的部分不得超过税法规定适用税额的50%。占用基本农田的，应当按照适用税额加按150%征收。

4. 应纳税额的计算

耕地占用税以纳税人实际占用的耕地面积为计税依据，按照规定的适用税额标准计算应纳税额，实行一次性征收。

应纳税额计算公式：

$$应纳税额 = 纳税人实际占用的耕地面积 \times 适用税额标准$$

【例10-3】某企业经批准在市郊占用耕地25000平方米，用于厂房建设，企业所在地适用税额为8元/平方米，则该企业应纳耕地占用税税额：

$$应纳税额 = 25000平方米 \times 8元/平方米 = 200000元$$

思政小课堂

保护耕地，端牢中国人的饭碗

耕地是我国最宝贵的资源。我国人多地少的基本国情决定了必须把关系十几亿人吃饭大事的耕地保护好。为了合理利用土地资源，我国制定了严格的土地管理制度。《耕地占用税法》的制定和实施，有利于落实最严格的耕地保护制度，守住18亿亩耕地红线，保障国家粮食安全，把中国人的饭碗牢牢端在自己手中。

5. 税收优惠

1）免税

（1）军事设施占用耕地。

（2）学校、幼儿园、社会福利机构、医疗机构占用耕地。

（3）农村烈士遗属、因公牺牲军人遗属、残疾军人及符合农村最低生活保障条件的农村居民，在规定用地标准以内新建自用住宅，免征耕地占用税。

2）减征耕地占用税

（1）铁路线路、公路线路、飞机场跑道、停机坪、港口、航道、水利工程占用耕地，减按每平方米2元的税额征收耕地占用税。

（2）农村居民在规定用地标准以内占用耕地新建自用住宅，按照当地适用税额减半征收耕地占用税；其中农村居民经批准搬迁，新建自用住宅占用耕地不超过原宅基地面积的部分，免征耕地占用税。

依照规定，免征或者减征耕地占用税后，纳税人改变原占地用途，不再属于免征或者减征耕地占用税情形的，应当按照当地适用税额补缴耕地占用税。

【例10-4】 农村一村民在规定用地标准内新建住宅，经批准占用耕地300平方米。该地区耕地占用税额为7元/平方米，由于农村居民占用耕地新建住宅，按照当地适用税额减半征收耕地占用税，故该村民应纳耕地占用税：

$$300 \times 7 \times 50\% = 1050（元）$$

6. 征收管理与纳税申报

耕地占用税由税务机关负责征收。耕地占用税的纳税义务发生时间为纳税人收到自然资源主管部门办理占用耕地手续的书面通知的当日。纳税人应当自纳税义务发生之日起30日内申报缴纳耕地占用税。

自然资源主管部门凭耕地占用税完税凭证或者免税凭证和其他有关文件发放建设用地批准书。

纳税人因建设项目施工或者地质勘查临时占用耕地，应当依照规定缴纳耕地占用税。纳税人在批准临时占用耕地期满之日起一年内依法复垦，恢复种植条件的，全额退还已经缴纳的耕地占用税。

耕地占用税的征收管理，依照《中华人民共和国耕地占用税法》和《中华人民共和国税收征收管理法》的规定执行。

本 章 小 结

我国是一个土地资源非常紧缺的国家,耕地面积排世界第4位,但人均耕地面积排在126位以后,地少人多的态势非常明显。因此,利用城镇土地使用税和耕地占用税等税收手段,对土地的利用进行调控,进一步调高土地利用效率和单位面积的产出率,是我国税制建设的重要内容。耕地占用税和土地使用税的征收都是为了有利于加强对土地的管理,但二者调节作用的侧重点不同。城镇土地使用税按年计算,对不同地区及同一地区的不同地段采取高低不同的税额,就能有效地调节土地的级差收益,并能促使土地使用者加强经济核算,改善经营管理,在平等的条件下展开竞争。耕地占用税带有行为税的性质,一次性课征,着重调节占用耕地的行为。

关键术语

城镇土地使用税　耕地占用税

思考题

1. 说明城镇土地使用税和耕地占用税的异同。
2. 某公司与政府机关共同使用一栋共有土地使用权的建筑物。该建筑物占用土地面积 2000 平方米,建筑物面积 10000 平方米(公司与机关的占用比例为 4∶1),该公司所在市城镇土地使用税年税额每平方米 5 元。计算该公司应纳的城镇土地使用税。
3. 本市某商场坐落在繁华地段,企业土地使用证书记载占用土地的面积为 10000 平方米,经确定属一等地段;该商场另设两个统一核算的分店,均坐落在市区三等地段,共占地 6000 平方米;一座配送仓库位于市郊,属五等地段,占地面积为 20000 平方米;另外,该商场自办托儿所占地面积 500 平方米,属三等地段。(注:一等地段年税额 20 元/平方米;三等地段年税额 5 元/平方米;五等地段年税额 1 元/平方米)。计算该商场全年应纳城镇土地使用税税额。

第 11 章 房产税和车船税

11.1 房产税

11.1.1 房产税的概念和特点

房产税是以房产为征税对象，依据房产价格或房产租金收入向房产所有人或经营人征收的一种税。

我国于 1950 年在全国开征了城市房产税，1951 年政务院颁布《城市房地产税暂行条例》，将房产、地产两种税合并为一种税。1973 年简化税制，又将对国营、集体企业征收的房地产税并入了工商税。1984 年第二步利改税时，重新确立房产税为一个独立的税种，暂缓开征。1986 年国务院公布了《中华人民共和国房产税暂行条例》（以下简称《房产税暂行条例》）后，对内资企业和个人征收房产税，对外资企业和外籍个人征收城市房地产税。由此，在对房产征税上形成了内外两套房产税制的格局。2008 年 12 月 31 日，国务院公布第 546 号令，规定自 2009 年 1 月 1 日起废止《城市房地产税暂行条例》，外商投资企业、外国企业和组织及外籍个人依照《中华人民共和国房产税暂行条例》缴纳房产税，标志着我国房产税制度实现了内外统一。十二届全国人大常委会立法规划经调整于 2015 年 8 月 5 日向社会公布，规划列举了包括房地产税法在内的 34 项立法任务。房地产税的立法工作正在研究和推进过程中。

我国现行房产税的特点：

（1）征税面窄。从地域看，不含农村；从房屋使用方式看，主要对经营性房屋征税。（2011 年起已在上海和重庆两地进行对个人住房征收房产税的试点，条件成熟后将推向全国）

（2）对房屋依照计税价值和租金收益征税，兼有个别财产税和财产收益税的性质。

（3）由于房屋计税价值和租金收益都与土地的位置和繁华程度有关，因此房产税与城镇土地使用税存在重叠课税的因素。

11.1.2 房产税的主要征收制度

1. 纳税义务人

房产税的纳税人为开征地区的产权所有人或承典人。产权属于国家所有的，其经营单位为纳税人；产权属于集体和个人所有的，集体单位和个人为纳税人；产权出典的，承典人为纳税人；产权所有人、承典人不在房产所在地的，或者产权未确定及租典纠纷未解决的,房产代管人或者使用人为纳税人;纳税单位和个人无租使用房产管理部门、免税单位及纳税单位的房产,使用人为纳税人。

产权所有人是指拥有房产的单位或个人,房产的使用、收益、出卖、赠送等权利归其所有。

承典人是指以押金形式并付出一定费用,在一定的期限内享有房产的使用收益权的人。

代管人是接受产权所有人、承典人的委托代为管理房产或虽未受委托而在事实上代管房产的人。

使用人是直接使用房产的人。

2. 征税范围

与城镇土地使用税的征税范围一致,房产税的征税范围包括城市、县城、建制镇、工矿区。上述城市、县城、建制镇和工矿区分别按以下标准确认:

(1) 城市是指经国务院批准设立的市;

(2) 县城是指县人民政府所在地;

(3) 建制镇是指经省、自治区、直辖市人民政府批准设立的建制镇;

(4) 工矿区是指工商业比较发达,人口比较集中,符合国务院规定的建制镇标准,但尚未设立建制镇的大中型工矿企业所在地,工矿区须经省、自治区、直辖市人民政府批准。

3. 征税对象

房产税的征税对象是房产。所谓房产,是指有屋面和围护结构,能够遮风避雨,可供人们在其中生产、学习、工作、娱乐、居住或储藏物资的场所。独立于房屋的建筑物如围墙、暖房、水塔、烟囱、室外游泳池等不属于房产,但室内游泳池属于房产。

由于房地产开发企业开发的商品房在出售前,对房地产开发企业而言是一种产品,因此,对房地产开发企业建造的商品房,在售出前不征收房产税;但对售出前房地产开发企业已使用或出租、出借的商品房应按规定征收房产税。

4. 计税依据

房产税的计税依据是房产的计税价值或房产的租金收入。按照房产计税价值征税的,称为从价计征;按照房产租金收入计征的,称为从租计征。

1) 从价计征

《房产税暂行条例》规定,房产税依照房产原值一次减除10%~30%后的余值计算缴纳。各地扣除比例由当地省、自治区、直辖市人民政府确定。

其中,房产原值是指纳税人按照会计制度规定,在账簿"固定资产"科目中记载的房屋原价。房产原值应包括与房屋不可分割的各种附属设备或一般不单独计算价值的配套设施。纳税人对原有房屋进行改建、扩建的,要相应增加房屋的原值。

对纳税人未按会计制度规定记载原值的,在计征房产税时,应按规定调整房产余值;对房产原值明显不合理的,应重新予以评估;没有房产原值作为依据的,由房产所在地税务机关参考同类房产核定。

房产余值是房产的原值减除规定比例后的剩余价值。

2）从租计征

《房产税暂行条例》规定，房产出租的，以房产租金收入（不含增值税）为房产税的计税依据。

所谓房产的租金收入，是房屋产权所有人出租房产使用权所得的报酬，包括货币收入和实物收入或其他收入。对出租房产，租赁双方签订的租赁合同约定有免收租金期限的，免收租金期间由产权所有人按照房产原值缴纳房产税。

【例11-1】 甲与乙签订房屋租赁合同，将一幢原值2500万元的写字楼租给乙商户使用。合同规定因乙租期为2年，可在入住时有1个月的免收租金期限。按照合同，该写字楼月租金20万元（不含增值税），房屋于2017年12月30日交付承租方，并规定了甲自2018年2月1日起向乙收取租金。当地的房产税原值减除比例为20%。对出租房产，租赁双方签订的租赁合同约定有免收租金期限的，免收租金期间由产权所有人按照房产原值缴纳房产税。则甲对于该写字楼应在1月从价计税，在2月至12月从租计税。甲在2018年应缴纳的房产税：

$$2500\times(1-20\%)\times1.2\%\div12+20\times12\%\times11=2+26.4=28.4（万元）$$

5. 税率

我国现行房产税采用的是比例税率。依照房产余值计算缴纳的，税率为1.2%；依照房产租金收入计算缴纳的，税率为12%；对个人按市场价格出租的居民住房，用于居住的，可暂减按4%的税率征收房产税。

6. 应纳税额的计算

房产税的计税依据有两种，与之相适应的应纳税额计算也分为两种，公式如表11-1所示。

表11-1 房产税的计算

计税方法	计税依据	税率	计税公式
从价计征	按照房产原值一次减除10%~30%损耗后的余值 扣除比例由省、自治区、直辖市人民政府确定 原值明显不合理的应予评估；没有原值的由所在地税务机关参考同类房屋的价值核定	年税率1.2%	应纳税额＝应税房产原值×（1－扣除比例）×1.2% （这样计算出的是年税额）
从租计征	租金收入（包括实物收入和货币收入） 以劳务或其他形式抵付房租收入的，按当地同类房产租金水平确定	12%	应纳税额＝租金收入×12%
	个人按市场价格出租的居民用房（出租后用于居住的居民住房）	4%	应纳税额＝租金收入×4%

（1）从价计征房产税的计算：

$$应纳税额＝应税房产原值\times(1-扣除比例)\times1.2\%$$

【例11-2】某企业的房产原值为3000万元，当地政府规定允许按房产原值减除30%后的余值计税。则该企业当年应缴纳房产税：

$$3000\times(1-30\%)\times1.2\%=25.2（万元）$$

（2）从租计征房产税的计算：

$$应纳税额 = 房产租金收入 \times 12\%（或 4\%）$$

【例 11-3】 杨某拥有两处房产，一处原值 60 万元的房产供自己及家人居住，另一处原值 30 万元的房产于 2018 年 6 月 30 日出租给李某居住，按市场价每月取得租金收入 1400 元，租期 6 个月。个人所有非营业用房免征房产税，所以原值 60 万元的供自己及家人居住的用房免房产税；另外一处出租住房，也只就其出租期间的租金收入缴纳房产税，出租后仍用于居住的，减按 4%税率征收，租金收入低于起征点，免征增值税，1400 元即为不含税价。则应缴纳房产税：

$$1400 \times 4\% \times 6 = 336（元）$$

7．税收优惠

房产税的税收优惠政策主要有：

（1）国家机关、人民团体、军队自用的房产免征房产税，但出租房产及非自身业务使用的生产、营业用房，不属于免税范围。

（2）由国家财政部门拨付事业经费的单位（全额或差额预算管理的事业单位），本身业务范围内使用的房产免征房产税。其所属的附属工厂、商店、招待所等不属于单位公务、业务的用房，应照章纳税。

（3）宗教寺庙、公园、名胜古迹自用的房产免征房产税，但宗教寺庙、公园、名胜古迹中附设的营业单位，如影剧院、饮食部、茶社、照相馆等所使用的房产及出租的房产，不属于免税范围，应照章纳税。

（4）个人所有非营业用的房产免征房产税。个人拥有的营业用房或者出租的房产，不属于免税房产，应照章纳税。

（5）自 2019 年 1 月 1 日至 2023 年 12 月 31 日，对专门经营农产品的农产品批发市场、农贸市场使用（包括自有和承租，下同）的房产、土地，暂免征收房产税。对同时经营其他产品的农产品批发市场和农贸市场使用的房产、土地，按其他产品与农产品交易场地面积的比例确定征免房产税和城镇土地使用税。

（6）自 2016 年 1 月 1 日起，国家机关、军队、人民团体、财政补助事业单位、居民委员会、村民委员会拥有的体育场馆，用于体育活动的房产、土地，免征房产税；经费自理事业单位、体育社会团体、体育基金会、体育类民办非企业单位拥有并运营管理的体育场馆，符合一定条件的，其用于体育活动的房产、土地，免征房产税；企业拥有并运营管理的大型体育场馆，其用于体育活动的房产、土地，减半征收房产税。

（7）自 2019 年 1 月 1 日至 2023 年 12 月 31 日，对高校学生公寓免征房产税。

（8）经财政部批准免税的其他房产。

（9）除上面提到的可以免纳房产税的情况以外，如纳税人确有困难的，可由省、自治区、直辖市人民政府确定，定期减征或者免征房产税。

8．征收管理与纳税申报

1）纳税期限

房产税按年计算，分期缴纳。具体缴纳期限由各省、自治区、直辖市人民政府确定。

2）纳税义务发生时间

（1）纳税人将原有房产用于生产经营，从生产经营之月起，缴纳房产税。

（2）纳税人自行新建房屋用于生产经营，从建成之日的次月起，缴纳房产税。

（3）纳税人委托施工企业建设的房屋，从办理验收手续的次月起，缴纳房产税。

（4）纳税人购置新建商品房，自房屋交付使用次月起，缴纳房产税。

（5）纳税人购置存量房，自办理房屋权属转移、变更登记手续，房地产权属登记机关签发房屋权属证书次月起，缴纳房产税。

（6）纳税人出租、出借房产，自交付出租、出借房产次月起，缴纳房产税。

（7）房地产开发企业自用、出租、出借本企业建造的商品房，自房屋使用或交付次月起，缴纳房产税。

（8）纳税人因房产的实物或权利状态发生变化而依法终止房产税纳税义务的，其应纳税款的计算应截止到房产的实物或权利状态发生变化的当月末。

3）纳税地点

房产税在房产所在地缴纳。房产不在同一地方的纳税人，应按房产的坐落地点分别向房产所在地的税务机关纳税。

思政小课堂

雪中送炭的税收优惠

新冠肺炎疫情期间，为进一步支持企业应对疫情，助力企业复工复产，党中央、国务院陆续部署出台了一系列税费优惠政策，让纳税人享受到了实惠。疫情期间的税收优惠政策，切切实实帮助了企业渡过难关，这充分显示了中国共产党坚持以人民为中心，一切为了人民，维护人民利益的初心使命。

浙财税政〔2020〕13号规定，对住宿餐饮、文体娱乐、交通运输、旅游四大行业企业和符合条件的小微企业自用的房产、土地，免征2020年度房产税、城镇土地使用税。浙江省杭州市某酒店有限公司，2019年住宿业收入占收入总额比例为90%，公司房产原值为6500万元，当地房产原值扣除比例为30%。因受到疫情影响，2020年的生产经营非常困难，该公司符合享受减免房产税和城镇土地使用税的税收优惠政策的条件，2020年度房产税的减免额是多少？

减免房产税：65000000×（1－30%）×1.2%=546000元。

税收作为国家宏观调控的重要手段，在疫情期间发挥了重要作用。

11.2 车 船 税

11.2.1 车船税的概念和特点

车船税是依照法律规定，对在我国境内的车辆、船舶，按照规定的税目、计税单位和年税额标准计算征收的一种财产税。

我国对车船税征收的历史很悠久，如汉代的缗、明清的船钞。中华人民共和国成立前，不少城市对车、船征收牌照税；中华人民共和国成立后，中央人民政府政务院于1951年颁布了《车船使用牌照税暂行条例》，对车、船征收车船使用牌照税。1986年9月国务院在实施工商税制改革时，又发布了《中华人民共和国车船使用税暂行条例》，开征车船使用税，按有关规定，车船使用税暂行条例不适用于外商投资企业、外国企业和外籍个人。因此，对外商投资企业、外国企业和外籍个人仍依照《车船使用牌照税暂行条例》的规定征收车船使用牌照税。2006年12月，我国将车船使用税和车船使用牌照税合并，公布了《中华人民共和国车船税暂行条例》，从2007年1月1日起施行。2011年2月25日，全国人大常委会通过了《中华人民共和国车船税法》，12月5日，国务院颁布了《中华人民共和国车船税法实施条例》。车船税法及其实施条例于2012年1月1日起施行。新的车船税法有如下特点：①

（1）提高了法律级次，由原来暂行条例的形式上升为法律的形式予以公布。

（2）扩大了征税范围。除对依法应当在车船登记管理部门登记的车船继续征税外，将在机场、港口及其他企业内部场所行驶或者作业且依法不需要在车船登记管理部门登记的车船也纳入征收范围。

（3）改变了计税依据。对乘用车按"排气量"划分为7个档次征收。

（4）完善了税收优惠。除了保留省、自治区、直辖市人民政府可以对公共交通车船给予定期减免税优惠外，还增加了对节约能源和使用新能源的车船、对受严重自然灾害影响纳税困难及有其他特殊原因确需减免税的车船，可以减征或者免征车船税等税收优惠。

11.2.2 车船税的主要征收制度

1. 纳税人

车船税的纳税人是车辆、船舶的所有人或管理人，所有人是指在我国境内拥有车船的单位和个人；管理人是指对车船具有管理权或者使用权，不具有所有权的单位。上述单位，包括在中国境内成立的行政机关、企业、事业单位、社会团体及其他组织；上述个人，包括个体工商户及其他个人。

2. 征税对象

车船税的征税对象是车辆、船舶，是指依法应当在车船登记管理部门登记的机动车辆和船舶；依法不需要在车船登记管理部门登记的在单位内部场所行驶或者作业的机动车辆和船舶。

其中，车辆包括乘用车、商用车（包括客车、货车）、挂车、专用作业车、轮式专用机械车、摩托车。拖拉机不需要缴纳车船税。

船舶是指各类机动、非机动船舶及其他水上移动装置，但是船舶上装备的救生艇筏和长度小于5米的艇筏除外。

---

① 资料来源：财政部、国家税务总局对《中华人民共和国车船税法》有关问题的解读。

3．计税依据和单位税额

车船税依据"排气量""整备质量""核定载客人数""净吨位""千瓦""艇身长度"，以"每辆""整备质量每吨""净吨位每吨"为计税单位，采用定额税率。车船的适用税额依照《车船税税目税额表》执行。车辆的具体适用税额由省、自治区、直辖市人民政府依照《车船税税目税额表》规定的税额幅度和国务院的规定确定。船舶的具体适用税额由国务院在《车船税税目税额表》规定的税额幅度内确定。车船税税目税额表见表11-2。

表 11-2　车船税税目税额表

税　目		计税单位	年基准税额	备　注
乘用车（按发动机汽缸容量（排气量）分档）	1.0升（含）以下的	每辆	60元至360元	核定载客人数9人（含）以下
	1.0升以上至1.6升（含）的		300元至540元	
	1.6升以上至2.0升（含）的		360元至660元	
	2.0升以上至2.5升（含）的		660元至1200元	
	2.5升以上至3.0升（含）的		1200元至2400元	
	3.0升以上至4.0升（含）的		2400元至3600元	
	4.0升以上的		3600元至5400元	
商用车	客车	每辆	480元至1440元	核定载客人数9人以上，包括电车
	货车	整备质量每吨	16元至120元	包括半挂牵引车、三轮汽车和低速载货汽车等
挂车		整备质量每吨	按照货车税额的50%计算	
其他车辆	专用作业车	整备质量每吨	16元至120元	不包括拖拉机
	轮式专用机械车			
摩托车		每辆	36元至180元	
船舶	机动船舶	净吨位每吨	3元至6元	拖船、非机动驳船分别按照机动船舶税额的50%计算
	游艇	艇身长度每米	600元至2000元	

1）车辆的计税

（1）乘用车按照排气量区间划分为7个档次，以"每辆"为计税单位，排气量越大，每辆每年税额越高。

（2）商用车划分为客车和货车。其中，客车（核定载客人数9人以上，包括电车）以"每辆"为计税单位；货车（包括半挂牵引车、三轮汽车和低速载货汽车等）按"整备质量每吨"为计税单位。

（3）挂车按相同整备质量的货车税额的50%计算应纳税额。

（4）其他车辆包括专用作业车和轮式专用机械车，按整备质量每吨每年税额为16元至120元。

（5）摩托车每辆每年税额为36元至180元。

2）船舶的计税

（1）机动船舶具体适用税额：

① 净吨位不超过 200 吨的，每吨 3 元；
② 净吨位超过 200 吨但不超过 2000 吨的，每吨 4 元；
③ 净吨位超过 2000 吨但不超过 10000 吨的，每吨 5 元；
④ 净吨位超过 10000 吨的，每吨 6 元。

拖船按照发动机功率每 1 千瓦折合净吨位 0.67 吨计算征收车船税。拖船、非机动驳船分别按照机动船舶税额的 50% 计算。

（2）游艇具体适用税额：
① 艇身长度不超过 10 米的，每米 600 元；
② 艇身长度超过 10 米但不超过 18 米的，每米 900 元；
③ 艇身长度超过 18 米但不超过 30 米的，每米 1300 元；
④ 艇身长度超过 30 米的，每米 2000 元；
⑤ 辅助动力帆艇，每米 600 元。

3）计税标准的特殊规定

车船税法和本条例所涉及的排气量、整备质量、核定载客人数、净吨位、千瓦、艇身长度，以车船登记管理部门核发的车船登记证书或者行驶证所载数据为准。

依法不需要办理登记的车船和依法应当登记而未办理登记或者不能提供车船登记证书、行驶证的车船，以车船出厂合格证明或者进口凭证标注的技术参数、数据为准；不能提供车船出厂合格证明或者进口凭证的，由主管税务机关参照国家相关标准核定，没有国家相关标准的参照同类车船核定。

4）税额计算

$$应纳税额 = 计税单位 \times 单位税额$$

【例 11-4】 某企业拥有小轿车 3 辆（排气量分别为 1.6 升、2.5 升、4.0 升），面包车 1 辆，整备质量 5 吨的载货汽车 1 辆。当地小轿车年税额分别为 420 元、900 元和 3480 元，面包车年税额 960 元，载货汽车整备质量每吨年税额 96 元。则该企业当年应缴纳车船税：

$$420 + 900 + 3480 + 960 + 96 \times 5 = 6240（元）$$

【例 11-5】 某航运公司 2022 年拥有机动船 4 艘，每艘净吨位为 3000 吨；拖船 1 艘，发动机功率为 1800 马力。车船税计税标准为净吨位 2000 吨以下的，每吨 4 元；2001～10000 吨的，每吨 5 元。该航运公司当年应缴纳多少车船税？

拖船和非机动驳船按照船舶税额的 50% 计算，拖船按照发动机功率 2 马力折合净吨位 1 吨计算征收车船税。应纳车船税 $= 3000 \times 4 \times 5 + 1800 \times 50\% \times 4 \times 50\% = 61800（元）$。

4. 税收优惠

（1）车船税法规定的法定免税项目如下：
① 捕捞、养殖渔船；
② 军队、武装警察部队专用的车船；
③ 警用车船；

④ 依照法律规定应当予以免税的外国驻华使领馆、国际组织驻华代表机构及其有关人员的车船。

（2）可以减征或者免征的项目如下：

① 对节约能源的车船，减半征收车船税，对使用新能源的汽车，免征车船税；

② 按照规定缴纳船舶吨税的机动船舶，自车船税法实施之日起5年内免征车船税；

③ 依法不需要在车船登记管理部门登记的机场、港口、铁路站场内部行驶或者作业的车船，自车船税法实施之日起5年内免征车船税。

（3）省、自治区、直辖市人民政府授权规定的减免税项目如下：

① 可以对公共交通车船，农村居民拥有并主要在农村地区使用的摩托车、三轮汽车和低速载货汽车定期减征或者免征车船税；

② 对受地震、洪涝等严重自然灾害影响纳税困难及其他特殊原因确需减免税的车船，可以在一定期限内减征或者免征车船税；

③ 对纯电动乘用车、燃料电池乘用车、非机动车船（不包括非机动驳船）、临时入境的外国车船和香港特别行政区、澳门特别行政区、台湾地区的车船，不征收车船税。

思政小课堂

关爱"三农"，改善民生

某渔业公司2021年拥有捕捞渔船6艘，每艘净吨位20吨；机动补给船1艘，净吨位15吨；机动运输船5艘，每艘净吨位8吨。机动船舶净吨位小于或者等于200吨的，车船税适用年税额为每吨3元，该公司当年应缴纳车船税多少元？

捕捞、养殖渔船免征车船税，机动补给船和机动运输船应纳车船税。该公司当年应缴纳车船税=（15+5×8）×3=165（元）。

农、林、牧、渔业是关系国计民生的基础性产业，习近平总书记多次强调：把解决好"三农"问题作为全党工作重中之重，举全党全社会之力推动乡村振兴。国家充分利用税收政策工具支持相关产业发展，对捕捞、养殖渔船免征车船税就是其中一项税收优惠。关爱"三农"，改善民生。

5. 纳税义务发生时间

车船税的纳税义务发生时间，为取得车船所有权或者管理权的当月。应当以购买车船的发票或者其他证明文件所载日期的当月为准。

纳税人未按照规定到车船管理部门办理应税车船登记手续的，以车船购置发票所载开具时间的当月作为车船税的纳税义务发生时间。对未办理车船登记手续且无法提供车船购置发票的，由主管地方税务机关核定纳税义务发生时间。

购置的新车船，购置当年的应纳税额自纳税义务发生的当月起按月计算。计算公式：

$$应纳税额 = 年应纳税额 \div 12 \times 应纳税月份数$$

在一个纳税年度内，已完税的车船被盗抢、报废、灭失的，纳税人可以凭有关管理机关出具的证明和完税凭证，向纳税所在地的主管税务机关申请退还自被盗抢、报废、灭失月份起至该纳税年度终了期间的税款。

已办理退税的被盗抢车船，失而复得的，纳税人应当从公安机关出具相关证明的当月起计算缴纳车船税。

6. 纳税地点

车船税的纳税地点为车船的登记地或者车船税扣缴义务人所在地。依法不需要办理登记的车船，车船税的纳税地点为车船的所有人或者管理人所在地。

7. 车船税的申报与缴纳

车船税按年申报，分月计算，一次性缴纳。纳税年度为公历1月1日至12月31日。

保险公司等机动车车船税扣缴义务人在代收车船税时，应当在机动车交通事故责任强制保险的保险单及保费发票上注明已收税款的信息，作为代收税款凭证。

扣缴义务人已代收代缴车船税的，纳税人不再向车辆登记地的主管税务机关申报缴纳车船税。没有扣缴义务人的，纳税人应当向主管税务机关自行申报缴纳车船税。

已缴纳车船税的车船在同一纳税年度内办理转让过户的，不另纳税，也不退税。

扣缴义务人应当及时解缴代收代缴的税款和滞纳金，并向主管税务机关申报。

车船税的征收管理，依照《中华人民共和国车船税法》和《中华人民共和国税收征收管理法》的规定执行。

本章小结

本章涉及房产和车船等具有个别财产税性质的税种。财产税作为地方税能够为地方财政提供稳定的收入来源，还能调节社会成员的收入水平，是具有很大发展潜力的税类。目前我国的房产税对个人所有非经营用房产实施免税，不利于财产税作用的发挥。车船税具有涉及面广、税源流动性强、纳税人多为个人等特点。自2007年起，从事机动车交通事故责任强制保险业务的保险机构确定为机动车车船税的扣缴义务人，为基层税务机关加强车船税的征管、实现源泉控管、堵塞机动车车船税的征管漏洞提供了有效手段。

关键术语

房产税 车船税

思考题

1. 房产税的征税对象范围包括什么？
2. 房产税的计税依据有哪几种？
3. 车船税的税收优惠有哪些？
4. 车船税扣缴税款有哪些规定？

5. 某个体户有私有住房三套，每套原值 40 万元，第一套自住，第二套以 2 万元/年出租给他人居住，第三套自营小卖部。计算该个体户在一年里应纳的房产税。（当地政府规定该地区房屋损耗率为 30%）

6. 某单位 2022 年 4 月 3 日购买奥迪轿车一辆。该省规定该排量小轿车每辆年税额为 600 元，计算该单位这辆轿车当年应纳的车船税。

7. 某企业 2021 年年初账面拥有小轿车四辆（排气量分别为 1.0 升、1.6 升、2.5 升及 4.0 升），小面包车两辆；整备质量 10 吨和 5 吨的载货汽车各一辆。当年 3 月，购入一辆小轿车（排气量为 3.0 升）；9 月，一辆面包车失窃无法找回。当地车船税额如下：小轿车 1.0 升的年税额 300 元，1.6 升的年税额 300 元，2.5 升的年税额 900 元，3.0 升的年税额 1920 元，4.0 升的年税额 3480 元；面包车年税额 960元；载货汽车整备质量每吨 96 元。计算该企业当年应缴纳的车船税。

第 12 章　印花税和契税

12.1　印　花　税

12.1.1　印花税的概念和特点

印花税，是对经济活动和经济交往中书立、使用、领受具有法律效力的凭证的单位和个人征收的一种税。

印花税是一种具有行为税性质的凭证税，凡发生书立、使用、领受应税凭证的行为，就必须依照印花税法的有关规定履行纳税义务。

印花税是世界各国普遍征收的一个税种，它的历史悠久，最早始于 1624 年的荷兰。在过去北洋军阀政府曾颁布过《印花税法》。中华人民共和国成立以后，在 1958 年简化税制时，将印花税并入工商统一税，不再单独征收。党的十一届三中全会以来，随着改革开放，我国国民经济得到迅速发展，经济活动中依法书立各种凭证已成为普遍现象，为了在税收上适应变化着的客观经济情况，广泛筹集财政资金，维护经济凭证书立、领受人的合法权益，国务院于 1988 年 8 月发布《中华人民共和国印花税暂行条例》，同年 10 月 1 日起恢复征收印花税。2021 年 6 月 10 日第十三届全国人民代表大会常务委员会第二十九次会议通过了《中华人民共和国印花税法》，于 2022 年 7 月 1 日起正式实施。

印花税不论在性质上，还是在征税方式上，都具有不同于其他税种的特点。

（1）兼具凭证税和行为税性质。一方面，从表面上看，印花税是对单位和个人书立、领受的应税凭证征收的一种税，具有凭证税性质；而另一方面，任何一种应税经济凭证反映的都是某种特定的经济行为，因此，对凭证征税实质上是对经济行为征税。

（2）征税范围广泛。印花税的征税对象包括了经济活动和经济交往中的各种应税凭证，凡书立、领受这些经济凭证的单位和个人都要缴纳印花税，其征税范围极其广泛。

（3）税负较轻。印花税目前最高比例税率为 1‰，与其他税种相比较，税率要低得多，其税负较轻。

（4）由纳税人自行完税。纳税人通过自行计算、购买并粘贴印花税票的方法完成纳税义务，并在印花税票和凭证的骑缝处盖戳注销或画销，这与其他税种的缴纳方式存在较大的区别，有利于督促纳税人养成自觉纳税的习惯。

12.1.2 纳税人与扣缴义务人

1．印花税纳税人的规定

印花税的纳税人包括在中华人民共和国境内书立应税凭证、进行证券交易的单位和个人，以及在中华人民共和国境外书立在境内使用的应税凭证的单位和个人。

印花税纳税人分为立合同人、立据人、立账簿人、出让人、使用人。

凡由两方及以上当事人共同书立的应税凭证，其当事人各方都是印花税的纳税人，应各就其所持凭证涉及的金额履行纳税义务。

纳税人以电子形式签订的各类应税凭证应按规定征收印花税。

2．印花税扣缴义务人的规定

纳税人为境外单位或者个人，在境内有代理人的，以其境内代理人为扣缴义务人；在境内没有代理人的，由纳税人自行申报缴纳印花税，具体办法由国务院税务主管部门规定。

证券登记结算机构为证券交易印花税的扣缴义务人，应当向其机构所在地的主管税务机关申报解缴税款及银行结算的利息。

12.1.3 税目与税率

1．印花税的税目

印花税的征税范围分为应税凭证和证券交易两大类，包含四大税目。

印花税的应税凭证包括《印花税税目税率表》列明的合同、产权转移书据和营业账簿。印花税应税的证券交易是指转让在依法设立的证券交易所、国务院批准的其他全国性证券交易场所交易的股票和以股票为基础的存托凭证。

2．印花税的税率

印花税采用比例税率，分为万分之零点五、万分之二点五、万分之三、万分之五、千分之一共 5 档。具体税率应用如表 12-1 所示。

表 12-1　印花税税率应用

税 率 档 次	应用税目
万分之零点五	借款合同、融资租赁合同
万分之二点五	营业账簿
万分之三	买卖合同、承揽合同、建设工程合同、运输合同、技术合同 商标专用权、著作权、专利权、专有技术使用权转让书据
万分之五	土地使用权出让书据，土地使用权、房屋等建筑物和构筑物所有权转让书据，股权转让书据
千分之一	租赁合同、保管合同、仓储合同、财产保险合同；证券交易

印花税税目税率表如表 12-2 所示。

表 12-2　印花税税目税率表

税　目		税　率	备　注
合同（指书面合同）	借款合同	借款金额的万分之零点五	指银行业金融机构、经国务院银行业监督管理机构批准设立的其他金融机构与借款人（不包括同业拆借）的借款合同
	融资租赁合同	租金的万分之零点五	
	买卖合同	价款的万分之三	指动产买卖合同（不包括个人书立的动产买卖合同）
	承揽合同	报酬的万分之三	
	建设工程合同	价款的万分之三	
	运输合同	运输费用的万分之三	指货运合同和多式联运合同（不包括管道运输合同）
	技术合同	价款、报酬或者使用费的万分之三	不包括专利权、专有技术使用权转让书据
	租赁合同	租金的千分之一	
	保管合同	保管费的千分之一	
	仓储合同	仓储费的千分之一	
	财产保险合同	保险费的千分之一	不包括再保险合同
产权转移书据	土地使用权出让书据	价款的万分之五	转让包括买卖（出售）、继承、赠予、互换、分割
	土地使用权、房屋等建筑物和构筑物所有权转让书据（不包括土地承包经营权和土地经营权转移）	价款的万分之五	
	股权转让书据（不包括应缴纳证券交易印花税的）	价款的万分之五	
	商标专用权、著作权、专利权、专有技术使用权转让书据	价款的万分之三	
营业账簿		实收资本（股本）、资本公积合计金额的万分之二点五	
证券交易		成交金额的千分之一	

12.1.4　计税依据与税额计算

1. 印花税的计税依据

（1）应税合同的计税依据，为合同所列的金额，不包括列明的增值税税款。

（2）应税产权转移书据的计税依据，为产权转移书据所列的金额，不包括列明的增值税税款。

（3）应税营业账簿的计税依据，为账簿记载的实收资本（股本）、资本公积合计金额。

（4）证券交易的计税依据，为成交金额。

【解释】

（1）合同中只有不含增值税金额，以不含税金额作为印花税的计税依据。

（2）合同中既有不含税金额又有增值税金额，且分别记载的，以不含税金额作为印花税的计税依据。

（3）合同所载金额中包含增值税，但价与税未分别记载的，以合同所载金额（含税金额）作为印花税的计税依据。

2. 印花税的税额计算

【例 12-1】 A、B 两家公司签订一份购销合同,购销金额为 500 万元,印花税适用税率为 3‰。两家公司分别应纳印花税税额多少元?

$$应纳税额 = 5000000 \times 3‰ = 1500（元）$$

12.1.5 税收优惠

下列凭证免征印花税:

(1) 应税凭证的副本或者抄本;

(2) 依照法律规定应当予以免税的外国驻华使馆、领事馆和国际组织驻华代表机构为获得馆舍书立的应税凭证;

(3) 中国人民解放军、中国人民武装警察部队书立的应税凭证;

(4) 农民、家庭农场、农民专业合作社、农村集体经济组织、村民委员会购买农业生产资料或者销售农产品书立的买卖合同和农业保险合同;

(5) 无息或者贴息借款合同、国际金融组织向中国提供优惠贷款书立的借款合同;

(6) 财产所有权人将财产赠予政府、学校、社会福利机构、慈善组织书立的产权转移书据;

(7) 非营利性医疗卫生机构采购药品或者卫生材料书立的买卖合同;

(8) 个人与电子商务经营者订立的电子订单。

根据国民经济和社会发展的需要,国务院对居民住房需求保障、企业改制重组、破产、支持小型微型企业发展等情形可以规定减征或者免征印花税,报全国人民代表大会常务委员会备案。

12.1.6 缴纳方法与纳税申报

1. 缴纳方法

印花税可以采用粘贴印花税票或者由税务机关依法开具其他完税凭证的方式缴纳。印花税票粘贴在应税凭证上的,由纳税人在每枚税票的骑缝处盖戳注销或者画销。印花税票由国务院税务主管部门监制。

2. 纳税申报

印花税的纳税义务发生时间为纳税人书立应税凭证或者完成证券交易的当日。

证券交易印花税扣缴义务发生时间为证券交易完成的当日。

印花税按季、按年或者按次计征。实行按季、按年计征的,纳税人应当自季度、年度终了之日起 15 日内申报缴纳税款;实行按次计征的,纳税人应当自纳税义务发生之日起 15 日内申报缴纳税款。

证券交易印花税按周解缴。证券交易印花税扣缴义务人应当自每周终了之日起 5 日内申报解缴税款及银行结算的利息。

纳税人为单位的，应当向其机构所在地的主管税务机关申报缴纳印花税；纳税人为个人的，应当向应税凭证书立地或者纳税人居住地的主管税务机关申报缴纳印花税。

不动产产权发生转移的，纳税人应当向不动产所在地的主管税务机关申报缴纳印花税。

12.2 契 税

12.2.1 契税的概念和特点

契税是以所有权发生转移变动的不动产为征税对象，向产权承受人征收的一种财产税。

契税在我国历史悠久，最早起源于东晋的"估税"。中华人民共和国成立以后，废止了旧中国的契税。1950年4月政务院公布了《契税暂行条例》，沿用40多年，已不能适应经济发展的要求。为适应我国房地产业政策实行的住房商品化、住房制度改革和土地所有权与使用权分离的新情况，建立稳定的房地产交易秩序，发挥税收的调节作用，增加财政收入，1997年4月23日国务院第五十五次常务会议通过了《中华人民共和国契税暂行条例》，并于1997年10月1日开始施行。2020年8月11日，第十三届全国人民代表大会常务委员会第二十一次会议通过了《中华人民共和国契税法》（以下简称《契税法》），本法自2021年9月1日起施行，《中华人民共和国契税暂行条例》同时废止。

现行的契税与其他税种相比，具有如下特点：

（1）契税属于财产转移税。契税以发生转移的不动产，主要是土地和房屋为征税对象，具有财产转移课税性质。土地、房屋产权未发生转移的，不征契税。

（2）契税由财产承受人缴纳。一般税种都确定销售者为纳税人，即卖方纳税。契税则属于土地、房屋产权发生交易过程中的财产税，由承受人或买方纳税，即由获得土地、房屋产权的一方纳税。对承受人征税的主要目的，在于承认不动产转移生效。承受人纳税以后，便可拥有转移过来的不动产产权或使用权，法律保护纳税人的合法权益。

12.2.2 纳税人

根据《契税法》的规定，契税的纳税义务人，是境内转移土地、房屋权属，承受的单位和个人。所说的"境内"，是指中华人民共和国实际税收行政管辖范围内；所说的"土地、房屋权属"，是指土地使用权和房屋所有权；所说的"单位"，是指企业单位、事业单位、国家机关、军事单位和社会团体及其他组织；所说的"个人"，是指个体经营者及其他个人，包括中国公民和外籍公民。

12.2.3 征税范围

契税的征税对象是在境内发生土地使用权、房屋所有权权属转移的土地和房屋。

转移土地、房屋权属的行为如表12-3所示。

表 12-3 转移土地、房屋权属的行为

	契税的应税行为
一般规定	土地使用权出让（国有土地使用权出让；集体经营性建设用地的出让）
	土地使用权转让，包括出售、赠予、互换（不包括土地承包经营权和土地经营权的转移）
	房屋买卖、赠予、互换
特殊规定	以作价投资（入股）、偿还债务、划转、奖励等方式转移土地、房屋权属
	因共有不动产份额变化的；因共有人增加或者减少的
	因人民法院、仲裁委员会的生效法律文书或者监察机关出具的监察文书等因素，发生土地、房屋权属转移的

12.2.4 税率、计税依据和税额计算

1. 契税的税率

契税实行 3%~5%的幅度税率。实行幅度税率是考虑到我国经济发展的不平衡，各地经济差别较大的实际情况。3%~5%的幅度税率，由省、自治区、直辖市人民政府在幅度内提出，报同级人大常委会决定，并报全国人大常委会和国务院备案。

思政小课堂

认真负责地行使授权

《中华人民共和国契税法》明确契税实行3%~5%的幅度税率，具体执行中的税率使用，由省、自治区、直辖市人民政府在幅度内提出，报同级人大常委会决定，并报全国人大常委会和国务院备案。这是《契税法》对地方的授权。北京市政府安排市发改委、财政局、住建委、农村委、公安等多部门认真研究测算，北京市人大常委会对完成此项授权制定了工作规程并组织人大代表调研、座谈，在历时8个月研究、沟通、征求意见的基础上，北京市第十五届人大常委会第三十二次会议表决通过了《北京市人民代表大会常务委员会关于北京市契税具体适用税率等事项的决定》，北京市契税适用税率确定为3%，依法确定了北京市契税的具体适用税率。

2. 契税的计税依据

契税的计税依据是在土地、房屋权属转移时双方当事人签订的契税价格。由于土地、房屋权属转移方式不同，定价方法不同，因此具体计税依据也视不同情况而定，如表 12-4 所示。

表 12-4 契税的计税依据

征税对象	纳税人	计税依据
土地使用权出让、出售，房屋买卖	受让方	不含增值税的成交价格，包括应交付的货币及实物、其他经济利益对应的价款 （实际取得增值税发票的，成交价格以发票上注明的不含税价格确定）
土地使用权互换、房屋互换	付出差价方	不含增值税价格的差额
土地使用权赠予、房屋赠予，以及其他没有价格的转移土地、房屋权属行为	受赠方、承受方	税务机关参照土地使用权出售、房屋买卖的市场价格依法核定的价格

3. 契税的税额计算

应纳税额的计算公式：

$$应纳税额 = 计税依据 \times 税率$$

【例12-2】 甲、乙两人因需要互换房地产权，经评估部门确认，甲的房地产价值为110万元，乙的为140万元，该地方契税适用税率为3%，则由付出差价的甲缴纳差价部分的契税：

$$(140-110) \times 3\% = 0.9（万元）$$

12.2.5 税收优惠

1. 有下列情形之一的，免征契税

（1）国家机关、事业单位、社会团体、军事单位承受土地、房屋权属用于办公、教学、医疗、科研和军事设施的，免征契税。

（2）非营利性的学校、医疗机构、社会福利机构承受土地、房屋权属用于办公、教学、医疗、科研、养老、救助的，免征契税。

（3）婚姻关系存续期间，房屋、土地权属原归夫妻一方所有，变更为夫妻双方共有的，免征契税。

（4）承受荒山、荒沟、荒丘、荒滩土地使用权，并用于农、林、牧、渔业生产的，免征契税。

（5）法定继承人通过继承承受土地、房屋权属，免征契税。

（6）依照法律规定应当予以免税的外国驻华使馆、领事馆和国际组织驻华代表机构承受土地、房屋权属，免征契税。

根据国民经济和社会发展的需要，国务院对居民住房需求保障、企业改制重组、灾后重建等情形可以规定免征或者减征契税，报全国人民代表大会常务委员会备案。

2. 省、自治区、直辖市可以决定对下列情形免征或减征契税

（1）因土地、房屋被县级以上人民政府征收、征用，重新承受土地、房屋权属的，由省级人民政府确定是否减免。

（2）因不可抗力灭失住房而重新承受房屋权属的，酌情准予减征或者免征契税。

12.2.6 申报与缴纳

1. 纳税义务发生的时间

纳税人在签订土地、房屋权属转移合同的当天，或者取得其他具有土地、房屋权属转移合同性质凭证的当天为纳税义务发生时间。

2. 纳税期限

契税的纳税义务发生时间，为纳税人签订土地、房屋权属转移合同的当日，或者纳税人取得其他具有土地、房屋权属转移合同性质凭证的当日。

纳税人应当在依法办理土地、房屋权属登记手续前申报缴纳契税。

3．纳税地点

契税由土地、房屋所在地的税务机关依照《契税法》和《中华人民共和国税收征收管理法》的规定征收管理。

4．特殊退税

在依法办理土地、房屋权属登记前，权属转移合同、权属转移合同性质凭证不生效、无效、被撤销或者被解除的，纳税人可以向税务机关申请退还已缴纳的税款。

本章小结

印花税和契税都是古老的税种，它们都兼有对凭证和行为征税，只不过印花税是"舶来品"，契税是我国"土生土长"的。印花税对合同书据签订的双方课税，税率相对较低，契税只对承受方课税。虽然印花税和契税都是小税种，但是它们对经济产生的作用却不可小视。尤其是在房地产和证券市场过热的时候，契税和证券交易的印花税都是政府宏观调控的重要工具。

关键术语

印花税　契税

思考题

1. 印花税有哪些特点？
2. 印花税的征税项目有哪些？其计税依据是什么？
3. 印花税和契税有哪些异同？
4. 契税的计税依据有哪些？
5. 某企业2022年8月开业，与其他企业订立买卖合同三件，合计交易金额120万元，订立财产保险合同一份，保险费金额10万元，企业生产经营账册中实收资本200万元。计算该企业8月应纳印花税税额。
6. 居民甲有两套住房，将一套出售给居民乙，成交价格为200000元；将另一套两室住房与居民丙交换成两处一室住房，并支付给丙换房差价款60000元。试计算甲、乙、丙相关行为应缴纳的契税（假定税率为3%）。

第13章 其他各税

13.1 车辆购置税

13.1.1 车辆购置税的概念和特点

车辆购置税是对有取得并自用应税车辆的行为的单位和个人征收的一种税。

车辆购置税于 2001 年 1 月 1 日开始在我国实施,是通过"费改税"方式由车辆购置附加费演变而来的。2018 年 12 月 29 日,第十三届全国人民代表大会常务委员会第七次会议通过《中华人民共和国车辆购置税法》,自 2019 年 7 月 1 日起施行。

车辆购置税的特点:
(1) 具有特定消费行为税的性质;
(2) 实行从价定率、价外征收的方法计算应纳税额。

13.1.2 车辆购置税的主要征收制度

1. 纳税人

车辆购置税的纳税人,是在我国境内购买、进口、自产、受赠、获奖或者以其他方式取得并自用应税车辆的单位和个人。

所称单位,包括国有企业、集体企业、私营企业、股份制企业、外商投资企业、外国企业、其他企业和事业单位、社会团体、国家机关、部队及其他单位;所称个人,包括个体工商户及其他个人。

2. 征收范围

以列举的车辆为应税车辆,包括汽车、有轨电车、汽车挂车、排气量超过 150 毫升的摩托车。

3. 税率和计税公式

车辆购置税的税率为 10%。
车辆购置税实行从价定率的办法计算应纳税额。应纳税额的计算公式:

$$应纳税额 = 计税价格 \times 税率$$

4．计税依据

车辆购置税实行从价定率、价外征收的方法计算应纳税额，应税车辆的价格（计税价格）就成为车辆购置税的计税依据。但是由于应税车辆的来源不同，应税行为的发生不同，计税价格的组成就不一样。因此，车辆购置税计税依据的构成也就不同。车辆购置税计税依据的基本规定如下：

（1）纳税人购买自用应税车辆的计税价格，为纳税人实际支付给销售者的全部价款，不包括增值税税款。

【例13-1】 张某2021年12月向车辆销售中心支付14万元购买一辆国产车，其车辆购置税的应纳税额：$140000÷（1+13\%）×10\%＝12389.38$（元）。

（2）纳税人进口自用应税车辆的计税价格的计算公式：

$$计税价格＝关税完税价格＋关税＋消费税$$

（3）纳税人自产自用应税车辆的计税价格，按照纳税人生产的同类应税车辆的销售价格确定，不包括增值税税款。

（4）纳税人以受赠、获奖或者其他方式取得自用应税车辆的计税价格，按照购置应税车辆时相关凭证载明的价格确定，不包括增值税税款。

【提示1】纳税人申报的应税车辆计税价格明显偏低，又无正当理由的，由税务机关依照《中华人民共和国税收征收管理法》的规定核定其应纳税额。

【提示2】在境内购买自用的进口车与进口自用车辆的计税依据不同。前者属于购买自用车辆，后者属于进口自用车辆（指纳税人直接从境外进口或者委托代理进口自用的应税车辆）。

5．税收优惠

（1）依照法律规定应当予以免税的外国驻华使馆、领事馆和国际组织驻华机构及其有关人员自用车辆免税。

（2）中国人民解放军和中国人民武装警察部队列入装备订货计划的车辆免税。

（3）悬挂应急救援专用号牌的国家综合性消防救援车辆免税。

（4）设有固定装置的非运输专用作业车辆免税。

（5）城市公交企业购置的公共汽电车辆免税。

（6）根据国民经济和社会发展的需要，国务院规定并报全国人民代表大会常务委员会备案的其他免征车辆购置税的车辆。例如：回国服务的在外留学人员用现汇购买一辆个人自用国产小汽车；长期来华定居专家进口一辆自用小汽车；北京2022年冬奥会和冬残奥会组织委员会新购置车辆；新能源汽车；自2018年7月1日至2023年12月31日，对购置挂车减半征收车辆购置税；对购置日期在2022年6月1日至2022年12月31日期间内且单车价格（不含增值税）不超过30万元的2.0升及以下排量乘用车，减半征收车辆购置税。

> **思政小课堂**
>
> 部分乘用车车辆购置税减半 有效激活汽车消费潜力
>
> 2022年5月31日，国务院印发《扎实稳住经济的一揽子政策措施》，提出稳定增加汽车等大宗消费系列举措。同日，财政部、税务总局发布关于减征部分乘用车车辆购置税的公告，规定对购置日期在2022年6月1日至2022年12月31日期间内且单车价格（不含增值税）不超过30万元的2.0升及以下排量乘用车，减半征收车辆购置税。
>
> 这是自2009年以来第四次出台车辆购置税优惠政策。财政部、税务总局曾三次出台车辆购置税优惠政策，自2009年1月20日至2009年12月31日、2010年1月1日至2010年12月31日、2015年10月1日至2016年12月31日，对购置1.6升及以下排量乘用车，分别减按5%、7.5%及5%的税率征收车辆购置税。相比之前的车辆购置税优惠，本次车辆购置税优惠的特点在于，符合条件的车辆排量从1.6升及以下提高到2.0升及以下；前三次优惠政策没有购置金额的限制，本次政策购置金额（不含税）为30万元及以下。
>
> 车辆购置税新政策的出台，将有效调动消费者的购车积极性，尤其是给购买小排量乘用车的消费者带来实实在在的利好，对培育汽车消费市场、调整汽车消费结构起到积极的促进作用，并将为汽车销售市场直接带来显著的增量。
>
> 汽车产业是国民经济的支柱性产业之一，当前，受疫情等因素影响，经济下行压力加大，发挥宏观政策调节作用鼓励并刺激汽车消费是稳增长的抓手之一，在税收优惠扶持下，汽车消费潜力有望被进一步激活。

6. 纳税地点

购置应税车辆，应当向车辆登记注册地的主管税务机关申报纳税；购置不需要办理车辆登记注册手续的应税车辆，应当向纳税人所在地的主管税务机关申报纳税。

车辆购置税实行一车一申报制度。

7. 纳税申报与管理

纳税人购买自用应税车辆的，应当自购买之日起60日内申报纳税；进口自用应税车辆的，应当自进口之日起60日内申报纳税；自产、受赠、获奖或者以其他方式取得并自用应税车辆的，应当自取得之日起60日内申报纳税。

免税、减税车辆因转让、改变用途等原因不再属于免税、减税范围的，应当在办理车辆过户手续前或者办理变更车辆登记注册手续前缴纳车辆购置税。

车辆购置税实行一次征收制度。购置已征车辆购置税的车辆，不再征收车辆购置税。

纳税人应当在向公安机关车辆管理机构办理车辆登记注册前，缴纳车辆购置税。纳税人应当持主管税务机关出具的完税证明或者免税证明，向公安机关车辆管理机构办理车辆登记注册手续；没有完税证明或者免税证明的，公安机关车辆管理机构不得办理车辆登记注册手续。

车辆购置税的征收管理，依照《中华人民共和国车辆购置税法》及《中华人民共和国税收征收管理法》的有关规定执行。

已征车辆购置税的车辆退回车辆生产或销售企业，纳税人申请退还车辆购置税的，应退税额计算公式如下：

$$应退税额=已纳税额×（1-使用年限×10\%）（应退税额不得为负数）$$

使用年限的计算方法是，自纳税人缴纳税款之日起，至申请退税之日止。

【例13-2】 张某于2021年1月购买一辆小轿车自用，当月缴纳了车辆购置税2万元，2022年2月，因该车存在严重质量问题，张某与厂家协商退货，并向税务机关申请车辆购置税的退税。张某购买该车满1年不满2年，可得到的退税=2×（1-10%）=1.8（万元）。

13.2 船舶吨税

13.2.1 船舶吨税的概念和特点

船舶吨税是对自境外港口进入境内港口的船舶征收的一种税。

船舶吨税简称吨税，在国外往往被俗称为"灯塔税"，是进入本国领域的外籍船舶，因享受了本国的航道和导航设施而付出的代价。船舶吨税带有明显的使用费性质，也颇具受益税特点。2017年12月27日，第十二届全国人民代表大会常务委员会第三十一次会议通过《中华人民共和国船舶吨税法》，自2018年7月1日起施行。2018年10月26日，第十三届全国人民代表大会常务委员会第六次会议对《中华人民共和国船舶吨税法》中的相关部门进行了修正。

我国现行船舶吨税的特点：

（1）一定期间内与我国车船税不重复征收；

（2）具有受益税性质；

（3）由海关负责征收。

思政小课堂

船舶吨税法通过"落实税收法定原则"再迈一步

1952年，经政务院财政经济委员会批准，海关总署发布了《中华人民共和国海关船舶吨税暂行办法》。在此基础上，2011年11月23日国务院第182次常务会议通过《中华人民共和国船舶吨税暂行条例》，自2012年1月1日起施行。自2012年起，我国船舶吨税收入稳步增长，收入额由40.98亿元增长到2017年的50.4亿元。党的十八届三中全会提出"落实税收法定原则"，党的十九大提出"深化税收制度改革"。2017年12月27日，第十二届全国人民代表大会常务委员会第三十一次会议通过了《中华人民共和国船舶吨税法》，将暂行条例上升为法律，"落实税收法定原则"再迈一步。

13.2.2 船舶吨税的主要征收制度

1. 纳税人

自中华人民共和国境外港口进入境内港口的船舶（以下称应税船舶），应当缴纳船舶吨税。船舶吨税的纳税人是应税船舶负责人（单位），具体包括在中国境内港口行驶的由境外进入的外国籍船舶和外商租用的中国籍船舶的各类企业、单位和个人。

2. 税额标准

船舶吨税按船舶净吨位和执照标明的使用期确定税额标准，按照 30 日、90 日、1 年的三类期限具体划分普通税率和优惠税率，如表 13-1 所示。

表 13-1 船舶吨税税目税率表

税　目 （按船舶净吨位划分）	税率（元/净吨）						备　注
	普通税率 （按执照期限划分）			优惠税率 （按执照期限划分）			
	1 年	90 日	30 日	1 年	90 日	30 日	
不超过 2000 净吨	12.6	4.2	2.1	9.0	3.0	1.5	（1）拖船按照发动机功率每千瓦折合净吨位 0.67 吨 （2）无法提供净吨位证明文件的游艇，按照发动机功率每千瓦折合净吨位 0.05 吨 （3）拖船和非机动驳船分别按相同净吨位船舶税率的 50%计征税款
超过 2000 净吨，但不超过 10000 净吨	24.0	8.0	4.0	17.4	5.8	2.9	
超过 10000 净吨，但不超过 50000 净吨	27.6	9.2	4.6	19.8	6.6	3.3	
超过 50000 净吨	31.8	10.6	5.3	22.8	7.6	3.8	

适用优惠税率的船舶包括：

（1）中华人民共和国籍的应税船舶；

（2）船籍国（地区）与中华人民共和国签订含有相互给予船舶税费最惠国待遇条款的条约或者协定的应税船舶。

除适用优惠税率的船舶之外的其他应税船舶，适用普通税率。

【例 13-3】 2022 年 2 月，A 国某公司一艘货轮驶入我国某港口，该货轮净吨位为 6000 吨，货轮负责人已向我国相关海关领取了《吨税执照》，在港口停留期限为 90 日，该国已与我国签订有相互给予船舶税费最惠国待遇条款的协定。则该货轮负责人应向我国海关缴纳船舶吨税：

应缴纳船舶吨税=6000×5.8=34800（元）

【例 13-4】 2022 年 3 月，A 国某运输公司一艘游艇驶入我国某港口，该游艇无法提供净吨位证明文件，游艇发动机功率为 1000 千瓦，游艇负责人已向我国相关海关领取了《吨税执照》，在港口停留期限为 30 天，A 国已与我国签订有相互给予船舶税费最惠国待遇条款的协定。则该游艇负责人应向我国海关缴纳船舶吨税：

应缴纳船舶吨税=1000×0.05×1.5=75（元）

3. 计税方法

吨税的应纳税额按照船舶净吨位乘以适用税率计算。

4．税收优惠

下列船舶免征吨税：

（1）应纳税额在人民币 50 元以下的船舶；

（2）自境外以购买、受赠、继承等方式取得船舶所有权的初次进口到港的空载船舶；

（3）吨税执照期满后 24 小时内不上下客货的船舶；

（4）非机动船舶（不包括非机动驳船）；

（5）捕捞、养殖渔船；

（6）避难、防疫隔离、修理、改造、终止运营或者拆解，并不上下客货的船舶；

（7）军队、武装警察部队专用或者征用的船舶；

（8）警用船舶；

（9）依照法律规定应当予以免税的外国驻华使领馆、国际组织驻华代表机构及其有关人员的船舶；

（10）国务院规定的其他船舶。

前款第十项免税规定，由国务院报全国人民代表大会常务委员会备案。

5．征收管理

吨税由海关负责征收。海关征收吨税应当制发缴款凭证。应税船舶负责人缴纳吨税或者提供担保后，海关按照其申领的执照期限填发吨税执照。应税船舶在进入港口办理入境手续时，应当向海关申报纳税领取吨税执照，或者交验吨税执照。应税船舶在离开港口办理出境手续时，应当交验吨税执照。

吨税纳税义务发生时间为应税船舶进入港口的当日。

应税船舶在吨税执照期满后尚未离开港口的，应当申领新的吨税执照，自上一次执照期满的次日起续缴吨税。

13.3　环境保护税

为了保护和改善环境，减少污染物排放，推进生态文明建设，第十二届全国人民代表大会常务委员会第二十五次会议于 2016 年 12 月 25 日通过了《中华人民共和国环境保护税法》（以下简称《环境保护税法》），这是我国第四部经过立法机关正式立法的税收实体法。环境保护税作为"费改税"开征的税种，涉及收费与征税两套制度的转换，在政策和税收征管上需要做许多前期准备工作。中华人民共和国主席习近平签署了第六十一号主席令，公布《环境保护税法》，自 2018 年 1 月 1 日起施行。2018 年 10 月 26 日，第十三届全国人民代表大会常务委员会第六次会议对《环境保护税法》中的相关部门进行了修正。

13.3.1　环境保护税的概念和特点

环境保护税（简称"环保税"）是对在中华人民共和国领域和中华人民共和国管辖的其他海域，直接向环境排放应税污染物的单位和经营者征收的一种税。

环境保护税的特点：

(1) 针对直接排污行为征税,属于调节型税种;
(2) 征税项目为四种重点污染源,属于综合型环境税;
(3) 税额为统一定额税和浮动定额税结合;
(4) 收入纳入一般预算收入,全部划归地方。

思政小课堂

环境保护税助推生态文明建设

环境保护税源于排污收费制度。我国于1979年开始排污收费试点,通过收费促使企业加强环境治理、减少污染物排放,对防治污染、保护环境起到了重要作用,但实际执行中存在着执法刚性不足等问题。为解决这些问题,党的十八届三中、四中全会明确提出"推动环境保护费改税""用严格的法律制度保护生态环境"。2016年12月25日,第十二届全国人民代表大会常务委员会第二十五次会议审议通过《中华人民共和国环境保护税法》,2018年1月1日正式实施。

2018年环境保护费改税后,排污单位不再缴纳排污费,改为缴纳环境保护税。开征环境保护税,主要目的不是取得财政收入,而是使排污单位承担必要的污染治理与环境损害修复成本,并通过"多排多缴、少排少缴、不排不缴"的税制设计,发挥税收杠杆的绿色调节作用,引导排污单位提升环保意识,加大治理力度,加快转型升级,减少污染物排放,助推生态文明建设。

"绿水青山就是金山银山",节约资源、保护环境是我国基本国策,关乎人民福祉,关乎国家民族未来。实施环境保护税法是贯彻习近平生态文明思想、落实绿色发展理念的重大战略举措,是我国现代环境治理体系的重要组成部分,环境保护税法也是我国第一部专门体现"绿色税制"的单行税法。环境保护税法的出台和实施,提高了我国税制的绿色化水平,加快了税制的绿色化改革进程。

13.3.2 环境保护税的主要征收制度

1. 纳税人

在中华人民共和国领域和中华人民共和国管辖的其他海域,直接向环境排放应税污染物的企业、事业单位和其他生产经营者为环境保护税的纳税人,应当按照规定缴纳环境保护税。

2. 计税依据

应税污染物的计税依据,按照下列方法确定:
(1) 应税大气污染物按照污染物排放量折合的污染当量数确定;
(2) 应税水污染物按照污染物排放量折合的污染当量数确定;
(3) 应税固体废物按照固体废物的排放量确定;
(4) 应税噪声按照超过国家规定标准的分贝数确定。

【解释】污染当量,是指根据污染物或者污染排放活动对环境的有害程度及处理的技术经济性,衡量不同污染物对环境污染的综合性指标或者计量单位。同一介质相同污染当量的不同污染物，其污染程度基本相当。排污系数，是指在正常技术经济和管理条件下，生产单位产品所应排放的污染物量的统计平均值。物料衡算，是指根据物质质量守恒原理对生产过程中使用的原料、生产的产品和产生的废物等进行测算的一种方法。

应税大气污染物、水污染物的污染当量数，以该污染物的排放量除以该污染物的污染当量值计算。每种应税大气污染物、水污染物的具体污染当量值，依照《中华人民共和国环境保护税法》所附《应税污染物和当量值表》执行。

3．税额计算

环境保护税应纳税额按照下列方法计算：
（1）应税大气污染物的应纳税额为污染当量数乘以具体适用税额；
（2）应税水污染物的应纳税额为污染当量数乘以具体适用税额；
（3）应税固体废物的应纳税额为固体废物排放量乘以具体适用税额；
（4）应税噪声的应纳税额为超过国家规定标准的分贝数对应的具体适用税额。

环境保护税税目税额表见表 13-2 所示。

表 13-2　环境保护税税目税额表

税　　目		计税单位	税　　额	备　　注
大气污染物		每污染当量	1.2～12 元	
水污染物		每污染当量	1.4～14 元	
固体废物	煤矸石	每吨	5 元	
	尾矿	每吨	15 元	
	危险废物	每吨	1000 元	
	冶炼渣、粉煤灰、炉渣、其他固体废物（含半固态、液态废物）	每吨	25 元	
噪声	工业噪声	超标 1～3 分贝	每月 350 元	（1）一个单位边界上有多处噪声超标，根据最高一处超标声级计算应纳税额；当沿边界长度超过 100 米有两处以上噪声超标时，按照两个单位计算应纳税额 （2）一个单位有不同地点作业场所的，应当分别计算应纳税额，合并计征 （3）昼、夜均超标的环境噪声，昼、夜分别计算应纳税额，累计计征 （4）声源一个月内超标不足 15 天的，减半计算应纳税额 （5）夜间频繁突发和夜间偶然突发厂界超标噪声，按等效声级和峰值噪声两种指标中超标分贝值高的一项计算应纳税额
		超标 4～6 分贝	每月 700 元	
		超标 7～9 分贝	每月 1400 元	
		超标 10～12 分贝	每月 2800 元	
		超标 13～15 分贝	每月 5600 元	
		超标 16 分贝以上	每月 11200 元	

【例 13-5】某纳税人直接向河流排放总铅 6000 千克，已知总铅污染当量值为 0.025 千克，假定其所在省公布的水污染物环保税税额为每污染当量 4 元，则该纳税人应纳的环保税：

污染当量数=污染物排放量÷污染当量值=6000÷0.025=240000
应纳环保税=污染当量数×具体适用税额=240000×4=960000（元）

【例13-6】假设某企业2022年3月产生尾矿1000吨，其中综合利用的尾矿400吨（符合国家相关规定），在符合国家和地方环境保护标准的设施中贮存300吨。尾矿环保税适用税额为每吨15元。固体废物的计税依据需要用减法计算，则

固体废物排放量=当期固体废物的产生量−当期固体废物的综合利用量−
　　　　　　　　当期固体废物的贮存量−当期固体废物的处置量
尾矿排放量=1000−400−300=300（吨）
尾矿环境保护税应纳税额=300×15=4500（元）

4. 税收减免

下列情形，暂予免征环境保护税：

（1）农业生产（不包括规模化养殖）排放应税污染物的；

（2）机动车、铁路机车、非道路移动机械、船舶和航空器等流动污染源排放应税污染物的；

（3）依法设立的城乡污水集中处理、生活垃圾集中处理场所排放相应税污染物，不超过国家和地方规定的排放标准的；

（4）纳税人综合利用的固体废物，符合国家和地方环境保护标准的；

（5）国务院批准免税的其他情形，由国务院报全国人民代表大会常务委员会备案。

纳税人排放应税大气污染物或者水污染物的浓度值低于国家和地方规定的污染物排放标准30%的，减按75%征收环境保护税；纳税人排放应税大气污染物或者水污染物的浓度值低于国家和地方规定的污染物排放标准50%的，减按50%征收环境保护税。

5. 征收管理

县级以上地方人民政府应当建立税务机关、环境保护主管部门和其他相关单位分工协作工作机制，加强环境保护税征收管理，保障税款及时足额入库。

纳税义务发生时间为纳税人排放应税污染物的当日。纳税人应当向应税污染物排放地的税务机关申报缴纳环境保护税。

环境保护税按月计算，按季申报缴纳。不能按固定期限计算缴纳的，可以按次申报缴纳。

纳税人申报缴纳时，应当向税务机关报送所排放应税污染物的种类、数量，大气污染物、水污染物的浓度值，以及税务机关根据实际需要要求纳税人报送的其他纳税资料。

纳税人按季申报缴纳的，应当自季度终了之日起15日内，向税务机关办理纳税申报并缴纳税款；纳税人按次申报缴纳的，应当自纳税义务发生之日起15日内，向税务机关办理纳税申报并缴纳税款。

本章小结

本章涉及一些内容零散、性质复杂的小税种。车辆购置税兼有流转税和特定行为税的性质；环境保护税于2018年正式开征。本章所述税种针对经济生活中的一些特殊行为可发挥特定调节作用。

关键术语

车辆购置税　船舶吨税　环境保护税

思考题

1. 车辆购置税有什么特点？
2. 简述环境保护税的开征意义。

第14章 中国现行税制的发展与展望

中华人民共和国成立70多年来,随着国家政治、经济形势的发展和变化,税收制度的建立与发展也经历了一个曲折的过程。我国现行税制的基本框架是1994年税制改革时建立起来的。2003年十六届三中全会之后,我国开始了新一轮的税制改革。时至今日,改革仍在继续。回顾我国改革开放以来税制改革历程,总结其中的经验和教训,对我国未来的税制改革和优化有着重要的意义。

总体来讲,我国税制建设可以分为五个阶段:中华人民共和国成立初期至改革开放前的税制建设、20世纪80年代的税制改革、20世纪90年代初期的税制改革、2003—2008年的税制改革,以及2009年至今的结构性减税。

14.1 中华人民共和国成立初期至改革开放之前的税制建设

中国共产党领导中国人民走的是一条农村包围城市,最终夺取政权的武装斗争的道路。在农村的老革命根据地,由于长期处在国民党政权的分割包围之中,各根据地实行的农业税制度并不统一。而新夺取的城市,又沿用了国民党时期的主要税种,因此,在1949年中华人民共和国成立时,税收制度并不统一和完整。

1950年,在总结老解放区税制建设的经验和全面清理旧中国税收制度的基础上,政务院颁布实施了《全国税政实施要则》,建立了中华人民共和国的新税制。1958—1973年,主要内容是简化工商税制,以适应基本上单一的社会主义公有制的经济基础对税制的要求。1973年,税制改革仍然是在简化税制。这一过程一直延续至1978年十一届三中全会召开。

14.1.1 1949—1953年,新中国税制的初步建立

这一时期,税制建设的主要任务是清理国民党政府时期的税制,并在此基础上建立起和新中国相适应的新税制。

1. 1950年统一全国税收,建立社会主义新税制

在中华人民共和国成立时,国家财政经济正面临着巨大的困难。当时人民解放战争还在继续进行,军需供应费用浩大;党对旧军政人员实行"包下来"的政策,要解决900多万军政人员的吃饭问题;农村的灾荒又造成4000万灾民的救济需求;亟待恢复的铁路、交通等重要经济部门也需要投入巨额资金。面对这种困难严峻的局面,新中国政府必须

加强税收工作，争取实现财政收支平衡，物价平稳，使经济走上健康发展的道路。

当时，加强税收工作最迫切的一项任务，就是要统一全国税政，建立新税制。统一全国税收，1949年11月24日至12月9日，在北京召开了首届全国税务会议。这次会议确定了增加税收的基本原则："农民的负担已经很重，不能再增加，今后主要在城市工商业税收上想办法；简化税制，税种、税目尽量减少；税率暂时依照国民党政府统治时期的规定。"建立新税制的指导原则是："国家的税收政策，应以保障革命战争的供给、照顾生产的恢复和发展及国家建设的需要为原则，简化税制，实行合理负担。"

依照上述原则，1950年1月，中央人民政府政务院颁布《关于统一全国税政的决定》的通令，并同时颁布《全国税政实施要则》。这两个文件是整理和统一全国税政的纲领性法规，确定了新中国税收政策、税收制度和税务机构建立的原则等重大问题。

《全国税政实施要则》规定，除农业税外全国统一征收14种税，即货物税、工商业税、盐税、关税、薪给报酬所得税、存款利息所得税、印花税、遗产税、交易税、屠宰税、房产税、地产税、特种消费行为税、使用牌照税。以后政务院陆续公布了各有关税收的暂行条例，在全国范围内统一执行。不久，又公布了《契税暂行条例》，开征了契税。

以上各税在全国统一施行以后，就统一了全国税政，标志着新中国社会主义税收制度的建立。当时建立的我国工商税收制度的一个重要特点是"多税种、多次征"。这种税制，对同一个商品从产到销的整个流转过程中，规定征收几种税、几次税。这种"多税种、多次征"的复税制体系，适应了当时我国多种经济成分并存的经济情况。随着新的税收制度的建立和贯彻执行，城市工商税收收入得到迅速增长，改变了以往国家财政收入主要依靠农村公粮收入的局面，解放初期的困难局面迅速扭转，财政收支接近平衡，通货膨胀得到抑制，物价趋向稳定。

1950年7月，国家对税收作了进一步调整，以照顾经济恢复中工商业遇到的困难。调整的内容主要包括：减并税种，把房产税和地产税合并为城市房地产税；决定薪给报酬所得税和遗产税暂不开征；减并货物税和印花税税目；调低税率，增加所得税级距，把盐税、所得税、货物税和房地产税的某些税率调低；改进工商税收的征收办法和纳税手续。1951年4月，为了配合棉纱统购统销政策和保证财政收入，开征了棉纱统销税。

1951年，全国财政实现了收支平衡，1952年实现了20亿元的结余。

2．1953年的税制修正

1952年以后，中华人民共和国成立初期所建立起来的多税种、多次多环节征收的税收制度，同这一时期经济发展的形势开始出现了一些不相适应的现象。这一时期，工商企业的经营方式发生了较大的变化，工商企业和合作社大量用委托加工、代购代销、内部调拨、组织联合经营，深购远销，产销直接见面等经营方式，使商品流转环节减少，从而工业环节和商业环节的营业税都随之下降。出现了"经济日渐繁荣，税收相对下降"的现象。并且，当时国家要加强对经济的计划管理和促进国有企业经济核算，而中华人民共和国成立初期建立起来的工商税收制度比较烦琐，与此不相适应。在这种状况下，依据"保证税收，简化税制"的精神，中央政府对原来的工商税收制度作了若干修正，1953年1月1日开始实行。这次修正税制的主要内容是试行商品流通税。

商品流通税是对某些特定商品按其流转额从生产到消费实行一次课征的税收。它是把商品在生产环节应纳的货物税、营业税、印花税及在商业批发环节和商业零售环节交纳的营业税、印花税，合并为一种税，在生产环节销售时一次征收。其突出特点就是，从生产到零售环节，实行一次征收制。凡已交纳商品流通税的商品，在流转过程中，都不再征收所有属于流转额的税收。

商品流通税的征税范围：烟、酒、麦粉、火柴、棉纱、水泥、酸、碱、化肥、原木、钢材、生铁、矿物油等22种产品。取消棉纱统销税，将原来交纳的棉纱统销税、交易税并入商品流通税的"棉纱"税目征收。由于这些商品都是由国有企业大量生产和控制的，有些是国家专卖或统购统销的商品，或流转过程比较简单的商品，征税项目虽然不多，但在税收收入上却占有较大的比重。

此外，还修订了货物税和工商业税，取消了特种消费行为税，停征药材交易税，粮食、土布交易税，改征货物税。

1953年的税制改革，几乎涉及当时的各个税种。到1957年，中国税收总额已达154.9亿元。这套新税制的建立和实施，对于保证革命战争的胜利，实现国家财政经济状况的根本好转，促进国民经济的恢复和发展，以及配合国家对于农业、手工业和资本主义工商业的社会主义改造，建立社会主义经济制度，发挥了重要的作用。

14.1.2　1958年，简化税制，试行工商统一税

1. 1958年改革工商税制和统一全国农业税制

1）改革工商税制

我国在1958年开始第二个五年计划，基本上实现了对农业、手工业和资本主义工商业的社会主义改造，社会经济结构由多种经济成分并存变成基本上单一的社会主义经济，纳税主体由以资本主义工商业为重点变为以社会主义全民所有制和集体所有制经济为重点。原来在多种经济成分并存条件下制定的税收制度已不适应新的经济情况，各方面要求简化税制的呼声很高。为了适应基本上是单一的社会主义公有制的经济基础，在1958年对工商业税制进行了一次较大的改革。这次改革的方针是"基本上在原有税负基础上简化税制"。改革的主要内容是试行工商统一税。

工商统一税是将原有的商品流通税、货物税、营业税、印花税合并而成的一个税种，是对工商业和个人按其经营业务的流转额和提供劳务的收入额征收的税。简化了计税价格和税目税率，对工农业产品，从生产到流通实行两次课征制。该税于1958年9月，经全国人大常委会审议通过，由国务院公布。

原工商业税中的对所得额征税部分改为一个独立的税种，称为工商所得税。

2）统一全国农业税制

中华人民共和国成立初期，由于革命根据地与新解放区的情况不同，采用的农业税制度也不相同。1956年农业合作化以后，不论原来的老解放区还是新解放区，继续实行不同的农业税制已无必要。为了适应这种新的情况变化，1958年6月，由中华人民共和

国主席毛泽东亲自批准公布了《中华人民共和国农业税条例》，废除了原来在革命根据地实行的累进税制，在全国范围内统一实行分地区的差别比例税制，并继续采取"稳定负担，增产不增税"的政策。1958年的这次统一农业税的举措，主要政策延续执行近50年，直到2005年12月，全国人大常委会废止了《中华人民共和国农业税条例》，做出在全国停止征收农业税的决定。

2. 1958—1973年前税制的其他变动

1）1959年"税利合一"的试点

在生产资料的社会主义改造完成以后，我国受苏联"非税论"的影响，认为在社会主义社会，国有企业的生产资料归国家所有，对国有企业征的税，只是带有税的外壳，实质上是上缴利润的性质。因此，税收可以"寿终正寝"了。1959年上半年开始，在成都等七个城市进行"税利合一"的试点，即实行"以利代税"，取消税收。但是，"税利合一"的试点工作，只实行了半年就以失败而告终。"税利合一"的主要问题，一是掩盖了经营核算上的矛盾，不利于促进企业加强经营管理；二是上缴利润不具有税收"三性"特征，滞欠现象较为严重，影响了政府财政收入。

2）1962年开征集市交易税

1961年集市贸易恢复后，为了调解交易价格、平衡税收负担、加强市场管理，保护合法贸易，国务院于1962年4月决定全面开征集市交易税，并批准了财政部制定的《集市交易税试行规定》，由各省、市、自治区制定具体办法贯彻执行。

3）1963年调整工商所得税

中华人民共和国成立初期的工商业税包括工商营业税和工商所得税两部分。1958年改革税制时，将其中的营业税部分并入工商统一税，这样，工商所得税便成了一个独立的税种。这一税种的基本政策是规定不分经济性质和经济业务，一律按照21级全额累进税率征收。1963年对工商所得税进行调整的原则是"贯彻执行合理负担政策，限制个体经济，巩固集体经济"，以便调整集体经济和个体经济之间、集体经济经营不同业务的不同企业之间的负担水平。具体政策是，个体经济重于集体经济，合作商店重于其他合作经济。

这次调整由于受当时"左"的思想影响，急于推进个体经济向集体经济的过渡，对个体经济和合作商店税收负担调整过重，一定程度上影响了它们对国民经济应有的补充作用。

14.1.3 1973年，工商税制的进一步简化

在"文化大革命"期间，税收作用逐步被淡化。我国工商税收制度被批判为"有利于资本主义，不利于社会主义"，是"烦琐哲学"。认为随着国营经济的进一步扩大和非社会主义经济的进一步缩小，社会主义税收除了在积累国家资金方面仍能发挥作用以外，在调节经济方面的作用就没有了。因此，必须大力简化税制，越简化越好，以利于企业的经济核算。在这种情况下，1973年对工商税制进行了一次较大的改革。这次改革提出

的原则是"在保持原税负的前提下,合并税种,简化征税办法"。改革的主要内容是试行工商税。

工商税是把企业原来交纳的工商统一税及其附加、城市房地产税、车船使用牌照税、屠宰税、盐税合并而成的税种。经过1973年工商税"五税合一"的改革,以致对整个商品流转额只征一种税,使工商税的内容十分庞杂,变成了性质不清的多种税的混合体。这个税的征税对象既有对商品流转额的课征,也有对行为的课征,还有对财产的课征、对资源的课征,工商税税率和税目是按经营行业设计的,以实现一个企业适用一个税率的要求,这大大削弱了流转税的调节作用,税负失平严重而且不利于经济核算。"五税合一"试行工商税以后,几种地方税基本被挤掉了,合并以后,国有企业只需缴纳工商税,集体企业只需缴纳工商税和工商所得税。城市房地产税、车船使用牌照税和屠宰税只对个人和外侨等继续征收。在税负上,大多数保持原负担水平,只对少数行业作了调整。税率按行业设计,一般按企业主要产品所属行业的税率征税,跨行业生产用一个税率征税负担悬殊的,分别按不同行业的税率征收。同时,对税目、税率进行简化,税目由过去的108个减为44个,税率由过去的141个减为82个。

十年"文化大革命"中进行的1973年的税制改革,片面追求税制简化,不适当地合并税种。这一时期的财税体制,是与当时高度集中的计划管理体制相适应的,是在当时特定的历史条件下产生的。其结果是严重影响了税收职能作用的发挥,我国的经济社会发展再次遭受重大挫折。

14.2　20世纪80年代的税制改革

1978年12月,中共十一届三中全会在北京召开。全会做出了把工作重心转移到社会主义现代化建设上来和实行改革开放的决策。之后,随着改革开放的进行以及新兴社会和经济力量的兴起,我国的税制建设也进入了一个新时期。这一时期,我国税制建设分别遵循着"对外开放"和"对内改革"两条主线进行。

14.2.1　1980—1982年,初步建立涉外税收制度

在对外开放之初,中外合资企业和外商投资企业在我国是新兴事物,我国没有相应的税收制度对其进行管理。根据经济形势发展和1979年全国税务工作会议的要求,我国的税制改革首先从建立涉外税收制度起步。

1980年9月10日,第五届全国人民代表大会第三次会议通过并公布《中华人民共和国中外合资经营企业所得税法》和《中华人民共和国个人所得税法》,同年12月10日,国务院批准财政部制定两个税法的《施行细则》。1981年12月13日全国人大五届四次会议通过并公布《中华人民共和国外国企业所得税法》,1982年2月21日财政部公布《施行细则》。这三部涉外税法,遵循了维护国家权益、税负从轻、优惠从宽的原则。对中外合资经营企业所得税采用30%的比例税率,包括地方所得税,总负担率为33%,低于许多发达国家和发展中国家。个人所得税实行分类所得税制,征收面小,扣除额宽,

税率也较低。外国企业所得税采取超额累进税率，获利高的适用较高税率，获利低的适用较低税率，做到合理负担。

此外，还明确规定外商投资和外国企业在征收流转税方面暂时沿用1958年全国人民代表大会常务委员会原则通过的《中华人民共和国工商统一税条例（草案）》，在征收地方税方面沿用1951年政务院发布的《城市房地产税暂行条例》和《车船使用牌照税暂行条例》。

涉外税收制度的建立，维护了国家的税收主权，适应了我国对外开放初期引进外资、开展对外经济技术合作的需要，为我国新时期经济发展提供了制度保证。

14.2.2　1983年和1984年，两步利改税的实施

从1979年开始至1984年，我国税制进行了一次全面改革，这次改革的核心是实行利改税，即把原来国有企业向国家上缴利润的方法改为征税的办法。

我国从1979年开始，陆续在全国的一些企业进行了利改税的试点，取得了较好的效果。同年11月，五届人大五次会议通过的《关于第六个五年计划报告》中，充分肯定了利改税方向，并把国有企业逐步推行以税代利列为第六个五年计划后三年经济体制改革重点要做三件事中的第一件事。

1．1983年利改税的第一步改革

这次改革依据的总原则是，要把国家、企业、职工三者的利益分配关系处理好。最重要的是管住两头：一头是把企业搞活；另一头是国家要得大头，企业得中头，个人得小头。

这次改革的主要内容是对国有企业普遍征收所得税，但对国营大中型企业征收所得税后的利润，采取多种形式上交国家，实行税利并存。具体是：对小型国有企业实行较彻底的利改税，按照原工商所得税使用的老八级超额累进税率征收。征收所得税后的剩余利润归企业自行支配，实行自负盈亏；少数税后利润较多的企业，再上交一部分承包费。对大中型国有企业按55%的比例征收所得税，税后利润除了企业的合理留利以外，采取递增包干、定额包干、固定比例包干和调节税等多种形式上交国家。

2．1984年利改税的第二步改革

利改税第二步改革的基本内容：将国有企业应当上交国家的财政收入按八个税种向国家交税，也就是由"税利并存"逐渐过渡到完全的"以税代利"，税后利润归企业自己安排使用。具体内容包括：

（1）对盈利的国有企业征收所得税。国营大中型企业按55%的比例税率交纳所得税，其税后利润还要征收调节税，调节税率按企业的不同情况分别核定。国营小型企业按新的八级超额累进税率缴纳所得税。新拟定的八级超额累进税率，调整了累进起点和级距，减轻了所得税负担，并适当放宽小型企业的划分标准，使更多一些企业能够逐步过渡到国家所有、自主经营、自负盈亏的管理体制。

（2）把原来的工商税按性质划分为产品税、增值税、营业税和盐税四种税。同时，把产品税的税目划细，适当调整税率，以发挥税收调节生产和流通的杠杆作用。

（3）对某些采掘企业开征资源税，以调节由于自然资源和开发条件的差异而形成的级差收入，促进企业加强经济核算，有效地管理和利用国家资源。

（4）恢复和开征房产税、土地使用税、车船使用税和城市维护建设税四种地方税，以利于合理地节约使用土地、房产，适当地解决城市维护建设的资金来源。

1984年8月，六届全国人大常委会第七次会议审议了利改税第二步改革的方案。根据人大的建议，决定授权国务院在实施国有企业利改税和改革工商税制的过程中，拟定税收条例，以草案形式发布了产品税、增值税、盐税、营业税、资源税、国有企业所得税六个税收条例（草案）和国有企业调节税征收办法。

经过两步利改税，我国工商税制进行了一次全面的改革，形成了新的税制体系（共34个税种）：其中流转税7个，包括产品税、增值税、营业税、关税、牲畜交易税、集市交易税、工商统一税；所得税9个，包括国有企业所得税、国有企业调节税、集体企业所得税、私营企业所得税、城乡个体工商业户所得税、外商投资企业的外国企业所得税、个人所得税、个人收入调节税、农业税；资源税4个，包括资源税、盐税、耕地占用税、城镇土地使用税；财产税3个，包括房产税、契税、城市房地产税；行为税11个，包括奖金税、国有企业工资调节税、烧油特别税、印花税、筵席税、屠宰税、车船使用税、车船使用牌照税、船舶吨税、城市维护建设税、固定资产投资方向调节税。

利改税作为重大的税制改革，其核心是对国有企业开征所得税，它突破了长期以来对国有企业不能征收所得税的理论禁区，是国家与国有企业分配关系的重大突破。利改税有利于国有企业成为相对独立的经济实体。企业依法纳税后，税后利润按照规定进行分配，很大部分归企业自行支配，企业和职工所得多少，同企业经营管理状况直接联系起来。利改税过程中还进行了一次对工商税制的全面改革，逐步建立了一个适应我国国情的多税种、多层次、多环节调节的复税制体系。可以说，利改税还使我国税收工作在理论和实践上都发生了转轨性的变化，税收地位得到提高，税务机构的作用大大加强。

但是我们也应看到，由于对利改税的理论准备不足，将利改税称为"以税代利"，这体现出当时对税收概念这样一个最基本的理论问题尚认识不清。国家对国有企业凭借政治权力征税和凭借财产权力收取上缴利润，是依据不同身份，凭借不同权力取得财政收入的两种形式，有各自存在的客观必然性，也有各自的作用和特点，是不能相互取代的。而进行利改税的改革时，"利税合一"造成企业名义税率过高。为保证既定的财政收入，对国有企业不但征收所得税还开征了调节税，使得利改税枉担了重税的名声。为了保证企业的活力，国家又不得不采取"税前还贷"和"以税还贷"等方法来增强企业活力。而税前还贷，实际上使国家又参与了资产投资活动，利改税为企业筑起的成为相对独立经济实体的外部边界，又被税前还贷淡化了，形成了高税率、多优惠、松管理的不良税制。

"利改税"否定了"非税论"，而"以税代利"却走向了"税收万能论"的极端。税收作为一个经济杠杆，与其他经济杠杆一样，有其发挥作用的广度和深度，税收不是万能的。滥用税收名义，只能削弱税收的作用，毁坏税收的名声，这是我们在今后税制改革中要引以为戒的问题。

14.3　20世纪90年代初期的税制改革

20世纪90年代初期,是我国改革的关键时期,中国共产党第十四次全国代表大会提出建立社会主义市场经济的目标之后,中央出台了一系列改革措施,推动着经济体制改革不断走向深入。这些改革措施,适应了时代发展的潮流,进一步激发了20世纪80年代各种新兴经济力量的活力,各种市场要素也随之不断发育,为建立市场经济提供了重要的微观基础。随着改革开放的不断深入和市场的不断发育,20世纪80年代按照所有制形式制定的税法体系以及由这套体系构成的税收分配关系已经不能适应社会经济的发展要求,亟须进行改革,建立与市场经济相适应的税收体系,并在此基础上重新构建新的中央和地方分配关系。

14.3.1　1994年税制改革的指导思想和遵循原则

1992年10月召开的中国共产党第十四次代表大会明确提出,我国经济体制改革的目标是建立社会主义市场经济体制。1993年3月29日,第八届全国人民代表大会第一次会议通过了《中华人民共和国宪法修正案》,明确提出,"国家实行社会主义市场经济""国家加强经济立法,完善宏观调控"。

市场经济的本质和精髓就在于市场经济主体的公平竞争。在1993年11月党的十四届三中全会通过的《中共中央关于建立社会主义市场经济体制若干问题的决定》中,进一步提出要"坚持以公有制为主体、多种经济成分共同发展的方针""国家要为各种所有制经济平等参与市场竞争创造条件,对各类企业一视同仁"。决定还提出:社会主义市场经济必须有健全的宏观调控体系。宏观调控主要采用经济办法,近期要在财税、金融、投资和计划体制的改革方面迈出重大步伐。财政运用预算和税收手段,着重调节经济结构和社会分配。要积极推进财税体制改革。近期改革的重点之一,就是要按照统一税法、公平税负、简化税制和合理分权的原则,改革和完善税收制度。推行以增值税为主体的流转税制度,对少数商品征收消费税,对大部分非商品经营继续征收营业税。在降低国有企业所得税税率,取消国家能源交通重点建设基金和国家预算调节基金的基础上,企业依法纳税,理顺国家与国有企业的利润分配关系。统一企业所得税和个人所得税,规范税率,扩大税基。开征和调整某些税种,清理税收减免,严格税收征管,堵塞税收流失。近期改革的另一个重点是将现行的地方财政包干制改为在合理划分中央与地方事权基础上的分税制,建立中央税收和地方税收体系。维护国家权益和实施宏观调控所必需的税种列为中央税,同经济发展直接相关的主要税种列为共享税;充实地方税税种,增加地方税收入。通过发展经济,提高效益,扩大税源,逐步提高财政收入在国民生产总值中的比重,合理确定中央财政收入和地方财政收入的比例。实行中央财政对地方的返还和转移支付制度,以调节分配结构和地区结构。在论及建立合理的个人收入分配制度的时候,该决定提出,要适时开征遗产税和赠予税。在论及规范和发展房地产市场的时候,该决定提出,要通过开征和调整房地产税费等措施,防止在房地产交易中获取暴利和国家利益的流失。中共中央这一决定的发布,为建立适应社会主义市场经济体制要求的新税制和财政管理体制进一步指明了方向。

1. 1994 年税制改革的指导思想

1994 年税制改革的指导思想:统一税法、公平税负、简化税制、合理分权,理顺分配关系,保障财政收入,建立符合社会主义市场经济要求的税制体系。

2. 1994 年税制改革的遵循原则

1994 年税制改革必须遵循的原则:

(1) 要有利于加强中央的宏观调控能力。要调整税制结构,合理划分税种和确定税率,实行分税制,理顺中央与地方的分配关系;通过税制改革,逐步提高税收收入占国民生产总值的比重,提高中央财政收入占整个财政收入的比重。

(2) 税制改革要有利于发挥税收调节个人收入相差悬殊和地区间经济发展差距过大的作用,促进协调发展,实现共同富裕。

(3) 体现公平税负,促进平等竞争。公平税负是市场经济对税收制度的一个基本要求,要逐步解决目前按不同所有制、不同地区设置税种税率的问题,通过统一企业所得税和完善流转税,使各类企业之间税负大致公平,为企业在市场中实现平等竞争创造条件。

(4) 体现国家产业政策,促进经济结构的有效调整,促进国民经济整体效益的提高和持续发展。

(5) 简化、规范税制。要取消与形势发展不相适应的税种,合并那些重复设置的税种,开征一些确有必要开征的税种,实现税制的简化和高效;税收在处理分配关系的问题上,要重视参照国际惯例,尽量采用较为规范的方式,保证税制的完整,以利于维护税法的统一性和严肃性。

14.3.2　1994 年税制改革的主要内容

为了建立适合社会主义市场经济的新税制,国家确定了强化税收法制、公平税负、简化税制、事理分权的指导原则。按照这些指导原则,税制改革不仅强调简化、规范税制结构,同时也要保持税负不变,并根据新的分税制进行分权。另外,更加注重新的税收制度与国际惯例的接轨。1994 年的税制改革涉及流转税、企业所得税、个人所得税和大多数地方税,取消了一些旧税种,同时开征一些新税种。把除关税和农业税之外的 32 个旧税种减少为 20 个税种。这样,新的税制结构变得更加合理和简化了。

1. 间接税改革

(1) 将改革前的增值税、营业税改革为新的增值税、营业税,停止征收产品税和工商统一税,新设消费税。1994 年间接税改革,重点在生产、批发零售和进出口环节全面推行增值税;对劳务、无形资产转让和出售固定资产征收营业税;对卷烟、白酒、化妆品、护肤护发品、珠宝首饰、烟花爆竹、汽油、柴油、汽车轮胎、摩托车、小汽车 11 种产品征收消费税。

（2）增值税改革贯彻了"中性原则"，实行简单统一的税率，设置了一个基本税率17%和低税率13%。同时，新税制实行发票注明税额扣税制度，有利于根据增值税的特点推行交叉稽核。对小规模纳税人使用征收率。

（3）统一了内外资企业的间接税。1993年12月29日，第八届全国人民代表大会常务委员会第五次会议通过了《全国人民代表大会常务委员会关于外商投资企业和外国企业适用增值税、消费税、营业税等税收暂行条例的决定》，决定自1994年1月1日起外商投资企业和外国企业适用增值税、消费税、营业税等税收暂行条例，同时废止《中华人民共和国工商统一税条例（草案）》。

2. 直接税改革

（1）统一外国企业所得税。1991年4月9日，在第七届全国人民代表大会第四次会议上，将《中华人民共和国中外合资经营企业所得税法》和《中华人民共和国外国企业所得税法》合并为《中华人民共和国外商投资企业和外国企业所得税法》，自当年7月1日起施行。通过这部法律的实施，外资企业所得税制实现了初步的统一。

（2）统一内资企业所得税。取消旧的国有企业所得税、集体企业所得税和私营企业所得税。统一后的企业所得税适用33%的单一税率。为了平衡税负、鼓励竞争，统一的内资企业所得税付诸实施的同时，即取消国有企业调节税、能源交通基金和预算调节基金。新的税收法规，规范了投资还贷制度和企业所得税所得的计算，依法取消了承包制。

（3）统一个人所得税。将原有的个人所得税、个人收入调节税、国有企业工资调节税、城乡个体工商业户所得税和各类奖金税合并为统一的个人所得税。1993年10月31日，第八届全国人民代表大会常务委员会第四次会议通过了《关于修改〈中华人民共和国个人所得税法〉的决定》，公布了修改后的《中华人民共和国个人所得税法》，自1994年1月1日起施行，同时废止国务院1986年发布的《中华人民共和国城乡个体工商业户所得税暂行条例》和《中华人民共和国个人收入调节税暂行条例》。1994年1月28日，国务院发布了《中华人民共和国个人所得税法实施条例》，将原来对中国公民征收的个人收入调节税、对外国人征收的个人所得税和个体工商业户所得税三税合一，对所得项目实行分类课征制。

3. 其他税改革

（1）扩大资源税的征税范围，适当调整税负。

（2）开征土地增值税，调节房地产交易中的过高利润。

（3）提高土地使用税的税额标准，扩大征收范围，下放管理权限。

（4）取消集市交易税、牲畜交易税、烧油特别税、奖金税和工资调节税；将特别消费税并入消费税，将盐税并入资源税。

（5）将屠宰税、筵席税下放给地方。

14.3.3　1994年税制改革成功奠定了我国现行税收制度的基础

20世纪90年代初期，尤其是1994年进行的税制改革，是中华人民共和国成立以来规模最大、范围最大、影响最深刻的一次税制改革。是新中国税制建设历史上的重要里程碑式的改革。改革后的工商税制基本确立了适应现代市场经济体制要求的税制框架，结构趋于合理，税负趋于公平，越权减免税得到抑制，税收筹集财政收入、调节分配和调控宏观经济的功能有所增强。

1994年的税制改革，统一税法、公平税负、促进了企业平等竞争，为市场经济的发展创造了良好的税收环境。新税制规范了分配关系，保证了社会稳定，促进了经济发展；促进了经济结构的合理调整，增强了国家宏观调控能力；使税收负担结构趋于合理，促进了国民经济步入良性发展轨道；依法治税得到了明显加强，增强了税收刚性，使市场机制的作用得以进一步发挥；新税制规范了税收分配关系，保证了税收收入稳定增长；通过改革，统一了税法，公平了税负，简化了税制，强化了税收征管，确立了新的税制和新的征管模式，税收收入步入持续快速增长轨道，保证了税收收入的稳定增长，有力地支持了我国的改革开放和经济建设。

略为遗憾的是，由于时间紧迫、任务繁重，有些计划中的改革措施没有及时出台，如改革城市维护建设税、调整城镇土地使用税、开征证券交易税等。

14.4 2003年开始启动的新一轮税制改革

自从1994年全面改革工商税制以来，中国税制在基本框架方面没有大的变动。但是，进入20世纪90年代中后期，我国社会经济状况发生了巨大的变化。随着改革的不断深入和市场化程度的不断提高，在经济快速发展的同时，社会和经济格局发生了很大的变化，随之也出现了一系列的社会问题。这些问题都要求政府采取强有力的措施来加以应对，以保障经济和社会的平稳转型，形成可持续发展。如果说，1950—1983年，我国实行的是计划经济的税收制度，1983—1994年实行的是有计划商品经济的税收制度，那么到了2003年，我国经济已进入市场化发展时期，为解决社会和经济发展中存在的深层次矛盾而启动新一轮税制改革有了新的动因。新一轮的税制改革也正是在这一背景之下展开的。

相对于以前的改革来说，作为中国改革大局的一部分，税制改革也进入了改革的"深水区"。因此，这次改革面临的任务也更艰巨，改革更困难。新一轮税制要解决的问题和调节的对象也更为复杂。

14.4.1 新一轮税制改革的动因

1. 社会经济发展水平呼唤改革

（1）市场化程度明显提高，需要适应市场经济的税收制度相配合。

1994年税制改革在坚持社会主义市场经济取向方面取得很大进展，但还只是初步的、阶段性的。当时，为保持有关各方利益格局，不作大的调整，而保留了一些不符合市场经济要求的做法。随着我国社会经济的快速发展，当时的税制已经不能适应，需要重新调整。首先，1994年进行税制改革时，面临的经济周期是90年代初期的经济过热、通货膨胀，因此，当时建立的税收体系在一定程度上体现了抑制投资和消费的倾向，如采取生产型增值税、开征土地增值税、固定资产投资方向调节税等。而在这之后，随着

1997年的亚洲金融危机和我国由卖方市场转向买方市场,以及之后几年我国出现的巨额贸易顺差等,如何用税收手段来扩大内需,使内需成为拉动经济增长的主要力量,就对当时的税收体系提出了挑战。其次,限于当时的发展阶段,1994年税制继续坚持并且强化了外资倾斜的税收政策取向,采取内外有别的两套税制。在我国加入WTO以后,必须按照WTO的规则,尽快加以改革。最后,1994年税制改革中没有包括农业税收制度改革,城乡二元税制结构与后来中央强调减轻农民负担的精神不符,与加入WTO之后我国农业发展的形势不符,必须改革。

(2)居民收入分配差距拉大,需要通过税收制度的变革进行调节。

收入分配不均衡是市场机制和工业化阶段的必然结果,处在经济"起飞"阶段的我国,这一矛盾更加突出。

国家发改委2006年发布的《中国居民收入分配年度报告(2006)》显示,当前我国收入分配差距拉大表现在以下四个方面:一是城镇居民收入与农村居民收入之间的差距,近三年一直保持在3.2倍左右;二是城镇居民之间的收入差距,2005年最高10%与最低10%收入户的人均收入之比为9.2倍,比上年增长了30%;三是农村居民之间的收入差距,2005年,农村高收入户人均纯收入与低收入户人均纯收入之比为7.3倍,比上年增长了40%;四是地区之间的收入差距,2005年,城镇居民可支配收入排在前5位的均位于东部地区,排在后3位的均位于西部地区。与此相对应的是,政府调节收入的力度不够。2005年,全国征收的个人所得税占各项税收的比例只有7.3%,占居民总收入的比例只有2.5%。同期,在政府财政支出中,用于抚恤、社会福利救济和社会保障的补助支出的费用占居民总收入的比例只有3%。

在这种情况下,利用税收的再分配作用,对我国的收入分配进行调整,是新一轮税制改革的重要任务。

2. 宏观经济运行态势呼唤税制改革

从国家宏观经济政策角度看,宏观经济运行态势呈现出新的特征,如公共财政框架下的税收问题、内外区别对待呼唤国民待遇问题、如何启动低收入者的消费需求问题、自动稳定的税收结构需要打造的问题。

(1)可持续发展战略要求税收发挥其应有的作用。

我国是人均资源比较少的国家,生态环境先天不足,人口增加使人均资源占有量减少,经济高速增长使资源和环境压力加大。改革开放以来,我国保持了全球最快的经济增长速度,国内生产总值年均增长9.4%,人均GDP超过1000美元。但这种增长是以自然资源的大量投入为前提的,是建立在能源消耗较高、环境污染较重基础之上的低效益、粗放型的经济增长。我国每创造1美元国民生产总值,消耗的煤、电等能源是美国的4.3倍,德国和法国的7.7倍,日本的11.5倍。自然环境方面,我国六大流域污染严重,水土流失面积约占国土面积的38%,由大气污染造成的酸雨区已占国土面积的29%。21世纪我国产业结构的调整、城市化进程的加快、居民消费水平的提高等都需要大量的自然资源,如果政府不从宏观上加以调节,资源约束和生态环境质量将成为我国未来发展的严重障碍。

而 20 世纪 90 年代的税制在促进资源合理配置和环境保护等方面的功能体现不多，相关的调控措施分别存在于不同的税法之中，其作用有限，这和我国实施可持续战略的要求相差甚远，需要进一步完善税法的结构，加大调节力度。

（2）需要打造自动稳定的税制结构。

现行税制中流转税居绝对主体地位，虽然 1994 年税制改革以来，我国流转税收入占税收总收入的比重呈下降的趋势，但目前仍然保持在 68% 以上，不仅显著高于高收入国家、中等收入国家的平均水平，而且高于低收入国家的平均水平。所得税比重相对偏低。尽管随着个人收入水平的提高和个人所得税征管力度的加强，个人所得税收入占全部税收收入（包括关税和农业税）的比重从 1995 年的 2.3% 逐年上升到 2002 年的 6.9%，但企业所得税（包括外商投资企业和外国企业所得税）的收入占总税收收入的比重并没有改善，始终徘徊在 14% 左右。这需要新税制打造自动稳定的税制结构，使其能够在一个较长时期里，充分发挥税收的弹性调节功能和"稳定器"作用。

（3）需要税制改革来消除外贸结构不合理带来的隐患。

我国对外贸易结构不合理，高额的贸易顺差和外汇储备给我国的宏观经济平衡带来了隐患，需要调整我国的出口退税政策来应对这一挑战。

2006 年年底，我国外汇储备达到 10663 亿美元，已超过日本成为外汇储备最多的国家。高额的外汇储备主要是我国高额的贸易顺差造成的。从贸易收支结构来看，近年来我国商品贸易持续盈余，但在高附加值的服务贸易方面却持续呈现赤字。从商品贸易构成来看，我国出口的多是劳动密集型产品。低附加值的产品出口格局使得我国产业结构调整缓慢，技术创新体系难以形成，制成品库存持续增加，也不断加剧了我国与外国的贸易摩擦。从贸易主体来看，外商投资企业是我国对外贸易的主力军，目前已占到我国外贸总额的一半以上。外商投资企业从本国进口原材料，在中国加工，转而出口到其他国家，表面上表现为我国贸易盈余，实际上则是外国低端产业的转移。同时，在高科技产品出口中，外资企业所占比例已超过 80%，我国本土企业在劳动密集型产品出口的驱动下明显缺乏自主创新能力。

针对这些问题，需要调整我国引进外资的政策，以及我国的出口退税政策，以引导我国的产业结构升级，调整我国的出口结构，从根本上解决我国的对外贸易结构、巨额贸易顺差和外汇储备问题。

3．税收征管能力加强，需要对原有"宽打窄算"的税制设计进行调整

税收征收管理能力加强，体现在税收实际征收率迅速提升上。我国税收的实际征收率在 1994 年仅有 50% 多一些，1994 年税制改革时的制度设计是基于当时征管能力考虑的，在计税依据和税率设计等方面都考虑了征管原因造成的税款流失，宽打应计税款，窄算实际征收状况。但到 2003 年，我国税收的实际征收率已经达到 70% 以上。按照现有征管能力，原有"宽打窄算"的税制设计应该进行调整。

4．经济全球化趋势下激烈的税收国际竞争呼唤税制改革

世界税收制度的发展也在促进我国的税制改革。体现在经济全球化趋势下税收国际竞争的日趋激烈，传统税收模式受到冲击，国际间税收竞争日趋激烈。

在知识经济时代,各个国家都竞相改革税制,建立有正向激励作用的税收体系,以发展高科技产业,促进产业升级。从国际比较来看,限于当时的国情,我国1994年的增值税改革还不够彻底。增值税和营业税并存,在征税范围上存在交叉和重叠;生产型增值税影响投资和科技进步,导致对出口产品退税不彻底;消费税品种少、税目多,调节范围过小,调节力度不够。企业所得税和个人所得税存在双重征税,造成避税漏洞;企业所得税名义税率偏高,优惠太多且分布不合理;个人所得税实行分项征收,没有起到调节个人收入水平的作用;社会保障税、遗产税等一些有待开征的税种还没有开征。

具体而言,我国20世纪90年代的税制改革存在一些问题。主要表现在:

(1)增值税制度中存在的问题。第一,税制类型陈旧。与诸多企业面临的问题一样,在生产型增值税制度下,高新技术企业的固定资产投资因其进项税额不能从销项税额中抵扣而在产品成本中所占比重加大,极大地限制了高新技术企业固定资产投资的积极性,同时,也因其产品以含税价格进入国际市场而削弱了价格竞争力量。第二,征税范围过窄。除加工、修理修配劳务征收增值税外,其他服务行业中只有运输费用可以抵扣7%的进项税额,其余开支均不能抵扣进项税额,购入专利权、非专利技术等无形资产也不得抵扣进项税额。而高新技术企业属技术密集型企业,在科技产品成本结构中,大量的研究开发费用、技术转让费用等无形资产支出往往大于有形资产投入,其进项税额不得抵扣销项税额,无疑由高新技术产业产品负担过高的税额,加重了企业的实际税收负担。

(2)企业所得税及外商投资企业和外资企业所得税制度中存在的问题。第一,优惠环节滞后。企业所得税中对科技创新的税收优惠主要针对已形成科技实力的高新技术企业及享有科技成果的技术性收入两个方面,如对研究开发经费的税前加倍扣除规定只限于财务核算制度健全、实行查账征收企业所得税的各种所有制的盈利工业企业,而不包括处于亏损状态的所有高新技术企业及老工业基地的技术改造、产业升级中的具体研究开发项目,不利于企业技术创新和传统老工业基地的改造。第二,优惠手段简单。企业所得税优惠主要是以税率优惠和税额定期减免等直接优惠为主,对于费用扣除、投资抵免等间接优惠手段运用较少,形式过于单一,不仅难以控制减免税金的使用方向,而且在涉外税收中,容易导致与有关国家在处理跨国纳税人重复课税时采用税收抵免法而没有签订税收饶让条款的情况下,我国给予纳税人的所得税优惠实际被居住国补征,形成财政资源外流,影响优惠政策的实施效果。

14.4.2 新一轮税制改革的指导原则和主要内容

2003年10月14日,中国共产党第十六届中央委员会第三次全体会议通过了《中共中央关于完善社会主义市场经济体制若干问题的决定》,明确提出要"分步实施税收制度改革"。税制改革的基本思路是:按照"简税制、宽税基、低税率、严征管"的原则,围绕统一税法、公平税负、规范政府分配方式、促进税收与经济协调增长、提高税收征管效能的目标,在保持税收收入稳定较快增长的前提下,适应经济形势和国家宏观调控的需要,积极稳妥地分步对现行税制进行有增有减的结构性改革。

(1)将现行的生产型增值税改为消费型增值税,允许企业抵扣当年新增固定资产中机器设备投资部分所含的进项税金。

（2）完善消费税，对税目进行有增有减的调整，将普通消费品逐步从税目中剔除，将一些高档消费品纳入消费税征税范围，适当扩大税基。

（3）统一企业税收制度，包括统一纳税人的认定标准、税前成本和费用扣除标准、税率、优惠政策等多方面的内容。

（4）改进个人所得税，实行综合与分类相结合的个人所得税制度，税前扣除项目和标准的确定应当更加合理，税率也需要适当调整。

（5）实施城镇建设税费改革，条件具备时对不动产开征统一规范的物业税，相应取消有关收费。

（6）完善地方税制度，结合税费改革对现有税种进行改革，并开征和停征一些税种。在统一税政的前提下，赋予地方适当的税政管理权。

（7）深化农村税费改革，取消农业特产税；逐步降低农业税的税率，并向粮食主产区和种粮农民倾斜，切实减轻农民负担。积极创造条件，逐步统一城乡税制。

14.4.3　2003年以来税制改革的主要内容

和1994年的税制改革相比，新一轮税制改革是分步实施、稳步推进的渐进式改革。新一轮税制改革不是对所有税种或主体税种进行整体的"一揽子"改革，而是根据税制运行的内外条件和社会经济运行中需要解决的关键问题或主要问题，对几个主要税种采取分步推进的渐进式改革，条件成熟一个出台一个。因此，从2003年至今，分别对一些主要的税种进行了改革，改革进程如下。

1. 出口退税的调整

我国现行的出口退税制度成型于2002年。2002年，国家对生产企业的自营和委托出口货物及没有出口经营权的生产企业委托出口的货物，全部实行"免、抵、退"税的办法。出口退税政策实行至今，根据国家宏观经济调控和产业结构调整的需要，每一年都有新的变化。

2003年，我国出口规模日渐庞大。一方面，出口退税率不断提高而中央财政收入递增有限。应退税款数额大大超过了中央财政的负担能力，导致了严重的拖欠问题。据统计，2002年年底中央拖欠税款2477亿元，2003年年底已上升为3477亿元。欠税问题如果不能及时解决，势必给企业经营、外贸发展和财政金融运行带来负面影响。另一方面，西方国家对人民币升值施以强大的压力。因此，国内出口退税机制的改革势在必行。

本着"新账不欠、老账要还、完善机制、共同负担、推动改革、促进发展"的原则，我国政府对出口退税政策做了进一步修改，新的出口退税机制自2004年1月1日起实行。新政策的内容主要包括：

（1）对出口退税进行结构性调整，降低出口退税率，按17%、13%、11%、8%、5%五档退还；

（2）加大中央财政对出口退税的支出力度，从2003年起，中央进口环节增值税和消费税收入增量首先用于出口退税；

（3）由中央财政全额负担的出口退税改为以2003年年底为基数，增加部分由中央和地方按75%和25%共同分担；

（4）历年累计欠税由中央财政负担；

（5）结合出口退税机制改革推进外贸机制改革。

从2004年至2008年，我国对出口退税共进行了十二次调整。① 具体如下：

2004年1月1日，货物出口退税结构性调整，原油等资源性产品退税取消，焦炭退税率降低为5%，小麦粉等从5%调高到13%。

2004年6月1日，恢复桐木板材出口退税13%税率。

2004年11月1日，部分信息技术产品出口退税率提高到17%。

2005年1月1日，电解铝、铁合金、磷和电石等17种产品取消出口退税。

2005年4月1日，生铁、钢坯等钢铁初级产品出口退税率"归零"。

2005年5月1日，大批钢材出口退税率由13%下调为11%，取消稀土金属、木粒等出口退税，煤炭、钨等及其制品出口退税率下调为8%。

2005年8月1日，取消未锻轧锰、锰废碎料、粉末出口退税。

2006年1月1日，取消焦炭油、生毛皮等产品出口退税，石蜡等出口退税率下调为5%。

2006年9月15日，大部分非金属类矿产品取消出口退税，142个税号的钢材退税率由11%降到8%，纺织品等由13%降至11%。

2007年4月15日，76个税号的钢材产品出口退税率降为5%，83个税号的钢材取消出口退税。

2007年6月18日，财政部和国家税务总局会同国家发展改革委、商务部、海关总署发布了《财政部、国家税务总局关于调低部分商品出口退税率的通知》，规定自2007年7月1日起，我国实行新的出口退税政策，553项"高耗能、高污染、资源性"产品的出口退税被取消，2268项容易引起贸易摩擦的商品的出口退税率进一步降低，将10项商品的出口退税改为出口免税政策。这是我国距当时为止对出口退税政策最大的一次调整，非常有利于宏观调控目标的实现。此次出口退税政策调整后，出口退税率结构由原17%、13%、11%、8%和5%五档调整为17%、13%、11%、9%和5%五档。

2008年6月13日，取消部分植物油的出口退税。

2009年，在国际金融危机影响下，为了体现宏观调控的要求，我国提高了部分货物的出口退税率。

出口退税机制的改革和出口退税率的调整，是党中央、国务院从我国改革开放和国民经济发展的大局出发，根据国内外经济形势的变化，经过慎重研究后做出的重大决策，是用改革的思路妥善解决国民经济运行中的矛盾和问题的必然选择，是完善社会主义市场经济体制的内在要求，是深化财税和外贸体制改革的重大举措，具有多方面的重要意

---

① 出口退税政策是我国税收政策调整涉及面最宽、最为频繁的领域之一，这里列出的是主要的调整内容，实际的调整内容要远远多于下面的描述，具体情况请查阅国家税务总局的相关文件。

义。这有利于调动企业特别是外贸企业深化改革、增加出口的积极性；有利于调整出口贸易结构、促进产业结构优化升级，提高出口效益；有利于引导企业减少"高耗能、高污染、资源性"产品的出口，减少低附加值、低技术含量产品的出口，加大高附加值、高技术含量产品的出口，从而引导企业调整投资方向，避免盲目投资和产能过剩；有利于消除财政和经济运行的风险隐患，缓解国家财政的压力；有利于合理调整中央与地方、沿海与内地之间的收入分配关系，调动中央和地方发展出口贸易、加强退税管理的两个积极性；有利于促进外贸和经济持续快速健康发展。

2．增值税"转型"

我国 1994 年税制改革，限于当时的经济周期，选择了生产型增值税。目前，国际上实行增值税的国家绝大多数属"消费型"。

为推动增值税转型，自 2004 年 7 月 1 日起，国家在东北地区（辽宁省、吉林省、黑龙江省、大连市）部分行业实施了增值税转型政策的试点。截至 2006 年年底，试点地区的试点企业新增固定资产增值税进项税额 121.9 亿元，共抵扣增值税 90.62 亿元。该项政策的实施，在东北老工业基地三省一市起到了拉动投资、鼓励设备更新和技术改造、推动产业结构调整和产品更新换代的促进作用。目前，东北地区试点工作运行平稳，试点办法基本成功。

自 2007 年 7 月 1 日起，国家将在中部地区六省份的 26 个老工业基地城市的 8 个行业中进行扩大增值税抵扣范围的试点。继 2004 年东北地区老工业基地实行增值税转型试点改革之后，中部六省成为第二批实行该项改革试点的地区。

此次实行增值税改革试点，被纳入扩大增值税抵扣范围试点的中部六省老工业基地城市为山西省的太原、大同、阳泉、长治，安徽省的合肥、马鞍山、蚌埠、芜湖、淮南，江西省的南昌、萍乡、景德镇、九江，河南省的郑州、洛阳、焦作、平顶山、开封，湖北省的武汉、黄石、襄樊、十堰和湖南省的长沙、株洲、湘潭、衡阳。实施扩大增值税抵扣范围试点的行业为上述老工业基地城市中从事装备制造业、石油化工业、冶金业、汽车制造业、农产品加工业、采掘业、电力业、高新技术产业为主的增值税一般纳税人。暂行办法规定，生产销售上述行业年销售额占其同期全部销售额 50%（含 50%）以上的纳税人，可称为从事上述产业为主的纳税人。

2009 年 1 月 1 日，我国增值税全面"转型"，消费型增值税在全国实施。

3．个人所得税的修订

1994 年之后，根据我国社会和经济发展状况，全国人民代表大会常务委员会先后于 1999 年 8 月、2005 年 12 月和 2007 年 6 月三次对《中华人民共和国个人所得税法》进行了修订。

1999 年 8 月和 2007 年 6 月的修订，主要是对储蓄存款利息所征收个人所得税的条款进行修改。1999 年 8 月 30 日，第九届全国人民代表大会常务委员会第十一次会议通过了《关于修改〈中华人民共和国个人所得税法〉的决定》，把个税法第四条第二款"储蓄存款利息"免征个人所得税项目删去,开征了个人储蓄存款利息所得税。①同时,授权国务院决定对储蓄存款利息所得征收个人所得税的开征时间,并制定征收办法。据此,国务院于1999年9月发布了《对储蓄存款利息所得征收个人所得税的实施办法》,自1999年11月1日起开始对储蓄存款利息所得征收个人所得税,即利息税,适用20%的比例税率。2007年6月29日,第十届全国人民代表大会常务委员会第二十八次会议决定对《中华人民共和国个人所得税法》做出修改,将第十二条修改为"对储蓄存款利息所得开征、减征、停征个人所得税及其具体办法,由国务院规定"。②根据全国人大常委会的授权,国务院修订了《对储蓄存款利息所得征收个人所得税的实施办法》,调整了利息税的政策:一是自8月15日开始,利息税的适用税率由原来的20%减按5%执行;二是对利息税政策调整时点前后如何计征个人所得税分别作了规定。

2005年10月27日,第十届全国人民代表大会常务委员会第十八次会议对个人所得税做了第三次修正。这次修正,主要是利用个人所得税对居民收入的二次分配作用,来调节当前我国居民之间过大的收入差距。主要涉及两个方面的内容:一是提高工薪所得减除费用标准,减轻中低工薪收入者的税收负担,将工资、薪金所得的减除标准从原来的每月800元提高到1600元;二是要求高收入者自行申报,强化税收征管。修订后的税法明确规定,"个人所得税,以所得人为纳税义务人,以支付所得的单位或者个人为扣缴义务人。个人所得超过国务院规定数额的,在两处以上取得工资、薪金所得或者没有扣缴义务人的,以及具有国务院规定的其他情形的,纳税义务人应当按照国家规定办理纳税申报。扣缴义务人应当按照国家规定办理全员全额扣缴申报。"这就形成了对高收入者双重申报、交叉稽核的监管制度,有利于强化对高收入者的税收征管,堵塞税收征管漏洞。个人所得低于国务院规定数额的纳税人,仍然由扣缴义务人办理全员全额扣缴申报,也不会有征管漏洞。

2007年12月29日,第十届全国人大常委会第三十一次会议表决通过了关于修改个人所得税法的决定。根据决定,自2008年3月1日起,又将工资、薪金所得的费用扣除标准从原来的每月1600元提高到2000元。

2008年,为了应对国际金融危机,我国实施积极财政政策,刺激内需,自10月8日起暂停征收储蓄存款利息的个人所得税。

2011年9月1日起,个人所得税工资、薪金所得的费用扣除标准提高到3500元。

4. 全面取消农业税

全面取消农业税是我国税制改革的又一重大举措。中华人民共和国成立50多年来,

---

① 1998年以来,我国的经济情况发生了很大变化。物价连续下降的趋势继续发展,绝大部分商品出现供过于求,消费需求持续不振,固定资产投资增长放慢。为了进一步扩大内需,鼓励消费和投资,有必要在降低利率的同时恢复对储蓄存款利息所得征收个人所得税,引导城乡居民分流一部分储蓄,增加消费,扩大个人投资。同时,将所征的这部分税款主要用于提高低收入者的收入水平,增加低收入者的消费能力。

② 2007年6月的个人所得税调整还是基于社会经济发展的需要,但是和1999年的经济形式恰好相反。近年来,我国经济社会的整体环境与利息税开征时相比已有较大改变。目前,投资增长较快,物价指数有一定上涨,居民储蓄存款利息收益相对减少。为了适应国民经济发展的需要,减少因物价指数上涨对居民储蓄存款利息收益的影响,增加居民储蓄存款利息收益,特进行这次修订。

随着工业化的发展,工、农业产值在国家财政收入中的份额和地位发生了巨大变化,农业税收的份额逐年下降。为了减轻农民负担,运用税收杠杆的调节作用为农民增加收入,促进我国由农业国向工业国转变,2005年年底,全国人大常委会通过决议:从2006年1月1日起全面取消农业税。与此同时,废止1958年6月3日全国人民代表大会常务委员会通过的《中华人民共和国农业税条例》。至此,中国实行了4000多年的农业税制度终于退出了历史舞台。

取消农业税,是完成农村税收制度改革的一大飞跃,是一项具有划时代意义的改革,可以说是一场继土地改革和家庭联产承包责任制之后第三次真正意义上的伟大革命,它标志着我国结束了几千年按田亩、产量、人丁向农民征收农业税的历史。必将极大地调动农民从事农业生产的积极性,极大地解放和发展农业劳动生产力,极大地促进农村经济的发展。

5. 消费税的调整

2006年3月20日,经国务院批准,财政部、国家税务总局联合下发了《关于调整和完善消费税政策的通知》,从4月1日起,对我国现行消费税的税目、税率及相关政策进行调整。

此次消费税政策调整的主要内容有:

(1)新增高尔夫球及球具、高档手表、游艇、木制一次性筷子、实木地板等税目;增列成品油税目,原汽油、柴油税目作为该税目的两个子目,同时新增石脑油、溶剂油、润滑油、燃料油、航空煤油5个子目。

(2)取消"护肤护发品"税目。

(3)调整部分税目、税率。现行11个税目中,涉及税率调整的有白酒、小汽车、摩托车、汽车轮胎几个税目。此次政策调整是1994年税制改革以来消费税最大规模的一次调整。调整之后,消费税的税目从原来的11个增加到14个。

这次政策调整主要突出了两个重点:一是突出了促进环境保护和节约资源的重点。提高了大排量汽车的税率,相对减少了小排量车的税收负担;扩大了石油制品征税范围,对木制一次性筷子、实木地板征收消费税,也表明了以税收手段促进环境保护和节约资源的决心。二是突出了合理引导消费和间接调节收入分配的重点。例如,对游艇、高尔夫球及球具、高档手表等高档消费品征收消费税,以及停止对已具有大众消费特征的护肤护发品征收消费税等。运用税率手段引导生产和消费走上科学发展轨道,促进环保和节约,体现了政府贯彻落实"十一五"规划纲要,认真解决当前经济社会问题的决心。

2009年实施新的消费税条例,并调整了烟类消费品的税率和纳税环节;规范了酒类消费品的计税价格。

6. 企业所得税的"两法合并"

2007年3月16日,第十届全国人民代表大会第五次会议表决通过了《中华人民共和国企业所得税法》。该法案的通过,意味着中国从此将逐步告别企业所得税"双轨"时代。11月28日,国务院常务会议审议并原则通过《中华人民共和国企业所得税法实施条例(草案)》。该条例草案经进一步修改后,由国务院公布实行。

这次企业所得税的修正，主要体现在以下六个方面：

（1）按照国际惯例，"纳税人"采用了"法人"标准。新税法取消了原来内资企业所得税法中有关以"独立经济核算"为标准确定纳税人的规定，改变为以法人为标准确定纳税主体。其适用范围除了一般法人企业外，还包括可能取得应税收入的事业单位、社会团体、民办非企业单位等法人单位。为避免重复征税，新税法明确规定，"个人独资企业和合伙企业不适用本法。"同时，还首次引入了规范的"居民企业""非居民企业"概念，对纳税人加以区分。居民企业是指依照中国法律、法规在中国境内成立，或是实际管理机构在中国境内的企业；而非居民企业是指依照外国地区法律、法规成立且实际管理机构不在中国境内，但在中国境内设立机构、场所的，或者在中国境内未设立机构、场所，但有来源于中国境内所得的企业。居民企业将承担全面纳税义务，就其来源于我国境内外的全部所得纳税；非居民企业承担有限纳税义务，一般只就其来源于我国境内的所得纳税。

（2）内、外资企业税率统一为25%。新税法草案将现行的内资企业、外资企业各自的所得税法合二为一，并将名义税率确定为25%。税率的统一使中国市场的内、外资企业真正站在同一条起跑线上，同时我国原来税法税率优惠档次多，不同类型企业名义税率和实际税负差距较大等问题也将得到解决。相对于原有两部税法33%的名义税率，统一降低了8个百分点。由于一些外资企业原来可以享受24%或15%的低税率优惠，因此外资企业的实际税率是略有上升的，内资企业的税负则相对减轻。当前全世界159个实行企业所得税的国家（地区）平均税率为28.6%，我国周边18个国家（地区）的平均税率为26.7%，而我国新税法草案规定的25%的税率，在国际上处于适中偏低的水平，因此这一税率水平仍然有利于提高企业竞争力和吸引外商投资。

（3）外资企业和原来享受优惠的企业，将享受5年"过渡期"。为缓解新税法的出台对部分老企业增加税负的影响，根据企业所得税法，对新税法公布前已经批准设立、依照当时的税收法律和行政法规享受低税率和定期减免税优惠的老企业，给予过渡性照顾。新税法第八章《附则》第五十七条规定，对于按原税法规定享受15%和24%等低税率优惠的老企业，在新税法实施后5年内逐步过渡到新的税率；对按原税法规定享受定期减免税优惠的老企业，新税法实施后可以按原税法规定继续享受尚未享受完的优惠，但因没有获利而尚未享受优惠的企业，优惠期限从新税法实施年度起计算。

（4）从"区域优惠"转向"产业优惠"。新法根据科学发展观及建设创新型国家和节约型社会、环境友好型社会的要求，除保留了对农林牧渔业、基础设施投资的税收优惠政策外，对税收优惠政策做出了重大调整，总体上以"产业优惠"取代了现行的"区域优惠"政策。

首先，为了鼓励循环经济和发展环保、节能产业，税法规定：

① 对于从事符合条件的环境保护、节能节水项目的所得，可以免征、减征企业所得税。

② 企业综合利用资源，生产符合国家产业政策规定的产品所取得的收入，可以在计算应纳税所得额时减计收入。

③ 对于企业购置用于环境保护、节能节水、安全生产等专用设备的投资额,可以按一定比例实行税额抵免。

其次,为了鼓励企业进行技术创新和加快技术进步,税法做出了如下规定:

① 开发新技术、新产品、新工艺发生的研究开发费用,可以在计算应纳税所得额时加计扣除。

② 创业投资企业从事国家需要重点扶持和鼓励的创业投资,可以按投资额的一定比例抵扣应纳税所得额。

③ 企业的固定资产由于技术进步等原因,确需加速折旧的,可以缩短折旧年限或者采取加速折旧的方法。

④ 对于国家需要重点扶持的高新技术企业,减按15%的税率征收企业所得税。

⑤ 符合条件的技术转让所得,可以免征、减征企业所得税。

最后,为了促进就业和帮助中小企业发展,税法规定:

① 对于企业安置残疾人员及国家鼓励安置的其他就业人员所支付的工资,可以在计算应纳税所得额时加计扣除。

② 符合条件的小型微利企业将享受20%的优惠税率。

此外,税法还增加了专项优惠。根据国民经济和社会发展的需要,或者由于突发事件等原因对企业经营活动产生重大影响的,国务院可以制定企业所得税专项优惠政策,报全国人民代表大会常务委员会备案。

(5) 明确了"不征税收入"和"免税收入"。税法对"不征税收入"做了明确规定,包括财政拨款、纳入财政管理的行政事业性收费、政府性基金等属于财政性资金的收入。再者,税法还将国债利息收入,符合条件的居民企业之间的股息、红利等权益性投资收益等,规定为"免税收入",明确了企业所得税的应税所得范围。

(6) 鼓励公益性捐赠。为了鼓励公益性捐赠,税法规定,企业发生的公益性捐赠支出,在年度利润总额12%以内的部分,准予在计算应纳税所得额时扣除。

7. 证券交易印花税的调整

证券交易印花税是政府增加税收收入的一个手段,也是政府调控股市的重要工具。自1997年开始,国家根据经济和股市发展的需要,先后数次调整了证券交易印花税的税率。

1997年5月,证券交易印花税税率从3‰提高到5‰。

1998年6月,证券交易印花税税率从5‰下调至4‰。

1999年6月,B股交易印花税税率降低为3‰。

2001年11月,财政部决定将A、B股交易印花税税率统一降至2‰。

2005年1月,财政部又将证券交易印花税税率由2‰下调为1‰。

为了进一步促进证券市场的健康发展,同时提醒广大股民重视投资风险,经国务院批准,财政部决定从2007年5月30日起,调整证券(股票)交易印花税税率,由现行1‰调整为3‰。即对买卖、继承、赠予所书立的A股、B股股权转让书据,由立据双方当事人分别按3‰的税率缴纳证券(股票)交易印花税。此次税率改革,充分发挥了税

收的杠杆调节作用,使得股市中一些短期炒作投机行为得到一定程度的抑制,这有利于资本市场的长远发展,也有利于加强与国际市场接轨。

8. 土地增值税的调整

土地增值税是国家运用税收杠杆引导房地产经营的方向、促进房地产市场健康有序发展的一种重要手段。

2007年1月1日,国家税务总局就房地产开发企业土地增值税清算管理发布通知,明确规定由先前的"预征制"转为"清算制"。此前一天发布的《国务院关于修改〈中华人民共和国城镇土地使用税暂行条例〉的决定》规定,城镇土地使用税税额将在过去的基础上提高两倍,征收的范围也扩大到了外商投资企业和外国企业。2007年1月16日,国家税务总局下发通知,从2月1日起将对房地产开发商业征收30%~60%的土地增值税。这些措施也是我国宏观经济调控链条中的重要一环。

9. 资源税的调整

1994年,税制改革对矿产资源全面征收资源税,此后很长时间,该税的税率基本没有变化。从2003年6月4日开始,国家税务总局调整了石灰石、大理石和花岗石资源税适用税额。从2004年7月开始,又陆续调整了陕西、山西、重庆、云南、山东等省(市)、自治区的煤炭资源税税额标准。2005年12月12日,调整了钼矿石等品目资源税政策,取消对有色金属矿资源税减征30%的优惠政策,恢复按全额征收。调整对冶金矿山铁矿石资源税减征政策,暂按规定税额标准的60%征收。此外,还调整了钼矿石、锰矿石的资源税适用税额。自2006年5月起,金矿资源税也开始上调,调整幅度从15%至180%不等。2006年8月,将钒矿石(含石煤钒)列入资源税的征收范围,并从当年9月1日起征收每吨12元的资源税。

2007年1月24日,调整了盐资源税适用税额的标准。自2007年2月1日起,将焦煤的资源税适用税额标准确定为每吨8元。2007年7月,调高了铅锌矿石、铜矿石、钨矿石等税目资源税适用税额标准。

这些调整涉及资源税的所有税目,除了对盐征收的资源税适用税额标准下调,其他各种资源的适用税额均有不同程度的上调。2007年3月5日,财政部提交给十届全国人大五次会议的有关预算报告中明确提出,将出台实施新的资源税制度。这在一定程度上反映了国家希望借助税收对日益稀缺的资源的调节手段,形成有利于资源合理配置的价格体系,从而促进对资源的集约开发和节约利用。

自2011年11月1日起,新的资源税条例开始实施,这次改革主要体现在三个方面:一是增加了从价定率的资源税计征办法,对原油、天然气资源税由从量计征改为从价计征,并相应提高了原油、天然气的税负水平,税率为5%~10%,这次改革暂按5%的税率征收;二是统一内、外资企业的油气资源税收制度,取消了对中外合作油气田和海上自营油气田征收的矿区使用费,统一改征资源税。

2015年以后,我国资源税的征税范围和计税依据不断进行改革。

10. 关税的调整

自 2001 年加入世界贸易组织以来，我国关税水平大幅降低，2008 年就已如期兑现"入世"降税承诺，进口关税平均税率由"入世"前的 15.3%降至 9.8%。

11. 城镇土地使用税的调整

为落实国家宏观调控政策和完善城镇土地使用税税制，经国务院常务会议审议，2006 年 12 月 31 日，国务院发布了《关于修改〈中华人民共和国城镇土地使用税暂行条例〉的决定》，并相应修订了《中华人民共和国城镇土地使用税暂行条例》，重新进行了公布。城镇土地使用税暂行条例修改的具体内容有：

（1）提高了城镇土地使用税税额幅度。

（2）将外资企业纳入城镇土地使用税征税范围。对外资企业用地征收城镇土地使用税，符合党的十六届三中全会关于"统一各类企业税收制度"的要求，有利于公平税负，平衡内、外资企业的税收负担，有利于促进各类企业公平竞争。

12. 耕地占用税的调整

2007 年 12 月 1 日，国务院公布了新修订的《中华人民共和国耕地占用税暂行条例》（以下简称《条例》），决定于 2008 年 1 月 1 日正式实行。

这次修订，主要作了四个方面的修改：一是提高了税额标准，将现行条例规定的税额标准的上、下限都提高 4 倍左右，各地具体适用税额由省、自治区、直辖市人民政府依照《条例》的规定根据本地区情况核定。同时，为重点保护基本农田，《条例》规定，占用基本农田的，适用税额还应当在上述适用税额的基础上再提高 50%。二是统一了内、外资企业耕地占用税税收负担。三是从严规定了减免税项目，取消了对铁路线路、飞机场跑道、停机坪、炸药库占地免税的规定。四是加强了征收管理，明确了耕地占用税的征收管理适用《中华人民共和国税收征收管理法》。

13. 车船使用税和车船使用牌照税的改革

2006 年 12 月 29 日，国务院颁布了《中华人民共和国车船税暂行条例》，并于 2007 年 1 月 1 日起开始实施。新的车船税政策首次将车船使用税和车船使用牌照税统一为车船税，提高了税额，还首次尝试将机动车税款随交强险一起，由保险公司代收代缴。

2011 年 2 月 25 日，全国人民代表大会常务委员会通过《中华人民共和国车船税法》。2011 年 12 月 5 日，国务院颁布《中华人民共和国车船税法实施条例》。车船税法及其实施条例自 2012 年 1 月 1 日起施行。

14. 房产税的改革和试点

2009 年 1 月 1 日，房产税和城市房地产税实施了"两税合并"，统一为"房产税"。

从 2011 年 1 月 28 日至今，在上海和重庆进行个人住房征收房产税试点工作，为房地产调控及在全国推行非经营房产征收房产税积累经验。两地试点的具体情况是：上海征收对象为本市居民新购房且属于第二套及以上住房和非本市居民新购房，税率暂定 0.6%；重庆征收对象是独栋别墅、高档公寓，以及无工作户口、无投资人员所购二套房，税率为 0.5%～1.2%。

15. 城市维护建设税"内外一致"

2010 年 12 月 1 日，为了进一步统一税制、公平税负，创造平等竞争的外部环境，我国城市维护建设税和教育费附加的法规、规章、政策，也同时适用于外商投资企业、外国企业及外籍个人。

除了以上税收政策调整之外，这一时期税制改革的明显特征是税收的法制化意识得到了强化。在调整个人所得税生计费用扣除及车船税立法过程中，均引入了公开征求公民意见和建议这一环节，引导公众有序参与，并充分吸收了公民提出的意见和建议，是这一时期税收立法的亮点。

14.5　2009 年开始实施的结构性减税政策

2009 年以来的税制改革是 2003 年新一轮税制改革的延续。2008 年发生的国际金融危机致使我国的税收政策做出了新的调整，以刺激经济增长。同时，在财政收入连年高速增长、国民收入分配格局不够合理的大背景之下，减税的呼声日益高涨。所有这些，赋予新时期税制改革较为明显的新特点，并被冠之以"结构性减税"。2015 年李克强总理明确要求，在供给方面，继续运用好结构性减税等手段。

小资料

应对国际金融危机的一揽子计划

应对国际金融危机的一揽子计划，是指我国在应对国际金融危机中出台的一系列政策措施组合。主要包括四个方面：一是全面促进经济平稳较快发展，大规模增加政府投资，实施总额 4 万亿元的两年投资计划，其中中央政府拟新增 1.18 万亿元，实行结构性减税，扩大国内需求；二是大范围实施调整振兴产业规划，提高国民经济整体竞争力；三是大力推进自主创新，增强发展后劲；四是大幅度提高社会保障水平，扩大城乡就业，促进社会事业发展。

——2010 年政府工作报告

14.5.1　结构性减税的概念及提出的背景

所谓结构性减税，就是"有增有减，结构性调整"的一种税制改革方案。是为了达到特定目标而针对特定群体、特定税种来削减税负水平。结构性减税既区别于全面的、大规模的减税，又不同于以往的有增有减的税负调整，结构性减税更强调有选择地减税，是为了达到特定目标而针对特定群体、特定税种来削减税负水平。结构性减税强调税制结构内部的优化，强调贴近现实经济的步伐，相对更为科学。有增有减的税负调整，意味着税收的基数和总量基本不变；而结构性减税则着眼于减税，税负总体水平是减少的。

结构性减税的概念是在 2008 年 12 月初召开的中央经济工作会议中提出的。提出的背景如下：

（1）减税呼声不断。美国《福布斯》杂志 2007 年发布的一份"全球税负痛苦指数"显示，中国税负仅次于法国、比利时，名列世界第三。2009 年排名全球第二。虽然不能断定这个排名的科学性,但是近年我国公众对税负过高一直呼呼不断。根据中国税负现状,顺应全球性减税趋势,选择"完善税制、适度减税"的税改政策必将对国民经济的各个方面产生重大影响。

(2)税收总体实力不断增强。税收对经济的刺激作用是辅助的,如果总量太小、占比太低,对刺激经济所起的作用就很小。近年来中国税收总体实力不断增强。2007年税收总额占GDP的比重达到22%,减税会对刺激经济发展有一定影响力。所以,这一时期正是实施结构性减税的好时机。

(3)优化税制结构的需要。中国现行的税负结构存在诸多不合理,一定程度上抑制了投资与消费需求的增长。中国1994年分税制改革后确定了"双主体"的税制结构模式,但在实际运行中,流转税收入在税收收入总额中所占比重高达约70%,所得税的比重却仅为20%左右,"双主体"税制实际上是"跛足税制"。因此,实行结构性减税也是优化现行税制结构的需要。

(4)调节收入差距的需要。

14.5.2 结构性减税的内容

结构性减税涉及各行各业,内容体系较为庞杂。结构性减税既有增税也有减税,本节主要从税种角度介绍有关结构性减税的内容。

1. 营业税改征增值税

营业税改征增值税是我国结构性减税的重要改革举措。早在2010年10月18日中央就提出扩大增值税的范围,减少营业税。2012年1月1日,上海率先对交通运输业和部分现代服务业实施营业税改征增值税试点,交通运输业的增值税税率为11%,研发和技术服务、文化创意、物流辅助和鉴证咨询等现代服务业的增值税税率为6%。2012年8月1日至2012年12月31日,"营改增"试点范围由上海市分批扩大至北京、天津、江苏、浙江、安徽、福建、湖北、广东、厦门和深圳10个省(直辖市、计划单列市),新增了广播影视作品的制作、发行、播放试点行业的营业税改征增值税。2013年8月1日,交通运输业和部分现代服务业的营业税改征增值税推广到全国试行。2014年1月1日,铁路运输和邮政服务业纳入营业税改征增值税试点,至此交通运输业已全部纳入"营改增"范围。2014年6月1日,电信业纳入营业税改征增值税试点范围。2016年5月1日,营业税改征增值税的范围扩大到建筑业、房地产业、金融业、生活服务业,并将所有企业新增不动产所含增值税纳入抵扣范围,使其行业税负降低。至此,所有征收营业税的行业均改为征收增值税,营业税退出历史舞台。营改增后,提供有形动产租赁服务的增值税税率为17%;转让土地使用权、销售不动产、提供不动产租赁、提供建筑服务、提供基础电信服务、提供邮政服务、提供交通运输服务的增值税税率为11%;金融服务、增值电信服务、现代服务(租赁服务除外)、提供生活服务、销售无形资产(销售土地使用权除外)的增值税税率为6%;除此之外,还有采用简易计征的。

2. 增值税

结构性减税在增值税方面主要体现在增值税转型、小规模纳税人税率调整、促进资源综合利用的增值税优惠政策等方面。

（1）增值税转型。从 2009 年 1 月 1 日起，在全国范围内实现增值税由生产型向消费型转型，对增值税一般纳税人购进机器设备的进项税款允许抵扣，未抵扣完的可结转下期继续抵扣。

（2）降低了增值税一般纳税人认定标准，并将增值税小规模纳税人征收率由工业 6%、商业 4%，统一降至 3%。

（3）促进资源综合利用产品和劳务的增值税优惠政策。自 2009 年至 2016 年，财政部和国家税务总局出台了四项有关资源综合利用产品和劳务的增值税优惠文件，分别是财税〔2009〕163 号文、财税〔2011〕115 号文、财税〔2013〕23 号文、财税〔2015〕78 号文。2009—2015 年，对资源综合利用产品和劳务采取直接减免、即征即退、先征后退等增值税优惠方式，其中，即征即退比例为 100%、80%、50% 三档。2015 年 7 月 1 日起，对资源综合利用产品及劳务采用即征即退的方式实施增值税优惠，按 100%、70%、50%、30% 四档退税比例，将原有以废弃的动物油和植物油为原料生产的柴油，由先征后退调整为即征即退方式，取消了以废弃的动物油、植物油为原料生产的饲料及混合油即征即退 100% 的政策。符合产业政策《产业结构调整指导目录》中的禁止类、限制类项目不享受增值税优惠；符合环保要求《环境保护综合名录》中的"高污染、高环境风险"产品或者重污染工艺不享受增值税优惠。对利用废纸、农作物秸秆生产纸浆、秸秆浆和纸，用废旧轮胎、废橡胶制品制造的再生橡胶，利用报废汽车等拆解的废钢铁生产炼钢炉料，利用稀土产品的加工废料、废弃稀土产品及拆解物生产稀土金属等资源综合利用项目给予增值税优惠。

（4）与环境有关的增值税政策调整。对化肥恢复征收增值税（财税〔2015〕90 号文、财税〔2015〕97 号文）。自 2015 年 9 月 1 日起，对纳税人销售和进口化肥统一按 13% 税率征收国内环节和进口环节增值税；自 2015 年 9 月 1 日起至 2016 年 6 月 30 日止，对增值税一般纳税人销售的库存化肥（库存化肥是指纳税人 2015 年 8 月 31 日前生产或购进的尚未销售的化肥），允许选择按照简易计税方法依照 3% 征收率征收增值税。

（5）为了支持个体工商户和其他个人的发展，2011 年 11 月初我国提高了增值税起征点，销售货物的起征点为月销售额 5000 元至 20000 元；销售应税劳务的起征点为月销售额 5000 元至 20000 元；按次纳税的，定为每次（日）销售额 300 元至 500 元。

（6）提高出口退税率。通过提高出口退税率，促进对外贸易，刺激经济增长。2008 年下半年以来，先后提高了纺织品、服装、玩具、橡胶制品、林产品、有色金属加工品、部分化工制品等劳动密集型产品，机电相关政策产品和其他受金融危机影响较大产品的出口退税率，涉及的商品种类有上万余种。2009 年将纺织品、服装的出口退税率提高到 15%，同时提高了 CRT 彩电、部分化工制品等产品的出口退税率。自 2015 年 4 月 1 日起，提高部分高附加值产品、玉米加工产品、纺织品、服装的出口退税率，其中玉米加工产品出口退税率的提高截至 2015 年 12 月 31 日。为稳定外贸形势，促进出口增长，自

2016年11月1日起，照相机、摄影机、内燃发动机、汽油、航空煤油、柴油、玩具电动火车等共计418种产品的出口退税率调整为17%。

3. 消费税

我国消费税是一种特别税种，具有引导消费、调节消费结构、调节收入分配等作用。消费税在结构性减税中体现出了既有增税也有减税。为更好地发挥消费税的作用，自2009年以来，我国不仅调整了消费税的税目，而且调整了消费税的税率。下面具体从消费税税目层面介绍消费税改革。

（1）成品油消费税。对成品油采取增税措施，适当提高了成品油消费税税率，不仅有利于合理引导消费需求，促进石油资源节约利用，减少大气污染物排放；而且有利于促进新能源产业发展，促进能源生产方式变革，推动我国经济迈向健康可持续的增长模式。自2009年1月1日起，汽油消费税上涨0.8元/升至1元/升，柴油消费税上涨0.7元/升至0.8元/升。自2014年11月29日起，汽油消费税单位税额在现行单位税额基础上提高0.12元/升，柴油消费税单位税额在现行单位税额基础上提高0.14元/升。自2014年12月13日起，汽油、石脑油、溶剂油和润滑油的消费税单位税额由1.12元/升提高到1.4元/升；柴油、航空煤油和燃料油的消费税单位税额由0.94元/升提高到1.1元/升，航空煤油继续暂缓征收。自2015年1月13日起，汽油、石脑油、溶剂油和润滑油的消费税单位税额由1.4元/升提高到1.52元/升；将柴油、航空煤油和燃料油的消费税单位税额由1.1元/升提高到1.2元/升，航空煤油继续暂缓征收。

（2）卷烟消费税。为达到控烟效果，对卷烟采取增税措施。自2009年5月1日起，在卷烟批发环节加征一道从价消费税，税率为5%；在卷烟生产环节，甲类卷烟消费税税率调整为56%，乙类卷烟消费税税率调整为36%，雪茄烟的消费税由30%调整为36%。自2015年5月10日起，将卷烟批发环节从价消费税税率由5%提高至11%，税率提高了6个百分点，并按0.005元/支加征从量税。

（3）取消部分消费税税目的政策。自2014年12月1日起，取消汽缸容量250毫升（不含）以下的小排量摩托车消费税，汽缸容量250毫升和250毫升（不含）以上的摩托车继续分别按3%和10%的税率征收消费税；取消汽车轮胎税目；取消车用含铅汽油消费税，汽油税目不再划分二级子目，统一按照无铅汽油税率征收消费税；取消酒精消费税，取消后，"酒及酒精"税目相应改为"酒"。自2016年10月1日起，取消对普通美容、修饰类化妆品征收消费税，将"化妆品"税目名称更名为"高档化妆品"，税率调整为15%。

（4）增加部分消费税税目。自2015年2月1日起，对生产、委托加工和进口电池和涂料的纳税人征收消费税，适用税率为4%；对无汞原电池、金属氢化物镍蓄电池（又称氢镍蓄电池或镍氢蓄电池）、锂原电池、锂离子蓄电池、太阳能电池、燃料电池和全钒液流电池免征消费税。2015年12月31日前对铅蓄电池缓征消费税，自2016年1月1日起对铅蓄电池按4%征收消费税。对在施工状态下挥发性有机物含量低于420克/升（含）的涂料免征消费税。

4. 车辆购置税

车辆购置税的调整主要倾向于新能源汽车和低排量汽车，采取减税政策。从2009年1月20日至12月31日，对排气量1.6升及以下的乘用车，车辆购置税税率由10%降至

5%，以促进汽车消费。对城市公交企业自 2012 年 1 月 1 日起至 2015 年 12 月 31 日止购置的公共汽电车辆免征车辆购置税。自 2014 年 8 月 1 日起至 2017 年 12 月 31 日止，对购置的新能源汽车免征车辆购置税。自 2015 年 10 月 1 日起至 2016 年 12 月 31 日止，对购置 1.6 升及以下排量乘用车减按 5%的税率征收车辆购置税。

5．关税

2011 年 1 月 1 日，经国务院批准，国务院关税税则委员会开始实施 2011 年关税调整方案，关税税目总数从 2010 年的 7923 个增至 7977 个，进口关税最惠国税率和普通税率不变，对 600 多种资源性、基础原材料和关键零部件产品实施较低的年度暂定税率；出口关税税率不变，继续以暂定税率的形式对煤炭、原油、化肥、有色金属等产品征收出口关税，对部分化肥等产品继续征收特别出口关税。2011 年 3 月 4 日，商务部、国家税务总局等 8 个部门发布《关于"十二五"期间实施积极的机电产品进口促进战略的若干意见》，提出了下列税收措施：

（1）研究延长实施对国家重点实验室、国家工程实验室、国家工程研究中心、国家工程技术研究中心和国家认定的企业技术中心进口规定范围以内的科技开发用品的税收政策。

（2）结合产业发展状况和重点产业规划，适时调整《国内投资项目不予免税的进口商品目录》和《外商投资项目不予免税的进口商品目录》，逐步提高免税商品的技术要求。

（3）企业当年实际发生的消化吸收再创新费用，凡符合税法规定的研究开发费用条件的，可以依法加计扣除。进一步研究制定政策，支持企业开展引进消化吸收再创新。

为营造公平竞争的市场环境，促进跨境电子商务健康发展，自 2016 年 4 月 8 日起，我国实施跨境电子商务零售（企业对消费者，即 B2C）进口税收政策，并同步调整行邮税政策。在对跨境电子商务零售进口商品按照货物征税的同时，考虑到大部分消费者的合理消费需求，政策将单次交易限值由行邮税政策中的 1000 元（港澳台地区为 800 元）提高至 2000 元，同时设置个人年度交易限值为 20000 元。在限值以内进口的跨境电子商务零售进口商品，关税税率暂设为 0%，进口环节增值税、消费税取消免征税额，暂按法定应纳税额的 70%征收；超过单次限值、累加后超过个人年度限值的单次交易，以及完税价格超过 2000 元限值的单个不可分割商品，均按照一般贸易方式全额征税。为优化税目结构，方便旅客和消费者申报、纳税，提高通关效率，我国将同步调整行邮税政策，将目前的四档税目（对应税率分别为 10%、20%、30%、50%）调整为三档，其中，税目 1 主要为最惠国税率为零的商品，税目 3 主要为征收消费税的高档消费品，其他商品归入税目 2。调整后，为保持各税目商品的行邮税税率与同类进口货物综合税率的大体一致，税目 1、2、3 的税率分别为 15%、30%、60%。

6．企业所得税

（1）促进微利企业发展的企业所得税优惠。2011 年 11 月 29 日，经国务院批准，财政部、国家税务总局发出《关于小型微利企业所得税优惠政策有关问题的通知》。通知中规定：自 2012 年至 2015 年，年应纳税所得额不超过 6 万元的小型微利企业，其所得减按 50%计入应纳税所得额，按照 20%的税率缴纳企业所得税；自 2014 年 1 月 1 日至 2016

年 12 月 31 日，对年应纳税所得额低于 10 万元（含 10 万元）的小型微利企业，其所得减按 50%计入应纳税所得额，按 20%的税率缴纳企业所得税；自 2015 年 1 月 1 日至 2017 年 12 月 31 日，对年应纳税所得额低于 20 万元（含 20 万元）的小型微利企业，其所得减按 50%计入应纳税所得额，按 20%的税率缴纳企业所得税；自 2015 年 10 月 1 日至 2017 年 12 月 31 日，对年应纳税所得额在 20 万元到 30 万元（含 30 万元）的小型微利企业，其所得减按 50%计入应纳税所得额，按 20%的税率缴纳企业所得税。

（2）加速折旧。对轻工、纺织、机械、汽车四个领域重点行业的企业 2015 年 1 月 1 日后新购进的固定资产，可由企业选择缩短折旧年限或采取加速折旧的方法；最低折旧年限不得低于企业所得税法实施条例规定折旧年限的 60%。对轻工、纺织、机械、汽车四个领域的小型微利企业 2015 年 1 月 1 日后新购进的研发和生产经营共用的仪器、设备，单位价值不超过 100 万元的，允许一次性计入当期成本费用，在计算应纳税所得额时扣除，不再分年度计算折旧；单位价值超过 100 万元的，可由企业选择缩短折旧年限或采取加速折旧的方法。

（3）加计扣除。2013 年扩大了加计扣除的范围，把新药研制的临床试验费、研发成果的鉴定费用等纳入了加计扣除范围。自 2016 年 1 月 1 日起，企业开展研发活动中实际发生的研发费用，未形成无形资产计入当期损益的，在按规定据实扣除的基础上，按照本年度实际发生额的 50%，从本年度应纳税所得额中扣除；形成无形资产的，按照无形资产成本的 150%在税前摊销。

（4）加大涉农投入支持力度的税收政策。提高金融企业涉农贷款损失准备金的税前扣除比例；对农产品初加工企业免征企业所得税。

7．房产税

对居民住房在保有环节征收房产税进行试点。自 2011 年 1 月 28 日起，上海、重庆开始房产税改革试点，主要针对部分个人住宅征税，但两地的实施细则不尽相同。上海对新购家庭第二套住房征税，按住房市场交易价格的 70%缴纳，税率为 0.6%；重庆对城九区的个人独栋别墅、高档住房等征收房产税，税率为 0.5%～1.2%。

8．其他税收政策

（1）在提高工薪所得个人所得税费用扣除标准的基础上，暂停征收储蓄存款利息个人所得税，促进居民可支配收入增加。2011 年，个人所得税起征点从 2000 元提高到 3500 元。2011 年 7 月 29 日，财政部、国家税务总局发出《关于调整个体工商户业主、个人独资企业和合伙企业自然人投资者个人所得税费用扣除标准的通知》。

（2）证券交易印花税税率先由 3‰降至 1‰，而后由对买卖双方征收改为向卖方单边征收，并对证券市场个人投资者取得证券交易结算资金利息，暂免征收个人所得税。

（3）促进就业的税收政策。对原定于 2008 年 12 月 31 日执行到期的下岗再就业税收优惠政策，延长 2 年执行期限，对符合条件的下岗失业人员从事个体经营和企业吸收下岗失业人员就业，分别给予营业税、城市维护建设税、教育费附加和所得税方面的税收优惠。2011 年 5 月 31 日，国务院发出《关于进一步做好普通高等学校毕业生就业工作的通知》。通知中规定：持《就业失业登记证》（注明"自主创业税收政策"或附着《高校毕业生自主创业证》)的高校毕业生在毕业年度从事个体经营的,3年以内按照每户每年8000元的限额依次扣减其当年应当缴纳的营业税、城市维护建设税、教育费附加和个人所得税。2011年,高校毕业生创办的年应纳税所得额不超过3万元的小型微利企业,其所得减按50%计入应纳税所得额,按照20%的税率缴纳企业所得税。自2014年1月1日至2016年12月31日,对持《就业失业登记证》(注明"自主创业税收政策"或附着《高校毕业生自主创业证》)人员从事个体经营的,在3年内按每户每年8000元为限额依次扣减其当年实际应缴纳的营业税、城市维护建设税、教育费附加、地方教育费附加和个人所得税,限额标准最高可上浮20%。

14.6　2016年以来供给侧结构性改革的税收政策

供给侧结构性改革的税收政策是结构性减税的延续,但税收政策更注重供给侧管理。

14.6.1　供给侧结构性改革的内涵及提出的背景

供给侧结构性改革就是"供给侧+结构性+改革"。其内涵是:用改革的办法推进结构调整,减少无效和低端供给,扩大有效和中高端供给,增强供给结构对需求变化的适应性和灵活性,提高全要素生产率,使供给体系更好地适应需求结构变化。供给侧结构性改革并非忽略需求管理,而是由过去的需求管理为主向供给管理为主转变,供给管理与需求管理相结合。不同于以往通过投资、消费、净出口"三驾马车"拉动经济发展的需求管理模式,供给侧结构性改革的核心问题是要从供给端入手提高经济的全要素生产率,以此扭转结构性失衡的局面,提升经济增长潜力,在新的供给环境下不断催生和引领新的需求。供给侧结构性改革是针对当前经济发展过程中出现的结构性问题,以需求为导向强化有效供给,以市场为导向提升资源配置活力,以改革为引擎强化制度供给,最终实现供需水平跃升、资源配置高效、产业结构升级、经济动能转换并保持中高速稳定增长的新体系,既强调供给又关注需求。[①]

2015年11月10日,习近平总书记在中央财经领导小组第十一次会议上首次提出,在适度扩大总需求的同时,着力加强供给侧结构性改革,提高供给体系质量,并在2015年12月18日的中央经济工作会议上进一步强调,推进供给侧结构性改革,是适应和引领经济发展新常态的重大创新。2016年1月27日,中央财经领导小组第十二次会议,研究了供给侧结构性改革方案。供给侧结构性改革提出的背景如下:

(1)供需结构性失衡,阻碍经济持续增长。"供需错位"阻碍经济持续增长:一方面,过剩产能制约着我国经济转型;另一方面,供给体系与需求侧严重不配套,总体上是中低端产品过剩,高端产品供给不足。

(2)结构性问题突出。第一,产业结构问题。低附加值产业,高消耗、高污染、高排放产业的比重偏高,而高附加值产业、绿色低碳产业、具有国际竞争力产业的比重偏低。应促进高技术含量、高附加值产业的发展,淘汰落后产能和"三高"行业等。第二,

---

[①] 马海涛,郝晓婧. 供给侧结构性改革下财税政策的基本取向与具体思路[J]. 公共财政研究,2018(1):4-5.

投入结构问题。我国经济发展过度依赖劳动力、土地、资源等一般性生产要素投入，人才、技术、知识、信息等高级要素投入比重偏低，导致中低端产业偏多、资源能源消耗过多等问题。需优化要素投入结构，更多地实现创新驱动。第三，排放结构问题。我国排放结构中废水、废气、废渣、二氧化碳等排放比重偏高，导致资源环境的压力较大。第四，动力结构问题。我国经济增长过多依赖"消费、投资、出口"来拉动，需要更多地依靠改革、转型、创新，来提升全要素增长率，培育新的增长点，形成新的增长动力。第五，分配结构问题。我国城乡收入差距、行业收入差距、居民贫富差距都比较大，财富过多地集中在少数地区、少数行业和少数人中。①

14.6.2 供给侧结构性改革的税收政策内容

2016年以来，助推供给侧结构性改革的税收政策主要体现在以下几方面。

1. 推动产业转型、结构优化的税收调节政策

（1）全面实施营业税改征增值税。营业税改征增值税有利于支持服务业发展和制造业转型升级。短期看，有利于降低企业运营成本；长期看，有利于培育经济发展新动能，促进产业和消费升级。2016年5月1日起在全国范围内全面实施营业税改征增值税，实现了增值税对第一、二、三产业的全覆盖。营业税改征增值税打通了增值税抵扣链条，降低了企业税收负担，促进了现代服务业和先进制造业发展，大大增强了出口竞争力，推动国民经济转型升级。

（2）减并增值税税率。此项税收政策可以有效盘活企业的现金流，提高企业进一步扩大再生产的能力。自2017年7月1日起，将农产品（含粮食）、自来水、暖气、石油液化气、天然气、食用植物油、冷气、热水、煤气、居民用煤炭制品、食用盐、农机、饲料、农药、农膜、化肥、沼气、二甲醚、图书、报纸、杂志、音像制品、电子出版物的增值税税率由13%减并为11%。

（3）降低增值税税率。增值税税率下调在减税降负的同时，减轻了企业现金周转压力，增强了企业更新机器设备、扩大生产规模和改进技术的意愿。自2018年5月1日起将制造业等行业增值税税率从17%降至16%，将交通运输、建筑、基础电信服务等行业及农产品等货物的增值税税率从11%降至10%；纳税人购进农产品，原适用11%扣除率的，扣除率调整为10%；纳税人购进用于生产销售或委托加工16%税率货物的农产品，按照12%的扣除率计算进项税额。2019年对增值税为16%和11%的两档税率进一步下调，即自2019年4月1日起增值税一般纳税人（以下称纳税人）发生增值税应税销售行为或者进口货物，原适用16%税率的，税率调整为13%；原适用10%税率的，税率调整为9%。纳税人购进农产品，原适用10%扣除率的，扣除率调整为9%。纳税人购进用于生产或者委托加工13%税率货物的农产品，按照10%的扣除率计算进项税额。原适用16%税率

---

① 资料来源：https://baike.baidu.com/item/%E4%BE%9B%E7%BB%99%E4%BE%A7%E7%BB%93%E6%9E%84%E6%80%A7%E6%94%B9%E9%9D%A9/18851298?fr=aladdin。

且出口退税率为16%的出口货物、劳务，出口退税率调整为13%；原适用10%税率且出口退税率为10%的出口货物、跨境应税行为，出口退税率调整为9%。

（4）纳税人租入固定资产、不动产及纳税人购进国内旅客运输服务的进项税额准予从销项税额中全额抵扣。自2018年1月1日起，纳税人租入固定资产、不动产，即用于一般计税方法计税项目，又用于简易计税方法计税项目、免征增值税项目、集体福利或者个人消费的，其进项税额准予从销项税额中全额抵扣。自2019年4月1日起，纳税人购进国内旅客运输服务，其进项税额允许从销项税额中抵扣。

（5）加计抵减政策。自2019年4月1日至2021年12月31日，允许生产、生活性服务业纳税人按照当期可抵扣进项税额加计10%，抵减应纳税额。2019年10月加大了生活性服务业的增值税加计抵减力度，即2019年10月1日至2021年12月31日，允许生活性服务业纳税人按照当期可抵扣进项税额加计15%，抵减应纳税额。

2．激励科技创新的税收调节政策

为进一步激励中小企业加大研发投入，支持科技创新，将研发费用的加计扣除比例由50%调整为75%。科技型中小企业开展研发活动中实际发生的研发费用，未形成无形资产计入当期损益的，在按规定据实扣除的基础上，在2017年1月1日至2019年12月31日期间，再按照实际发生额的75%在税前加计扣除；形成无形资产的，在上述期间按照无形资产成本的175%在税前摊销。

自2018年1月1日起，研发费用加计扣除政策由科技型中小企业扩大到所有企业。企业开展研发活动中实际发生的研发费用，未形成无形资产计入当期损益的，在按规定据实扣除的基础上，在2018年1月1日至2020年12月31日期间，再按照实际发生额的75%在税前加计扣除；形成无形资产的，在上述期间按照无形资产成本的175%在税前摊销。

3．扶持创业创新的税收调节政策

（1）创业创新的企业所得税政策。自2017年1月1日起，公司制创业投资企业采取股权投资方式直接投资于种子期、初创期科技型企业满2年（24个月，下同）的，可以按照投资额的70%在股权持有满2年的当年抵扣该公司制创业投资企业的应纳税所得额；当年不足抵扣的，可以在以后纳税年度结转抵扣。有限合伙制创业投资企业采取股权投资方式直接投资于初创科技型企业满2年的，法人合伙人可以按照对初创科技型企业投资额的70%抵扣法人合伙人从合伙创投企业分得的所得；当年不足抵扣的，可以在以后纳税年度结转抵扣。

（2）创业创新的个人所得税政策。自2017年7月1日起，有限合伙制创业投资企业采取股权投资方式直接投资于初创科技型企业满2年的，个人合伙人可以按照对初创科技型企业投资额的70%抵扣个人合伙人从合伙创投企业分得的经营所得；当年不足抵扣的，可以在以后纳税年度结转抵扣。天使投资个人采取股权投资方式直接投资于初创科技型企业满2年的，可以按照投资额的70%抵扣转让该初创科技型企业股权取得的应纳税所得额;当期不足抵扣的,可以在以后取得转让该初创科技型企业股权的应纳税所得额时结转抵扣。

4. 促进节能减排与资源合理利用的税收调节政策

(1) 促进节能减排的车辆购置税优惠政策。自2018年1月1日至2020年12月31日,对购置的新能源汽车免征车辆购置税。2017年12月31日之前已列入《免征车辆购置税的新能源汽车车型目录》的新能源汽车,对其免征车辆购置税政策继续有效。

(2) 开征环境保护税,抑制污染物的排放。为了保护和改善环境,减少污染物排放,自2018年1月1日起,对直接向环境排放应税污染物的企业、事业单位和其他生产经营者征收环境保护税。征收环境保护税有利于改善排放结构问题。

(3) 促进资源节约利用的税收政策。为有效发挥税收杠杆调节作用,促进资源行业持续健康发展,推动经济结构调整和发展方式转变,全面推进资源税改革。首先,扩大资源税的范围,实施水资源费改税。自2016年7月1日起,率先在河北省试点征收水资源税;自2017年12月1日起,水资源税征收试点范围扩大至北京、天津、山西、内蒙古、山东、河南、四川、陕西、宁夏9个省(自治区、直辖市)。其次,调整资源税的计征方式。自2016年7月1日起,对金属矿、部分非金属矿、盐等资源产品征收的资源税由从量计征改为从价计征,更好地发挥税收的价格杠杆调节作用,促进资源的节约利用。最后,资源税立法。2019年8月26日,中华人民共和国第十三届全国人民代表大会常务委员会第十二次会议通过了《中华人民共和国资源税法》,自2020年9月1日起施行。

5. 促进新动能成长与增强经济增长活力的税收调节政策

李克强总理曾指出:加大对小微企业发展的财政金融支持力度,特别是推动缓解融资难、融资贵问题,有利于促进创业创新和新动能成长、扩大就业、增强经济发展活力和包容性。2016年以来,为扶持小微企业的发展,培育经济增长的新动能,增强经济发展活力,对小微企业进一步实施了税收优惠政策。

(1) 小微企业所得税优惠政策。自2017年1月1日至2019年12月31日,将小型微利企业的年应纳税所得额上限由30万元提高至50万元,对年应纳税所得额低于50万元(含50万元)的小型微利企业,其所得减按50%计入应纳税所得额,按20%的税率缴纳企业所得税。

(2) 小微企业增值税优惠政策。自2017年12月1日至2019年12月31日,将金融机构利息收入免征增值税政策范围由农户扩大到小微企业、个体工商户,享受免税的贷款额度上限从单户授信10万元扩大到100万元。将月销售额不超过3万元的小微企业免征增值税政策优惠期限延长至2020年。为进一步支持小微企业发展,2019年对小微企业实施了普惠性税收减免政策。自2019年1月1日至2021年12月31日,对小型微利企业年应纳税所得额不超过100万元的部分,减按25%计入应纳税所得额,按20%的税率缴纳企业所得税;对年应纳税所得额超过100万元但不超过300万元的部分,减按50%计入应纳税所得额,按20%的税率缴纳企业所得税。

14.7 2019年以来新一轮减退税政策

2019年新一轮减税是深化供给侧结构性改革的一项重要工作,也是在经济运行存在下行压力条件下积极作为的重要举措。对减轻企业负担、激发微观主体活力、促进经济高质量发展具有重要意义,对优化税制、完善收入分配格局具有重大作用。2022年扩大增值税留抵退税行业范围,有助于更大规模激发市场活力,进一步促进经济高质量增长。

14.7.1 减退税的意义

2018年年底召开的中央经济工作会议提出,要实施更大规模的减税;在2019年的政府工作报告中,李克强总理指出实施更大规模的减税措施。减税对促进经济转型,优化税制结构,提升居民福祉更具有重要意义。首先,减税是降成本、补短板最有效的措施,通过降低企业成本,激发市场活力,有利于增加企业投资,促进实体经济发展和经济转型。其次,全面落实个人所得税改革,降低增值税税率会提高直接税比重,降低间接税比重,从而优化税制结构。最后,减税更多地向企业和个人倾斜,起到一定改善收入分配的作用,同时起到拉动社会消费、扩大就业的作用,有利于增强纳税人获得感。

> **思政小课堂**
>
> ### 减退税是惠民惠企的好政策
>
> 首先,增值税减税提升了居民实际消费水平。增值税是价外税,增值税减税会使得商品或劳务的含税价格降低,提升居民消费实际购买力。例如,2019年增值税税率下调后,汽油柴油最高零售价格、一般工商业电价、天然气基准门站价格等下降,汽油、柴油最高零售价格每吨分别下降225元、200元。除此之外,苹果电子设备产品、品牌汽车等商品的零售价格也随之下降。其次,增值税留抵退税减少了市场主体资金被暂时挤占,释放企业资金流,激发市场活力,为市场主体纾困解难、提振发展信心发挥了积极作用。再次,对小微企业实施企业所得税优惠政策,减轻了小微企业的税负,国家以税金让利给小微企业,促进了小微企业的发展。最后,实施专项附加扣除政策,既体现减税又体现以人为本,显现全生命周期有关支出的扣除。

14.7.2 减退税的主要内容

减税政策是一揽子政策,本节主要从核心税种方面介绍减税政策。

1. 增值税减税政策

(1)激发市场活力,增加企业投资,调整增值税税率与增值税免税标准。降低增值税一般纳税人的增值税率,提高增值税小规模纳税人起征点。自2019年4月1日起,增值税一般纳税人发生增值税应税销售行为或者进口货物,原适用16%税率的,税率调整为13%;原适用10%税率的,税率调整为9%。纳税人购进农产品,原适用10%扣除率的，扣除率调整为 9%。纳税人购进用于生产或者委托加工 13%税率货物的农产品，按照 10%的扣除率计算进项税额。提高增值税小规模纳税人免税标准，由月销售额 3 万元调整到 10 万元，即月销售额 10 万元以下的，不用再交纳增值税。

（2）加快脱贫工作，对扶贫捐赠免税。自 2019 年 1 月 1 日至 2022 年 12 月 31 日，对单位或者个体工商户将自产、委托加工或购买的货物通过公益性社会组织、县级及以上人民政府及其组成部门和直属机构，或直接无偿捐赠给目标脱贫地区的单位和个人，免征增值税。在政策执行期限内，目标脱贫地区实现脱贫的，可继续适用上述政策。

（3）支持养老、托育、家政等社区家庭服务业。自 2019 年 6 月 1 日起至 2025 年 12 月 31 日止，为社区提供养老、托育、家政等服务的机构，对这三类服务取得的收入免征增值税。

2．增值税留抵退税政策

为推进制造业高质量发展，2019 年对部分先进制造业实施增值税期末留抵退税政策。为进一步加大增值税留抵退税政策实施力度，着力稳市场主体稳就业，2022 年加大了增值税留抵退税力度，扩大了增值税留抵退税的范围。增值税留抵退税范围包括小微企业及从事《国民经济行业分类》中"批发和零售业""农、林、牧、渔业""住宿和餐饮业""居民服务、修理和其他服务业""教育"、"卫生和社会工作""文化、体育和娱乐业""制造业""科学研究和技术服务业""电力、热力、燃气及水生产和供应业""软件和信息技术服务业""生态保护和环境治理业"和"交通运输、仓储和邮政业"业务相应发生的增值税销售额占全部增值税销售额的比重超过 50%的纳税人。加大了增值税留抵退税力度，2022 年由退还增量留抵税额调为一次性退还存量留抵税额。

3．企业所得税减税政策

（1）实施小型微利企业普惠性所得税减免政策。自 2022 年 1 月 1 日至 2024 年 12 月 31 日，对小型微利企业年应纳税所得额不超过 100 万元的部分，减按 12.5%计入应纳税所得额，按 20%的税率缴纳企业所得税；对年应纳税所得额超过 100 万元但不超过 300 万元的部分，减按 25%计入应纳税所得额，按 20%的税率缴纳企业所得税。放宽小型微利企业标准并加大优惠力度。放宽小型微利企业标准就是放宽认定条件，放宽后的条件为：企业资产总额 5000 万元以下、从业人数 300 人以下、应纳税所得额 300 万元以下。

（2）企业扶贫捐赠所得税税前扣除。自 2019 年 1 月 1 日至 2022 年 12 月 31 日，企业通过公益性社会组织或者县级（含县级）以上人民政府及其组成部门和直属机构，用于目标脱贫地区的扶贫捐赠支出，准予在计算企业所得税应纳税所得额时据实扣除；企业同时发生扶贫捐赠支出和其他公益性捐赠支出，在计算公益性捐赠支出年度扣除限额时，符合上述条件的扶贫捐赠支出不计算在内。

（3）扩大固定资产加速折旧优惠政策适用范围。自 2019 年 1 月 1 日起，适用《财政部、国家税务总局关于完善固定资产加速折旧企业所得税政策的通知》（财税〔2014〕75 号）和《财政部、国家税务总局关于进一步完善固定资产加速折旧企业所得税政策的通知》(财税〔2015〕106号)规定的固定资产加速折旧优惠的行业范围,扩大至全部制造业领域。

(4)扩展初创科技型企业优惠政策适用范围。对创投企业和天使投资个人投向初创科技型企业可按投资额70%抵扣应纳税所得额,也就是说如果创投企业和天使投资个人向初创科技型企业投资,投资额的70%可以拿来抵免应纳税所得额。将投资的初创科技型企业的范围或者标准进一步扩大,扩展到从业人数不超过300人、资产总额和年销售收入不超过5000万元的初创科技型企业。

4. 个人所得税减税政策

个人所得税减税政策主要体现在提高基本费用扣除标准、增加专项附加扣除,调整级距等。个人所得税由分类征收改为分类综合征收,在一定程度上促进了税收的公平,降低了部分纳税人税负。

(1)提高费用扣除额。一是提高基本费用扣除标准,年基本费用扣除额6万元,按月预缴时,综合所得基本扣除费用为5000元/月(2018年10月实行);二是设立专项附加扣除,即子女教育支出、继续教育支出、大病医疗支出、住房贷款利息、住房租金和赡养老人支出、3岁以下婴幼儿照护支出。

(2)调整优化部分税率级距。综合所得税率表在维持7级超额累进税率不变的基础上,进一步拉长3%、10%、20%三档较低税率的级距,同步缩减25%税率级距,30%、35%、45%三档高税率的级距维持不变。

建立综合与分类相结合的税制,将工资薪金、劳务报酬所得、稿酬所得、特许权使用费所得纳入综合征税范围,实行按月分项预缴,年终汇算清缴。

14.8 未来税制改革展望

供给侧结构性改革的税收政策取得一定成效,税制改革迈向了新的台阶。2014年6月30日,中共中央政治局审议通过了《深化财税体制改革总体方案》,为我国未来税制改革指明了方向。随着经济社会的发展,落后产能过剩问题、环境污染问题、收入差距扩大问题等日益突出,税收作为财政的一部分(财政是治理国家的基础),肩负重任,在经济社会发展中发挥着重要作用。由于税制改革的社会、经济环境的制约,与其他领域的改革一样,我国的税制改革目前也进入了"深水区"。因此,未来更深层次的改革,必须在不断深化社会、经济改革的同时,逐步地、稳妥地推进。《深化财税体制改革总体方案》提出优化税制结构,逐步提高直接税比重,完善地方税体系,坚持清费立税,强化税收筹集财政收入主渠道作用,税制改革重点在消费税、资源税、房地产税、个人所得税、环境保护税。在供给侧结构性改革的背景下,未来税制改革体现在以下几方面。

1. 增值税的改革

将13%、9%及6%三档税率简并为两档税率。简并税率不仅有利于简化增值税税制,也有利于缓解增值税因税率档次多造成的税收超额负担,以避免有违税收中性原则,符合我国当前减税降费的政策导向。增值税税率差距越大、结构越复杂,对经济行为的扭曲程度就越大,导致税收中性程度越低。通过简并税率,一方面可以减少对经济行为的扭曲,另一方面可以影响市场供求关系,释放经济增长效应。

2. 消费税的改革

消费税是在征收增值税的基础上,选择部分商品征收的一种税。征税的主要目的在于引导消费,调节消费结构和收入分配。面对环境污染日益严重、收入差距逐步扩大的现状,充分发挥消费税的功能成为当务之急。一是扩大消费税的征收范围。将对环境有污染的产品纳入消费税的征收范围,增加污染性产品的税负,抑制其消费;选择部分高档商品或高消费行为纳入消费税征收范围,发挥消费税调节收入分配的功能。二是调整消费税税率。提高对环境有污染的产品消费税税率,鼓励人们消费污染性小甚至无污染的商品。三是逐步提高消费税的透明度。虽然消费税透明度的提高任重而道远,但提高消费税的透明度,有利于发挥消费税引导消费的作用。四是征收环节后移。将国内消费税征收环节后移,由生产环节移至批发或零售环节征收。

3. 个人所得税的改革

首先,扩大综合征收的范围。目前将工资薪金所得、劳务报酬所得、稿酬所得及特许权使用费所得按综合所得征收,而财产租赁所得、财产转让所得等所得并未纳入综合征收范围。为更好地发挥个人所得税的收入分配效应,未来应将具有财产性质的所得纳入综合征收范围。其次,扩大较低档税率的级距,优化税率结构。最后,完善费用扣除标准,尤其是进一步合理制定专项附加扣除额的标准。

4. 继续推进费改税——开征社会保障税

这项改革涉及目前数额巨大的社会保障费,应将这一政府收费项目适时改变成税收的形式,纳入政府的预算内管理。

我国目前已经具备了开征社会保障税的基本条件,尽快开征社会保障税是可行的。首先,开征社会保障税已形成社会共识。近几年来,社会保险费的政策和征缴弊端日益显现,社会各界开征社会保障税的呼声高涨。其次,开征社会保障税已具备征收基础。我国的税收征管触角伸向社会各个角落,税收征收机构布点广泛,组织体系完善,征收网络健全。社保费由税务机关征收,积累了较丰富的征收管理经验,为我国开征社会保障税奠定了良好的征收基础。税务机关征收社会保障资金具有十分明显的优势,主要体现在:征收力度大,征缴率高,征收成本较低,减轻了缴费人的负担,优化了对缴费人的服务。

5. 全面改革资源税

在资源税的功能已重新定位的情况下,全面改革资源税,发挥资源税的杠杆调节作用,改善资源环境。一是扩大资源税的征收范围,将资源税的征收范围扩大至草原等领域。目前河北省等10个省(市、区)已试点水资源费改税,待时机成熟,应向全国推行。通过扩大资源税的征收范围,促进资源的节约和合理利用,改善资源环境。二是继续完善资源税的计征方式。资源税全部实行从价征收，充分发挥资源税的价格杠杆调节作用。

6．推进房地产税改革

2011年1月27日，上海、重庆宣布次日开始试点对个人住房征收房产税。上海征收对象为本市居民新购房且属于第二套及以上住房和非本市居民新购房，税率暂定0.6%；重庆征收对象是独栋别墅、高档公寓，以及无工作户口、无投资人员所购二套房，税率为0.5%~1.2%。国家发展改革委《关于2012年深化经济体制改革重点工作的意见》明确，要加快财税体制改革，适时扩大房产税试点城市范围。

根据国际惯例，以财产税作为地方政府的主要税收来源，已经成为社会的共识，下一步，要在总结试点地区经验的基础上，借鉴国际通行做法，并结合我国国情，在全国推行房产税。逐步健全地方税体系，赋予省级政府适当税政管理权限。

反侵权盗版声明

电子工业出版社依法对本作品享有专有出版权。任何未经权利人书面许可，复制、销售或通过信息网络传播本作品的行为；歪曲、篡改、剽窃本作品的行为，均违反《中华人民共和国著作权法》，其行为人应承担相应的民事责任和行政责任，构成犯罪的，将被依法追究刑事责任。

为了维护市场秩序，保护权利人的合法权益，我社将依法查处和打击侵权盗版的单位和个人。欢迎社会各界人士积极举报侵权盗版行为，本社将奖励举报有功人员，并保证举报人的信息不被泄露。

举报电话：（010）88254396；（010）88258888

传　　真：（010）88254397

E-mail：dbqq@phei.com.cn

通信地址：北京市海淀区万寿路 173 信箱
　　　　　电子工业出版社总编办公室

邮　　编：100036